KB266824

내가 선택한 가족 그중에서도 특히,
가장 소중한 친구 사라 깁슨 데일리, 아버지 같은 스승님 마셜 골드스미스,
흔들림 없는 지지자 앨런 멀러리에게.

"세상은 누구에게나 상처를 준다.
그러고 나면, 많은 이들은 상처 입은 그 자리에서 더 강해진다."
— 어니스트 헤밍웨이, 《무기여 잘 있거라》

깨지지 않는 멘탈
셔터프루프

깨지지 않는 멘탈

셔터프루프

애쓸수록 무너지는 완벽주의자를 위한 생존 심리학

SHATTERPROOF

타샤 유리치 지음 | 이보미 옮김

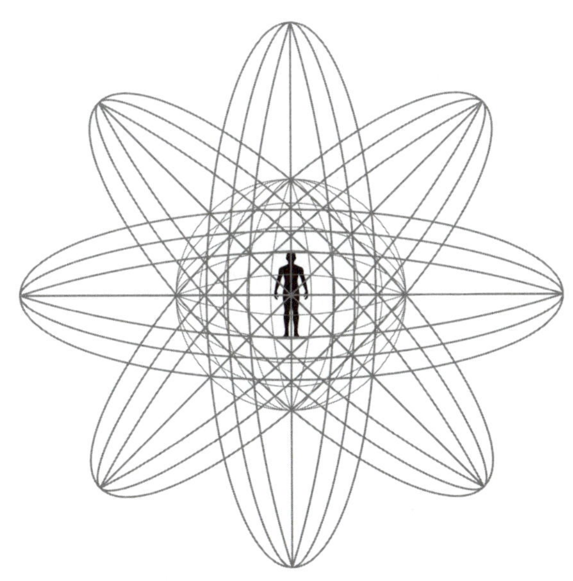

21세기북스

차례

1부   21세기형 성장의 놀라운 과학

2부   깨지지 않는 힘 로드맵

3부   깨지지 않는 힘 변화를 위한 도구들

결론   깨지지 않는 힘을 가진 삶 만들기   286

궤도를 지키다 보면, 결국 나아진다

타샤 유리치 박사의 《깨지지 않는 멘탈 셔터프루프》는 1년 전 〈최명기의 마음 편한 TV〉에 올려 좋은 반응을 얻었던 동영상 '상처받으면 움츠러드는 게 정상입니다'와 통하는 부분이 많았다. 그래서 이 책을 접한 뒤 많은 이들에게 추천하게 되었다.

저자는 기존의 회복탄력성에 관한 인식에 반론을 제기하며 회복탄력성이 만병통치약은 아니라고 말한다. 영화나 드라마를 보면 누군가로부터 혹은 세상으로부터 상처받아도 끄떡하지 않는 인물들이 주인공으로 등장한다. 오히려 상처받을수록 더 기운을 내는 모습을 보여 주기도 하는데, 그런 모습을 보며 우리는 '왜 나는 이렇게 나약한 걸까' 생각하고, 그 생각 때문에 더 상처받곤 한다.

어렸을 때 공부 때문에 부모에게 야단을 맞아보지 않은 사람은 없을 것이다. 부모는 야단맞은 자녀가 정신을 퍼뜩 차리고 책상에 앉아 공부를 시작하길 바란다. 그러나 야단맞은 자녀는 억지로 책상에 앉기는 해도 공부에 집중하지 못한다. 칼에 손을 베어 상처가 나면 살갗이 아파 집중할 수 없듯이, 야단을 맞아 마음이 아프면 뇌도 아파 집중할 수 없다.

시험에 떨어지거나, 취업에 실패하거나, 회사에서 해고되거나, 돈을 잃는 등 우리는 때로 곤경에 처한다. 주변에서는 그럴수록 더 정신을 차리라고, 더 열심히 노력해 위기를 극복하라고 이야기한다. 빨리 회복해 다시 노력하길 바라는 이런 심리적 수요는 회복탄력성에 대한 기대와 요구로 이어진다.

아프면 쉬어야 한다. 통증은 아무것도 하지 말고 쉬어야 한다는 신호다. 배가 아프면 음식을 먹기 어렵고, 몸살로 근육이 아프면 움직이기 힘들다. 회복되면 저절로 움직이게 된다. 회복탄력성이 높은 극히 일부 사람을 따라 무리하게 버티다 보면, 회복은커녕 번아웃으로 쓰러질 뿐이다. 아플 때는 아무것도 하지 않는 것이 지혜다. 빨리 회복하려고 억지로 애쓸수록 아픔은 더 오래간다.

아울러 저자가 지적하듯, 회복탄력성 자체가 곤경을 극복하느냐 못하느냐에 결정적인 영향을 주는 것은 아니다. 나는 이 세상에서 가장 회복탄력성이 강한 사람으로 도박중독자를 예로 들곤 한다. 돈을 잃고, 빚을 지고, 주변 사람들에게 피해를 주었다면 멈춰야 한다. 그러나 도박중독자들은 놀라울 만큼 잘 '회복'해 다시 도박에 빠진다. 매번 사업에 실패하면서도 또다시 사업을 시작하는 사람들도 마찬가지다. 무능력한데 회복탄력성만 강하다면, 본인은 괜찮을지 몰라도 주변 사람들에게는 비극이 된다. 결국 문제 해결에 가장 중요한 요소는 '능력'이다. 능력은 부족한 채 회복탄력성만 강하면 점점 더 수렁에 빠질 뿐이다.

그래서 타샤 유리치 박사는 회복탄력성 대신 '깨지지 않는 힘(Shatterproof)'이 필요하다고 말한다. 아름다운 도자기 머그컵은 한 번 던지면 산산이 깨진다. 반면 막 쓰는 플라스틱 컵은 아무리 던져도 쉽게 깨지지 않는다. 잡초는 난초보다 강하고, 잡종은 순종보다 강하다. 회복하는 것보다 더 근본적인 힘은 애초에 깨지지 않는 것이다. 이 책은 그 '깨지지 않는 힘'을 어떻게 유지할 것인지에 대해 알려 준다.

이 책에서 소개한 여러 금쪽같은 방법 가운데, 내가 특히 공감한 대목은 "궤도를 지키다 보면 나아진다"이다. 내가 "진짜 멘탈 강한 사람의 비밀"이라는 제목으로 올린 쇼츠에서 이야기했듯, 진짜 멘탈이 강한 사람은 엄청난 목적의식과 의지를 지닌 사람이 아니다. 아무리 큰일이 닥쳐도 평소 자던 대로 자고, 먹던 대로 먹고, 사랑하던 것을 계속할 수 있는 사람이다. 그렇게 하루하루를 보내다 보면 쉽게 깨지지 않고, 어느새 저절로 회복된다. 궤도에서 벗어나지 않고 일상을 지켜 가다 보면, 고난은 결국 지나가게 마련이다.

2026년 3월
최명기

부서지기 직전에 서서

언제나 꿋꿋하던 에밀리는 깃털 하나만 한 사소한 흔들림으로 무너진 그날을 평생 잊지 못할 것이다.

어느 쌀쌀한 2월 아침, 에밀리는 평소처럼 아이를 유치원에 데려다주고 출근하려 했다. 매서운 바람을 맞으며 다섯 살짜리 클라크를 차에서 안아 내리느라 이미 녹초가 됐다. 그녀의 머릿속은 발걸음보다 앞서, 쉼 없이 달리고 있었다. 그날의 할 일은 끝이 없었고 아들의 상태도 나날이 걱정만 늘어 갔다.

요즘 들어 클라크는 침울하고, 반항적이고, 비협조적이었다. 집에서는 사소한 일에도 짜증을 냈고, 학교에서는 지나치게 산만해 교사들이 걱정하고 있었다. 그 주 초, 클라크는 같은 반 몇 살 위 여자아이에게 괴롭힘을 당하고 있다고 눈물을 글썽이며 털어놓았었다.

에밀리와 남편은 속이 끓었지만, 다음 주 월요일 교장 선생님과의 면담을 기다리는 수밖에 없었다.

그날 아침, 에밀리와 클라크는 서둘러 학교 주차장을 가로지르는 중이었다. 클라크가 풀죽은 목소리로, 엄마와 함께 걷는 한 아이를 가리켰다. "쟤야, 엄마. 그레타. 나 괴롭히는 애."

에밀리를 아는 누구도, 심지어 에밀리 본인조차 그다음에 일어날 일을 예상하지 못했다.

"순간… 눈이 뒤집혔어. 클라크의 손을 잡고 그 애에게 걸어갔지. 솔직히 말해, 이성을 잃었어." 분노에 차 떨리는 목소리로, 에밀리는 그 아이에게 다가가 소리쳤다. "너!" 삿대질을 하며 날카롭게 말했다. "내 아들 괴롭히는 거, 당장 그만둬!"

그레타의 엄마는 본능적으로 딸 앞을 가로막고, 에밀리에게 "공식적인 절차로 해결하자"라고 말했다. 하지만 에밀리는 충동적으로 그 여자 손에 들린 학교 준비물 가방을 낚아챘다. 곧 두 엄마는 풀죽은 아이들이 멀뚱히 지켜보는 가운데, 딱풀과 반짝이 풀이 든 가방을 사이에 두고 몸싸움을 벌였다.

다른 학부모 두 명이 말려 소란은 겨우 잦아들었고, 그레타 엄마는 경찰을 부르겠다고 협박했다. "그때 누가 핸드폰을 들이대지 않았던 게 얼마나 다행인지 몰라." 에밀리가 말했다. "만약 그 장면이 온라인에 올라갔으면, 난 해고 당했을 거야. 잘해야 그 정도였겠지. 교장 선생님이 보기라도 했다면, *생각해 봐.* 아마 미친 아이를 키운 미친 엄마로 보였겠지."

그러나 에밀리는 전혀 미치지 않았다.

오히려 나는 내 친구가 살면서 밀려드는 끝없는 요구를 능숙하게 조율해 온 사람이라는 것을 잘 알고 있었다. 어린 두 자녀의 다정한 엄마이자 사랑스러운 아내였고, 지역 병원의 임상 간호사로 일하며 가정과 직장을 능수능란하게 병행해 왔다. 친지와 친구들도 늘 살뜰하게 챙기는 사람이었다. 아이들 대학 학자금에 보태려고 주말에는 화장품 판매 부업까지 시작했다. 최근 남편이 아팠을 때도, 에밀리는 언제나처럼 흔들림 없는 의지와 긍정적인 태도로 고난에 맞섰다. 그런데 그 겨울날 아침, 에밀리는 결국 뚝 하고 끊어져 버렸다.

에밀리가 주차장 난투극 이야기를 들려주었을 때, 나는 겉으로는 냉정하고 침착해 보이던 내 친구에게 이미 균열이 생겼음을 알았다. 스트레스는 점점 더 자주, 더 세게, 삶의 여러 영역에서 한꺼번에 밀려들고 있었다. 직장에서는 "적은 인원으로 더 많이 일하라"라는 압박이 계속되었기에, 끝없이 늘어나는 할 일 목록을 지워 나가려 애쓸수록 점점 더 뒤처지는 느낌이었다. 그리고 성취 지향적인 사람이 그렇듯, 도움을 청한다는 생각만 해도 에밀리는 마음이 불편했다. 이는 자기 할 일을 다 못 해냈다는 의미였고, 무엇보다 모두가 자신만큼 바쁘다는 걸 잘 알고 있었기 때문이었다.

클라크 문제는 특히 마음을 무겁게 했다. 매일 밤, 에밀리는 디지털시계에 빨간 숫자가 바뀌는 모습을 멍하니 바라보며, 부모로서 무엇을 잘못했는지 되짚었다. 몇 달 전, 남편이 처음으로 아들의 행동에 대해 걱정했을 때, 에밀리는 이미 과부하 상태였다. 더는 어떤 문제도 감당할 수 없을 것 같아, 좀 더 지켜보자고만 얘기했다. 그리고 지금, 에밀리는 그 선택을 뼛속 깊이 후회한다.

겉으로는 에밀리가 모든 것을 잘 통제하고 있는 듯 보였다. 하지만 속으로는 커져만 가는 불안감과 자기 회의와 싸우며, 모두를 실망시킬까 두려워했다. 최근에는 차 안에서 소리 없이 우는 일이 인정하기 싫을 만큼 잦았다. 회복탄력성을 신뢰하는 사람이라면, 에밀리의 상황을 약한 대처 능력 탓으로 쉽게 단정할지도 모른다. 수십 년 동안 우리는 어떤 일이 닥쳐도 버티기만 하면, 결국 더 강해질 거라고 배워 왔으니까.

그런데 친구가 이 힘든 시기를 어떻게 버티고 있는지 들여다보니, 거의 모든 면에서 정석대로 하고 있었다. 규칙적으로 운동했고 자기 돌봄을 실천했다. 긍정적 태도를 유지하고 감사 일기를 쓰며, 문제를 기회로 재해석하려 애썼다. 남편과 친구들에게 사회적 지지도 요청했다. 출근 전 매일 10분 명상 루틴을 더했고, 가장 좋아하는 젤리를 포함해 첨가당을 완전히 끊었다. 객관적 지표만 놓고 보면, 역경 속에서도 에밀리의 정신 건강은 흠잡을 데 없어야 했다. 하지만 이런 검증된 대처 행동들조차, 그녀가 겪는 고통의 근원까지 닿지는 못했다. 갈라진 콘크리트에 덧칠한 페인트처럼, 겉만 가릴 뿐이었다. 바로 그 아래에서 균열은 점점 더 심해졌다.

에밀리가 너무 철저하고 빈틈없이 괜찮은 척 연기를 해냈기에, 아무도 문제를 눈치채지 못했다. 게다가 불평할 에밀리도 아니었다. 그녀는 누구나 한 번쯤 겪는 힘든 시기를 지나고 있을 뿐이라고 생각했다. 에밀리는 스스로에게 말했다. 시간이 지나면 놀이터에서 아들을 괴롭히던 그 아이도 지쳐 그만둘 테고, 직장도 정상화될 것이고, 남편도 회복해 집안일과 양육에 손을 더 보탤 거라고. 그리고 계속 되뇌었다. 신은 내가 감당할 수 있을 만큼만의 시련을 주실 거라고.

그런데 아무리 애를 써도, 에밀리의 정신 건강은 끝없는 내리막을 타고 미끄러져 갔다. 하루하루가 불안과 두려움으로 이어진 끝없는 마라톤 같았다. 오직 한가지 생각뿐이었다. '나는 늘 강인한 사람이었는데, 왜 이번엔 감당할 수 없는 거지?'

그 무렵 에밀리의 전화를 받았다.

"넌 20년 동안 세계에서 가장 영향력 있는 CEO와 임원들을 상담해 왔잖아. 그들이 무너질 때, 치러야 할 대가도 엄청났을 거야." 평소답지 않게 다급한 목소리였다. "왜 내가 써 온 모든 대처 도구가 더는 통하지 않는지, 이제 뭘 해야 하는지 얘기해 줘."

나는 대규모 사업 전환을 이끌던 한 CEO 내담자와 나눴던 대화를 떠올렸다. 그는 이렇게 고백했다. "끝없는 변화 속에서도 잘 버티고 있다고 믿었죠. 그런데 어느 날, 팀원들과 통화하다 소리를 질러버렸어요. 그러니까… 전 사실 괜찮지 않았던 거죠."

그 순간, 나는 에밀리도 그 내담자도 특별한 경우가 아니었음을 깨달았다.

몇 해 전, 자기 인식과 성과의 연관성을 다룬 두 번째 책《자기통찰》을 출간하고 전 세계를 돌며 내담자, 청중, 독자들과 만났다. 그리고 모두가 하나의 질문 앞에 서 있다는 사실을 깨달았다. "나를 끝없이 휘몰아치는 이 혼란을 어떻게 감당하죠?" 좌절과 스트레스에 익숙한 사람들이었지만, 버티는 일은 갈수록 어려워지고 있었다. 이것은 지금까지 의지해 온 해법들이 더는 본래 의도대로 작동하지 않는다는 신호였다.

잠깐 내 이야기를 하자면, 나는 심리학 가운데서도 매우 정량적인 분야에서 박사 학위를 받았다.• 그래서 "연구에 따르면"이라는 말

• 내 전공은 정확히 산업·조직 심리학이다. 1차 세계대전 당시 병사 선발·평가 체계를 고안한 전통을 바탕으로, 오늘날에는 직장에서 성과, 만족감, 조직 효율성을 향상시키기 위해 행동 과학을 적용한다.

을 세상에서 가장 설레는 두 단어라고 생각한다. 게다가 지난 10년간은 대학의 의뢰가 없었는데도 순전히 재미로 자기 인식에 관한 실증 연구를 계속해 왔다. 그런 내게 에밀리의 다급한 요청은, 내 연구자적 집요함을 자극하는 새로운 과제가 되었다.

나는 연구팀을 꾸려 스트레스와 좌절을 돌파하는 데 실제로 효과가 있는 방법이 무엇인지 찾기 위한 종합 프로그램을 설계했다. 1,200편이 넘는 과학 논문을 종합하고, 6개 남짓한 데이터 모음에서 수천 명을 조사했으며, 전 세계 직장인 표본을 대상으로 한 300건이 넘는 심층 인터뷰를 분석했다. 연구 주제는 에밀리의 궁금증과 비슷했다. 왜 기존의 대처 전략이 더는 통하지 않는가? 정신 건강과 삶의 질을 지탱할 더 나은 방법이 존재하는가? 근본적으로 때로는 우리를 부수려는 듯 보이고, 실제로 부수기도 하는 이 세상에서 어떻게 버틸 수 있는지 알고자 했다.

정답이 금방 나왔다고 말할 수 있으면 좋겠지만, 사실 자신 있게 결론을 내리기까지 거의 5년이 걸렸다.* 그리고 마침내 답을 얻었을 때, 우리의 발견은 역경 속에서 성장하는 방법에 관한 통념의 상당 부분을 뒤집었다.

나는 이 책을 늘 지쳐 있는 **성취 지향적 사람들****을 위해 썼다. 즉, 일과 경력, 연애와 가족, 친구, 건강, 공동체, 나아가 세계에 이르기까지 삶의 여러 영역에서 끊임없이 커져 가는 도전에 직면하며 성공과 충만함을 추구하는 이들을 위해서다. 삶의 끝없는 요구에

---

* 내가 15년째 매주 만나는 물리치료사 켄드라는 이 연구가 '빠르고 속 시원한 결말이 없다'라는 이유로 인생 최대 골칫거리라고 별명을 붙였다.
** 이 책 전반에서 핵심 용어와 구절은 굵게 표시한다.

지쳐 있는 사람이 에밀리만은 아니기 때문이다. 전속력으로 달리는 데도, 여전히 따라잡지 못하는 느낌을 얼마나 자주 받는가? 괜찮지 않은데도 괜찮은 척하지 않는가? 단 한 번의 위기만으로도 부서질 것 같다는 두려움에 사로잡힐 때가 있지 않은가?

그 어느 때보다 더 많이 일하지만, 늘 충분히 하지 않다고 느낀다. 단절되고 지쳤지만, 도움을 요청하거나 욕구를 내세우기가 두렵다. 겉으로는 '괜찮아 보이려' 애쓰지만, 속으로는 두려움, 불안감, 자기 회의에 짓눌린다. 그러다 결국 무너졌을 때는 충분히 강하지 못했다며 자신을 탓한다.

앞서 말했듯, 우리는 오랫동안 회복탄력성이라는 근육을 강화하면 어떤 일도 버틸 수 있을 뿐 아니라 그 과정에서 더 강해질 수 있다고 배워 왔다. 하지만 내 연구를 포함한 여러 최근 연구는 이런 "악으로 깡으로 버텨라grit and bear it"식의 신념 자체에 의문을 제기한다.••• 그리고 회복탄력성의 힘을 보여 주는 방대한 문헌에도 불구하고, 가장 회복탄력성이 높은 사람들조차 여전히 고군분투하고 있다.

이 책에서 나는 두 가지를 주장할 것이다. 첫째, 회복탄력성은 한정된 자원이기 때문에, 점점 혼란스러워지는 현대 사회에서 단순히 그것만으로는 더 이상 완전한 대처 전략이 될 수 없다. 둘째, 끊임없는 혼돈에 대한 최선의 대응은 그저 버텨 내는 것이 아니라, 그 혼돈을 활용해 스스로 최고의 모습으로 성장해야 한다. 이 책을 통해 당신은 바로 그 일을 해내도록, 과학적인 근거로 무장한 새로운 전략들을 배우게 될 것이다. 그리고 이 전략들은 더 큰 활력과 자신감

••• 흔한 표현인 "이를 악물고 버텨라 grit and bear it"의 변형.

을 느끼게 하고, 반복적으로 찾아오는 작은 좌절부터 인생의 방향을 바꿀 만큼 큰 위기에 이르기까지, 다가올 도전에 맞설 준비를 하는 데 도움이 될 것이다.

매일 허우적거리며 겨우 머리만 물 위로 내밀고 사는 것 같은 지금의 삶에서, '가장 뛰어난 모습의 나'에 도달한다는 건 까마득한 환상처럼 느껴질지도 모른다. 실제로 변화를 피할 수 없는 세상에서 우리는 원하든 원치 않든, 삶의 스트레스에 짓눌려 구부러지거나 때로는 부러지기 마련이다. 그것도 우리 생각보다 훨씬 더 자주. 그러나 꼭 **그렇게 살 필요**는 없다. 이 책 곳곳에서 보게 되겠지만, **우리를 부러뜨리는 바로 그 시간이 역설적으로 우리를 새롭게 빚어낼 수 있다. 이는 곧, 깨지지 않는 힘을 가진 존재가 된다는 뜻이다.**

앞으로 소개할 깨지지 않는 힘의 로드맵 네 단계를 따라가다 보면, 스트레스나 좌절에서 원상 복귀하는 수준을 넘어, 앞으로 나아가는 성장 에너지로 전환하는 법을 배우게 된다. 이 책은 용기를 북돋우는 선언문이자 과학적 탐구이며, 실천 안내서다. 나는 *깨지지 않는 힘*이 당신이 설명하기 어려웠던 몇 가지 경험을 바라보는 새롭고 명확한 시각과 언어를 제공하고, 이전보다 더 잘 느끼고, 더 잘 해내고, 더 잘 사는 길로 이끌기를 바란다.

이 책은 세 부분으로 구성되어 있다. 1부에서는 21세기식 성장에 관한 놀라운 과학을 다룬다. 무엇이 성장을 이끌고, 무엇이 그렇지 않으며, 무엇이 방해하는지 살펴본다. 1장에서는 요즘 모두가 유난히 *지쳐 있다*는 당신의 직감이 틀리지 않았음을 확인하게 될 것이다. 이어서 인간이 지속적인 변화와 불확실성에 취약할 수밖에 없는 세 가지 진화적 설계 결함을 살펴보며, 일상 스트레스에 대한 반응을 더 잘 이해하고 다루는 법을 배우게 될 것이다. 2장은 회복탄력성이 지닌 뜻밖의 한계를 밝히고, 회복탄력성이 해 줄 수 있는 것과 해 줄 수 없는 것에 관한 세 가지 핵심 신화를 제시한다. 또한 **그릿 가스라이팅** 즉, 힘든 시기를 헤쳐 나가는 유일한 '정답'은 조용히 견디는 것뿐이라는 잘못된 믿음을 우리가, 그리고 타인이 어떻게 교묘하게 재생산하는지도 살펴본다.

3장은 누구나 겪어 보았을 **회복탄력성의 천장**에 부딪히는 사례를 살펴본다. 회복탄력성이 바닥나면 어떤 일이 벌어지는지, 스스로 한계에 가까워졌다는 신호는 무엇인지, 끊임없는 변화에 대처하기 위해 보다 지속 가능한 새로운 접근이 왜 필요한지 알아본다. 마지막으로 4장은 회복탄력성이라는 첫 번째 기술 세트를 보완할 **두 번째 기술 세트**를 소개한다. 이 기술은 현재의 도전 속에서 생산성과 평정심을 유지하게 할 뿐 아니라, 앞으로의 도전까지 차분한 자신감으로 헤쳐 나가도록 돕는다.

2부에서는 **깨지지 않는 힘 로드맵**의 네 단계가 고난을 성장의 에너지로 바꾸는 특별한 경로를 어떻게 제공하는지 살펴본다. 5장에서 다룰 1단계는 고통을 직면하고 추적하기다. 우리가 부정적 감정을 간과하거나 억누르는 이유와 그렇게 행동하는 것이 삶의 질에 미치는 악영향에 대해 이해한 뒤, 고통을 개인적 실패가 아니라 에너지 원천으로 바라보는 법과 회피를 극복하는 실용 도구들을 익히게 된다. 6장에서 다룰 2단계는 결핍된 심리적 욕구를 드러내는 트리거 상황을 식별하는 것이다. 트리거에 반응한다고 해서 약한 것이 아니라, 그것이 자신감, 선택권, 연결감 욕구의 결핍을 알리는 신호임을 이해하게 된다. 이어서 반응을 다시 통제하고, 욕구 충족을 위한 새로운 경로를 찾는 법을 배우게 될 것이다.

7장은 만성 스트레스가 왜 우리를 '낯선 사람'으로 만들어 버리는지 탐구한다. 로드맵의 3단계에서, 욕구 결핍에 대한 자동적이지만 스스로를 제한하는 반응인 그림자 목표와 습관을 드러내고, 행동 변화를 이끄는 나침반으로 활용하는 법을 익힌다. 마지막으로 8장은 깨지지 않는 힘에 이르는 4단계인 전환점 선택을 제시한다. 욕구와 더 잘 맞물리는 새로운 목표와 습관으로, 의식적으로 방향을 틀어 스트레스 수준을 크게 낮추고 가장 큰 도전을 해내며, 최고의 야망을 성취하도록 이끌 것이다. 물론 회복탄력성의 천장에 부딪히지 않고도 말이다.

3부에서는 행복과 삶의 질을 과학적으로 뒷받침하는 인간의 세 가지 근본적 욕구를 토대로, 핵심 전환점 세 가지를 깊이 탐구한다. 9장은 자기 회의로 무너진 자기 가치를 다시 세워 **자신감**을 회복하는 법을, 10장은 **선택권**을 되찾아 압박은 최소화하고 진정성은 극대화하는 가치 중심의 삶으로 이끄는 방법을 다룬다. 11장은 **소속감**을 강화해 상호 지지적 관계를 맺으며, 나보다 더 큰 존재에서 의미를 찾아 더 깊이 연결되도록 돕는다.

결론적으로, 깨지지 않는 힘을 향한 여정은 단 한 번으로 끝나지 않는다. 또한 **깨지지 않는 힘을 가졌다는 것은 한 번도 부서지지 않는다는 뜻이 아니라, 매번 이전보다 더 나은 모습으로 '다시 세우는 선택'을 반복한다는 의미다.** 걱정하지 않아도 된다. 깨지지 않는 힘 습관을 오래 유지하는 요령도 곳곳에 담겨 있다. 이 책 전반에는 회복탄력성을 넘어 진짜 깨지지 않는 힘을 가진 삶을 만드는 데 필요한 연습, 자기 평가, 실용 도구가 가득하다.

한 중국 속담처럼, "변화의 바람이 거세게 불면, 어떤 이는 피난처를 짓고 어떤 이는 풍차를 짓는다." 깨지지 않는 힘 로드맵을 따르다 보면, 스트레스를 더 건강하게 소화하고 반응성을 낮추는 법을 배우게 된다. 집중력은 높아지고 생산성은 오르며, 미래를 맞이할 준비를 마치게 된다. 자기 회의는 사그라지고 정신은 건강해지며, 삶의 질은 높아질 것이다. "한 번의 좌절에도 부서질 것 같아"라는 생각에서 "힘든 일이 많지만 해낼 수 있어"라는 생각으로 옮겨간다. 그리고 무엇보다, 기본적인 심리적 욕구를 충족시키는 새로운 방법을 발견해 더 진정성 있고 충만한 삶으로 나아가게 된다. 연구자이기 전에 해법이 절실했던 한 인간으로서, 장담컨대 이 여정은 삶을 바꿔 놓을 것이다.

본격적으로, 혼돈의 세상에서 아름다운 삶을 어떻게 만들어 나갈지 살펴보기 전에 한 가지 분명히 하고 싶다. 이 책은 일상의 작은 스트레스부터 가장 큰 위기까지 더 잘 헤쳐 나가도록 돕기 위해 썼지만, 전문가의 1:1 상담을 대신할 수는 없다. 특히 지금 신체적 안전의 위협, 극심한 불안, 자·타해 생각 등 위기 상황에 있거나 플래시백, 지속적인 부정적 사고, 집중·수면·식사 곤란 등 트라우마 증상을 겪고 있다면, 책을 잠시 내려놓고 즉시 전문가의 도움을 받기 바란다. 그리고 브로드웨이의 위대한 작곡가 스티븐 손드하임의 노래를 기억하라. "누구도 혼자가 아니다. 정말로. 당신은 혼자가 아니다."

자, 이제 시작해 보자.

1부

21세기형 성장의 놀라운 과학

혼돈의 시대에 오신 것을
환영합니다

"세상을 살아가는 것이야말로 가장 어려운 일이다."

〈뱀파이어 해결사 Buffy the vampire slayer〉

한때 끝이 보이지 않게 울창했던 캐나다의 광활한 원시림 그곳에, 손톱만 한 작은 생명체가 거대한 파괴의 물결을 일으키고 있었다. 1970년대 초, 가문비솔나방은 캐나다 북부 전역에 방대하게 펼쳐진 전나무와 가문비나무 숲을 가차 없이 갉아먹고 있었다.

250년 동안 이 날개 달린 침입자는 30~40년을 주기로 꼬박꼬박 나타났다. 앞선 여섯 차례 대유행 때마다 숲은 고군분투 끝에 활력을 되찾았다. 그런데 이번에는 그동안 입증된 방어 체계가 전혀 통하지 않았다.

무엇이 달라진 걸까? 일단 따뜻한 겨울[1]과 건조한 봄이 몇 년간 이어지며 유충의 번식이 급증했고, 결국 천적의 번식 속도를 앞질렀다. 설상가상으로 적극적인 산림 관리와 산불 억제책[2]이 오히려 나방에게 이상적인 환경을 만들어 상황을 더 악화시켰다.

나방 수만 마리가 수십억 평에 달하는 숲의 가문비나무와 전나무를 모조리 잠식하고 말았다. 피해 지역에서 카누를 타던 한 목격자는 끊임없이 떨어지는 유충이 마치 샤워기 물줄기처럼 머리 위로 쏟아졌다고[3] 생생하게 회상했다. 이 사태는 산불 위험을 높이고 야생동물 서식지를 파괴했으며, 임업에 의존하던 지역 사회를 초토화시켰다. 퀘벡주 한 곳에서만 20년 치 원목 공급량[4]이 사라졌다. 생태학자들은 이를 7차 대유행이라 불렀지만, 임업인들은 ‘세상의 종말’이라고까지 표현했다.

전례 없는 위기에 맞서기 위해 연방 정부와 주 정부, 산림 소유주들[5]이 힘을 모았다. 이 ‘나방 특공대’는 어떤 무기를 써야 할지 분명히 알고 있었다. 바로 이미 효과가 입증된 살충제, 디클로로디페닐트리클로로에탄, 일명 DDT였다. 이내 2기통과 4기통 엔진을 단 항공기들이 42억 평이[6] 넘는 땅 위로 이 치명적인 약제를 살포하기 시작했다.

그런데 단 하나, 치명적인 문제가 있었다. ‘나방 특공대’의 대규모 화학전이 완전한 실패로 돌아간 것이다. 게다가 실패에서 그치지 않고, 오히려 상황을 더 악화시켰다(이유는 2장에서 다룬다). 한때 에메랄드빛이 일렁이던 숲이 생기를 잃은 잿빛 황무지로 변했고, 그 광경은 충격적일 만큼 완전한 파괴, 그 자체였다.

1975년, 7차 대유행은 역사상 최대 규모 가문비솔나방 발생[7]으로 기록되었다. 피해 지역은 캐나다 온타리오주에서 뉴펀들랜드섬, 노바스코샤주를 거쳐 미국 메인주 절반에 이르기까지 무려 1,665억

평[8]에 달했다. 숲의 회복탄력성을 높이려던 '나방 특공대'의 생태계 '두더지 잡기 게임'은 오히려 숲을 붕괴 직전까지 몰아넣었다.

나방으로 뒤덮인 캐나다의 숲처럼, 21세기의 인간 역시 회복탄력성의 한계까지 내몰리고 있다. 디지털 혁신, 지정학적 불안, 자연재해, 경제적 불안정, 그 밖의 전례 없는 위기들이 일상을 흔들고 있다. 세상이 그 어느 때보다도 촘촘히 연결된 지금, 우리는 시장 붕괴나 사회 운동처럼 작은 변화가 큰 혼돈으로 번지는 '상전이 현상phase transition events'[9]이나 불경기에 자연재해까지 발생하는 것처럼 위기가 동시다발로 다가오는 '복합 극한 상황compound extremes'[10]에 더욱 취약해졌다. 전 세계적으로 혼란은 가속화되고[11], 불확실성은 점점 더 커지고 있다.[12]•

우리는 직업인, 부모, 리더, 시민으로서 점점 더 다양한 책임을 동시에 감당하며 쉴 틈 없이 시간을 써야 한다.••

일터에서는 압박감을 견디며 실적을 올리고 성장하고 리더십을 발휘해야 한다. 사회의 불확실성과 복잡성, 모호성•••은 스트레스와 자기 의심을 더 증폭시킨다. 수많은 문제에 끊임없이 집중해야 하기 때문이다. 전보다 회의 하나하나가 더 급박하면서도 비생산적[13]으로 느껴진다면, 당신만 그런 것이 아니다. 실제로 우리는 예전보다 더

- 이 책에서 처음으로 인용하는 실증 연구다. 참고 문헌이 워낙 많아서 모든 인용은 '참고 문헌' 장에 따로 정리했다.
- 한 워킹맘은 최근 이런 삶을 두고 '뜨겁게 달궈진 파니니 그릴 속에서 사는' 느낌이라고 말했다.
- 여기에 '변동성volatility'까지 더해서 이러한 환경적 특성의 집합을 흔히 'VUCA'라는 약어로 부르기도 한다. VUCA: 변동성Volatility, 불확실성Uncertainty, 복잡성Complexity, 모호성Ambiguity, 허버트 F. 바버, '전략적 리더십 개발: 미국 육군참모대학교 사례를 중심으로', 〈경영개발저널Journal of management Development〉, 11권 6호, 4~12쪽, 1992년

많이 일하지만, 생산성은 점점 떨어지고 있다. 최근 연구에서 무려 노동자 75퍼센트[14]가 전년도보다 더 많은 스트레스를 겪고 있다고 했다.

만성 스트레스는 두통[15], 염증성 질환[16], 면역 이상[17], 인지 저하[18], 수면 장애[19], 우울증[20], 기억력 감퇴[21] 등 다양한 방식으로 우리 삶에 타격*을 준다. 내가 다양한 업종에 종사하는 성인 약 400명을 대상으로 진행한 연구에서도, 대다수가 앞으로 얼마나 더 스트레스를 감당할 수 있을지 걱정한다고 답했다. 또 많은 이들이 예전보다 동기부여, 몰입, 자기다움을 찾지 못하고 마치 '무기력하게 표류'[22]하며 자동 조종 장치로 버티는 느낌이라고 토로했다.

시간과 에너지를 요구하는 일이 늘어나면서, 우리는 점점 '동기motivation'가 아닌, 해야만 하니까 하는 '**기계적 동기**mustivation'[23]에 이끌려 간다. 밀려드는 책임을 감당하느라 허덕이며 애쓰는 동안 죄책감, 불안, 타인을 실망하게 할지 모른다는 막연한 두려움이 늘 따라다닌다. 스마트폰은 일과 사생활의 경계를 더욱 희미하게 만들어, 화상 회의를 하며 아이의 숙제를 돕거나 휴가지에서 이메일을 확인하게 만든다. 기술은 더 긴밀한 연결을 가능하게 했지만 외로움은 오히려 더 많이 느껴진다[24]. 집에서 잠옷 바람으로 '넷플릭스'를 보며 '배달의 민족'에서 음식을 시키는 일이 너무 쉬워졌기 때문에, 친

---

* 한 설문 조사에 따르면, 직장인 중 80퍼센트가 스트레스로 인해 정신 건강에 영향을 받고 있고, 가족·친구·동료와 관계에서 어려움을 겪는다고 응답한 비율도 거의 75퍼센트였다(미국 정신건강협회, '2023년 직장인 정신 건강 보고서', 2024년 9월 9일 기준).
https://www.mhanational.org/2023-workplace-wellness-research#:~:text=In%20 2022%2C%2081%25%20of%20workers,friends%2C%20or%20co%2Dworkers

구들을 만나 보내는 시간은 점점 줄어든다.[25]

지금 우리 개인의 삶은 그 어느 때보다도 위태로운 상태에 놓여 있다. 당신의 현재 삶을 한 단어로 표현한다면, 어떤 말이 떠오르는가? 강연에서 내가 이 질문을 던질 때마다 예외 없이 '정신없다', '불확실하다', '혼란스럽다', '스트레스가 많다', '감당이 안 된다', '벅차다', '지친다' 같은 답이 돌아온다. 삶의 만족도는[26] 역대 최저치를 기록하고, 불안과 우울[27]은 최고치에 달한 요즘, 에너지가 완전히 바닥난 기분이 들거나 벼랑 끝에 서 있는 것처럼 느끼는 것은 당연한 일이다.

그렇다면 질문이 남는다. 스트레스가 끝없이 밀려올 때, 우리는 정신 건강을 어떻게 지킬 수 있을까? 언제 무너질지 모를 위태로운 상황에서 평정심과 삶의 의미는 어떻게 찾을 수 있을까? 끝없는 혼돈의 세상에서 과연 아름다운 삶을 만들어 가는 게 *가능하기는 할까?* 살면서 늘 꺼내 드는 그 '소소한' 질문들 말이다.

물론, 우리 대부분은 최선을 다하고 있다. 하지만 상당수는 간신히 버티는 중이다. 문제는 우리의 스트레스 요인들은 계속 증가하고 진화하는 반면, 그것을 다루는 우리의 방식은 대부분 그대로라는 것이다. 왜 이것이 문제가 되는지 이해하려면, 수백만 년 전으로 거슬러 올라가야 한다. 비록 현재와 미래의 문제를 두고 씨름하고 있지만, 인간은 본질적으로 과거의 산물이기 때문이다.

혼돈의 수수께끼

인류가 막 태동하던 무렵, 우리 조상들은 땅을 누비며 끊임없는 위협 속에서 식량과 거처를 찾아 헤맸다. 시간이 흐르면서 조상들의 몸은 호랑이의 날카로운 송곳니나 적대적인 이웃 부족의 발소리 같은 위험이 눈앞에 닥쳤을 때, 살아남을 확률을 높이는 정교한 시스템을 개발했다. 그리고 이 시스템은 효과적이었다. 그렇지 않았다면 우리는 이미 멸종했을 것이고, 당신은 지금 이 책을 읽고 있지 못했을 것이다.

초기 인류 한 사람을 떠올리며 이 체계가 어떻게 작동하는지 이해해 보자. 가상의 인물인 그의 이름은 스탠이다. 어느 날, 울창한 숲속에서 사냥을 하던 스탠은 거대한 호랑이와 마주친다. 햇빛에 반짝이는 호랑이의 송곳니가 살벌하게 빛난다. 그 순간 스탠의 '투쟁-도피 반응'[28] 시스템이 즉시 작동하기 시작한다. 편도체는 시상 하부와 교감 신경계에 신호를 보낸다. "이봐, 잠깐! 지금 목숨이 위태로워!" 그러자 급성 스트레스 반응이 활성화되어 스탠의 몸은 위협에 맞설 준비를 한다. 이 경우에는 가능한 한 빨리 달아나는 것이다. 결국 스탠은 호랑이를 피해 저녁에는 모닥불을 쬐며 평화롭게 보낼 수 있었다.

이제 몇백만 년을 훌쩍 건너뛰자.

앤의 삶은 끊임없는 요구가 몰아치는, 혼돈의 서커스와도 같다. 쉴 없이 쏟아지는 일들을 저글링하는 곡예사처럼 살아간다. 앤은 학창 시절에도, 직장인인 지금도 늘 뛰어난 성과를 내왔다. 금융 서비스 업계는 근무 시간이 길고, 성과 기준은 애매하며, 업무에서 우선순위가 수시로 바뀌지만, 앤은 자신의 성과에 자부심을 느끼며 일한다. 한 달에도 몇 번씩 전국 곳곳을 종횡무진 돌아다니느라 고되긴 해도, 최근 시작한 부업인 강연 활동도 즐겁게 해 나간다. 게다가 세 번째 직업도 있다. 십 대 자녀 둘에게 헌신하는 엄마, 28년째 함께한 남편에게 든든한 조력자 아내, 여든여덟 살 아버지를 정성껏 돌보는 딸이다. 늘 아드레날린이 치솟는 상태로 살아가지만, 앤은 꽤 잘 버티고 있다. 물론 일정은 빡빡하고, 먼저 해결해달라 아우성치는 일들 사이에서 스트레스도 많다. 그래도 앤은 늘 꿋꿋이 버티며 해야 할 일을 해내 왔고, 그 결과 제법 괜찮은 삶을 누리게 되었다.

그런데 몇 가지 뜻밖의 일이 겹치면서 단단했던 그녀에게도 균열이 가기 시작한다. 먼저, 건강 검진에서 혈액 검사와 대장 내시경 검사에서 이상 소견이 있다는 말을 듣는다. 결국 두 검사 모두 이상이 없는 것으로 확인되지만, 그 과정에서 앤은 바쁜 일정 속에 병원을 수없이 드나든다. 앤은 스스로 감당할 수 있는 한계에 부딪히고 있다는 느낌을 받기 시작한다. 그 결과 예전보다 운동은 덜 하고, 잠도 부족해졌으며, 술은 더 자주 마시게 되었다.

그리고 어느 날, 그녀를 무너뜨리는 결정타가 찾아왔다. 어느 퇴근길, 앤의 차를 뒤따르던 차량이 들이받았다. 가벼운 접촉 사고였을 뿐이었는데 딸깍, 스위치가 켜졌다. 휘몰아치는 감정을 주체하지 못한 앤의 편도체는 스탠과 마찬가지로 다급하게 경고를 보냈다. '살고 싶으면 당장 도망쳐!' 하지만 도망칠 데가 없었고, 앤은 과열된 휴대전화처럼 그대로 멈춰 버렸다. 회사에서는 의욕을 잃고 집중력이 떨어져, 평소라면 챙겼을 세세한 사항들을 놓쳤다. 집에서도 빈껍데기처럼 움직일 뿐, 집안일은 쌓여만 갔다. 몸이 거대한 파도에 부딪혀 산산이 부서진 채, 모래 위에 흩뿌려진 듯한 느낌이었다.

앤의 이야기가 낯설지는 않을 것이다. 강도가 높지만 감당할 수 있는 수준으로 스트레스가 계속 이어지다가, 뜻밖의 일이 터지면 어느 순간 한계에 다다르는 경험 말이다. 여기에는 분명한 이유가 있다. **인류가 맞닥뜨리는 위협은 변해 왔지만, 우리의 생존 체계는 그렇지 못했기 때문이다.** 호랑이에게 잡아먹히지 않도록 스탠을 구해 준 그 본능적 반응은 오늘날 인간이 성장하며 살아가기에는 터무니없이 부적합하게 설계되었음이 드러났다. 왜 그런지 세 가지 측면에서 살펴보자.

설계 결함 1: 긍정적인 것보다 부정적인 것이 더 크게 작용한다.

만약 당신이 화초를 잘 키우는 편이라면, '굴광성'이라는 현상을 본 적이 있을 것이다. 햇볕이 잘 드는 창가에 식물을 두면, 시간이 지나며 잎사귀가 햇빛을 향해 기울어진다. 식물이 생명을 주는 빛을 갈망하듯, 인간 역시 긍정적인 것을 추구한다. 그래서 우리는 활기찬 사람에게 끌리고 로맨틱 코미디를 좋아하며, 서로 칭찬을 주고받으며 더 가까워진다. 그런데 흥미로운 반전이 있다. 긍정적인 것을 선호하는데도 불구하고, 우리 뇌는 부정적인 것에 더 매달리도록 진화해 왔다는 사실이다.

잠시, 당신이 지금껏 받은 최악의 평가를 떠올려 보자. 그리고 최고의 평가를 생각해 보자. 아마도 최악의 평가가 훨씬 더 선명하게 기억날 것이다. 이유는 간단하다. 초기 인류의 경우 이를테면, 곰이 곧 공격할지도 모른다는 부정적인 신호를 무시하면, 밤을 지낼 따뜻한 동굴을 발견했다는 긍정적인 신호를 놓쳤을 때보다 훨씬 큰 대가를 치러야 했기 때문이다. 부정적인 것을 인지하고 대응해야 생존할 수 있었기에[29], 우리의 뇌는 부정적인 것을 긍정적인 것보다 더 크게 인식하는 쪽으로 편향되었다.

이 '**부정성 편향**'은 좋은 경험보다 나쁜 경험을 네 배나 더 강하게 기억하고[30], 돈을 잃은 고통[31]이 돈을 번 기쁨보다 더 크게 느껴지며, 긍정적인 정보보다 부정적인 정보에 더 매달리게 되고[32], 좋은 날의 기쁨은 금방 사라지지만 나쁜 날의 고통[33]은 오래가며, 단 한 번의 충격적인 사건[34]이 평생 흔적을 남길 수 있는 이유를 설명해 준다. 아무리 긍정적인 사람이라도 나쁜 일은 부지불식간에 길고 어두운 그림자를 드리운다. 회복탄력성 전문가 루시 혼 박사는 '테드엑스TEDx' 강연에서 설명했다. "부정적인 경험은 찍찍이처럼 우리에게 달라붙지만[35], 긍정적인 경험은 눌어붙지 않는 프라이팬 코팅처럼 튕겨 나가 버린다."

스탠이 살던 시대에는 나쁜 일이 가끔, 그리고 잠깐 일어날 뿐이었다. 그런데 오늘날 나쁜 일은 예측 불가능하고 압도적이며, 끊임없이 신경을 쓰게 만든다. 교통 체증과 항공편 결항 같은 사소한 불편부터 마감 날짜를 놓치는 일이나 생활비 상승 같은 중간 수준의 난관, 기후변화·죽음·전쟁처럼 실존적 위기에 이르기까지 다양하게 펼쳐지기 때문이다. 그대로 두면 '부정성 편향'은 우리를 위험에서 지켜주기는커녕 만성적인 스트레스 상태로 몰아넣는다.

설계 결함 2: 코르티솔의 딜레마

끊임없는 '투쟁-도피' 상태로 살아가는 일은 단지 스트레스를 유발하는 데서 그치지 않고, 스트레스를 감당하는 데 꼭 필요한 자원마저 고갈시킨다.[36] 스탠이 호랑이와 마주쳤던 장면으로 돌아가서 이유를 알아보자. 스탠의 몸이 위협을 감지하자 부신이 활성화되며, 핵심 스트레스 호르몬 두 가지가 분비된다. 먼저, 아드레날린은 싸우거나 도망칠 준비를 지시한다. 시야를 또렷하게 하려고 동공을 확장하고, 더 빠르게 반응하도록 근육을 긴장시키며, 심박수와 산소 공급량을 끌어올려 순간적인 폭발력을 만든다. 다음으로 노르아드레날린은 주의력을 높이고 힘을 북돋우며, 심층적 사고처럼 당장 필요하지 않은 인지 활동에 쓰일 에너지를 심장·폐·근육으로 보낸다. 곧이어 세 번째 호르몬인 코르티솔이 가세해 스탠이 안전한 곳에 도착할 때까지 버틸 수 있는 지속적인 동력을 제공한다.

수백만 년이 지난 현재, 앤의 스트레스 반응 체계도 작동 방식은 동일하다. 다만 앤이 맞닥뜨리는 위협은 차이가 분명하다. 스탠에게 호랑이는 생명의 위협을 의미했지만, **앤의 스트레스 요인은 더 추상적이고 심리적이다.** 버거운 본업과 부업, 가족 돌봄이라는 '세 번째 일', 건강 이상 신호, 가벼운 접촉 사고 같은 것들이다. 그러나 앤의 '선사 시대식 몸'은 이런 요인들과 호랑이를 구분하지 못해 사

● 시간이 지나면 스트레스 체계가 고갈돼 코르티솔 분비가 사실상 멈출 수 있다. 겉보기엔 도움이 되는 것처럼 들리지만, 코르티솔은 일상적인 기능에 필수다. 코르티솔이 없다면 아침에 침대에서 일어날 기운조차 없을 것이다(크리스틴 하임, 울리케 엘러트, 디르크 H. 헬하머, '스트레스 관련 신체 질환의 병태생리에서 저코르티솔증의 잠재적 역할', 〈정신신경내분비학저널Psychoneuroendocrinology〉, 제1호[2000]: 1 – 35).

건이 터질 때마다 코르티솔을 분출하게 만들고, 그녀를 점점 더 불안하고 과민하게 만든다. 결국 이런 스트레스 호르몬이 '칵테일'처럼 뒤섞여 작동하면서 현대 사회의 위협을 효과적으로 관리하는 데 필요한 판단력, 소통 능력, 통제력을 갉아먹는다.

또 다른 차이는 무엇일까? 스탠의 스트레스 요인은 일시적이고 드물었지만, **앤의 스트레스 요인은 만성적이고 누적되며 일, 가족, 건강 등 삶의 여러 영역에 걸쳐 있다.** 호랑이에게 벗어난 뒤 스탠의 시상하부는 스트레스 반응 시스템을 꺼버렸지만, 앤은 '완벽히 안전하다'는 신호가 없으면 스트레스 반응 체계가 좀처럼 꺼지지 않는다.[37] 더구나 스탠은 호랑이에게서 도망칠 수 있었지만, 상사의 이메일 같은 오늘날의 스트레스 요인은 쉽게 벗어날 수가 없다. 그 결과, 코르티솔이 홍수처럼 밀려와 뇌를 짓누른다. 이것이 바로 코르티솔의 딜레마다. 현대인은 거의 항상 스트레스 반응이 활성화된 상태이며, 이를 끄는 것은 매우 어렵거나 때로는 불가능하다.

설계 결함 3: 불확실성의 혼돈

퍼즐의 마지막 조각은 불확실성이다. 불확실성은 예측 불가능한 상황[38], 통제력의 부재, 정보의 결핍을 포함한다. 스탠은 불확실한 상황에서 최악을 가정하는 편이 더 안전했다.[39] 즉 스트레스받는 편이 죽는 것보다는 나았다. 이것이 바로 불확실성이 '투쟁-도피' 체계를 촉발[40]하는 분명한 이유다. 불확실한 상태가 지속되면 일의 성과는 떨어지고, 삶의 질도 나빠진다.[41] 안전감이 위협받고[42], 걱정[43]과 불안[44]이 늘고 과민[45]해지며, 확실한 답을 갈구[46]하게 된다. 이 과정에서 어떤 사람들은 충분한 근거가 없는데도 이미 정답을 안다고 단정해 버린다.[47] 그 결과 자신이 아는 것을 지나치게 확신하고, 새로운 정보는 외면한다. 또 음모론에 더 쉽게 휩쓸리고, 다른 의견에는 더 공격적으로 반응한다.

그럼에도 우리는 해고 통보 같은 확정된 나쁜 결과가 곧 해고될 거라는 소문처럼 나쁠지도 모르는 가능성보다 더 큰 스트레스를 준다고 흔히 생각한다. 하지만 실제로는 그렇지 않은 경우가 많다. 예를 들어, 실직에 대한 걱정[48]이 실제로 실직하는 것보다 더 큰 스트레스를 준다는 연구 결과도 있다. 당신이 "이젠 결과가 뭐든 상관없어, 그저 빨리 알고 싶어!"[49]라고 생각해 본 적이 있다면, **'확실성 선호 효과'**를 경험한 것이다. 신경과학자 아르치 드 베르커Archy de Berker와 동료들의 연구[50]에 따르면, 나쁜 일이 일어날 확률이 50퍼센트일 때(참가자들의 경우는 전기 충격을 받을 가능성)가 100퍼센트 확실할 때보다 스트레스, 민감성, 불안감이 더 크게 치솟았다. 그래서 일부 심리학자들은 불확실성이 인간의 가장 근본적인 공포[51]일 수 있다고 본다.

정리하면, 인간이 타고난 세 가지 스트레스 반응인 부정성 편향, 코르티솔의 딜레마, 불확실성의 혼돈은 현대 사회의 복잡한 문제들을 다룰 수 있을 만큼 충분히 진화하지 못했다. 그렇지만 이 세 가지 반응이 쓸모없다는 뜻은 아니다. **스트레스 요인은 삶의 어떤 부분이 제대로 돌아가지 않는다는 신호이기 때문이다.** 그러므로 이러한 자연스러운 반응을 무시하거나 거스르지 말고, 호기심 어린 태도로 마주해 보자. 그 반응을 단서로 삼아 진짜 스트레스의 근원을 찾아내고, 변화를 만들어 갈 계기로 삼을 수 있다.

　그런데 내 연구 결과, 스트레스 요인을 강점으로 바꾸는 방법은 우리가 배워 온 방식과는 놀랄 만큼 다르다.

우리 모두를 구할 단 하나의 연구

2020년 1월이었다. 강연과 상담 일정 속에서 무척 흥미로운 새 연구 프로그램을 시작했다. **회복탄력성 즉, 넓은 의미로 힘든 일을 겪고도 다시 일어서는 능력**이 끝없는 혼돈의 세상에서 우리를 어떻게 지탱해 줄 수 있는지 밝히려는 연구였다. 나는 그 프로그램에 의도치 않게 예언 같은 이름, '나쁜 일이 닥칠 때'라고 붙였다.

　3월 초가 되어, 세계 곳곳의 직장인 수백 명을 인터뷰할 연구 조교 10명을 훈련했다. 당시엔 생소했던 플랫폼 '줌Zoom'을 통해, 각 참여자는 자신이 겪은 '나쁜 일'을 하나 얘기하고, 대응 방법과 결과에 대한 공통 질문 몇 가지에 답했다. 그들이 들려준 상황은 정말 다양했다. 불공정한 상사, 과도한 간섭, 비난 같은 흔한 좌절부터 배신과 해고, 심각한 불화처럼 삶을 바꾸는 위기까지. 어떤 일은 사고처럼 갑작스러웠고, 어떤 일은 독이 퍼지는 것처럼 서서히 번지는 장기적 문제였다.

　처음 몇 달간 데이터 분석에서는 두 가지 양상만 드러났다. 첫째, '나쁜 일'은 정말로 나쁘다. 자신감과 활력은 떨어지고 동기 부여가 되지 않으며, 슬픔, 분노, 불안 같은 부정적 감정이 지속되어 성과는 나빠지고 삶의 만족도가 낮아졌다. 예를 들어, 동업자와 갈등이 계속되던 그렉은 '가족에게 쏟을 에너지가 줄었다'라고 느꼈다. "아내에게 예전만큼 너그럽지 못하고, 아이들에게도 인내심이 줄었죠…. 그 문제가 정신적 여유를 다 집어삼켜서 가족에게도 영향을 줬습니다." 카라는 직장 내 괴롭힘을 당하던 시기에 기분이 오락가락하고 행복하지 않았으며, '즐기는 법을 잊어 버렸다'•라고 말했다.

둘째, 사람들은 '나쁜 일'을 겪고 다시 일어서거나 그렇지 못하거나, 두 가지 방식으로 반응했다. 물론 이 놀라운 발견만으로 내가 노벨상 최종 후보로 오를 일은 없겠다. 그런데 데이터를 더 깊이 분석하자 결국 세 번째, 더 작은 집단이 보였다. 그들은 놀랍게도 '나쁜 일'을 삶의 선한 힘으로 바꿔 낸 사람들이었다. 나쁜 일을 겪는 동안에도 그리고 끝난 뒤에도, 그들은 스트레스를 덜 받고 주도권을 더 느끼며, 자기 통제감이 높아졌다. 더 효율적으로 일하고 목적의식은 뚜렷해졌으며, 관계에서는 친밀감과 소속감이 더 깊어졌다. 이들은 단지 역경을 이겨냈을 뿐 아니라, 그 과정에서 성장한 사람이었다.

결국 인터뷰는 '나쁜 일'의 세 가지 다른 결과를 보여 주었다. '나쁜 일'은 우리를 **무너뜨리거나**, 그 일을 겪기 전 수준으로만 **회복하게 하거나** 오히려 **더 나아지게** 한다. 나는 이 세 번째 집단에 매료되었다. 비밀이 무엇일까? 나는 가을부터 겨울까지 내내, 인터뷰 하나하나를 반복해 들으며 세 번째 집단이 다른 사람들과 무엇이 달랐는지를 찾아보았다. 그래도 양상이 보이지 않자, 인터뷰 응답을 숫자로 전환해 다른 방법으로 분석해 보았다. 그것도 통하지

• 이러한 심리적 어려움은 두통, 고혈압, 허리 통증, 두드러기, 불면증, 장 문제, 의도치 않은 체중 증가 또는 감소, 공황발작, 우울증, 감염 질환, 자가 면역 질환, 심지어 암 같은 신체 증상과도 함께 나타났다.

않자, 정량 설문 데이터를 모으고 또 모았다. 그리고… 끝내 아무것도 찾지 못했다.

답을 찾기까지는 또 1년, 수많은 정량 재현 연구와 여러 번의 시행착오가 필요했다. 알고 보니 그 답은 '나방 특공대'가 실패한 이유, 현대인이 수렵채집 시대 조상보다 스트레스를 더 받는 이유와 크게 다를 바 없었다. 무너진 사람들과 간신히 회복한 사람들, 이 두 집단은 대개 새로운 문제를 옛 도구로 해결하려 했다. 'DDT'와 인간의 '투쟁-도피' 반응처럼, 그 도구는 애초에 그 문제에 적합하지 않았다. 세 번째 집단은 접근이 완전히 달랐다. 그들은 역경을 헤쳐 나가는 법에 대해 내가 심리학자로서뿐 아니라 한 인간으로서 믿어 온 모든 것을 뒤흔드는 내용을 가르쳐 주었다.

핵심 요약과 도구

> "인간이 맞닥뜨리는 위협은 진화해 온 반면,
> 인간의 생존 시스템은 그렇지 않았다."

❶ **혼돈의 시대:** 일, 가족, 공동체 등 삶의 여러 영역에 걸쳐 만성적으로 누적되는 스트레스가 점점 커지는 시대

❷ **지쳐 버린 성취 지향형:** 성취에 초점을 둔 사람들로, 스스로 인정하는 것보다 더 큰 불안과 자기 의심을 겪고, 도움을 청하는 데 어려움을 느끼는 경향이 있다.

❸ **계속되는 혼돈을 버티기 어렵게 만드는 '설계 결함'**
- **부정성 편향:** 우리 뇌는 나쁜 일을 좋은 일보다 더 크게 보도록 설계되어 있다.
- **코르티솔의 딜레마:** 끊임없이 '투쟁-도피' 상태로 살면 스트레스만 커지는 게 아니라, 스트레스를 다루는 데 필요한 자원까지도 고갈시킨다.
- **확실성 선호 효과:** 나쁜 일이 일어날지도 모른다는 가능성이 실제로 일어나는 것보다 더 큰 스트레스를 유발하는 현상

❹ **'나쁜 일이 닥칠 때' 연구:** 끝없는 혼돈 속에서 무너지지 않는 법을 탐구한

프로그램. 사람이 무너지거나, 그 일을 겪기 전 수준으로만 회복하거나, 오히려 더 나아지는 세 갈래 결과를 확인했다.

❺ **스트레스는 '무언가 제대로 돌아가지 않는다'라는 신호:** 이 자연스러운 반응을 무시하거나 밀어내기보다, 단서로 삼아 스트레스 요인을 강점으로 바꿀 수 있다.

회복탄력성을 둘러싼
세 가지 신화

"삶이라는 전쟁의 학교에서, 나를 죽이지 못하는 것은 나를 더 강하게 만든다."
—프리드리히 니체, 그리고 켈리 클락슨

모든 것은 팔에서 느낀 이상한 감각에서 시작됐다. 피부 속을 집요하게 찌르는 듯한 따끔거림. 글을 쓰려고 앉기만 하면 팔꿈치에서 손끝까지 전기가 오르듯 찌릿했다. 아야!

2021년 초, 나는 낙관적인 시선으로 세상을 바라보고 있었다. 팬데믹 규제가 풀리기 시작했고 세상은 치유될 것이며, 모든 일상이 곧 회복되리라 믿었다. 팔에서 느껴지는 이상한 통증만 제외하면 말이다. 대체 이건 뭐지? 이런 시기에 내 주치의에게 일을 보태고 싶지 않아, 나에게 늘 익숙한 해결책인 '버티기'를 선택했다.

그러던 중 2월 어느 오후, 팔 통증으로 결국 일찍 퇴근해야 했다. 노트북을 닫는 순간, 내 시선이 액자에 멈췄다. 분홍빛 사암으로 이루어진, 동굴 같은 협곡을 가르며 흐르는 디어 크리크였다. 아래엔 이렇게 적혀 있었다. '시냇물과 바위의 대결에서 늘 이기는 시냇물에서 인내를 본다… 힘이 아니라 끈기로.'

그 액자는 대학원 이후 내가 거쳐 온 일곱 개 사무실에 모두 함께했다. 동기 부여 포스터를 좋아하는 편은 아니지만, 그건 작고 세련되었으며, 무엇보다 어머니를 떠올리게 했다. 어머니는 워킹맘이었고, 이혼 후엔 날 혼자 키우셨다. 어머니는 나에게 시간을 충분히 할애하면서 병행할 수 있는 일을 끝내 찾지 못했다. 그래서 어머니는 직접 해결책을 만들어 냈다. 맞벌이 가정을 위해 보모를 교육하고 인증해 배치하는 회사를 미국 최초로 세웠다. 그 포스터는 어머니 사무실에도 걸려 있었다.

어머니는 언제나 나의 회복탄력성 롤모델이었다. 어린 시절, 어머니가 가슴 아픈 이혼 후에 싱글맘으로 살며, 창업에서 기업 운영까지 품위를 잃지 않고 헤쳐 나가는 모습을 지켜보았다. 어머니는 강인한 기질을 가진 집안에서 태어났다. 어머니의 증조부 알로이스는 무일푼으로 건너온 독일계 이민자였는데, 어렵게 돈을 모아 작은 목장을 샀고, 그것을 아들에게 물려주었다. 선조들은 어려움은 악착같이 견뎌야 하며, 실제로 견뎌 낼 수 있음을 몸소 보여 주었다.

나 역시 남들 못지않게 버텨 왔다. 다섯 살 때, 부모의 이혼을 겪으며 법원이 정한 상담과 면접 교섭을 다녀야 했고, 모두 내 탓이라는 죄책감에 오래 시달렸다. 학교도 피난처는 아니었다. 그래도 필사적으로 어울리려 애썼지만 끊임없이 괴롭히는 친구들 사이에서 끝내 버텨낼 수는 있다는 가르침은 얻었다. 성인이 되어서는 스물여섯 살에 조직 심리학 박사 과정을 악착같이 마쳤고, 이후 안정적인

회사 생활을 내려놓고 창업을 택했다.•

무엇보다 나를 규정한 싸움은 오랫동안 이어진 고통스럽고 이해하기 힘든 건강 문제였다. 나는 이를 악물고 버텼고, 그것이야말로 내가 믿어 온 감사·낙관·적극적 대처 같은 회복탄력성 실천법의 증거라고 굳게 믿었다. 기억하는 한《마음이 요동칠 때 자존감보다 회복력Resilience》,《그릿Grit》,《돌파력The Obstacle Is the Way》,《나는 상처받지 않기로 했다13 Things Mentally Strong People Don't Do》같은 장르의 대표작들에 힘입어 회복탄력성의 힘을 신뢰해 왔고, 그 효능을 널리 말해 왔다.

그러니 팔의 사소한 통증쯤이야. 나는 그저 흐르는 물처럼 대응하면 된다고 생각했다. 정신력을 다잡아 장애물을 압도하고, 모을 수 있는 모든 투지를 끌어모으면 된다고. 하지만 그 지독한 바위는 좀처럼 닳지 않았다. 곧 만성적인 통증이 온몸으로 퍼져 나갔다. 사무실을 인체공학적으로 새로 꾸민 뒤에도, 뒷덜미가 욱신거려서 오후 3시만 지나면 일을 더 하기가 힘들었다.

새로운 증상들이 차례로 나타났다. 불시에 시야가 흐려져 글을 읽을 수 없었다. '안정 시' 심박수도 분당 150회를 자주 넘겼다. 몇 시간, 몇 분, 심지어 몇 초 전에 있었던 일조차 기억하지 못했고, 가끔은 수십 년 된 지인의 이름조차 떠올리지 못했다. 상태가 분명 더 나빠지고 있었다. 그렇다고 내 인생 최악의 위기는 아니었다. 나는 어떻게든 앞으로 나아가려 했다. 이른바 '침착하게 계속하라, 수면제

• The Eurich Group은 가장 중요한 순간, 성과 향상을 목표로 리더와 팀을 지원하는 맞춤형 임원 개발 컨설팅 회사다.

를 먹더라도' 식의 접근이었다. 하지만 어느 순간부터, 나는 기억하는 한 가장 심한 불안과 씨름하고 있었다. 매일 조금씩, 내가 전에는 경험해 본 적 없는 한계점에 가까워지고 있다는 느낌이 들었다.

내가 가진 최고의 회복탄력성 도구들이 왜 통하지 않았을까?

마침내 나는 회복탄력성 연구를 처음부터 다시 살펴봐야겠다고 판단했다. 무언가 놓치고 있을지 모른다고 느꼈기 때문이다. 나는 이 분야의 개척자들이 진행한 초기 연구로 돌아갔다. 그 연구들은 역경을 버티고 다시 일어서며, 적응해 내는 아이들과 어른들의 남다른 '보호 요인'을 밝혀냈다. 이를테면 사회적 지지[1], 긍정적인 감정[2], 그릿grit[3] 같은 것이다. 이후 연구는 낙관성[4], 감사[5], 운동[6], 적극적 대처[7]처럼 학습이 가능한 강점[8]이나 실천에 주목했고, 이런 것들이 회복탄력성을 강화한다고 보았다. 그러나 가장 흥미로웠던 것은 최근의 연구였다. 연구자들은 여러 실천을 함께 적용[9]하는 것이 회복탄력성을 키우는 가장 효과적인 방법이라는 사실을 발견했다. 마치 운동 루틴을 다양하게 바꿀수록 근육을 키우기 더 유리한 것과 마찬가지라는 원리다. 이 연구를 보고, 나는 내가 가는 길이 맞다고 다시 확신하게 되었다. 다만 내 회복탄력성 실천을 더 깊고 다양하게 하면 된다고 생각했다.••

그래서 다음 단계로, '회복탄력성 초강화 계획'이라는 일일 점검표를 만들어 인쇄해 쓸 수 있도록 했다. 매일 내가 실천한 항목에 표시했다. 명상, 하루에 거의 10킬로미터에 이르기도 하는 야외 건

•• 회복탄력성의 강점과 실천에 대해서는 비판도 있다. 특히 관련 연구 상당수가 상관관계에 그친다는 지적이다.

기, 느닷없는 연락에 당황하더라도 예고 없이 친구들에게 전화하기, 감사와 소망할 것 찾기, 더 건강하게 먹기, 심지어 평소 성과 중심적이고 조급한 편인 내가 몇 년간 대놓고 깎아내리곤 했던 요가까지. 얼마 지나지 않아 체크 표시가 항공사 마일리지처럼 차곡차곡 쌓여 갔다. 회복탄력성이라는 근육이 단단해지는 느낌도 들었다. 물론 매일 그렇게 시간과 에너지를 쏟다 보니 꽤 지치기도 했다. 그래도 고생 끝에 낙이 온다고들 하지 않나.

한편, 병원을 찾기도 했다. 그것도 여러 군데. 의대생들이 수련 중 과를 도는 속도보다 더 빠르게, 여러 과를 전전했다. 가정의학과, 재활의학과, 정형외과, 신경과… 그 외에도 다양하게. 내 생각에 해법은 분명했다. 내가 만든 점검표의 항목을 계속 지워 나가고, 의사들은 각자 할 일을 하도록 맡겨 둔 채, '고난과 역경이 우리를 더 강하게 만든다'라는 유명한 격언을 되새기는 것이었다.

하지만 불과 몇 달 뒤, '나를 죽이지는 않을 거라 여겼던 것'이 사실은 나를 죽일 수도 있음을 뼈저리게 깨달았다. 그 깨달음은 나를 회복탄력성 연구에 깊이 몰두하게 했다. 그리고 연구를 진행하며, 나는 지금껏 21세기 역경을 가장 잘 건너는 방법으로 믿어 왔던 신념이 송두리째 뒤집히는 순간을 맞이했다.

회복탄력성의 아버지

크로퍼드 스탠리 홀링은 1930년대 캐나다 온타리오 북부, 맑은 호

수와 북방 침엽수림 속에서 그림 같은 유년기를 보냈다. 그는 자연, 특히 곤충과 새[10]를 깊이 사랑했다. 그런 그에게 누나는 '버즈'라는 사랑스러운 별명을 붙여 주었고, 그 별명을 무척 좋아한 그는 모두가 그렇게 불러 주길 바랐다.[11]

동물학으로 학부와 석사, 박사 학위까지 마친[12] 버즈는 1957년, 캐나다 산림청에 생태학자로 들어가 포식자–피식자 관계를 연구했다. 십 년쯤 뒤에는 브리티시컬럼비아대학교로 자리를 옮겨 학생들을 가르치기 시작했는데, 곧 세계적 명성을 얻게 된 결정적 발견을 한다.

그 무렵 온타리오 북부에서는 1장에서 언급한 가문비솔나방 대발생이 막 시작되던 때였다. 버즈는 효과가 입증돼 있던 '광범위 살포' 전략이 왜 사태를 진정시키지 못하는지 알고 싶었다. 곧 당혹스럽지만 부정할 수 없는 시뮬레이션 결과가 나왔다. 살포를 많이 한 지역일수록 수목 밀도는 오히려 증가해 마치 성과를 얻은 것처럼 보였다. 하지만 풍성해진 잎사귀는 교활한 유충에게 훌륭한 위장막이 되었고, 가문비솔나방의 천적인 새들이 사냥감을 찾아내지 못하게 되었다.[13] 다시 말해 '나방 특공대'는 솔나방 대발생을 불러온 근본적인 원인을 해결하지 못한 데다, 날개 달린 침입자를 막아 주던 자연의 조절력마저 의도치 않게 약화시키고 있었다.

학생 시절 버즈는 유진 오덤과 조지 퍼킨스 등 석학들의 연구에 깊이 파고들었다. 그들은 숲 같은 생태계가 안정 상태를 지향하며, 교란이 있어도 자연히 회복된다고 보았다. 그런데 버즈가 막상 숲을 들여다보니 실상은 전혀 달랐다. 숲의 일부는 실제로 스스로 안정을 되찾았지만, 다른 부분은 무너지고 있었다. 버즈의 결론은 분명했다.

"자연은… 고정된 평형 상태[14]로 머물지 않는다." 생태계는 실제로 스스로 회복하고 균형을 되찾는 능력을 갖추고 있지만, 그 능력에는 한계가 있으며 때로는 회복이 어려운 충격을 받기도 한다.

버즈의 통찰은 정부 정책과 생태학 통념에 정면으로 반하는 것이었다. 불안정과 혼돈이 잠시 스쳐 가는 불청객이 아니라 자연의 고유한 속성[15]이라는 깨달음은, 사람들로 하여금 관점을 바꾸도록 요구했다. 기존 통념과 달리, 큰 교란 속에서 생태계가 저절로 제자리를 찾지 않았다. 예측 불가능한 힘을 마주했을 때는 얼마나 잘 적응할 수 있는지[16]가 가장 중요했다. 따라서 '나방 특공대'는 "숲 전체에 살포해!"라는 방식으로 가문비솔나방을 없애 버리는 것이 아니라, 생태계가 교란을 스스로 관리하도록 "새들이 할 일을 하게 두라"라는 방식을 택해야 했다. **버즈는 이 능력을 '회복탄력성'으로 개념화했는데, 생태계가 교란에 적응하면서도 기능을 계속 유지하는 체계[17]를 뜻한다.**

버즈의 생각이 가져온 광범위한 함의는 대담하고 흥미로웠다. 1999년, 버즈는 '회복탄력성 연합'을 결성해● 복잡적응계complex adaptive systems를 연구하는 학자와 실무자 간의 학제적 협력을 촉진했다. 곧 회복탄력성은 생태학을 넘어 개인, 기업, 지역 사회가 빠르게 가속하는 변화에 맞서는 데에도 적용되기 시작했다. 그리고 곳곳에서 사람들은 이렇게 묻기 시작했다. 균형이 다시 잡히길 기다리기만 할 게 아니라, 우리의 '적응 역량'을 강화할 수는 없을까?[18]

● 회복탄력성 네트워크로 명칭 변경.

회복탄력성의 간략한 역사

회복탄력성resilience이라는 말은 '되돌아오다', '튀어 오르다'[19]라는 뜻의 라틴어 *resilire*[20]에서 왔다. 그리고 이는 종교와 철학 전반에서 오래된 미덕으로 여겨져 왔다. 기독교[21]는 성경 욥기를 통해 역경에 맞선 믿음, 희망, 인내를 강조한다. 유대교는 출애굽[22]의 서사처럼 박해 속에서도 끝까지 버티는 끈기를 강조한다. 이슬람[23]은 인생에서 시련을 겪을 때 인내하며 신을 믿어야 한다고 가르친다. 불교[24] 또한 삶에 내재한 고통을 견뎌내는 일은 불가피하다고 인정한다. 힌두교[25]는 고통을 견디기 위해서는 집착을 버리도록 권한다. 최근 다시 주목받는 그리스 철학 스토아주의[26]는 아모르 파티amor fati 즉, 운명을 사랑하라는 태도로 역경을 꿋꿋이 견디라고 가르친다.

이처럼 회복탄력성이 역사 속에서 오래 자리한 개념인데도, 심리학자들이 본격적인 연구를 시작한 것은 1954년에 이르러서였다. 발달 심리학자 에미 워너 연구팀은 하와이 카우아이에서 아동 698명을 추적 관찰하기 시작했다. 생후 1세부터 40세까지 발달, 가족 환경, 사회경제적 여건을 면밀하게 평가하고 관찰하여 어떤 아이들은 역경에서 성공적으로 회복하는[27] 반면 일부 아이들은 심리적인 상처로 지속적인 고통을 겪는 이유를 밝히고자 했다.

1960년대 후반, 워너 팀은 연구 결과를 발표하기 시작했다.[28][29]●● 가장 고무적인 발견은 경제적 어려움이나 가정 내 문제 같은 큰 역

●●　다만 워너 팀은 거의 10년이 지난 후부터 '회복탄력성'이라는 용어를 쓰기 시작한다.

경을 겪고도 잘 회복한[30] 아이들이 있다는 사실이었다. 이른바 회복 탄력성이 높은 아이들은 범죄에 연루되거나 정신 질환, 약물 남용 문제를 겪을 확률이 낮았고, 성인이 된 후에는 비슷한 어려움을 겪은 또래들보다 학업, 직장, 결혼, 자녀 양육 등 삶의 여러 영역에서 뜻밖의 성취를 거두는 경우가 많았다.

연구에 따르면 이 아이들을 버틸 수 있게 한 건 보호 요인의 존재였다. 사교성 같은 성향, 효과적인 부모의 양육, 양질의 교육과 의료 접근성 등이 어려운 시간을 통과하는 데 도움을 주었다. 하지만 보호 요인에 대한 초기 연구는 곧 논쟁을 불러왔다. 특정한 성향이 없으면 역경을 극복하거나 어려움 속에서 잘 살아갈 수 없다는 잘못된 메시지를 줄 수 있다는 심리학자들의 지적[31] 때문이었다.

그래서 학자들은 회복탄력성을 가진 사람들이 실제로 어떤 과정을 거쳐 스트레스에 대처하고 적응하는지를 연구하기 시작했고[32], 나아가 누구나 회복탄력성을 높일 수 있는 전략을 모색했다. 곧 《회복력의 7가지 기술 *The Resilience Factor*》 같은 자기계발서[33]가 출간되며 회복탄력성을 '행복하고 건강한 삶에 꼭 필요한, 아마도 가장 중요한 요소'라 칭송했다. 회복탄력성이 타고난 성격이나 환경에 영향받는 게 아니라 누구나 개발할 수 있고 필요할 때 꺼내 쓸 수 있는 도구 모음이라는 인식이 퍼지면서, 원래는 생소했던 과학 개념이 누구나 일상에서 활용할 수 있는 자기 관리 도구로 변모했다.

그런데 회복탄력성 개념이 굶주린 나방 떼보다 더 빠르게 퍼져나간 계기는 2008년 글로벌 금융 위기였다. 이견의 여지 없이 대혼돈 시대의 개막이라 할 수 있는 이때 회복탄력성은 경제적 불평등[34], 자연재해[35], 위험 관리[36] 등 온갖 문제의 만병통치약처럼 여겨졌다.

그 결과 경영[37], 교육[38], 심리 치료[39], 보건[40], 공학[41], 사회 기반[42] 등 거의 모든 분야에서 회복탄력성이 속속 등장하기 시작했다.•

그러나 이 무렵부터 회복탄력성에 대한 대중 담론은 버즈 홀링이 강조했던 적응 능력이라는 의미에서 점차 멀어졌다. 대신 누구든 강인함만 충분히 갖추면 어떤 역경에서도 다시 일어설 수 있다는 식의 단순한 메시지로 변질되면서, 논의가 본래의 방향을 잃기 시작했다. 예를 들어,《회복탄력성의 기술The Art of Resilience》[43]에서 모험가이자 저자인 로스 에글리는 영국 본섬을 수영해 일주한 기록적인 도전의 비결이 결국 '정신적 강인함'에 달려 있다고 주장했다.

물론 이런 주장을 뒷받침할 확실한 근거는 없었다. 그럼에도 불구하고 회복탄력성의 인기는 식을 줄 몰랐다. 테일러 스위프트의 노래 〈Shake It Off〉는 회복탄력성에 대한 찬가였고, 미셸 오바마[44]와 제니퍼 애니스턴[45]에서 일론 머스크[46]에 이르기까지 유명 인사들은 자기 삶에서 회복탄력성이 얼마나 중요했는지 공공연히 이야기했다. 기업들 역시 직원들을 '성공에 필요한 가장 저평가되었지만 가장 강력한 기술'[47]을 기르도록 한다며 회복탄력성 연수[48]에 보내기 시작했다.

온갖 과장된 이야기들을 보면서, 나는 대중이 이해하는 회복탄력성이 버즈 홀링이 제시한 적응 능력에서 얼마나 멀어졌는지 궁금해졌다. 그래서 사람들이 실제로 회복탄력성을 어떻게 이해하고 있는지 살펴보기로 했다. 직장인 324명을 대상으로 한 설문 조사 결과

• 구글 엔그램 뷰어(영어권 도서 1,500만 권 이상 분석) 기준으로, 'resilience'의 사용은 2007~2018년 사이에 약 2.5배 증가했다.

역시, 정의가 대부분 역경 속 강인함에 초점이 맞춰져[49] 있었다. 예를 들어, 강인한 정신은 '도전적인 상황에서 강하고 흔들리지 않으며, 굴하지 않는 것', 인내는 '어려움을 끝까지 견디고 포기하지 않는 것', 회복은 '넘어져도 다시 일어나는 것' 같은 식이었다. 분명 우리가 흔히 생각하는 회복탄력성은 그 본래 의미에서 크게 벗어나 있었다.

공교롭게도 내 연구 주제는 그 무렵 내 삶에서도 중요한 문제로 떠오르는 중이었다. 연구 과제와 씨름하던 와중에도, 나는 여전히 회복탄력성 체크리스트와 병원 진료를 꼬박꼬박 챙기며, 마음만 단단히 먹고 버텨 내면 금세 다시 일어설 수 있으리라 확신하고 있었다.

단 하나, 사소하고도 결정적인 문제만 제외하면 말이다! 이 방식은 전혀 통하지 않았다. 정말, 전혀.

나는 그것이 나만의 문제라고 믿었다. 다른 사람들은 회복탄력성이 자기개발서 저자, 유명 인사, 일부 학자들이 약속하는 만병통치약이 아닐지도 모른다는 의심을 할 리 없다고 생각했다. 하지만 연구의 정량적 부분에 한창 몰두하던 나는 결국 확인해 보기로 했다. 직장인 400여 명을 대상으로 한 설문에 간단하지만 신뢰할 수 있는 회복탄력성 척도 항목을 추가해 보았다. 그런데 결과를 분석하고는 충격에 휩싸였다. 회복탄력성은 사람들이 위기를 겪은 후 더 나아지고 강해지는지를 예측하지 못했기 때문이다. **실제로 회복탄력성은 역경을 극복하는 데 뚜렷한 도움이 되지 않았다.** 조용한 사무실에서 나는 주저앉을 뻔했다. 충격적이다 못해 상식을 뒤흔들 만한 발견이었다. 회복탄력성은 인생에서 가장 힘든 순간을 헤쳐 나가는 데 가장 확실한 전략이어야 했고, 다시 일어서는 것이 앞으로 나아가는 최선의 길이어야 했다.

그런데 만약 그게 사실이 아니라면?

버즈 홀링이 촉발한 연구를 더 깊이 파고들면서, 나는 대중이 회복탄력성에 기대하는 것과 과학적 발견 사이의 괴리가 얼마나 큰지 깨닫게 되었다. 구체적으로는, 회복탄력성의 세 가지 신화가 생각보다 훨씬 더 잘못된 방향으로 우리를 이끌고 있었다.

회복탄력성의 세 가지 신화

신화 1: 회복탄력성은 우리를 더 나아지고 강해지도록 돕는다.

진실: 회복탄력성은 우리가 원래 가지고 있던 힘과 삶의 질을 유지하거나 회복하는 데 도움을 줄 뿐이다.

회복탄력성에 관한 책이나 글을 읽어 본 적이 있다면, 불가능해 보이는 목표를 이루게 하고, 역경 속에서 성장하고 발전하게 만들며 행복하고 건강한 삶으로 데려다줄 것처럼 느껴졌을지도 모른다.

하지만 정말 그럴까?

이 분야의 저명한 전문가들은 회복탄력성의 실제 효과가 우리가 기대해 온 만큼 극적이지는 않다고 본다.[•] 예를 들어, 코로나19

[•] 독자 여러분, 지금부터 제가 제시할 데이터는 다소 놀라울 수 있습니다. 특정 근거를 확인하고 싶다면, 이 절의 미주에 가능한 한 자세히 근거를 제시해 두었습니다. 더 자세한 내용을 원하신다면 www.shatterproof-book.com/resilience를 방문해 보시길 권합니다.

봉쇄 기간 동안 진행된 한 연구를 보자[50]. 1,000명 이상을 대상으로 한 조사에서 사회적 지지, 자존감 등 보호 요인이 회복탄력성과 연결돼 있다는 결과가 나왔다. 언뜻 보면 강력한 결론 같다. 하지만 연구자들은 회복탄력성을 역경을 통해 성장하거나 적응하는 것으로 정의하지 않았다. 그저 *단순히 우울과 불안을 겪지 않는* 상태로 정의되었다.

이 연구만 예외적인 게 아니다. 주요 연구[51]를 종합해 보아도 회복탄력성이 높은 사람들이 역경 속에서 더 나아지기보다 균형을 되찾는다는 결론이 공통적이다. 에미 워너가 관찰했던 회복탄력성이 높은 아이들과도 크게 다르지 않다. 가장 많이 인용된 논문 52편[52]을 포함해● 총 200편이 넘는 회복탄력성 관련 논문을 꼼꼼히 분석한 결과, 회복탄력성의 효과는 두 가지로 정리할 수 있었다. 그러나 두 효과 모두, 회복탄력성이 인간 성장의 비밀이라는 세간의 믿음을 설명하지 못했다.

첫 번째이자 가장 흔한 효과는 단순하다. 회복탄력성은 우리가 무너지는 상황을 막아 준다. 가장 많이 인용된 논문의 85퍼센트가 회복탄력성이 스트레스에 대처하고, 마음의 균형을 지키며, 부정적 결과를 방지하는 데 도움을 준다고 밝혔다. 즉, **회복탄력성은 정서적 파국을 막아 주는 데 도움이 되지만, 이전보다 더 좋아지게 만든**

● 동료 심사 저널의 피인용 수는 논문의 품질과 영향력을 가늠하는 합리적인 지표다. 2024년 1월 15일 주에 나는 Google Scholar에서 '회복탄력성' 관련 논문을 검색했고, 누락이 없도록 Scinapse로 교차 확인을 진행했다. 이후 생태학·공급망 등 개인 수준이 아닌 분야는 제외하고, 가장 많이 인용된 논문들이 '개인 회복탄력성'을 어떻게 정의하는지 분석했다. 2,000회 이상 인용된 상위 52편에서 보인 패턴이 그다음 구간, 1,000~2,000회 인용된 28편에서도 동일하게 나타났다는 점도 주목할 만하다.

다고 보기는 어렵다.

둘째, 연구에 따르면 회복탄력성은 큰 어려움이나 앞날이 불투명한 상황에서도 무너지지 않고 일상을 이어 가도록 돕는다. 하지만 그렇다고 해서 삶을 송두리째 바꿔 놓는 경우는 드물다. 대개 회복탄력성이 높은 사람들은 비슷한 상황에 놓인 다른 사람들보다 '예상보다 잘'[53] 혹은 '평균 이상으로'[54] 지내는 모습을 보이지만, 평소 일상 수준을 넘어서는 경우는 거의 없다. 가장 많이 인용된 논문 가운데 단 8퍼센트에 해당하는 4편에서만 회복탄력성이 더 높은 수준의 삶을 가능하게 한다고 주장했다. 그러나 그중 4분의 3은 실증적 근거가 아니라 사례에 의존한 주장이었다. 실제로 회복탄력성 연구자들 역시 스스로[55] 이렇게 인정한다. "우리 대부분은 기준을 정상 범위 수준에 둔다. 왜냐하면 개인이 어떻게 정상적인 생활 수준을 유지하거나 되찾는지를 이해하는 데 목표가 있기 때문이다."••

내 연구 역시 이 사실을 뒷받침한다. 세 개의 별도 연구에서 살펴본 결과, 부정적인 감정 흘려보내기, 사고방식 바꾸기, 사회적 지지 구하기 같은 회복탄력성 실천법들은 힘든 상황에서 더 나은 결과를 낳는다는 확실한 근거가 되지 못했다. 더구나 회복탄력성이 높은 사람[56]이 이런 실천법을 다른 사람보다 더 자주 실행하는 것도 아니었다. 한 연구에서는 회복탄력성 점수가 높은 사람이 오히려 도움을 청하거나 문제를 직접 다루려 하지 않았고, 털어 내고 싶은 부정적

•• 발달 정신 병리학 분야의 권위자인 마이클 러터는 지적한다. "회복탄력성은 같은 수준의 스트레스나 역경을 겪는 다른 사람들과 비교해 상대적으로 더 나은 기능을 뜻해야 하는데, 흔히 전반적으로 우수한 기능을 요구하는 개념으로 오해하게 만드는 잘못된 함의가 있다." (Michael Rutter, "Resilience as a Dynamic Concept," Development and Psychopathology 24, no. 2 [2012]: 335–44)

인 경험에 집착하는 경향이 더 강했다. 또 다른 연구에서는 회복탄력성이 높다고 해서 나쁜 일은 성장을 위한 계기가 될 수 있다는 믿음이 더 강한 것도 아니었다.[•] 마지막으로, 여러 집단을 살펴보니 회복탄력성이 높다고 해서 스스로 성장했다고 느끼거나, 힘든 시기를 거쳐 삶의 질이 나아졌다는 결론을 얻은 것도 아니었다. 심지어 위기를 겪고 더 좋아진 사람들의 회복탄력성 점수가 다른 사람들보다 더 높은 것도 아니었다.

가장 권위 있는 회복탄력성 연구들과 마찬가지로, 우리 팀의 데이터도 분명한 결과를 보여 준다. **회복탄력성의 본래 역할은 우리를 더 발전시키는 것이 아니라, 일상을 유지하도록 돕는 것이다.**[57] 물론 이 안정성이 위기를 견디는 데 도움이 되지만, 우리를 더 강하게 만든다는 뚜렷한 증거는 부족하고, 성장으로 이어진다는 근거는 거의 없다. 다시 말해, 회복탄력성에만 의지[58]하는 것은 홍수로 무너진 낡은 집을 이전 모습 그대로 다시 세우는 것과 같다. 잠시 버틸 수는 있지만, 미래의 폭풍에도 끄떡없는 더 튼튼한 집을 새로 짓는 건 아니라는 뜻이다.

바로 여기서 문제가 생긴다. 회복탄력성에 본래 범위를 넘어선 역할을 기대하기 시작하면 즉, 가장 힘든 순간에 삶 자체를 완전히 바꿔줄 것이라 믿기 시작하면, 우리는 같은 실수를 반복하게 되고 다음 위기를 만날 때도 여전히 취약한 상태에 머무르게 된다.

이 말이 다소 불편하게 들릴 수 있다. 사실 나도 그랬다! 분명히 말하지만, 회복탄력성이 쓸모없다는 뜻은 아니다. 오히려 때로는 매

---

* 통계 덕후들을 위해 한 줄 요약: 상관 계수 0.0

우 유용하고 강력한 힘을 발휘한다. 단기적으로 회복탄력성은 위기 속에서 무너지지 않게 지탱해 준다. 특히 해고, 이혼, 죽음, 재난처럼 갑작스럽고 통제할 수 없는 상황에서 큰 도움이 된다. 또 어떤 경우에는, 이전보다 더 나빠지지 않은 상태로 위기를 벗어나는 것만으로도 대단한 성취다. 다만 회복탄력성은 만능이 아니라, 위기에서 무너지지 않도록 돕는 하나의 도구일 뿐이다.** 회복탄력성만으로 항상 더 강하게 다시 일어서는 건 아니다.

신화 2: 회복탄력성은 선택이다.
진실: 우리는 언제나 회복탄력성의 수준을 통제할 수 없다.

회복탄력성은 종종 '근육'에 비유되곤 한다. 자주 쓰고 훈련할수록 강해진다는 의미다. 누구든 특정 행동을 꾸준히 연습하기만 하면 더 높은 회복탄력성을 지닌 사람이 될 수 있다는 메시지도 포함한다. 그런데 과연 연구 결과도 같은 결론에 도달할까?

여러 연구를 종합한 메타 분석[59]은 긍정적인 사고나 사회적 지지[60] 같은 보호 요인을 강화하거나, 상황을 재평가하고 수용하는[61] 대처 전략을 배우는 훈련이 회복탄력성을 향상시킬 수 있지만, 그 효과는 아주 미미하다는 것을 보여 준다.[62]*** 또 이런 훈련이 아예 효과가 없다는 연구 보고도 있다. 심지어 4만 5천 건이 넘는 데이터를 분석한 최근 연구에서는 회복탄력성 훈련이 회복탄력성을 높이

●● 　잘 지적해 주신 감수자님 감사합니다!
●●● 　다시 말해, 5에서 10으로 가기보다 5에서 6으로 가기가 더 쉽다.

지 못했을 뿐 아니라[63] 정신 건강, 행복감, 삶의 만족도, 직업 만족도를 해치고[64], 훈련받은 사람들이 오히려 더 큰 스트레스를 겪었다는 결과까지 나왔다.•

게다가 회복탄력성이 하나의 선택지라는 믿음은 과학적 근거가 약할 뿐만 아니라, 위험한 부작용까지 낳는다. **만약 정신적 강인함이 전적으로 학습 가능하다고 믿게 되면, 무너지거나 실패했을 때, 결국 노력하지 않은 자신의 탓이라는 결론에 이르게 된다.** 저명한 회복탄력성 연구자 마이클 웅가Michael Ungar가 지적했듯, 결국 "충분히 수련하지 않았거나, 역경을 극복할 만큼 끈기가 부족했다"라는 식의 잘못된 자기 비난으로 이어진다. 웅가는 이런 결론을 가차 없이 '오만하며 피해자에게 책임을 전가하는 태도'[65]라고 규정했다. 게다가 이러한 믿음은 죄책감과 수치심을 키울 뿐 아니라, 우리의 시선을 문제의 진짜 원인에서 벗어나게 만든다. 그리고 그 원인은 종종 개인 내부가 아닌, 외부에 존재한다.[66] 이런 함정은 잰의 사례에서도 드러난다. 잰은 사랑이 넘치는 가정에서 자라 순탄하게 살았기에 부모가 되는 일도 행복하리라 믿었다. 하지만 아들 앤드루가 태어나면서 상황은 달라졌다. 아이가 잠시도 가만히 있지 못하는 모습이 걱정됐지만, 처음엔 그저 성장 과정에서 흔히 있는 일이라고 생각했다. 그러나 여섯 달이 지나자 잰은 불안한 마음에 병원을 찾았다. 의사는 잰을 안심시켰다. "너무 걱정하지 마세요. 앤드루는 괜찮을 겁

• 적어도 직장에서는, 일부 회복탄력성 프로그램이 오히려 해가 될 수 있는 이유에 대한 설명이다. 간호사 마거릿에 따르면, 간호 인력 부족이라는 스트레스의 근본 원인을 해결하는 대신, 병원은 간호사에게 회복탄력성 교육만 하고 있다. (John Patrick Leary, "Resilience Is the Goal of Governments and Employers Who Expect People to Endure Crisis," Teen Vogue, 2020년 7월 1일)

니다." 전문가의 말이니 믿을 수밖에 없었다.

하지만 앤드루의 문제가 계속되자 잰은 점점 더 불안해졌다. 도움을 청할수록, 의사는 오히려 잰의 걱정을 무시하며 과민하고 비이성적인 부모로 취급했다. 곧 친구와 가족들까지 합세했다. 잊을 수 없는 말 중 하나는 이랬다. "앤드루는 괜찮아. 상담이 필요한 사람은 너야."

자신감 넘치고 당당했던, MBA 학위를 가진 성공적인 커리어우먼 잰은 곧 수치심과 자기 의심에 시달리게 되었다. 아들의 행동이 문제가 아니라, 그걸 감당하지 못하는 자기 자신이 진짜 문제라고 믿기 시작했다. 하지만 잰은 사실 내가 **'그릿 가스라이팅**grit gaslighting**'**[67] 이라고 부르는 현상의 피해자였다. 우리가 겪는 스트레스나 고통을 인정하기보다는 오히려 그것을 이겨 내려는 노력이 의심받는 흔한 현상이다. 그릿 가스라이팅은 대개 권위 있는 위치에 있는 사람, 또는 의도는 좋지만 상황을 제대로 알지 못하는 가족, 친구에게 당한다.

그런데 그릿 가스라이팅을 하는 목소리가 바로 '내 안에서' 들려온다. 노력만 충분히 하면 어떤 어려움도 이겨 낼 수 있다는 믿음에 익숙해져 있다 보니, 자신을 향한 내적 대화가 그릿 가스라이팅으로 변해 버린다. 나 역시 건강 문제로 가장 힘들던 시기에, 새벽 두 시쯤이면 늘 내 정신력을 의심했다. 나는 천장을 보며 생각하곤 했다. *"나보다 훨씬 힘든 상황에 놓인 사람들도 많은데, 나는 왜 이 정도도 감당하지 못하는 거지?"*●● 다른 사람의 고통을 들먹이며 스스로에게 그릿 가스라이팅을 하는 상황을 두고 내 현명한 친구 닉이

●●　내 책《자기통찰》을 의식해, 최소한 '왜' 대신 '무엇'을 묻고 있었다.

최근에 한 농담이다. "기억해, 이건 '고통 올림픽'이 아니야."

실제로는 우리가 통제할 수 없는 요인들[68] 때문에, 특히 스트레스 상황에서는 회복탄력성을 유지하기가 쉽지 않다. 요인은 DNA[69], 신경 작동 방식[70], 성격[71], 기질[72]처럼 태어날 때부터 가지고 있는 특성에 더해 어린 시절 경험[73]과 이후 겪는 사건[74]을 포함한다.[•] 위험 요인을 확인하려면 부록 A를 참고하면 된다. 그러므로 회복탄력성을 개인의 선택으로만 보면 많은 사람이 실제로 겪는 어려운 현실을 잔인하게 부정하는 셈이다. 문제는 우리가 회복탄력성이 부족한 것이 아니라, 회복탄력성 하나만으로 충분하다고 믿어 온 태도였다.

신화 3: 우릴 죽이지 못한 고통은 우리를 더 강하게 만든다.
진실: 우릴 죽이지 못한 고통은 회복탄력성을 오히려 약화시킨다.

1889년 1월, 철학자 프리드리히 니체는 유명한 격언이 담긴 책을 출간했다[75]. "나를 죽이지 못하는 고통은 나를 더 강하게 만든다."

하지만 그 무렵, 이탈리아 토리노의 피아차 카를로 알베르토에서 아침 산책 중[76]이던 니체는 마부가 말을 심하게 채찍질하는 장면을 목격했다. 니체는 고통받는 말에게 달려가 횡설수설하며 목을 끌어안고 오열하기 시작했다. 경찰이 출동했고, 지인이 집으로 데려갔지만 상태는 더 나빠졌다. 망상에 사로잡혀 방에 틀어박힌 채 목청

[•] 연구자들은 대체로 회복탄력적인 사람이 타고난 게 아니라는 데는 확신하지만, 그렇다고 해서 100퍼센트 확실하다고 말할 수는 없다. (Christy A. Denckla 외, "Psychological Resilience: An Update on Definitions, a Critical Appraisal, and Research Recommendations," European Journal of Psychotraumatology 11, no. 1 [2020]: 1822064)

껏 고함을 질러대던 니체는 결국 독일 예나의 정신 병원에 수용되었고, 절친한 친구의 표현대로 "다시는 예전으로 돌아오지 못했다."[77]

결국 "우릴 죽이지 못한 고통은 우리를 더 강하게 만든다"라고 공개적으로 말한 지 한 달도 채 지나지 않아, 니체 스스로 그 주장을 무너뜨린 셈이었다.

역경을 겪으면 회복탄력성이 강해진다는 믿음은 니체 개인에게만 국한된 것이 아니었다. 이 관점은 매력적이고, 희망적이며, 무너지지 않을 것 같은 위안을 준다. 하지만 연구자들은 이러한 믿음에 대해 "탄탄한 실증적 근거가 부족하다"[78] 라고 지적한다. 실제로 스트레스를 가장 많이 겪어 온[79] 사람이 회복탄력성 자원을 가장 적게 가지고 있는[80] 경우가 많다. 다시 말해, **회복탄력성은 무한한 힘의 원천이 아니다. 오히려 사용할수록 줄어드는 자원에 가깝다.**[81]

사실 스트레스와 회복탄력성의 관계는 니체의 주장과 반대로 움직인다. 스트레스가 회복탄력성을 높여 주는 것이 아니라 오히려 갉아먹는다.[82] 시간이 흐를수록 사소한 스트레스도[83] 쌓여 영향을 미친다. 특히 삶의 여러 영역에서 어려움이 동시에 이어질 때,[84] 즉 '혼돈의 시대'를 살아갈 때 그 영향은 더욱 뚜렷하다. 2007년부터 2020년까지 중국 대학생들을 추적한 한 연구에서는 경제적 어려움, 사회적 단절 같은 스트레스 요인이 시간이 지날수록 학생들의 회복탄력성을 꾸준히 낮추었다[85]고 밝혔다.

이 현상이 잘 나타난 사례가 1998년 심리학자 마크 무레이븐 연구팀의 실험이다. 학생들에게 불편한 영화를 보여 준 뒤[86], 한 집단은 감정을 그대로 표현하게 하고 다른 집단은 감정을 억누르고 꾹 버티게 했다. 감정을 억누른 집단은 더 쉽게 피로해지고 활력이 떨어졌으며, 심리적 에너지가 줄어들자 신체적 에너지도 함께 고갈되었다.● 이는 마치 휴대전화 배터리를 계속 충전할수록 용량이 점점 줄어드는 것과 비슷하다.●● 하지만 휴대폰과 달리, 회복탄력성은 새 모델로 갈아탈 수 없다. '회복탄력성＝근육'이라는 비유를 끝까지 밀어붙이면 이런 결론이 나온다. 근육도 무게를 계속 늘리고 반복 운동을 이어 가면 결국 지치고, 휴식이 없으면 완전히 망가진다.[87] 같은 이치로, **스트레스가 우리를 더 강하게 만든다는 믿음은 오히려 우리를 더 취약하게 만든다.**

"우릴 죽이지 못한 고통은 더 강하게 만든다"라는 신화는 특히 사회적 약자들[88]에게 부정적인 영향을 준다. 그 이면에는 불평등에 맞서는 대신 묵묵히 견디는 태도가 올바르다는 가정이 깔려 있다. 예를 들어, 시크교도이자 작가인 심란 지트 싱은 민족적 배경 때문에[89] 자주 차별을 겪는다. 어느 날 싱은 친구에게 직장에서 유난히 힘든 한 주를 보냈다고 털어놓았다. 그러나 친구는 동정은커녕 이렇게 말했다. "넌 훨씬 더 힘든 일들도 겪어 왔잖아. 이 정도쯤은 아무렇지도 않을 거야." 그 친구는 싱이 인종차별과 편견을 견뎌 왔으니, 직장 문제쯤은 대수롭지 않을 거라 여겼다.

하지만 현실은 정반대다. 연구 결과, 역경에 대처할 수 있는 능력을 줄이는 요인은 차별[90], 정신질환[91], 만성 질환과 장애를 포함한

● 회복탄력성이 도움이 되는 이유 중 하나로, 인지 자원을 보존한다는 이론이 있다. 다만 그 보존 자체가 에너지를 소모하기 때문에, 무한정 지속될 수는 없다(E. 앤 바도엘 · 로버트 드라고, "Acceptance and Strategic Resilience: An Application of Conservation of Resources Theory," Group & Organization Management 46권 4호 [2021]: 657-91).

●● 이 비유를 제안해 주신 감수자님 감사합니다!

다. 그리고 내가 꼽는 대표적인 요인중 하나는 여성이라는 사실 자체다[92]. 여성이 살아가며 겪는 수많은 도전 때문이다. 더구나 무조건 참는 것만을 미덕으로 여기고, 위탁 가정의 아이들, 원주민 출신, 성소수자 집단, 군인과 가족, 장애인이나 만성 질환을 앓는 사람들[93]과 같은 소수자가 겪는 어려움을 고려하지 않을 경우, 이들 집단은 자신의 경험을 말하지 못하게 되며 그 침묵은 심각한 결과를 초래할 수 있다.

예를 들어, 나는 언젠가 가족 여행 중 심하게 아팠지만 분위기를 망치지 않으려고 억지로 버텼다. 그러나 집에 돌아온 지 이틀 만에 생명이 위험할 정도의 합병증으로 병원에 입원해야 했고, 괜히 참으려 했다고 깊이 후회했다. 다시 니체 이야기로 돌아가 보자. 사실 니체는 평생 극심한 만성 통증에 시달렸다. 그는 이렇게 쓴 적이 있다. "하루를 버텨 내는 것 자체가 너무 힘겨워서 저녁이 되면 삶에서 어떤 즐거움도 남아 있지 않다. … 이 정도라면 차라리 살 가치가 없다고 느껴진다[94]." 결국 그 가여운 남자는 무너질 수밖에 없었다.

정리하면, 어떤 사람은 다른 사람보다 회복탄력성이 더 크지만, 누구에게나 한계가 있다.[95] 우리는 분명 스스로 회복 능력을 키우려고 노력해야 한다. 하지만 분명히 기억해야 한다. 1970년대 후반 가문비솔나방으로 황폐해진 숲처럼 모든 시스템에는 한계점이 있고, 그 지점을 넘어서면 다시 회복하기가 극도로 어렵다. 또한 역경에 대처하는 방식에 '정답[96]'은 없다는 점을 기억하라. 그리고 회복탄력성이 부족하다고 느끼더라도 그것이 개인의 실패를 의미하는 것은 아니다.

"회복탄력성은 위기를 겪은 우리가
후에 더 나아지고 강해질지 예측하지 못했다."

❶ 회복탄력성

어려운 상황을 견뎌 내는 힘, 장기적인 문제 해결 전략이라기보다 단기적 위기 속에서 무너지지 않게 붙잡아 주는 강력한 도구

❷ 신화에서 현실로

- 회복탄력성은 성장하도록 돕는 게 아니라, 살아남도록 돕는다.
- 우리는 항상 회복탄력성을 눈에 띄게 향상시키거나, 통제할 수 없다. 어떤 사람은 더 많이 갖고 태어나지만, 누구에게나 한계가 있다.
- 지속적이거나 극심한 스트레스가 우리를 강하게 만드는 것이 아니다. 오히려 회복탄력성을 소진하고, 더 쉽게 무너지는 상태로 만든다.

❸ 그릿 가스라이팅

스트레스에 짓눌려 흔들릴 때, 왜 더 잘 버티지 못하느냐며 자신이나 타인이 우리의 대처 능력 자체를 의심하게 되는 현상

회복탄력성의 천장에
부딪히다

"회복탄력성이 주는 희망적인 메시지에 기대는 건 당연하다.
하지만 삶의 어려움을 해결할 유일한 해답은 아니다."

—회복탄력성 연구자 마이클 러터

청첩장에는 낯선 장소가 적혀 있었다. 나우션Naushon, 매사추세츠 연안에 자리한 섬. 궁금해서 검색해 보니, 사촌 라이언이 무려 약혼자 케이틀린의 집안이 소유한 섬에서 결혼식을 올린다는 게 아닌가.

뭐라고?

객관적으로 보나 주관적으로 보나, 나는 호화로운 결혼식은 고사하고 덴버에서 거의 3천 킬로미터 떨어진 외딴섬까지 갈 만한 몸 상태가 아니었다. 최근 몇 달 동안 악화하는 통증을 견디기 위해 무중력 자세로 각도를 조절할 수 있는 특수 제작 침대에 의지했다. 나는 이 침대를 '유리치 그룹 글로벌 침대 본부'라고 부르며 하루하루를 버텼다. 처음 침대를 샀을 때 친구들은 나를 놀려 댔다. "너, 일흔

살 먹은 은퇴자라도 된 거야?” 하지만 매일 아침 눈을 뜨자마자 ‘무중력 자세’ 버튼을 누르면, 위이잉! 하는 소리와 함께 침대가 움직였다. 나는 속으로 생각했다. *이제 누가 웃을 차례지?*

하루 대부분을 침대에 누워 지냈고, 통증 때문에 하루에 일하는 시간은 고작 대여섯 시간 정도였다. 게다가 통증뿐 아니라, 머릿속이 뿌연 ‘브레인 포그’에 시달려서 가장 단순한 일조차 버거워하며 모니터를 멍하니 바라보는 시간이 많았다. 그럼에도 컨설팅, 강연, 집필 세 가지 일을 동시에 하고 있었다. 하루 여섯 시간으로는 도저히 해낼 수 없었다. 결국 수면을 가장 먼저 희생했다. 잠은 살아남아야 한다는 불안감의 제단 위에 바쳐진 셈이었다.

그랬더니 자주 기절하기 시작했다. 처음 기절했던 때는 한밤중 화장실에 가는 길이었다. 정신을 잃고 바닥에 쓰러진 채 발견되었다. 그때부터 나는 지팡이에 의지해야 했다.

그렇지만 목숨이 위태롭다고 해도, 라이언과 케이틀린의 결혼식을 놓칠 수는 없었다. 바닷바람을 마시며 눈부신 바다 풍경을 보고, 크고 폭신한 호텔 침대에서 호사를 누리고, 어쩌면 스파까지 즐길 수 있지 않을까 상상했다. 직원들이 손님의 필요를 세심히 챙겨주는 그림 같은 장면이 머릿속에 그려졌다. 바로 내 지친 몸과 마음이 간절히 원하던 풍경이었다.

결코 만만한 여정은 아니었다. 비행기를 타고 보스턴까지 가서 하룻밤 묵은 뒤, 네 시간 동안 고속버스를 탄 다음, 다시 배를 탔다. 가는 중에 친척들과 마주칠 때면, 지팡이를 집에 두고 온 내 자신에게 속으로 욕하면서, 겉으로는 최대한 온화한 표정을 지었다.

마침내 배가 나우선에 닿았을 때, 안도감이 몰려왔다. 부두에는 시동을 켠 픽업트럭 한 대가 손님들을 기다리고 있었다. 부두 너머로는 아름다운 집들이 늘어서 있었는데, 나흘간 내린 비로 도로는 진창이었다. 케이틀린의 친절한 가족들이 우리를 반갑게 맞으며 말했다. "짐은 차로 옮겨 드릴게요. 숙소까지는 걸어서 15분밖에 안 돼요." 그 픽업트럭은 우리를 위한 게 아니라, 짐을 위한 차량이었다. 가슴이 철렁 내려앉았다. 몇 달째 15분 이상 걸어 본 적도 없는데, 그것도 진흙탕 속을 헤치고 가야 한다니. 나는 여동생의 손을 꼭 잡은 채, 멀어져 가는 짐가방을 부러운 눈으로 바라볼 수밖에 없었다.

이게 바로 첫 번째 징조였다. 이 결혼식은 내가 상상한 호화로운 리조트 체험과는 거리가 멀 것이고, 스파는커녕 험난한 시골 체험이 될 거라는. 게다가 비까지 도움이 되지 않았다. 우리는 주말 내내 섬 곳곳에 흩어진 장소들을 오가며 진흙탕 길을 수 킬로미터나 걸어야 했다. 하루 세 번씩, 모기 기피제를 샤워하다시피 뿌렸는데도, 눈 깜짝할 사이에 온몸이 벌레 물린 자국으로 뒤덮였다. 다른 사람에게는 벌레에게 물리는 것이 그냥 성가신 일이겠지만, 내게는 통증과 부기에 시달리며 항히스타민제를 권장량의 두 배나 먹어야 하는 일이었다. 통증과 탈진에 시달리면서도 친절하고 매력적인 척하며 많은 사람과 대화를 나누는 일은 부담스러웠다. 그러던 중 악의는 없었겠지만, 내 원인 불명의 증상에 대해 계속 캐묻는 친척 때문에 나는 속상한 눈물을 감추려 화장실로 달려갔다.

기적처럼 식이 진행되는 동안 잠깐 비가 그쳤다. 결혼식은 아름다웠다. 하지만 아니나 다를까, 식장에서 피로연장으로 금방 걸어갈 수 있다며 걸어가려던 바로 그 순간, 그야말로 하늘이 뚫린 것처럼 장대비가 쏟아졌다. 피로연장에 도착하자 누군가 숙소까지 데려다

주겠다고 했지만, 온몸이 덜덜 떨리던 나는 정중히 사양했다. 한 걸음만 더 내디디면 그대로 쓰러질 것 같았기 때문이다.

집으로 돌아오는 길에는 비가 더 많이 내려 버스까지 취소되었다. 그런데도 나는 억지로 몸을 몰아붙였다. 온몸은 벌레 물린 자국으로 뒤덮이고, 통증에 시달리며 기진맥진한 상태에서도 계속 움직였다. 도착해서는 사흘을 내리 자며 집으로 돌아온 것을 자축했다. 나흘 후, 동료와 약속된 통화를 하기 위해 겨우 일어났다. 마침내 '무중력' 침대라는 고치에서 나와 누군가에게 이야기할 용기를 냈다. 한계에 다다랐다고, 더 이상 못 버티겠다고.

내 평생 그 동료의 반응은 절대 잊지 못할 것이다.

"어머, 타샤. 힘든 건 알았지만, 이렇게까지 힘들어할 줄은 몰랐어. 좀 놀랐어."

보통이라면 이런 말 한마디가 '더 강인하지 못한' 나에 대한 수치심과 자책의 소용돌이로 몰아넣었을 것이다. 그런데 그 순간 내가 한 일은 포기였다. '무중력' 침대에 누운 채 초밥 무늬 파자마를 입고, 혼자 중얼거렸다. "에라, 모르겠다. 더는 못 하겠어."

당시에는 몰랐지만, 그때가 내 회복탄력성이 사실상 바닥난 순간이었다. 그 후 몇 달간은 안개 속에서 헤매는 기분이었다. 회복탄력성 체크리스트 항목에 표시하는 일을 멈췄고, 아예 인쇄도 하지 않았다. 근무 시간을 줄이고 강연도 짧게 다녀오며 괜찮은 척 연기했다. 그리고 집에 돌아와서는 커튼을 치고 이불을 뒤집어쓴 채, TV를 켜고 먹고 마시며 모든 것을 잊으려 했다.

이런 행동들이 상황을 더 악화시킨다는 것을 모를 리 없었다. 솔직히 말하면, 더는 신경 쓸 힘조차 남아 있지 않았다.

공급보다 수요가 많을 때

인간의 회복탄력성은 놀라울 만큼 뛰어나지만, 2장에서 살펴본 것처럼 결코 무한한 자원[1]은 아니다. 회복탄력성 연구자 마이클 러터의 말처럼, 회복탄력성이 모든 스트레스를 막기란 "생물학적으로 불가능하다."[2] 실제로 내 뉴스레터 구독자들을 대상으로 한 조사 결과,[•] 응답자 75퍼센트 이상이 지금까지는 스트레스에 적응해 왔지만, 점점 더 버티기 힘들다고 답했다.

잠시 상상해 보자. 초등학교 시절, 관심도 없고 이해도 되지 않는 과목 시간이다. 지루하고 답답한 마음에 가방에서 고무줄을 꺼내 무심코 손으로 잡아당기며 장난감 삼아 갖고 논다. 한 학기 내내, 그 고무줄은 늘 곁에 있는 친구이자 조용한 스트레스 해소 도구였다. 그런데 어느 날, 뜻밖의 일이 일어난다. 고무줄이 툭 끊어져 버린 것이다. 몇 달 동안 계속 늘리고 튕기던 행동은 고무줄을 강하게 만든 것이 아니라, 오히려 조금씩 약하게 만들었다.

회복탄력성도 그 고무줄과 크게 다르지 않다. 한동안은 스트레스 상황을 버티는 데 쓸 만하다. 어쩌면 꽤 오랜 시간 도움이 되기도 한다. 하지만 몇 주, 몇 달, 혹은 몇 년 동안 계속 늘어나고 당겨지다 보면, 결국 어느 순간 툭 끊어진다. 이런 순간은 거대하고 극적으로 무너져 내릴 수도, 조용히 절망이 스쳐 지나갈 수도 있다. 하지만 대

• 우리 커뮤니티에 함께하세요. 매달 당신다움과 일에서 최고의 성과를 내도록 돕는 인사이트를 보내드립니다. 스팸은 절대 없습니다. 가입은 www.tashaeurich.com에서 간편하게!

개 예고 없이 찾아와 단숨에 우리를 무너뜨린다. 나는 이런 현상, 즉 감당할 수 있는 한계점에 도달한 때를 **'회복탄력성의 천장에 부딪히다'**라고 한다. 이 지점을 넘어서면, 적응 능력은 바닥나 버리고 작은 스트레스나 요구, 성가신 일에도 쉽게 부서지고 만다. 2장에서 이미 살펴본 것처럼, 회복탄력성의 천장 높이는 사람마다 다르지만, 누구에게나 한계는 있다. 게다가 대체로 그 한계가 어디에 있는지, 실제로 부딪혀 보기 전까지는 알 수 없다. 결국 그 순간, 정신과 신체 모두 건강이 나빠지고 대처 능력이 부족해지며[3], 더 큰 스트레스[4]와 좌절, 수치심[5]에 짓눌리게 된다.

회복탄력성의 사촌 격인 '그릿'[6] 역시 마찬가지다. 그릿은 장기적인 목표를 향해 나아가는 열정과 끈기라는 뜻이다. 그릿의 개척자 앤절라 더크워스와 동료들이 잘 보여 주었듯, 그릿은 여러 가지 긍정적 결과[7]를 불러온다. 하지만 회복탄력성과 마찬가지로, 이 능력 역시 무한하지 않다. 그릿에 지나치게 매달리면, 때로는 방향을 바꾸거나 심지어 포기하는 편이 더 나은 선택일 때조차[8] 에너지와 노력을 쓸데없이 쏟아붓게 된다.

정신적으로 강인하다고 자부하는 사람일수록 회복탄력성의 천장에 부딪히면 더 혼란스럽다. 나 같은 경우에는 애써 버티고 있다가 갑자기 역경을 맞아 무너지는 순간이 충격적이었고, 심지어 수치스럽기까지 했다. 대형 회계법인의 성과 높은 임직원 수백 명에게 회복탄력성의 천장에 부딪히면 어떤 기분인지 물어보았을 때, 상당수가 좌절, 분노, 조급함, 짜증을 꼽았다. 또 일부는 무기력, 희망 상실, 무감각, 얼어붙은 듯한 상태, "도저히 못 하겠다"라는 단절감을 꼽았다. 통제할 수 없이 울음을 터뜨리거나 사소한 일에도 폭발한다는 답변도 있었다.

이런 현상은 언뜻 보면 **'번아웃'**과 비슷해 보일 수 있다. 번아웃은 심리학자 크리스티나 매슬랙이 정의했듯, 지속적인 업무 스트레스에 대한 반응으로 나타나는 정서적 소진[9], 타인과 단절, 성취감 상실을 의미한다. 또 리더십 연구자이자 내 절친인 리즈 와이즈먼은 번아웃을 '성과는 미미한데 일만 지나치게 많은 상태[10]'라고 설명한다. 실제로 번아웃은 회복탄력성을 소진해 천장에 더 빨리 닿게 할 수 있다. 그러나 두 현상은 발현 시점과 범위에서 서로 다르다. 번아웃이 조금씩 닳아 없어지는 경험이라면, 회복탄력성의 천장은 갑작스럽게 찾아와 한순간에 무너지는 경험에 가깝다. 이 경험을 한 내담자가 잘 묘사했다. "괜찮다가… 어느 순간부터는 전혀 괜찮지 않게 되죠."

또한 번아웃은 주로 일에 국한되지만, 회복탄력성의 천장은 삶 전체에 누적된 스트레스가 빚어내는 결과다. 그래서 번아웃이 없어도 천장에 부딪힐 수 있는데, 대개는 일, 가족, 인간관계 등 여러 영역에서 스트레스가 겹친 경우다. 반대로, 직장에서 번아웃을 겪더라도 삶 전체의 회복탄력성 천장에 도달하지 않았을 수도 있다.

회복탄력성을 계속 쓰기만 하고 회복할 시간과 여유를 갖지 않으면, 처음에 우리의 회복탄력성을 고갈시킨 바로 그 스트레스 요인에 더 취약[11]해진다. 가장 좋은 충전법은 아무것도 하지 않고 쉬는 것이다. 혼란의 시대인 지금, 당신은 생각하는 것보다 훨씬 더 회복탄력성의 천장 가까이에 있을지도 모른다. 연구 결과, 사람들은 자신의 대처 능력을 실제보다 높게 평가하는 경향이 있다. 즉, **자신의 회복탄력성이 어느 정도인지 제대로 인식하지 못한다는 뜻이다.**[12]

예를 들어, 한 조사에서[13] 미국인 83퍼센트가 회복탄력성이 높다고 답했지만, 실제 검증된 척도에서 높은 점수를 받은 사람은 57퍼센트에 불과했다. 이런 과신은 스트레스가 몰아칠 때 특히 위험하다. 결국 회복탄력성만 너무 믿다 보면 되레 무너질 수 있다.[14]

이런 상황을 잘 보여 주는 비유가 있다. 만성 질환자와 장애인 공동체에서 나온 **숟가락 이론**[15]이다. 루푸스를 앓는 크리스틴 미제랑디노가 친구와 저녁 식사 자리에서 처음 고안한 비유다. 친구가 루푸스를 앓고 산다는 게 어떤 건지 묻자, 크리스틴은 근처 테이블에서 숟가락 열두 개쯤을 집어 들고는 설명했다. 건강한 사람들, 특히 젊고 건강한 사람들은 숟가락 개수가 무제한인 상태로 하루를 시작한다. 하지만 몸이 불편한 사람들은 하루를 시작할 때 손에 쥔 숟가락이 몇 개 되지 않아, 전략적인 에너지 관리가 필요하다. "아픈 사람과 건강한 사람의 차이는 말이야. 아픈 사람은 건강한 사람이 신경 쓰지 않아도 되는 선택을 매번 해야 한다는 거야." 그러고는 친구에게 숟가락 열두 개를 내밀며 말했다. "자, 이제 네가 루푸스 환자라고 생각해 봐."

크리스틴은 친구에게 보통 아침에 일어나서 하는 일들을 하나씩 말해 보라고 했다. 샤워, 옷 입기, 아침 식사 준비처럼 사소한 일도 빠짐없이. 친구가 말할 때마다, 크리스틴은 숟가락을 하나씩 가져갔다. 친구는 놀랐다. 직장에 도착했을 무렵, 벌써 숟가락을 여섯 개나 썼기 때문이다. 크리스틴은 설명했다. "그래서 남은 하루를 어떻게 보낼지 신중하게 선택해야 해. 언제 숟가락이 필요할지 모르거든. 그리고 숟가락이 다 떨어지면, 정말 끝이야."

나도 직접 경험을 통해 깨달았다. 만성 질환을 안고 살아가기란

늘 우선순위를 따져 무엇을 포기할지 조율하고, 숱한 일들에 '안 된다'라고 해야 한다는 뜻이다. 새로운 삶에 적응해 가면서, 스스로에게 느리지만 분명하게 질문을 던졌다. "이 일에 숟가락을 쓸 만한 가치가 정말 있을까?" 회복탄력성도 마찬가지다. 어떤 사람은 시작할 때 숟가락이 많고, 어떤 사람은 적지만, 누구에게나 그 수는 제한돼 있다. 그리고 숟가락을 쓸 때마다 조금씩 회복탄력성의 천장에 가까워진다. 그러니 현명하게 써야 한다.

안정적인 시대였던 과거에는 회복탄력성 하나만으로도 버티는 게 가능했을지 모른다. 그러나 끝없는 혼란이 이어지는 현재를 견디도록 인간은 설계되지 않았다. 개인적으로든 집단적으로든, '악으로 깡으로 버티기'라는 방식이 해 줄 수 있는 역할에 점점 한계가 드러난다. 충격적이게도, 내가 조사한 대형 회계법인 직원의 거의 절반이 자신들의 주요 대처 방법이 더 이상 잘 통하지 않는다고 답했다. 그리고 아직 회복탄력성의 천장에 닿지 않았다고 답한 사람은 고작 14퍼센트에 불과했다.

늘 쓰던 대처 방법이 더 이상 통하지 않는다고 느낀다면, 회복탄력성이 바닥나고 있다는 신호다. 이럴 땐 더 애써서 버티려 하기보다, 오히려 속도를 늦추고 짐을 덜어 내야 한다. 회복탄력성의 천장에 가까워질수록, 긴장을 풀고 휴식할 여유가 필요하다. 할 수 있는 일도 내려놓고[16] 최대한 몸과 마음에 휴식을 주자.

그렇다면 지금 당신은 회복탄력성의 천장에 얼마나 가까이 와 있을까? 간단히 점검해 볼 수 있는 몇 가지 신호를 소개한다.

신호	증상	실제 사례
1. 기운 상실	여러 가지 일을 동시에 할 때 예전보다 훨씬 힘들게 느껴진다.	모든 일을 균형 있게 해내는 것이 전보다 훨씬 더 버겁다.
2. 사소한 일에 과민 반응	별일 아닌 문제에도 과도하게 흥분하거나 예민해진다.	왜 식기세척기에 그릇 넣는 방식 때문에 배우자에게 화를 버럭 냈지?
3. 대처 방법이 통하지 않음	늘 쓰던 대처 방법들이 더 이상 위로가 되지 않고, 또 하나의 할 일처럼 느껴진다.	희망적이고 긍정적 자세를 유지하려고 애써 왔지만, 인생은 여전히 나를 짓누른다.

회복탄력성만으로 충분하지 않을 때

바라툰데 서스턴의 엄마가 장을 보러 집을 나선 그날, 열한 살이던 바라툰데는 동네 친구들과 자전거를 타며 평범한 하루를 보내고 있었다.

그러다 우연히, 짝사랑하던 미셸이 차를 몰고 지나가는 걸 보게 되었다. 사춘기 소년은 설렘을 안고 전속력으로 페달을 밟으며 그 차를 따라잡으려 했다. 혹시 그러면, 절친의 누나인 미셸이 마침내 자기 존재를 알아줄지도 모른다고 생각하면서.

하지만 운명은 엉뚱한 방향으로 흘렀다. 자전거 기어가 고장 나면서 바라툰데는 핸들을 넘어서 길바닥으로 곤두박질쳤다. 얼굴은 불에 덴 듯 화끈거렸고, 도로 위에는 피가 흥건했다. 다행히 집에서 얼마 멀지 않았고 열쇠도 갖고 있어서, 곧장 집으로 돌아와 스스로 상처를 치료하려 했다. 상처를 제대로 소독하지 않은 채 놀이용 점토를 납작하게 눌러 출혈 부위에 붙였다. 욱신거리는 얼굴 위에 얼음 찜질팩을 올리고, 오한이 들어 담요를 푹 덮었다. 이제 엄마가 돌아올 때까지 참을성 있게 기다리는 일만 남았다.

마침내 엄마가 현관문을 열고 들어왔을 때, 바라툰데는 방금 겪은 끔찍한 사고를 이야기했다.

"괜찮니?" 엄마는 걱정스러운 얼굴로 물었다.

"응, 괜찮아요. 내가 다 처리했어요." 바라툰데는 자신만만하게 대답했다. 통증은 점점 심해지고 있었지만, 도움받지 않고 혼자 어려운 일을 해냈다는 데서 이상한 자부심이 밀려왔다.

사실 그 순간, 바라툰데에게 엄마가 절실히 필요했다. 상처를 깨끗하게 소독하고 반창고를 붙여 줄 사람, 자전거에서 크게 넘어진 열한 살 아이에게 필요한 위로와 안심을 줄 사람 말이다. 그런데도 바라툰데는 강한 척을 했다. 훗날 〈데일리 쇼〉에서 리포터로 활약하게 될 바라툰데는 어린 시절부터 인생의 크고 작은 불운을 꿋꿋이 버티는 것이 훈장인 것처럼 배우며 자랐다. 특히 흑인 한부모 가정에서 자란 바라툰데는 사회가 요구하는 강하게, 스스로 버텨야 한다는 기대에 더 부응하고 싶었다. 결국 겉으로는 강해 보이지만 속으로는 무너져 가는 **'겉보기 회복탄력성'**을 키워 갔다. 당연히 이런 방식은 스트레스를 더 악화하고 심리적, 신체적으로 심각한 후유증[17]을 남길 수밖에 없다.

끊임없이 버티라는 압박이 결국 정신적 에너지를 갉아먹는 건 너무도 당연하다. 역설적으로 압박은 시간이 지날수록 오히려 회복탄력성을 유지하기 어렵게 만든다. 이는 회복탄력성 훈련이나 습관이 언제나 우리를 충전해 주지 않는지 설명해 준다. 예를 들어, 내가 만들어 쓰던 회복탄력성 체크리스트를 떠올려 보면, 매일 모든 칸을

빠짐없이 채우려는 집착이 스트레스를 줄여주기는커녕 오히려 키워 버렸다. 하루라도 계획에서 벗어나면 죄책감에 시달렸고, 그만큼 정신적 에너지는 더 동났다. 자기 돌봄이 의무처럼 느껴지는 현실은 잡지 〈애틀랜틱〉의 최근 기사[18] 제목이 던진 질문, '왜 자기 치유가 이렇게 지치는 일이 된 걸까?'에 대한 좋은 답이 된다.

오랜 시간이 지나서야 바라툰데는 **회복탄력성에만 집착하여 결국 자신의 필요를 존중하고 드러내는 일에 소홀했다고** 깨달았다. 고통을 참고 버티는 방법은 배웠지만, 그 대가로 돌봄과 이해를 갈구하던 내면의 여린 면을 돌보지 못했다. 이런 억압적 대처 습관은 '겉보기 회복탄력성'과 늘 함께한다. 고통스러운 생각, 감정, 경험을 회피하면 단기적으로는 심리적 고통이 줄지만[19], 장기적으로는 큰 대가를[20] 치르게 된다. 이 부분은 5장에서 자세히 다루기로 한다. 에미 워너가 진행한 카우아이 아동 연구에서도 비슷한 결과가 나타났다. 회복탄력성이 높은 아이는 그렇지 않은 아이에 비해 안정적이고 유능한 삶을 살아가는 경우가 많았다. 하지만 그들은 자신의 감정을 억누르고 외면하려는 습관[21]을 갖고 있었다. 이런 태도는 장기적인 관계에 대한 두려움, 인간관계에서 거리감, 건강하지 못한 과도한 성취 집착 등 문제로 나타났고, 나아가 편두통이나 요통[22] 같은 스트레스성 질환으로 이어지기도 했다.

우리가 어떤 어려움이든 반드시 이겨 내겠다는 집념으로 끝까지 버틸 때, 사람들은 우리의 끈기와 강인함을 칭찬한다. 하지만 내 경험상 이런 **값비싼 끈기**[23]는 부정적인 감정을 외면하고, 가혹한 현실을 축소하며[24], 견딜 수 없는 상황을 억지로 받아들이게 만든다.[25]

결국 삶을 바꿀 힘을 빼앗기고[26], 변화에 대한 동기마저 잃어버리게 된다. 바라툰데가 통찰한 바와 같다. "너무 빨리 회복탄력성 단계로 들어가 버리면, 나의 진짜 필요를 제대로 느낄 기회를 놓치게 된다."

나 역시 회복탄력성의 천장에 부딪혔을 때, 단순히 버티고 계속 나아가는 방식만으로는 더 이상 효과가 없다는 사실을 절실히 깨달았다. 그 순간 한 가지 생각이 떠올랐다. 만약 회복탄력성 도구에 보완적인 접근법을 하나 더할 수 있다면? 단순히 스트레스와 고통을 관리하는 것을 넘어, 근본 원인을 정면으로 다룰 수 있는 무언가가 있다면 말이다. 답은 분명 내가 가진 데이터 안에 있으리라 확신했다. 특히 회복탄력성이 특별히 높지 않았음에도 불구하고, 역경 속에서 잘 적응하며 성장한 사람들 속에.

실제로 답은 그 안에 있었다. 하지만 그것이 분명하게 드러난 건, 내가 나비라 엘사예드라는 특별한 리더를 만난 후였다. 나비라는 "우리를 죽이지 못하는 것이 곧바로 우리를 강하게 만들지는 않지만, 더 나은 길을 깨닫게 해 줄 수는 있다"라는 사실을 보여 주었다.

"괜찮다가…
어느 순간부터는 전혀 괜찮지 않다."

❶ 핵심 요약

- 회복탄력성은 한정된 자원이다.
- 회복탄력성에 지나치게 의존하면 오히려 더 취약해질 수 있다.
- 회복탄력성에만 매달리면, 우리의 진짜 필요를 제대로 들여다볼 기회를 놓칠 수 있다.

❷ 회복탄력성의 천장에 부딪히다: 회복탄력성으로 견딜 수 있는 한계를 넘었을 때를 말한다. 최대치에 도달하면, 그 순간엔 작은 충격이나 요구, 사소한 일에도 무너질 수 있다. 다음 징후는 당신이 한계에 가까워졌다는 신호다.

- **기운 상실:** 예전만큼 에너지와 동기가 없어, 여러 일을 동시에 해내기가 벅차다.
- **사소한 일에 과민 반응:** 별것 아닌 문제에도 과하게 예민해진다.
- **믿었던 대처 방법이 통하지 않음:** 평소 쓰던 대처 방법이 또 다른 부담으로 느껴지며 도움이 되지 않는다.

❸ 회복탄력성 숟가락: 우리가 가진 회복탄력성은 한정돼 있다. 따라서 숟가락

을 현명하게 써야 한다.

❹ **겉보기 회복탄력성:** 속은 무너지고 있는데 겉으로는 강한 척하는 상태

❺ **값비싼 끈기:** 이미 큰 대가를 치르고 있는데도 억지로 버티며 밀어붙이는 태도

| 회복탄력성 사용 가이드 |

해야 할 일	하지 말아야 할 일
갑작스럽고 통제 불가능한 상황에서 단기적으로 대처하는 도구로 활용한다.	회복탄력성을 유일한 장기 대처 전략으로 삼지 마라.
회복탄력성 자원을 아껴 쓰고 보존한다.	한계에 가까워졌을 때, 억지로 더 버티려고 하지 마라.

CHAPTER 4

두 번째 기술 세트

"배에 물이 계속 새고 있다면, 구멍을 막느라 힘을 쏟기보다
배를 갈아타는 데 힘을 쓰는 편이 훨씬 생산적이다."
— 워런 버핏

나비라 엘사예드는 단순히 성과가 뛰어난 사람을 넘어, 말 그대로
슈퍼스타였다. 날카로운 비즈니스 감각을 지닌 나비라는 마케팅과
공급망 관리 학위를 동시에 취득했고, 산업·조직 심리학 석사 학위
까지 갖췄다. 유통업계에서 화려한 경력을 쌓으며, 고아들을 돕는
자선단체인 '미라클' 재단과 '태스크래빗'의 이사회에서 활동했고,
캐나다 정부가 지원하는 미래 역량 개발 연구 기관인 '미래 기술 센
터' 자문위원으로도 참여했다.

　동료들의 눈에 비친 나비라는 언제나 상황을 완벽하게 장악하
는 사람이었다. 어떤 혼란이 닥쳐도 중심을 잡고, 가장 힘든 순간에
는 모두가 찾는 해결사였다. 마치 비즈니스 캐주얼 차림을 한 마블

슈퍼히어로 같았다.

　하지만 나비라 역시 인간이었다. 많은 사람처럼 사회 초년생 시절부터 불안과 자기 의심에 시달렸다. 매장 매니저로 일하던 시절, 나비라는 훗날 자신을 괴롭히게 될 불안 증상들을 처음 경험했다. 심장이 미친 듯이 뛰고, 호흡은 가빠지고, 손목과 목 뒷덜미가 화끈거렸다. 처음 증상이 나타났을 때는 도무지 무슨 일이 벌어지고 있는 건지 알 수 없어 어리둥절할 뿐이었다. 마치 유령이 목을 조르는 듯했다.

　바로 불안 발작이었다.

　필요한 도움을 청하는 대신, 나비라는 고통을 감추는 쪽을 택했다. 상사와는 절친한 사이였고 다니던 회사도 누구보다 사랑했지만, 마음을 터놓았다가 약한 모습을 들킬 수는 없었기에 고려조차 하지 않았다. 대신 어렵게 쌓아 올린 명성을 지키기 위해 이를 악물고 버티며 어떤 상황이 닥쳐도, 악으로 깡으로 참아 내기로 했다.

　그 후 나비라는 스웨덴의 대표적인 유통 기업 이케아에서 글로벌 디지털 유통 혁신 총괄로 발탁되었다. 나비라는 정해진 영업시간 동안 직원이 직접 응대하는 기존 매장을 24시간 운영되는 전자상거래 물류 거점으로 전환하는 일을 맡았다. 이는 기존 체계와 과정, 인력 구조를 완전히 다시 설계해야 하는 대규모 변화였다. 게다가 이 업무를 맡으며 가족과 함께 스웨덴으로 이주해야 했고, 그 과정에서 일상 곳곳에 낯선 어려움이 밀려왔다. 나비라는 회상했다. "집안의 안정감이 무너져 내리는 기분이었어요. 갑자기 숨 돌릴 틈이 전혀 없었고, 결혼 생활에도 금이 가기 시작했죠."

　나비라는 어느새 세계적으로 유명한 브랜드의 대대적인 변화를 이끌고 있었고, 동시에 이혼한 지도 얼마 안 된 상태가 되었다. 이 시기 그녀는 전례 없는 불안 발작에 시달렸다. 늘 버텨야 한다는 자세로 살아오며, 모든 걸 어떻게든 붙잡으려 애쓰고 무너지지 않으려 스스로 몰아붙였다. 그나마 다행인 점은 직장에서 그 누구도 나비라의 고통을 눈치채지 못했다는 것이었다. "모두가 제 능력을 놀라워했죠. 힘든 내색 하나 없이 프로답게 감춰 냈거든요."

그 힘든 시기에 나비라는 스페인 말라가에서 열리는 회사 경영진 워크숍에 초대되었다. 이케아 최고 임원진 250명이 모이는 자리에서, 나비라가 주도해 온 대대적인 변화를 보고해야 했다. 세 시간 동안 기차를 타고 호텔에 도착했을 때, 그녀는 마치 폭풍 속에서 외줄을 타는 듯한 아슬아슬한 기분이었다. 시종일관 미소를 잃지 않고 발표를 무사히 마친 뒤 아이들 곁으로 돌아가면 된다. 모든 게 산산이 부서지기 전에.

마침내 회의가 시작되었다. 나비라는 걱정과 혼란, 심지어 분노까지 서린 채 둘러싼 수많은 시선과 마주했다. 그리고 이내, 끝없는 불만이 홍수처럼 쏟아졌다. 임원들은 이 프로젝트는 실패일 뿐 아니라, 나비라가 사랑하고 전부를 바친 회사에 해를 끼치고 있다고 비난했다.

그날 밤, 나비라는 호텔방에 틀어박혀 무너지지 않으려 애썼다. 이 프로젝트를 위해 행복도, 평온도, 어쩌면 결혼 생활마저도 다 내던졌다. 그런데 임원들은 노력을 알아주기는커녕, 오히려 화를 퍼부었다. 다음 날도 회의가 이어질 텐데, 더는 이렇게 버틸 수 없었다. 무언가 변화가 필요했다.

다음 날 아침, 나비라는 긴장된 모습으로 임원들 앞에 섰다. 가

다듬어도 떨리는 목소리로, 12년을 함께한 일원으로서 회사가 소중히 여기는 문화와 가치를 망치는 길로 나아가고 싶지 않다고 말했다. 그리고 나비라는 지금까지 직장 생활에서 단 한 번도 해본 적 없는 일을 했다.

힘들게 쌓아 올린 흔들리지 않는 강인한 리더, 슈퍼 히어로의 이미지를 내려놓고, 임원들의 비판을 들으며 느낀 심연의 고통을 용기 있게 털어놓았다. "솔직히 많이 아팠습니다. 여러분이 생각하는 것처럼 저는 바위 같은 존재가 아니에요. 저도 힘이 든답니다. 믿기 어렵겠지만, 이겨 내기 위해 치료까지 받아야 했습니다."

이 순간이 바로 나비라의 변화 1일 차였다. 이후 몇 달 동안, 여태껏 써 온 슈퍼히어로 가면을 벗기 시작했다. 나비라는 고백했다. "뭐든 해낼 수 있고, 더 많은 걸 감당할 수 있다고 강력하게 믿었어요. 그런데 그 믿음이 오히려 저를 옭아매었다고 깨달았습니다. 앞으로 나아가려면 그 벽을 깨야만 했어요." 이 깨달음에 힘입어 나비라는 변화를 향한 용기 있는 발걸음을 내디뎠다.

그때부터 나비라는 자기 회복의 여정을 시작했다. 새로운 방식으로 일하는 법을 찾아보고, 실제로 적용해 봤다. 비판을 쏟아냈던 임원들에게 직접 다가가 어떻게 하면 더 나아질 수 있을지 조언을 구했다. 솔직한 태도는 곧 허심탄회한 대화의 장이 새로 열리게 했다. 임원들은 더 이상 숨기지 않고 우려되는 부분을 이야기하고, 자유롭게 대화를 나누게 되었다. 덕분에 나비라는 프로젝트를 더 정교하게 다듬고 현실에 맞게 실행할 수 있었다. 나비라도 인정했다. "듣는 창구를 넓히면, 언제나 더 나은 선택이 가능합니다." 결과는 놀라웠다. 회사의 매출 성장과 직원 몰입도는 목표치를 뛰어넘었고, 전자상거래는 세 배 가까이 성장했다. 그리고 이 디지털 전환은 〈하버드 비즈니스 리뷰〉[1], 〈HR 다이제스트〉[2]는 물론 세계적인 컨설팅사 '맥킨지'[3]의 주목을 받았다.

나비라는 이제 도움을 요청하는 습관에 익숙해지는 자신이 자랑스러웠다. 하지만 여전히 '항상 모든 걸 완벽히 관리한다'라는 이미지를 완전히 버리지는 못했고, 그 대가는 정신적, 감정적 부담으로 치러야 했다. 그녀는 **이제 자신이 진정으로 원하는 걸 존중하고, 지켜낼 방법을 찾아야 함을 깨달았다.**

곰곰이 생각을 거듭한 끝에, 나비라는 변화를 결심했다. 이케아에 작별을 고하고 토론토로 이주해, 직원 9만 명을 총괄하는 월마트 캐나다의 고위 임원직을 맡았다. 대서양을 건너는 비행기 안에서, 나비라는 새로 부임한 최고 인사 책임자(CPO)로서 첫 100일 계획을 구상했다. 그런데 메모장에는 자꾸만 똑같은 문장만 반복해 적었다. '가면을 벗자. 가면을 벗자. 가면을 벗자.' 그 순간, 깨달음이 찾아왔다. 새로운 직장이야말로 마침내 과거의 자신을 내려놓을 기회였다.

이번이야말로 나비라가 그토록 기다려 온 기회였다.

며칠 뒤, 수천 명의 새로운 동료들 앞에서 연설하면서 나비라는 회복 중인 워커 홀릭이라고 자신을 소개했다. 그리고 변화를 위해 해 왔던 노력을 솔직히 나눴다. 감정을 숨기는 데 따르는 대가를 깨달은 일, 타인의 시선을 두려워하지 않게 된 일, 장기적인 성공과 행복을 위해 삶의 우선순위를 과감히 재조정한 경험 등이었다.

이제 그녀는 확신한다. 자신을 옭아매던 제한적인 목표와 습관에서 벗어나 삶의 방식을 새롭게 바꾼 것이야말로 진정한 힘을 찾게 된 계기였다고. "진정성이야말로 제가 가장 크게 키워 온 힘이라고 생각해요. 이제는 저에 대해 솔직하고 정직하게 이야기할 수 있고, 그때 다른 사람들에게도 깊은 공감을 얻습니다.”

그 후 연이어 인생의 큰 사건들이 찾아왔다. 그녀는 재혼했고 마흔에 셋째 아이를 낳았으며, 월마트 캐나다 역사상 세 번째 여성 최고운영책임자(COO)로 승진했다. 과거의 ‘회복탄력성으로 버티는 나비라’였다면 이 모든 스트레스에 주저앉았을지도 모른다. 하지만 ‘새로운 나비라’는 오히려 에너지를 얻었다. 더 이상 감정을 억누르느라 힘을 낭비하지 않자, 과거의 스트레스와 압박감은 평온함으로 바뀌었다. 그녀는 담담히 말했다. “지금 떠오르는 단어는 ‘안도감’이에요.” 불안 발작? 이제는 과거의 일이다.

겉보기에는 나비라가 가정과 직장에서의 어려움을 새로운 회복탄력성으로 극복한 것처럼 보일 수 있다. 하지만 이야기를 듣고, 나는 바로 알아차렸다. 그녀가 말하는 것은 회복탄력성이 아니었다. 오히려 정신적 강인함과 흔들림 없는 태도에 대한 집착이야말로 나비라가 그동안 겪었던 수많은 문제의 원인이었다!

그때 번쩍 깨달았다. ‘새로운 나비라’가 보여 준 특징은, 내가 인터뷰 과정에서 발견했던 역경 속에서도 오히려 더 잘 살아가던 세 번째 집단의 특징과 같았다. 오랜만에 터널 끝에서 빛을 본 듯했다. 연구뿐 아니라 내 삶 전체를 향한 희망의 빛이기도 했다. 몇 달 만에 의욕이 되살아난 나는, 내가 모아 온 모든 데이터를 들여다보며 그 집단을 특별하게 만든 요인이 무엇인지 끝내 밝혀내고자 했다.

그리고 마침내, 나는 답을 찾았다.

돌파구를 찾는 설계도

몇 달 전, 새로 설치한 샤워 부스 유리문을 손보러 수리공이 방문했다. 그를 욕실로 안내하고 나는 자리를 떴다. 잠시 후, 쾅쾅 울리는 굉음이 복도가 떠나갈 듯 울렸다.

나는 깜짝 놀라 욕실로 달려갔다. 걱정 가득한 내 얼굴을 본 수리공은 안심시키듯 미소를 지으며 말했다. "걱정하지 마세요. 유리는 생각보다 꽤 강해요. 제대로 된 충격이나 반복적인 압력이 있어야 금이 가죠."

그 말은 묘하게 마음에 와닿았다. 찬장에 있는 와인 잔 몇 개는 내가 몇 번이고 꽤 높은 곳에서 떨어뜨렸는데도 전혀 금이 가지 않았다. 그런데 아이폰은 더 낮은 곳에서 떨어뜨렸을 뿐인데도 완전히 산산조각이 나 버렸다.

이와 마찬가지로 인간의 정신이 이토록 강인하면서도 동시에 얼마나 쉽게 부서질 수 있는 것인지, 언제나 놀랍다. 어떤 때는 높은 곳에서 떨어뜨린 와인 잔처럼 엄청난 스트레스와 압박, 역경을 겪고도 전혀 흔들리지 않고 버텨 낸다. 하지만 또 다른 때는 아주 작은 좌절이나 사소한 스트레스에도 아이폰 액정처럼 산산이 부서져 버린다. 어떻게 이런 상반된 모습이 함께 존재하는 걸까? 아마 당신도 나처럼 휴대폰을 여러 번 떨어뜨려 본 적 있을 것이다. 보통은 처음, 두 번째, 세 번째, 심지어 열 번째까지도 잘 버틴다. 우리는 "다행히 멀쩡하네"라며 안도하지만, 보이지 않는 작은 균열은 계속 내부에 쌓인다. 그러다 아주 사소한 충격 한 번에 순식간에 깨져 버린다. 인간의 회복탄력성도 이와 같다. 유리와 마찬가지로 크고 작은 좌절과 위기를 억지로 버틸 때마다 회복탄력성은 조금씩 약해진다. 겉으로는 잘 버티는 것 같아도 아주 미세하게 안에서는 더 쉽게 부서질 수 있는 상태로 변해 간다.

만약 더 나은 방법이 있다면 어떨까? 금이 가기 직전에야 겨우 알아차리는 게 아니라, 그보다 훨씬 일찍, 약한 부분을 발견하고 고칠 수 있다면? 아니, 이미 금이 가고 있을 때라도, 그 틈을 오히려 이전보다 더 단단하고 아름답게 만드는 방식이 있다면 어떨까? 이런 생각을 바탕으로 탄생한 것이 바로 **킨츠기**金継ぎ[4], 수백 년 된 일본의 전통 수리 예술이다. 금처럼 귀한 금속을 섞은 옻으로 깨진 물건을 이어 붙이는 방식이다. 킨츠기의 기원은 15세기 말, 쇼군 아시카가 요시마사 시대[5]까지 거슬러 올라간다. 전해지는 이야기로는, 요시마사가 아끼던 고대 중국산 그릇 하나가 깨져 수리를 맡겼는데, 철사로 흉하게 대충 이어져 돌아왔다.

실망한 쇼군은 장인들에게 더 나은 방법을 찾으라고 명했다. "금빛 옻칠로 이어 붙이면 어떨까?", "금이 간 흔적을 숨기는 대신 오히려 돋보이게 하는 거지", "금맥 같은 무늬가 오히려 그릇을 더 견고하고 아름답게 만들 수 있을 텐데." 그 후 수백 년이 지난 오늘날, 일본 문화에서는 '금 간 흔적'을 인생의 일부로 받아들이며, 그 흔적을 끌어안는 것이 오히려 아름다움을 더한다고 믿게 되었다.• 그렇다면 삶의 금 간 부분도 결함이 아니라 특징이라고 할 수 있지

• 이 주제와 관련해 기업가 오드리 해리스가 2015년에 한 TEDx의 아주 흥미로운 강연을 추천한다.

않을까?

나비라와 세 번째 집단 참가자들이 보여 준 단순하지만 중요한 통찰은 이렇다. 역경에 맞서는 가장 좋은 방법은 단순히 *버티는* 것이 아니라, 역경을 *활용하는* 것이다. 역경 속에서 강해지는 사람들은 금이 간 흔적을 감추려 하지 않는다. 억지로 버티겠다는 강인함 뒤에 부서진 부분을 숨기지 않는다. 오히려 그 금을 삶의 일부로 받아들이고, 힘으로 바꿔 더 아름답게 도약한다. **금이 간 내면을 힘으로 바꿔 더 단단하고 빛나는 자신을 만든다면 결국 '깨지지 않는 shatterproof' 존재가 된다.** 시인 루미와 가수 레너드 코헨이 노래했듯, "빛은 금이 간 틈으로 들어온다."

1959년 4월 12일, 당시 상원의원이던 존 F. 케네디는 인디애나폴리스에서 열린 미국 흑인대학 기금 행사에서 연설[6]을 했다. 케네디는 '역사상 가장 긴급한 위기'라며 혼돈에 빠진 세계를 묘사했다. 그리고 한 가지 비유를 곁들였다. "중국어에서 '위기'라는 단어는 두 글자로 쓰이는데, 하나는 위험을, 다른 하나는 기회를 뜻한다." 분명 영감을 주는 말이었지만 문제가 있다. 번역이 아주 정확하지는 않았다.

실제 의미는 훨씬 더 흥미롭다. 중국 언어학자 빅터 메이어 교수[7]의 설명을 들어 보자. 중국어 '위기'는 두 글자로 구성된다. '위危'는 '위험한 순간'을 뜻하지만, '기機/机'는 '기회'라기보다는 무언가가 '시작되거나 변화하는' 전환점을 가리킨다. 즉, 행동과 선택에 따라 더 나아질 수도, 더 나빠질 수도 있는 결정적 순간이라는 뜻이다.

따라서 위기가 저절로 기회로 이어지지는 않는다. 특히 장기화한 불확실성과 혼란에 이미 지쳐 있다면, 아주 사소한 문제에도 무너질 수 있다. 그러나 역경을 잘 활용해 자신을 새롭게 단련하는 방향으로 이끌어간다면, 가장 어두운 순간에도 새로운 가능성을 발견할 수 있다. 생태학자 버즈 홀링 역시 같은 생각이다.[8] 그는 위기를 '창조적인 동시에 파괴적인 것'이라고 표현했다. 즉, 위기는 굳어 버린 틀을 깨뜨리는 동시에 새로운 기회를 만든다는 뜻이다. 다만, 위기 속 기회는 변화를 받아들일 때만 현실이 된다고 강조했다. 현재 상태를 유지하려는 본능[9]을 이겨 내야 한다.

이 원리는 나비라가 직장에서 겪은 좌절이나 이혼, 어린 바라툰데의 자전거 사고처럼 흔히 닥치는 위기에도 그대로 적용된다. 하지만 배신, 학대, 폭력처럼 극도로 충격적이고 생명을 위협하는 사건으로 평생 트라우마와 상처를 남길 수 있는[10] 위기가 찾아올 때는 어떨까? 여기에도 희망은 있다. 1990년대 후반, 심리학자 리처드 테데스키, 크리스털 파크, 로렌스 칼훈은 극심한 트라우마를 겪은 사람 중 일부가 오히려 성장하는 모습을 발견했다. 그들은 트라우마 생존자들을 대상으로 심층 인터뷰와 설문 조사를 해, 사람들이 새로운 삶의 가치를 깨닫고, 강인해지며, 인간관계를 더 깊게 하고, 정신적으로 성장하는 과정[11]을 밝혀냈다. 연구자들은 이 현상을 '외상 후 성장'[12]이라고 불렀다.

이제 중요한 결론에 도달한다. **끊임없는 혼돈 속에서도 잘 살아가려면, 그저 버텨 내거나 적응하는 수준을 넘어[13], 역경을 변화의 기회로 삼는 법을 배워야 한다.** 앞으로 2부에서 소개할 간단한 네 단계 과정을 따른다면, 누구든 더 쉽게 무너지지 않는 삶을 만들 수 있다.

회복탄력성을 넘어

겉으로 보기엔 깨지지 않는 힘이 회복탄력성을 더 키우는 것처럼 보일지 모른다. 하지만 이 두 개념은 네 가지 면에서 확연히 다르다.

가장 중요한 첫째, 회복탄력성의 관점은 우리를 죽이지 못하는 고통은 우리를 저절로 강하게 만들기 때문에 살아남기만 하면 된다고 전제한다. 반면 깨지지 않는 힘의 관점은 고통을 변화의 힘으로 활용하기로 선택했을 때만 우리를 강하게 만들 수 있다고 본다. 즉, 회복탄력성이 주어진 상황에 대응하는 태도라면, 깨지지 않는 힘은 능동적인 차원을 넘어 상황을 선제적으로 주도하는 태도다.

둘째, 회복탄력성은 본질적으로 방어 전략에 가깝다. 역량을 키우기보다는 버티고 회복하는 데 초점이 맞춰져 있어서다. 그래서 회복탄력성은 행복이나 삶의 질을 원래 수준으로 되돌려 놓지만, 깨지지 않는 힘은 한 걸음 더 도약해 삶의 의미 성찰, 개인적 성장, 내적 평온, 신체적 건강에 이르기까지 뚜렷한 발전을 이루도록 돕고, 가장 빛나는 나로 성장하도록 이끈다.*

셋째, 전통적인 회복탄력성 접근법은 대체로 '프리 사이즈' 방식이다**. 모든 종류의 스트레스와 불행을 자기 관리나 낙관주의 등

---

* 이러한 발견은 문화권을 막론하고 일관되게 나타난다(Shi Yu, Chantal Levesque-Bristol, Yukiko Maeda, "General Need for Autonomy and Subjective Well-Being: A Meta-Analysis of Studies in the US and East Asia," Journal of Happiness Studies 19 (2018): 1863 – 82).
** 회복탄력성을 기르는 보다 새롭고 정밀한 접근의 한 예는 조지 보나노의 책 《The End of Trauma》에서 찾아볼 수 있다.

동일한 방법으로 해결하려 한다. 반면, 깨지지 않는 힘 실천법은 미처 채워지지 못한 특정 심리적 욕구에서 비롯된 좌절을 줄이고, 이를 제대로 충족[14]시키는 데 초점을 맞춘다. 최근 연구에서도 회복탄력성이 '성장과 행복을 위한 필수 영양소'[15]는 아니라고 밝히며, 진정한 행복을 극대화하려면 회복탄력성을 넘어, '구체적으로 욕구를 충족시키는 과정이 필요하다'[16]라고 제안한다.•••

끝으로, 회복탄력성은 정신적 자원을 소모하지만, 깨지지 않는 힘은 오히려 보충한다.[17] 한정된 에너지를 계속 끌어다 쓰면서 고갈되는 대신, 활력과 열정, 동기를[18] 더 많이 얻게 된다. 덕분에 언제든, 특히 작은 좌절 하나에도 무너질 것 같은 순간에 깨지지 않는 힘 로드맵에 기대어, 새롭고 유용한 방식으로 스트레스를 다루고 극복할 수 있다.

물론 그동안 자신의 끈기와 회복탄력성에 자부심을 느껴 온 사람은 이런 접근을 다소 급진적으로 느낄 수 있다. 사실 그런 측면도 있다. 따라서 본격적으로 깨지지 않는 힘의 여정을 시작하기 위해서는, 먼저 세 가지 중요한 생각의 전환부터 준비해야 한다.

••• 트라우마보다 결핍된 심리적 욕구가 정신 건강에 더 큰 영향을 미칠 수 있다는 근거가 있다. 예를 들어, 다르푸르 난민을 대상으로 한 한 연구에서는 그들의 고통 수준이 과거 전쟁 트라우마보다 욕구 결핍과 더 크게 관련되는 것으로 나타났다(Andrew Rasmussen 외, "Rates and Impact of Trauma and Current Stressors among Darfuri Refugees in Eastern Chad," American Journal of Orthopsychiatry 80권 2호(2010): 227 – 36).

깨지지 않는 힘을 위한 세 가지 생각의 전환

생각의 전환 1: 고통을 축소하기에서 받아들이기로

어려움을 최소화하려는 태도에서 벗어나, 고통을 적극적으로 받아들인다. 나비라의 이야기로 돌아가 보자. 스페인 호텔방에서 터닝 포인트를 경험하기 전까지, 나비라는 고통을 드러내는 것이 곧 무능력과 실패라고 여겼다. 하지만 고통이라는 감정에 주의를 기울이고, 자신이 얼마나 무너지기 직전이었는지, 그리고 '무적의 페르소나'가 얼마나 스스로를 해치고 있었는지를 인정했을 때, 마침내 변화가 시작되었다. 존재하지 않는 것처럼 외면하지 않고 진짜 감정을 인정하는 순간, 나비라는 다시 태어나기 위한 첫걸음을 뗐다. 우리도 마찬가지다.[*] 이런 의미에서 깨지지 않는 힘이란, 곧 자기 인식을 행동으로 연결하는 힘이다.[**]

생각의 전환 2: 버티기에서 변화할 용기로

버티는 데서 그치지 않고, 자신을 새롭게 바꿀 용기를 선택한다. 수

---

[*] 우리 각자가 그렇듯, 팀과 조직에도 자신의 불완전함을 직면하는 일은 똑같이 중요하다. 열다섯 개 산업의 1,000여 개 기업을 대상으로 30년에 걸쳐 진행된 맥킨지 연구에서 장기간 경쟁력을 유지한 회사를 결정하는 단 한 가지 요인을 찾아냈다. 그들은 시장 변화에 뒤따라 사후적으로 적응한 것이 아니라, 스스로 정기적으로 점검하고 미래를 다시 그리며 조직을 재구성하는 선제적인 변혁을 택했다(Richard Foster and Sarah Kaplan, Creative Destruction: Why Companies That Are Built to Last Underperform the Market—And How to Successfully Transform Them [New York: Currency, 2011]).

[**] 통찰력 있는 감수자 한 분이 이 대목이 내 동료 수전 데이비드의 명문장을 떠올리게 한다고 했다. "용기는 두려움이 없는 상태가 아니라, 두려움과 함께 걷는 것이다."

년간 나비라는 회복탄력성 지침서를 충실히 따르며, 어떤 도전이든 감당할 수 있다고 증명해 왔다. 그러나 "힘들어도 버티다 보면 결국 나아질 거야"라는 사고방식은 일회용 반창고일 뿐이었다. 스트레스의 근본 원인을 해결하지 못했기 때문이다. 회복탄력성에만 의존하면 피할 수 있었던 고통의 진짜 원인을••• 간과하게 될 뿐 아니라, 삶을 더 나은 방향으로 바꿀 수 있는 중요한 신호도 놓치기 쉽다.

어떤 일을 오랫동안 같은 방식으로, 이를테면 꾸역꾸역 버티다 보면 관성에 사로잡혀 쉽게 벗어나지 못하고 그 자리에 머물게 된다. 세계적인 리더십 사상가인 동시에 내 친구이자 멘토, 정신적 지주인 마셜 골드스미스는 말했다. "앞으로 5분 뒤, 당신이 하고 있을 일을 가장 잘 예측하는 방법은[19] 지금 당신이 하는 일을 보는 것이다." 관성에 몸을 맡기는 것은 쉽고, 변화는 어렵기 때문이다. 마치 고등학교 때 입던, 구멍투성이에 이제는 따뜻하지도 않은 20년 된 스웨트셔츠를 도저히 버리지 못하는 것처럼, 더 이상 도움이 되지 않는 데도 익숙하다는 이유로 편한 행동을 계속 고수한다.

그러나 더 이상 버틸 힘조차 없을 때는 변화할 용기를 내야만 한다. 회복탄력성이 높은 사람은 흔들려도 제자리에 머물지만, 깨지지 않는 힘을 지닌 사람은 고통을 성장의 원천으로 바꾼다. 그리고 결국 깨닫는다. **변화란, 고통에 새롭게 의미를 부여하는 일이라는 것을.**

••• 모든 고통을 예방할 수 있나요? 아니요!

생각의 전환 3: 회복에 그치지 않고 한 걸음 도약하는 성장으로

예전 상태를 유지하거나 되찾는 목표 대신 이전보다 더 나아지고, 강해지고, 정신적으로 건강해지는 목표로 전환한다. 생각해 보자. 겨우겨우 버티던 상태로 돌아가기 위해 왜 그토록 애써야 할까? 우리를 지탱해 주지 못했던 낡고 익숙한 습관으로 돌아가느니 새로운 목표와 습관을 선택해 앞으로 나아갈 힘을 얻는 편이 더 현명하지 않을까? 여기 나비라의 **'한걸음 성장 플랜'**을 보자. 그녀는 자신의 욕구가 중요하다는 사실을 인정하고, 이를 충족시킬 새로운 방법을 찾겠다는 결심을 바탕으로 계획을 세웠다.

| 힘의 새로운 정의 |

기존 생각	▶	새로운 생각
절대 포기하지 않기	▶	내려놓아야 할 때를 알기
끝없는 끈기	▶	의도적인 끈기
고통 없이는 얻는 것도 없다	▶	쉴 때와 회복할 때를 안다
무엇이든 경쟁해야 한다	▶	중요한 일에만 경쟁한다
스스로 해내야 한다	▶	도움을 청할 때를 안다
꾹 참는다	▶	울어도 괜찮다
절대 무너지지 않는다	▶	약한 모습을 보여도 된다
		= 진정한 강함!

한걸음 성장 플랜 (나비라 엘사예드 제공)

존경하는 또 다른 멘토이자 친구, 앨런 멀러리•는 이렇게 말했다. 아직 모든 게 명확히 정리되지 않았더라도, 더 나은 길로 나가는 출구, 이른바 **'더 나은 길 마인드셋'**을 반드시 신뢰해야 한다고. 이런 선택에는 용기가 필요하지만, 그만큼 보상도 크다.

|

깨지지 않는 힘 여정 시작하기

이제 분명해졌을 것이다. 나비라의 여정은 단순한 진화나 작은 적응이 아니었다. 적극적이고 근본적인 변화[20]였다. 나비라는 스트레스와 좌절을 데이터로 삼아 자신을 가로막는 습관을 찾아냈고, 성장과 행복, 삶의 목적을 향한 새로운 길을 열었다. 이것이 바로 회복탄력성을 넘어, 깨지지 않는 힘을 가진 삶으로 나아갈 때 일어나는 변화다.

본격적으로 네 단계의 실천 방법, 즉 **깨지지 않는 힘 로드맵**을 소개하기 전에, 여러분이 걱정할 법한 합리적인 의문부터 짚고 넘어가자. "타샤, 지금도 오늘 할 일을 다 못 끝내는데, 변화할 시간이 어디 있겠어요?"

그 마음, 충분히 이해한다.

하지만 이렇게 생각해 보자. 이 책을 읽고 있는 당신은 이미 나름의 스트레스 대처 전략에 시간과 에너지를 쓰고 있을 가능성이 크다. 이제 알다시피 그런 방법들은 점점 효과가 떨어지고 있다. 특히

●   앨런 멀러리는 그 세대를 대표하는 위대한 CEO 중 한 사람이다. 《insight》를 읽어 봤다면, 두 개의 상징적인 미국 기업을 어떻게 놀랍게 쇄신했는지 잘 알 것이다. 설령 그렇지 않더라도, 지금 리더이거나 리더를 꿈꾼다면, 브라이스 호프먼의 흥미진진한 저서 《American Icon》을 추천한다. 멀러리가 포드를 어떻게 반전시켰는지 생생하게 담겨 있다.

당신이 이미 회복탄력성의 천장에 다다랐을 때는 더더욱 그렇다. 그렇다면 그중 일부 에너지를 다른 데 재투자한다면 어떨까? 예를 들어, 당신이 전업으로 일하면서 아이를 키우는 한부모라고 해 보자. 아침마다 아이들이 일어나기 전, 단 15분이 당신만의 시간일 수도 있다. 그 시간을 명상에 쓰고 있다면, 계속해도 좋다. 그런데 예전만큼 효과가 없거나, 해야 한다는 압박 때문에 억지로 하고 있다면? 그 15분을 이 책을 조금 더 읽는 데 쓰거나, 책 속의 간단한 자기 점검을 해 보거나, 혹은 단순히 지금 내게 정말 필요한 게 무엇인지 느껴 보는 데 활용할 수 있다. 곧 알게 되겠지만, 깨지지 않는 힘을 갖는 데 결코 많은 시간이 들지 않는다. 오히려 우선순위에 두면 둘수록 점점 더 수월해진다. 나는 내가 상담하는 모든 CEO에게 조언한다. 개인적인 성장은 어려운 것이 아니라고. 오히려 미래의 나에게 주는 선물이라고!

무엇보다도 이 여정을 시작하면서 변화하지 않을 때 치르게 되는 진짜 대가를 기억해야 한다. 이를 생태학적 비유로 설명하고자 한다. 한쪽에는[21] 도도새가 있다. 한때는 번성했던, 날지 못하는 비둘기과의 새다. 수 세기 동안 도도새는 아름다운 외딴섬 모리셔스에 살았다. 먹이는 풍족하고 포식자는 거의 없는 덕에 안락한 삶을 누렸다. 그러나 인간이 갑자기 등장하면서 그 평화는 산산이 깨졌다. 도도새는 그런 위협을 경험해 본 적이 없었고, 적응할 능력도 키우지 못했다. 결국 인간의 손쉬운 먹잇감이 되어 불과 몇십 년 만에 멸종했다.

반대로 황갈색 올빼미를 보자. 이 새는 급격히 변하는 기후에서도 기민하게 살아남았다. 수년에 걸쳐 이 올빼미는 깃털을 옅은 색에서 짙은 갈색으로 바꾸어 가며, 눈이 덜 내리는 환경에[22] 완벽히 섞여 들어가도록 진화했다. 그 결과 올빼미 개체 수는 줄거나 정체되지 않고,[23] 오히려 증가했다. 자연이 주는 교훈은 분명하다. **끊임없이 변하는 세상에서 스스로를 새롭게 만드는 존재는 그저 살아남는 데 그치지 않고, 새로운 방식으로 번성한다.**

그렇다면, 당신은 어떤 존재가 되고 싶은가? 사라져가는 도도새인가, 아니면 적응하며 번성하는 올빼미인가?

"회복탄력성에만 의존하면
피할 수 있었던 고통의 원인을 간과하게 될 뿐 아니라,
삶을 더 나은 방향으로 바꿀 수 있는
중요한 신호도 놓치기 쉽다."

❶ **깨지지 않는 힘을 갖는다는 것**: 주도적으로 역경을 성장의 동력으로 바꾸고, 부서진 부분을 숨기지 않고 활용해 더 나은 나를 만들어 가는 것

회복탄력성	깨지지 않는 힘
수동적	능동적
원래 상태로 회복	새로운 방식으로 성장
누구에게나 동일한 방식	개인의 필요에 맞춘 방식

❷ **생각의 전환 세 가지**

- 힘든 일을 외면하지 말고, 능동적으로 받아들이기
- 그저 버티기에서 벗어나, 새롭게 나를 바꿀 용기 갖기
- 다시 제자리로 돌아오기에서 한걸음 도약해 성장으로 전환하기

❸ **깨지지 않는 힘 로드맵**: 네 가지 간단한 단계로 다시 회복하기를 넘어 앞으로 성장하기 시작한다.

❹ 시작을 위한 두 가지 도구

- **더 나은 길 마인드셋:** 아직 답이 보이지 않더라도, 더 나은 길은 반드시 있다는 믿음

- **한걸음 성장 플랜:** "나는 지금 ____________에서 ____________로 나아가고 싶다"라는 문장으로 시작하는 한 장짜리 실행 계획

2부

깨지지 않는 힘 로드맵

1단계:
고통 들여다보기

"모든 고통은 생각보다 더 깊은 곳에서, 피와 뼛속을 타고 흐르며
우리가 연약하고 유한한 존재임을 일깨운다."

— K. J. 램지

2장에서 만났던 잰 이야기로 돌아가 보자. 잰은 아들 앤드루의 행동 문제로 힘들어하면서도, 의사와 주변 사람들로부터 '그릿 가스라이팅'을 당한 채 버텨 오던 엄마였다. 자, 이제 10년 후로 빠르게 넘겨 보자. 몹시 추운 겨울, 눈보라를 헤치고 집으로 돌아오던 어느 날 밤이었다. 잰이 차를 몰아 집 앞에 들어서는 찰나, 안도감은 순식간에 사라지고 두려움이 밀려왔다. 눈 덮인 마당에 일곱 살 난 딸 에인즐리가 맨발로 서서 덜덜 떨고 있었기 때문이다.

잰은 급히 외투를 벗어 딸에게 둘러 주며 물었다. "아가, 왜 밖에 나와 있니?" 하지만 잰은 이미 답을 알고 있었다.

밖에서는 눈보라를 막아 주는 아늑한 보금자리처럼 보였지만,

안에서는 또 다른 폭풍이 몰아치는 중이었다. 문을 열자마자 폭풍의 진원지와 마주했다. 아홉 살 앤드루는 완전히 폭발한 상태였다. 눈은 이글거렸고, 평소의 다정하고 사랑스럽던 모습은 온데간데없었다. 고함을 지르고 악을 쓰며 욕설을 퍼부었다. 거실 벽에는 앤드루가 주먹으로 뚫은 구멍이 여러 개 보였다.

잰과 남편 데이비드에게 이런 폭발은 이제 끔찍한 일상처럼 반복되고 있었다. 원래도 차분한 아이는 아니었지만, 아홉 번째 생일이 지나며 상황은 급격히 나빠졌다. 매일 몇 시간씩 이어지는 지옥 같은 분노 발작과 끝없는 강박 행동이 이어졌다. 문지방 넘어가기를 유난히 꺼리거나, 지하철 바닥을 긁어 먹으려는 이유 모를 강박 행동도 보였다. 어느 날은 날카로운 칼을 입에 물고 "뭔가를 느끼고 싶다"라고 말했다. 며칠 전에는 잰의 마음을 무너뜨리는 고백을 했다. 떨리는 목소리로 "어… 엄마…, 나 미쳐 가는 것 같아. 죽고 싶어"라고 말하는 앤드루를 올려다보는 순간, 잰의 심장은 갈기갈기 찢어져 산산조각 났다.

한편, 여동생 에인즐리 역시 문제 행동을 보이기 시작해, 거의 매일 교장실에 불려 갔다. 일주일 전에는 빨간 크레용으로 쓴 쪽지를 엄마에게 건넸다. "엄마, 내가 나쁜 아이라서 미안해요."

아이들의 어려움이 커질수록 잰은 점점 더 자기 안으로 움츠러들었다. 그녀의 하루는 오직 그 순간을 버텨 내는 데 초점이 맞춰졌다. 만약 자신이 느끼는 고통을 인정한다면 완전히 무너질 것 같았기에, 차라리 고통을 억눌러 버렸다. 이 전략은 곧 습관이 되었다. 두려움과 걱정을 억누르는 일이 점점 자연스러워지면서, 마치 아무 감정도 느끼지 못하는 사람처럼 살아가게 되었다.

젠처럼 부정적인 감정이 너무 벅차서 아예 단절해 버린 경험은 꽤 흔하다. 때로는 의도적으로 선택하기도 하고, 때로는 상황에 떠밀려 이유도 모른 채 무기력해지기도 한다. 하지만 원인이 무엇이든 결과는 대체로 같다. 정서적 고통은 머리 위에 드리운 먹구름처럼 점점 짙어지다가, 결국 폭풍이 되어 쏟아진다.

　고통을 회피하려는 데에는 몇 가지 이유가 있다.

회피하는 이유 1: 고통의 역설

이미 살펴본 대로, 고통을 회피하는 첫 번째 이유는 끝까지 버텨야 한다고 자신에게 가하는 압박감 때문이다. 흔히 어떤 상황에서도 감정을 드러내지 않고 담담히 견디면 잘 대처했다고 믿기 때문에, 감정의 무게에 눌려 잠시라도 흔들리면 실패했다고 느낀다. 이런 태도는 최근 회복탄력성 담론에서 더 강화되었지만, 그 뿌리는 수천 년 전까지 거슬러 올라간다. 대표적인 예가 스토아 철학이다. 스토아 철학은 통제할 수 없는 상황에서도 감정을 통제하라고 강조한다. 스토아 철학에서 말하는 아파테이아apatheia, 즉 감정의 평정 상태는 고통을 의지로 극복한다는 생각을 담고 있다. 마르쿠스 아우렐리우스가 이렇게 썼다.[1] "외부의 어떤 것 때문에 괴로워한다면, 그 고통은 그 일 자체에서 비롯된 것이 아니라 그 일에 대한 당신의 판단 때문이다. 그리고 그 판단은 언제든 당신이 거둬들일 수 있다."

현대 심리학에서는 이 전략을 **감정 억제**라고 부른다. 겉으로는 강해 보일지 모르지만, 실제로는 큰 대가를 치르게 된다[2]. 정말 중요한 것에 집중하지 못하고[3], 정신적 에너지가 소모되며[4], 감정 기복이 심해지고[5], 우울감도 커진다[6]. 실제로 한 연구에서는 감정을 습관적으로 억누르는 사람일수록 오히려 더 많은 부정적 감정을[7] 경험한다고 보고한다. 이는 대출 이자를 제때 갚지 못해 눈덩이처럼 불어나는 빚과도 같다. 감정을 억누를수록 '**부정성 반동**'[8]이 커져서 처음보다 더 큰 괴로움으로 돌아온다.

그런데도 감정 억제는 사회적으로 더 괜찮은 선택으로 여겨진다. 실제로 한 대형 은행 직원 250여 명을 대상으로 조사했을 때, 응답자의 3분의 2가 장기간의 스트레스와 위기 상황에서 감정을 직면하기보다는 '참고 견디는' 방식을 택한다고 답했다. 중동 지역의 한 다국적 기업에서 리더십 개발을 총괄하는 친구의 사례도 있다. 그는 임원들에게 정신적 강인함, 즉 고통을 견디고 전진하는 데 집중하는 성향[9]을 10점 만점으로 평가해 보라고 했는데, 대부분이 자랑스럽게 10점을 매겼다. 하지만 친구가 완벽한 강인함을 기준으로 삼아서는 안 된다고 설명하자 임원들은 진심으로 의아해했다.•

고통을 억지로 견디는 방식이 도움이 되지 않는다는 걸 어렴풋이 알면서도, 다른 선택이 두려워 계속 버티곤 한다. 잰이 이를 악물고 "*괜찮아, 아무 문제 없어*"라고 말하며 현실을 부정했던 것처럼, 억지 부정은 일시적으로 안도감을 줄 수는 있지만, 결국 고통을 더

• 만약 '정답'을 묻는다면, 6~7점 정도가 훨씬 더 유익하다고 말하겠다. 그래야 정말 괜찮지 않을 때 알아차리고, 대응할 수 있기 때문이다.

길고 깊게 만들 뿐이다.●● 나는 이런 기묘한 현상, 즉 단기적으로는 고통을 회피하려 하지만 장기적으로는 오히려 더 큰 고통을 겪게 되는 모순을 **고통의 역설**이라 부른다. 몇 달 동안 앤드루의 폭발을 꿋꿋이 버티면서도 속은 얼어붙은 듯 굳은 잰이 대표적인 사례다. 잰의 머릿속에는 단 하나의 불안한 생각만 맴돌았다. 절대 이 상황에서 벗어날 수 없을 거야.

회피하는 이유 2: 나쁜 긍정

혹시 누군가에게 힘든 마음을 털어놨을 때 곧바로 돌아온 대답이 "긍정적으로 생각해!", "걱정하지 마, 다 잘될 거야!", "모든 일에는 다 이유가 있는 법이야!"였던 적이 있는가? 아마 나만 그런 것은 아닐 텐데, 이런 반응을 들을 때마다 나는 오히려 고통을 더 깊숙이 숨겼다. 사회가 공유하는 "난 괜찮아, 너도 괜찮아"라는 대본에서 벗어나는 순간, 우리는 사회적 규칙을 어긴, 상대방에게 불편함을 주는 사람처럼 느껴진다. 그 어색함 속에서, 사람들은 우리의 감정을 이해하기보다 선의를 갖고 긍정적으로 정리해 주고 싶어 한다. 심리치료사 휘트니 굿맨은 동명의 저서에서 이런 태도를 **나쁜 긍정**[10]이라 명명했다. 그릿 가스라이팅의 사촌 격 개념인 나쁜 긍정은 부정적인 경험이나 감정을 나눌 때, 괜찮아질 거라고 몰아붙여 결국 침묵이나 순응을 강요하는 압박을 뜻한다. 굿맨은 나쁜 긍정이 감정을 '틀린

●● 카를 융 역시 이 주장에 동의했을 것이다. 그는 말년에 '창조적 우울'이라 부르는 관점을 지지했는데, 이는 감정을 억누르거나 그냥 견디는 대신, 그 감정을 면밀히 들여다보고 탐구하는 태도였다. (Deirdre Bair, Jung: A Biography [New York: Back Bay Books, 2004])

것'으로 여기게 하고, 심지어는 자신과 타인에게까지 억지로 괜찮다고 설득하게 만든다고 설명한다. 그러나 괜찮다고 말한다고 해서 실제로 상황이 *괜찮아지지는* 않는다. 그래서 굿맨은 이 전략을 총상에 반창고를 붙이는 것에 비유한다.

물론 나쁜 긍정이 악의에서 비롯되지는 않는다. 많은 사람이 그저 살면서 배워 온 사회적 대본을 반복할 뿐이다. 하지만 사회적 대본은 너무 강력해서 때때로 좋은 의도와 관계마저 압도해 버린다. 게다가 모두가 각자의 시간과 에너지, 평안을 지키기 위해 힘겹게 싸우는 현실에서는, 누군가의 힘든 이야기를 듣기보다 피하고 빨리 넘어가고 싶어 한다. 굿맨은 지적한다. "행복과 긍정은 어느 순간 목표이자 의무가 되어 버렸다. 그리고 '긍정적인 사람'은 결국 세상의 모든 것에서 좋은 면만 찾아야 하는 로봇을 의미하게 되었다."

누군가는 긍정을 주장하는 일이, 상대의 감정을 무시하려는 것이 아니라 시야를 넓혀 주려고 한 것이라 말할지도 모른다. 하지만 어떤 사건을 덜 감정적으로 느끼도록 관점을 바꾸는 전략이* 감정을 억누르는 것과 별반 다르지 않다는 연구 결과도 있다. 실제 한 연구에서는 부정적인 사건을 재해석한다고 해서 참가자 대부분의 부정적 감정이 줄어들지 않았고, 특히 17~19세 청소년들의 경우에는 오히려 부정적 감정이 더 *커지기도* 했다.[11]** 즉, 관점을 바꾸는 것

---

* 내 책 《자기통찰》을 꼼꼼히 읽었다면, 재구성이 자기 인식을 높이는 데 어떤 이점이 있는지 다룬 대목을 기억할 것이다. 재구성이 결코 도움이 되지 않는다고 말하려는 게 아니다. 다만 지치거나 스트레스를 받는, '비정상적' 상태에서는 그 효과가 생각만큼 크지 않을 수 있음을 지적한 것이다.

** 이 결과가 이해되지 않아 고개를 갸우뚱할지도 모르겠다. 이 연구의 연구자들도 마찬가지로 당황했다. 그래서 이런 효과를 설명할 후속 연구가 필요하다고 제안했다.

만으로는 문제를 해결할 수 없다.

'나쁜 긍정'은 특히 타인의 필요를 자기 필요보다 우선하는 사람들에게 더 해롭다. 맞다. 나를 포함해, 좋은 사람 콤플렉스가 있는 사람들은 상대를 불편하게 하지 않으려고 본능적으로 "맞아, 다 괜찮아질 거예요"라고 대답하고는, 속으로는 다시는 힘든 마음을 꺼내지 않겠다고 다짐해 버리곤 한다. 잰 역시 그랬다. 몇 번 용기를 내어 고통을 털어놓았지만, 의사, 가족, 친구들의 공허한 위로만 돌아왔다. 결국 잰은 지쳐 버렸고, 더 이상 아픔을 말하지 않았다.

긍정이 늘 도움이 되는 건 아니라는 교훈에서 적어도 두 가지는 얻을 수 있다. 첫째, 스스로 고통에 귀 기울이는 데는 다른 사람의 허락이 필요 없다. 둘째, 있는 그대로 우리를 받아들이는 용기 있는 사람들과 함께해야 한다. 상대가 원하는 모습이 아니라 지금의 우리 모습 그대로 말이다. 이 부분은 11장에서 더 다룰 것이다. 그리고 무엇보다, 결코 나쁜 긍정의 전달자가 되어서는 안 된다!

회피하는 이유 3: 동결-실신 반응

수십 년 동안 과학자들은 인간의 몸이 위협에 반응하는 방식은 1장에서 다룬 '투쟁-도피 반응'이 유일하다고 믿어 왔다. 즉, 위험이 닥치면 자율신경계가 작동해 위험에 맞서 싸우거나 신속히 도망갈 준비를 한다. 그런데 정신의학자 스티븐 포지스의 혁신적인 연구는 이 통념에 의문을 제기했다. 포지스는 환자들이 스트레스나 트라우마에 직면했을 때 투쟁이나 도피의 감각을 보고하기보다, 몸이 움직이지 못하거나 얼어붙은 듯 혹은 자기 자신과 완전히 분리된 듯[12] 느낀다는 사실에 주목했다.

　기존 이론으로는 이런 반응을 설명할 수 없었기 때문에 포지스는 더 깊이 연구에 몰두했다. 마침내 1994년, 포지스는 투쟁-도피 반응보다 더 오래된 또 하나의 신경 회로가 존재한다고 밝혔다. 바로 **동결-실신 반응**[13]이다. 이 시스템은 극도의 위험을 감지했지만, 싸우거나 도망칠 수 없을 때 작동한다. 이 체계는 에너지를 보존하고 고통을 최소화하며, 포식자에게 덜 매력적인 대상으로 되기 위해 엔도르핀을 분비해 통증을 둔화시키고 심박수, 혈압, 체온을 낮춘다. 그 결과 신체적·정서적 기능이 완전히 꺼져 버린다.[14] 마치 고양이 입에 물린 쥐가 죽은 척 꼼짝하지 않는 것처럼 인간도 해리[*], 동작 불능, 심지어 기절에 이른다.

　이러한 발견은 이후 다중미주신경 이론의 토대가 되었다. 이 이론에 따르면 인간은 단순히 의식적으로 반응 방식을 선택하는 것이 아니라, 몸이 위협을 본능적으로 해석하고 그 판단에 따라 어떤 시스템이 작동할지 결정한다. 위협을 유발하는 요인은 사람마다 다르지만, 특히 스스로 통제 불가능하다고 느끼는 큰 위협일수록 이 시스템을 더 쉽게 촉발한다. 자세한 내용은 6장에서 살펴보자. 그리고 투쟁-도피 반응처럼, 동결-실신 반응 역시 예상하지 못한 순간에 갑자기 찾아온다. 1장에서 살펴본 것처럼, 인간의 몸은 사회적, 정서적 위협과 생명을 위협하는 물리적 위험을 구분하지 않는다. 그래서 뇌

---

[*] 해리 상태에 빠지면, 생각·주변 환경·행동 사이의 연속성이 끊어진다. 겉보기나 체감은 멍해지거나 공상에 잠긴 것처럼 보일 수 있고, 심한 경우에는 정체성이 흔들리거나 대인관계와 일상 기능에 문제가 생길 수도 있다(Stephen W. Porges, The Pocket Guide to the Polyvagal Theory: The Transformative Power of Feeling Safe, Interpersonal Neurobiology [New York: W. W. Norton, 2017], 11).

가 극심한 심리적 스트레스를 감지하면, 실제로는 그렇지 않더라도 죽을지도 모르는, 목숨이 위태로운 상황이라고 판단해 버린다. 포지스 자신도 MRI 기계 안에서 의식적으로는 두려움을 느끼지 않았는데도 갑자기 기절한 경험이 있었다. 이렇게 의지와 상관없이 완전히 감정이 마비되는 경험은 매우 당황스럽다.[15]

감정을 억누르려는 내적 압박, 타인이 전하는 나쁜 긍정, 의지와 상관없이 나타나는 동결-실신 반응, 이 세 가지 회피 요인은 우리의 몸과 환경이 얼마나 교묘하게 고통에서 멀어지게 하는지를 보여 준다. 혹시 스스로 감정을 얼마나 회피하고 있는지 궁금하다면, 이번 장 마지막 페이지를 참고하라.

회피는 흔히 차악으로 여겨진다. 고통을 직접 마주하지 않으면 무너질 일도 없을 것 같으니, 차라리 그편이 나아 보이기 때문이다. 그러나 우리가 놓치기 쉬운 또 하나의 선택지가 있다. 바로 고통이 보내는 신호에 진심으로 귀 기울여 보는 것이다. 언뜻 두렵게 느껴질 수도 있다. 그러나 중·장기적으로는 부정적 감정을 줄이고[16] 긍정적 감정을 키우는 데 도움이 될 수 있다. 한 연구에서는 참가자들이 힘든 사건을 겪은 뒤 단 8분 동안 자신의 반응을 돌아본 결과, 직후에는 통제 집단보다 조금 더 힘들게 느꼈지만 하루가 지나자 훨씬 나아졌고, 이틀 뒤에는[17] 그 사건에 거의 영향을 받지 않았다. 또 다른 연구에서도 이러한 효과가 몇 달간 지속될 수 있음을[18] 보여 주었다. 그렇다면 고통을 억누르거나 그냥 견뎌 내는 대신, 더 나은 삶을 설계하기 위한 소중한 데이터로 활용하는 법을 배운다면 어떨까?

고통을 통해 마주하는 진실

영국 시인 바이런 경은 '역경은 진실로 향하는 첫 번째 길'이라고 말했다.[19] 우리는 이미 어려운 시기가 자신을 발견하는 특별한 기회라는 사실을 알았다. 하지만 정확히 역경의 어디에 그 진실이 숨겨져 있을까?

우리 팀은 깨지지 않는 힘 인터뷰를 분석하는 과정에서 한 가지 공통점을 발견했다. 참가자들은 자신의 고통에 주의를 기울일 때만 비로소 '진실'에 도달했다. 이 사실을 마침내 깨달았을 때, 나는 진작에 눈치채지 못한 스스로를 책망했다. 지난 20여 년 동안 경영자들을 상담하면서 변화는 내담자가 현실을 직면하고, 익숙한 상태를 과감히 내던질 때 일어난다고 알게 되었다. 만족스럽지 않은 직장에 발이 묶인 야심가든, 육아와 결혼 문제로 고민하는 초보 부모든, 침체된 사업을 되살리려 애쓰는 사업가든, 상황은 달라도 한 가지는 동일하다. 상황을 개선하려면 반드시 먼저 무엇이 잘못되었는지 냉정하게 들여다봐야 한다. 나는 종종 이 과정을 잠시 맨발로 불길 위를 걷는 일에 비유한다. 잠깐은 뜨겁고 아프지만 반드시 지나가야 할 과정이기 때문이다.

더 넓게 보면, 신체적 고통이든 정서적 고통이든 다 이유가 있다. 고통은 생존에 필수적[20]이다. 실제로 현대인이 겪는 많은 심리적 고통은 우리의 조상들이 생존하거나 번식하기 위해 꼭 필요했던[21] 본능이 남아 있기 때문이라고 여겨진다. 신체적 고통이 몸의 손상이나 상해를 알리는 경고라면[22], 정서적 고통은 충족되지 못한 심리적 욕

구를 드러내는 신호다.[23]

　상상해 보자. 만약 태어날 때부터 고통을 전혀 느끼지 못한다면 어떨까? 65세의 조 캐머런[24]은 세계에서 단 두 명뿐인 희귀 유전자 변이 보유자로, 어떤 형태의 고통도 전혀 느끼지 않는다. 일상에서 별다른 불편함을 느끼지 않고, 큰 수술 후에도 진통제를 써 본 적이 없다. 심지어 출산조차 '꽤 즐거운 경험'이었다고 말한다. 하지만 그녀의 삶이 우리가 상상하는 낙원과는 거리가 멀었다.* 오븐에 팔을 자주 데어도 살 타는 냄새가 나야 알아차린다. 관절염으로 고관절이 망가져 걸을 수 없게 되기 전까지는 아픈 줄도 몰랐다. 게다가 불행한 일이 닥쳐도 불안, 분노, 슬픔을 느끼지 않는다. 그런데 동시에 진정한 기쁨이나 행복을 향해 나아가고자 하는 동기 부여도 없다.

　연구자 랜돌프 네세와 제이 슐킨이 쓴 것처럼, "고통은 늘 문제처럼 보이지만, 대개는 해답의 일부다."[25] 본질적으로 **고통은 주의를 기울이라는 신호다.** 강력한 경고 시스템으로서 고통은 일상을 흔들고 성과를 방해하며[26], 집중을 요구한다. "이봐, 지금 주의를 기울이지 않으면 큰일 나!" 따라서 고통을 무시해도 괜찮을 거라 믿는다면 그것은 단순한 착각이 아니라 자기기만이다.[27] 왜냐하면 말 그대로 몸은 모든 것을 기억하기 때문이다.

　고통은 또한 기존 통념에 도전하게 한다. 신경과학자들은 뇌의 섬엽 피질이 고통스러운 경험을 처리하며 또 고통에서 배우는 핵심

---

* 카메런과 같은 사람들은 피부와 관절 손상이 점점 악화하고 기형이 생기며, 움직임에 심각한 어려움을 겪다가, 결국 이른 나이에 사망하기도 한다(Marwan N. Baliki and A. Vania Apkarian, "Nociception, Pain, Negative Moods, and Behavior Selection," Neuron 87, no. 3 (2015): 474–91).

역할을 한다고 밝혔다.[28] 고통이 없을 때 우리의 행동 패턴은 굳어 버리지만[29], 고통이 찾아오면 우리는 안일함에서 깨어나 현 상태를 억지로 다시 점검한다. 실제로 깨지지 않는 힘 프로젝트에 참여한 사람이 말했다. "다시는 그런 일에 무너지지 않겠다고 결심했다." 올바른 태도로 불편함을 마주하면, 삶을 바꾸는 통찰을 얻을 수 있고 결국 더 나은 삶으로 이어진다.

마지막으로, 고통은 변화를 향한 길을 제시한다. 6장에서 살펴보겠지만, 심리적 고통은 거의 언제나 충족되지 않은 심리적 욕구 때문에 발생한다. 고통의 외부적 원인과 배후에 있는 좌절된 욕구를 파악하지 못하면 계속해서 불완전한 선택의 굴레에 갇히게 된다. 하지만 고통에 주의를 기울이면 어떻게 길을 가로막는지 알아낼 수 있고, 그 순간 고통은 변화를 이끄는 동력이 된다.

고통에 집중한다고 고통을 환영하거나 즐기라는 뜻은 아니다. 다만 그 감정을 자비롭게 받아들이면서, 어떻게 하면 새로운 방식으로 필요를 충족할 수 있을지를 탐색하라는 의미다.* 고통을 즐길 필요까지는 없지만, 고통이 무엇을 의미하는지, 또 어디로 이끌 수 있는지를 분명히 알아차릴 수 있다. 브레네 브라운이 명저 《라이징 스트롱Rising Strong》에서 강조했듯이, 금이 가고 심지어 부서지고 있다고 인정하는 순간에야 비로소 앞으로 나아갈 길이 열린다. 시련 속에서

---

* 이 이론에서 통합적 감정 조절이라 불리는 과정이 중요한 개념이다. 부정적 감정을 그대로 경험하고, 그 원인을 탐색하며, 탐색을 통해 자신을 더 잘 이해하는 능력을 뜻한다. 그래서 통합적 정서 조절은 더 높은 만족감과 자기결정적 행동과 연관되어 있다(Richard M. Ryan 외, "Building a Science of Motivated Persons: Self-Determination Theory's Empirical Approach to Human Experience and the Regulation of Behavior," Motivation Science 7권 2호 [2021]: 97).

다시 일어서는 사람들은[30] 자기 안의 감정을 부정하지 않고, 고통의 이야기를 마주할 용기를 가졌다. **깨지지 않는 힘을 지닌 사람들은 고통을 개인적인 실패가 아니라 힘의 원천으로 바라본다.**

그렇지만 심리적 절벽에서 떨어지는 듯한 두려움 속에서도 과연 우리는 의식적으로 고통과 마주할 수 있을까? 그리고 동결-실신 반응에 사로잡혔을 때, 정말로 고통이 전하려는 메시지를 들을 수 있을까?

고통을 넘어 의미로

앤드루의 대폭발 사건이 있은 며칠 후, 잰은 계단에 걸터앉아 아이스크림 한 통을 멍하니 퍼먹고 있었다. 그날 밤에도 아들이 진정하길 기다리는 동안, 지난 한 주의 기억들이 머릿속에 휘몰아쳤다. 아들의 위기, 죽고 싶다는 고백, 추운 날씨에 밖에서 떨고 있던 에인즐리의 모습까지.

마침내 밀려온 고통은 오랫동안 비구름을 모아 온 장맛비처럼 그녀의 온몸을 휩쓸었다. 지금껏 잰을 버티게 했던 회복탄력성은 이미 바닥났고, 더는 괜찮은 척할 힘조차 남아 있지 않았다. 그런데 내면 깊은 곳에 있던 절망을 직면하는 순간, 강한 반발심이 치솟았다. 눈앞이 환해지며 모든 것이 분명해졌다. 더 이상 이렇게 살아갈 수 없었다. 단 하루도 더는. 감정을 억누르고, 남들이 정해 주는 틀에 맞춰 살아왔던 지난 시간은 고통만 더 키웠을 뿐이었다. 이제는 다른 길을 찾아야 했다. 그리고 그 길을 찾을 때까지 멈추지 않으리라 다짐했다. 의사가, 가족이, 친구가 걱정을 아무리 대수롭지 않게 여겨도 상관없었다. 아이들은 반드시 도움이 필요했다.

다음 날, 잰 부부는 아이들을 불러 진솔한 대화를 나눴다. 아이들이 겪는 혼란은 진짜고, 아이들의 잘못이 아니라고 안심시킨 뒤, 잰은 그릿 가스라이팅을 한 의사에게 전화를 걸어 가족에게 필요한 전문의를 소개해 줄 수 있는 정신과 의사에게 의뢰서를 써 달라고 요청했다. 의사가 또다시 거절하자 잰은 단호히 말했다. "분명히 말씀드리죠. 제가 원하는 진료 의뢰서를 받을 때까지 매일 전화할 겁니다." 결국, 잰의 단호함에 지친 의사는 의뢰서를 써 주었다.

이것이 바로 잰이 '아들을 위해 끝까지 싸우는 엄마'로 거듭나게 된 여정의 시작이었다. 한 달 뒤, 가족은 앤드루의 상황을 제대로 이해하는 새로운 의사를 만났다. 의사는 앤드루에게 항정신병 약물을 처방했고, 다행히 며칠 만에 폭발적 분노는 사라졌다. 하지만 잰은 멈추지 않았다. 연구 논문을 찾아 파고들었고, 전문가들과 협력했으며, 비슷한 상황에 놓인 부모들과 교류했다. 올바른 의료진을 찾고 정확한 진단을 받기 위해 잰은 멈추지 않았다. 그리고 마침내 아이들의 삶을 직접 이끄는 사람이 되었다.

물론 과정이 쉽지만은 않았다. 아들의 상태를 인정하는 일은 가슴 아팠고, 아들에게 기대했던 미래를 내려놓아야 한다는 애통함과 상실감에 괴로웠다. 하지만 진실을 직면했기에, 그려 왔던 모습과는 다르게 흘러갈 아들의 앞날을 받아들일 수 있었다. 지칠 때도 많았고, 도망치고 싶기도 했지만, 잰은 기대치를 새로 조정하고, 자신에게 친절하기로 다짐했다. 또 남편과는 새로운 현실을 헤쳐 가며 서로 믿어 주고 이해하는 법을 배워 나갔다.

가장 힘든 고비가 지나자, 잰은 받은 도움을 돌려주어야 한다는 강한 사명감을 느꼈다. 누군가를 돕는 일은 삶의 목적이자 새로운 처방이 되었다. 수십 년이 지난 지금도 잰은 북미 전역의 신경다양성과 정신 건강 관련 이사회와 자문위원회에서 활동하고 있으며, 그녀의 책 《끝까지 안아 주기: 정신 질환 아이와 함께한 부모의 이야기 *Hold on Tight: A Parent's Journey Raising Children with Mental Illness*》는 비슷한 상황을 겪는 많은 부모에게 길잡이가 되어 주고 있다. 이제 37살이 된 앤드루는 기술 서비스 엔지니어로 일하고, 35살이 된 에인즐리는 아동·청소년 상담사로 활동한다. 에인즐리가 선물해 준 *강인함*이라고 새겨진 목걸이를 만지며, 잰은 자랑스러운 미소를 지었다. "아이들은 제 영웅이에요."

두려움과 무력함에서 벗어나 힘과 결단력을 지니고 나아간 잰의 여정은, 고통이 말해 주는 바를 믿기로 선택할 때 어떤 일이 일어날 수 있는지 보여 주는 살아 있는 증거다. 누군가 우리를 흔들어 놓을 때조차도 그렇다. 잰은 말했다. "고통을 정면으로 마주하지 않고서는 상황을 통제하고 해결책을 찾을 수 없어요. 현실을 받아들이고, '이래도 괜찮다, 내가 계획했던 삶과 다를 수 있다'라고 인정해야 하죠. 한편으로는 이렇게 말할 수 있어야 해요. '난 이 상황을 그냥 두지 않을 거야. 제대로 한 방 먹여 줄 거야.'"

고통이라는 데이터

여러 면에서 잰의 감정적 여정은 나와 닮아 있다. 결혼식이 있었던 섬에서의 주말과 동료의 말에 상처받은 이후, 나는 결국 회복탄력성의 천장에 부딪혔다. 그 후 몇 달 동안 동결-실신 상태로 무기력한 상태에 빠져, 무너져 내리는 삶을 그저 지켜봐야 했다. 불안이 산더미처럼 쌓여 가도 애써 무시하고 아무렇지 않은 듯 버티려 했지만, 그 시도는 명백히 실패하고 있었다. 오히려 몸의 고통에서 비롯된 정신적 고통을 외면할수록 상황은 더 나빠졌다.

어느 평범한 날, 나는 스스로에게 질문했다. 이대로 *계속 간다면 최선의 경우와 최악의 경우는 무엇일까?* 증상이 기적처럼 사라지면 최선이겠지만 솔직히 말해 터무니없는 희망일 뿐이었다. 점점 상태가 나빠져서 정말 심각한 일을 맞이하는 편이 좀 더 현실적인 최악이었다. 분명해졌다. 더 이상 "그냥 참고 견뎌라"라는 방식은 답이 아니었다.

이제 접근 방식을 바꿔야 했다. 좌절과 절망을 적으로 여기며 막아 내려 하기보다, 귀중한 신호로 받아들여야 했다. 감정적 고통만 마주해야 했던 게 아니라, 육체적 고통도 더 깊이 들여다봐야 했다. 나는 머릿속에 흩어져 있던 증상들을 워드 문서로 정리하기 시작했다. 언제 처음 나타났는지, 어떻게 악화해 왔는지 간단히 정리하고, 지금까지 찾아갔던 전문의와 소견도 모두 기록했다. 그렇게 일주일 동안 정리한 끝에 25페이지짜리 촘촘한 의학적 연대기가 완성되었다. 단 한 번도 병원에 가지 않고 말이다. 그 순간, 두 가지를 깨달았다. 첫째, 내 건강 여정을 더 적극적으로 주도하고 싶다는 강한 동기 부여와 둘째, 힘을 되찾았다는 감각이었다.

다음으로 감정적 고통과 마주했다. 이것이 훨씬 더 어려울 것으로 예상했다. 어느 비 오는 오후, 브레인포그 증상이 밀려오기 전에 이메일을 처리하려 허둥대다 불안이 절정으로 치닫는 것을 느꼈다. 노트북을 덮고, 베개에 몸을 기댄 채 깊게 숨을 들이켜며 생각했다. 어쩌면 지금이 감정과 대화할 좋은 타이밍일지도 몰라. 나는 내 감정을 낯선 손님처럼, 가볍게 대화를 나누듯 탐색하기로 했다. 너무 깊이 파고들지 않고, 그저 조금 알아가는 정도로. "처음 온 건가요?", "얼마나 머물 건가요?", "여기서 뭘 하시나요?"

첫 번째 질문, **이 고통스러운 감정은 언제부터 찾아온 걸까?** 답은 명확했다. 2021년 1월부터였다. 두 번째 질문, **그 감정은 나에게 어떤 일을 하고 있는가?** 이번엔 훨씬 복잡했다. 포스트잇을 집어 들고 치료 시간에 배운 '감정 단어' 브레인스토밍을 해 봤다. "혼란, 두려움, 공포, 무시당함, 보이지 않음, 피해자 같음, 무력감, 미쳐 버릴 것 같은 느낌." 그 단어들을 다시 읽는 순간 화가 치밀어 마지막에 이렇게 덧붙였다. "이건 내가 아니다."

그 단어들은 내가 느끼던 감정을 잘 표현했다. 하지만 내가 바라보는 내 모습, 그리고 다른 사람들이 보는 내 모습과는 전혀 맞지 않았다. 내 고통이 전하는 메시지를 들으려 했지만, 그 의미가 어딘가 엇나간 듯했다. 그때, 첫 번째 질문을 건너뛰고 있다고 깨달았다. **이 고통이 정말 지금 처음 찾아온 것일까?** 가슴 속 깊은 불길한 예감은 '아니'라고 답했다. 나는 기진맥진하여 잠시 낮잠을 자고 일어나 새로운 데이터들을 정리하기로 했다. 그리고 마침내 분명해졌다.

고통은 내가 내 삶의 통제력을 잃었다고 말해 주려 했고, 이제는 되찾기 위한 행동을 시작해야 한다는 사실이 분명해졌다.

|

감정 회피를 극복하는 도구들

다중미주신경 이론에 따르면, 신경계는 환경에 따라 세 가지 회로 중 하나가 활성화된다. 앞서 배운 두 가지 반응인 위험을 감지했을 때 작동하는 동원 시스템인 투쟁-도피 반응과 비동원 체계인 동결-실신 반응 외에도, 세 번째 회로인 안전 시스템[31]이 있다. 안전 시스템은 소중하게 여기는 사람과의 긍정적인 상호작용처럼 안전감을 주는 신호가 있을 때 작동하며, 연결감을 준다. 또한 생식, 수유, 수면, 소화와 같은 기본 기능뿐 아니라 창의적이고 생산적인 사고에도 꼭 필요하다. 이 시스템이 작동해야만 변화에 필요한 내적 자원에 접근할 수 있다. 하지만 무감각하고 감정적으로 단절된 상태에 머무는 한, 우리는 결코 안전함을 느끼지 못한다.

포지스는 우리를 얼어붙은 상태에서 풀어내기 위한 몇 가지 실질적인 방법을 제안한다. 가장 중요한 첫 단계는, **위협에 대한 몸의 자동 반응을 용서하는 것이다.**[32] 의도치 않은 반응들이 때로는 제약 같겠지만, 사실 우리를 해치려는 것이 아니라 생존을 돕기 위해 존재한다고 반드시 기억해야 한다. 그러니 다음번에 싸우거나, 도망치거나, 얼어붙는 반응이 나올 때는 부드럽게 말해 보자. "고마워, 내 몸아. 지금은 이 방법이 도움이 되지는 않지만, 네가 할 수 있는 최선으로 나를 지켜 주려 애쓰는 거 알아."

상담 내담자들과 함께 리더십 발휘 방식에 대해 진행한 인터뷰 결과 수십 개를 검토할 때면, 그들의 자율신경계가 무의식적으로 반응하는 장면을 종종 목격한다. 누군가는 울고, 누군가는 화를 내며 결과가 조작되었다고 주장하고, 또 어떤 이는 화장실에 숨어 버리거나 심지어 벽을 치기도 한다. 보기엔 불편할 수 있지만, 이 모든 반응은 안전을 느끼지 못할 때 나타나는 지극히 자연스러운 반응이다. 이런 첫 반응들이 결국 변화를 가로막은 적은 한 번도 없었다. 그러니 어떤 위협에 직면했을 때 즉각적인 반응이 무엇이든 간에 지나치게 자책할 필요는 없다.

투쟁-도피 혹은 동결-실신 반응에 사로잡혀 있을 때, 포지스는 두 번째 단계로 **자기 이야기를 주도적으로 다시 써 나가라고** 제안한다. 예를 들어, 이런 질문을 던져 보라. 내 과거 경험이 지금의 신체 반응을 어떻게 설명할 수 있을까? 이런 반응은 나를 바라보는 방식에 어떤 영향을 주는가? 자신을 피해자로 보는가, 아니면 극복하는 사람으로 보는가? 우리가 어떤 언어로 설명하느냐는 매우 중요하며, 우리는 인식을 바꾸는 힘을 가지고 있다. 실제 한 연구에 따르면, 감정을 회피하는 성향이 있는 사람들에게 *선택, 기회*처럼 힘을 주는 단어를 보여 줬을 때는 *해야 한다, 반드시* 같은 억압적인 단어를 보여 줬을 때보다 에너지와 안정감이 높아졌다.[33] 상황에 대해 선택권이 있다고 인지하거나, 힘을 주는 단어를 적어 두고 곱씹기만 해도 방어적 태도는 줄고, 자기 존중감과 치유 능력이 높아진다. 포지스는 말한다. "어느 순간부터, 우리의 반응은 선택이 된다."[34]

또한 신경계를 안전하게 재구성하는 과학적 방법으로 포지스는 긍정적인 사회적 교류, 좋아하는 사람이나 반려동물과 보내는 시간, 따뜻한 이해와 공감 주고받기, 자기 연민 실천[*], 노래하기, 자장가나 포크송 듣기 등을 제안한다. 동시에 이 모든 활동에 "안전하다고 느끼는 자체가 곧 치료"라는 공통 원리가 있다고 강조한다.

일단 안전 시스템이 작동하기 시작하면, 이제는 적절한 도구를 활용해 감정을 마주할 수 있다. 첫 번째 도구는 **감정 흘려보내기**다. 강렬하게 치솟는 부정적 감정이나 경험을 흘려보내는 기법이다. 감정을 억누르거나 피하고 싶은 충동이 올라올 때, 몇 분간 시간을 내어 지금의 생각과 감정을 말이나 글로 표현하라. 연구 결과, "지금 나는 이런 생각을 하고 있다…", "지금 나는 이런 감정을 느끼고 있다…"라고 적기만 해도[35] 경험을 더 잘 인식하고 통제할 수 있다.

두 번째 도구는 **3분 감정 지도**다. 시간의 흐름에 따라 자신의 감정 패턴을 살펴보는 습관을 들이는 방법이다. 지난 한 주 동안 얼마나 자주 특정 감정을 경험했는지 간단히 기록해 본다. 도구의 전체 내용은 이 장 마지막 페이지에서 확인할 수 있다.

세 번째 도구는 수용전념치료에서 가져온 방법으로, 심리적 고통을 회복을 위한 필수 과정으로 보는 접근이다[36]. 관련된 유용한 기술 중 하나는 **시냇물 위의 나뭇잎 기법**이다[**]. 조용한 공간에서 눈을 감고, 흐르는 시냇물 앞에 앉아 있다고 상상해 보자. 마음속에 부정적인 생각이나 감정이 떠오르면 나뭇잎 위에 올려 시냇물에 흘려

---

*   자기 연민을 실천하는 실용적인 팁이 더 궁금하다면, 내 책 《자기통찰》이나 크리스틴 네프의 저서를 참고하면 된다.
**   이 실천법은 ACT의 창시자인 스티븐 헤이스가 개발했다.

보낸다.••• 개인적으로 이 도구를 정말 좋아한다. 이 도구 덕분에 감정을 받아들이되, 집착은 줄이는 법을 배웠다. 아픈 감정을 일단 판단하지도 죄책감을 느끼지도 않으면서, 이름 붙일 수 있는 대상으로 바라보기 시작하면, 그 감정이 지닌 힘을 서서히 거둬들이게 된다.[37]

깨지지 않는 힘 로드맵 도구들을 활용하다 보면 **고통은 개인의 실패가 아니라, 충족되지 않은 심리적 필요가 있다는 신호**임을 깨닫게 된다. 다음 장에서는 그 필요가 무엇인지, 또 그것이 행복과 성공을 어떻게 가로막는지 살펴보도록 하자.

••• 이 연습을 위한 가이드 명상은 유튜브 Milk & Honey Mental Health의 'Leaves on a Stream' 영상 참고.(게시일:2021년 1월 26일, https://www.youtube.com/watch?v=exLaebgFO_8)

> "고통은 늘 문제처럼 보이지만,
> 사실은 해답의 일부다."

❶ **감정 회피를 부추기는 요인들**(자기 진단표 참고):
- **고통의 역설:** 고통을 무시하거나 꾸역꾸역 버티려는 선택은 단기적으로는 안도감을 주지만, 장기적으로는 고통을 연장한다.
- **나쁜 긍정:** 주변 사람들이 억지로 긍정적으로 보라고 압박하는 것
- **동결–실신 반응:** 몸이 본능적으로 멈추고, 얼어붙고, 자신과 분리되는 무의식적 반응

❷ **고통은 힘의 근원이다:** 깨지지 않는 힘을 지닌 사람들은 고통을 실패로 보지 않는다. 고통은 집중해야 할 신호, 기존 생각을 깨뜨리는 계기, 새로운 필요를 발견하게 하는 안내자다.

❸ **고통을 탐색하는 도구들**
- **안전 시스템 가동하기:**
  - 몸이 본능적으로 나를 지키려는 반응을 용서하기
  - 내 이야기를 어떤 언어로 하고 있는지 살피기(피해자인가? 승자인가?)
  - 긍정적인 사회적 교류, 서로 주고받는 지지, 자기연민, 노래하기, 자장

가나 포크송 듣기

- **고통과 친해지기:** 내 감정은 언제부터 찾아왔을까? 이 감정은 지금 나에게 어떤 영향을 주고 있을까? 이번이 처음 찾아온 걸까?
- **감정 흘려보내기:** "지금 나는 이렇게 생각한다…", "지금 나는 이렇게 느낀다…"라고 문장 완성하기
- **시냇물 위의 나뭇잎 기법:** 잔잔한 시냇가에 앉아 있다고 상상한 다음, 부정적인 생각, 감정이 떠오르면 나뭇잎 위에 올려놓고 물결 따라 흘려보내기
- **3분 감정 지도:** 매주 시간을 내어 일주일 동안 경험한 감정들을 기록하고 패턴 살펴보기

1	2	3	4
덜 느꼈다	비슷하다	더 많이 느꼈다	훨씬 더 많이 느꼈다

바로 지금, 당신의 삶을 떠올려 보세요. 지난 한 주 동안, '평소'의 나와 비교했을 때, 다음 감정을 얼마나 더 자주 경험했는지 체크하세요.

1. 슬픔 ☐	10. 부끄러움 ☐
2. 두려움 ☐	11. 죄책감 ☐
3. 혐오감 ☐	12. 짜증남 ☐
4. 분노 ☐	13. 적대감 ☐
5. 놀람 ☐	14. 무력감 ☐
6. 속상함 ☐	15. 절망감 ☐
7. 괴로움 ☐	16. 외로움 ☐
8. 초조함 ☐	17. 불안함 ☐
9. 긴장함 ☐	18. 우울함 ☐

평균 점수	해석
2.0 이하	**저위험:** 평소보다 부정적인 감정을 덜 느끼고 있습니다. 큰 변화는 없지만, 혹시 모를 변화를 주의 깊게 관찰하세요. 원한다면 6장으로 넘어가 미리 대처 방법을 배워 두는 것도 좋습니다.
2.1~3.0	**중간 위험:** 평소보다 약간 더 부정적인 감정을 경험하고 있습니다. 크게 힘들지 않을 수 있으나, 상태가 악화하지 않도록 주의를 기울이세요. 다음 단계 확인을 위해 6장을 참고하세요.
3.1 이상	**고위험:** 평소보다 훨씬 더 강한 부정적인 감정을 경험하고 있습니다. 지금이야말로 고통을 억누르지 말고, 삶을 바꾸는 신호로 삼아야 할 때입니다. 6장에서 제시하는 방법들을 적극적으로 활용해 보세요.

| 자기 점검 |

나는 지금 감정을 얼마나 회피하고 있을까?

이 체크리스트는 특히 우울하거나 무기력할 때 도움이 됩니다.
최근의 감정 상태를 돌아보며 해당한다고 느껴지는 항목에 표시해 보세요.

1. 몸이 굳어 버린 것 같다. ☐
2. 아무런 감정도 느껴지지 않는다. ☐
3. 내 몸에서 내가 분리된 것 같다. ☐
4. 간신히 버티고 있는 기분이다. ☐
5. 늘 지치고 짜증이 많아지며 고립된 것 같다. ☐
6. 나 자신과 주변 사람들에게 억지로 괜찮아 보이려 애쓴다. ☐
7. 다른 사람들이 왜 제대로 대처하지 못하냐며 답답해한다. ☐
8. 다른 사람들은 내가 왜 긍정적일 수 없는지 이해 못 한다. ☐
9. 내 문제 때문에 가족이나 친구들을 귀찮게 하는 것 같다. ☐

결과	해석
1, 2, 3	현재 동결–실신 반응을 경험하고 있을 가능성이 큽니다.
4, 5, 6	고통의 역설에 빠져 있을 수 있습니다. 억지로 버티며 무너지지 않으려 하지만, 오히려 시간이 지날수록 부정적 감정을 더 크게 경험합니다.
7, 8, 9	괜찮아져야 한다는 주변의 압력, 즉 나쁜 긍정에 시달리고 있을 가능성이 있습니다.

2단계:
감정의 트리거를 찾아라

"외부에서 일어나는 모든 일은… 결국 내 안의 어떤 것을 건드려
나를 확장하고, 진정한 나로 돌아가게 한다."
— 아니타 무르자니

정서적 고통은 거의 언제나 *무언가*가 촉발한다. 설령 그 순간에는 알아차리지 못하더라도 말이다.

　로스의 경우, 그 무언가는 근무하던 부동산 중개 회사의 신입 중개인 카슨이었다. 베테랑 직원이었던 로스는 사장의 조카이기도 한 카슨을 교육하는 업무를 맡았다. 평소 누구와도 원만히 지내던 로스였지만, 새 동료와는 처음부터 불편했고, 불쾌감마저 들었다. 카슨은 의견이 많았고, 그것을 주저 없이 드러내는 사람이었다. 입사한 지 이틀째 되던 날, 카슨은 팀의 구조 자체를 문제 삼았고, 로스는 본능적으로 방어해야겠다는 압박을 느꼈다. 이후에도 카슨은 로스가 가르치는 모든 과정에 끊임없이 질문을 퍼붓거나, 공공연히 비

판을 늘어놓았다. 문제는 거기서 그치지 않았다. 사교적이고 수다를 좋아하는 카슨은 동료들의 사생활까지 들춰내며, 도움을 주기보다는 논평하듯 이야기했다. 한 번은 로스의 독실한 종교적 신념을 마치 정면으로 부정하려는 듯 집요하게 캐물었다. 그날, 로스는 분노를 주체하지 못하고 건물 밖으로 뛰쳐나와야 했다.

그러나 로스로서는 도무지 이해할 수 없었던 점은, 다른 사람들이 모두 카슨을 좋아했다는 사실이었다.

시간이 흐를수록 카슨은 로스에게 성스러운 공간과도 같던 직장을 지뢰밭으로 만들어 놓았다. 사방에 짜증이 도사리고 있었고, 카슨과 마주칠 때마다 이 베테랑 중개인의 속을 뒤집어 놓았다. 끓어오르는 분노가 곪아 가던 어느 날, 로스는 생전 처음으로 업무 성과와 회사 내 입지에 대해 찜찜한 불안감을 느끼기 시작했다. 긴장을 풀기 위해 만나는 사람마다 하소연했지만, 동료들은 대체로 멍하니 바라볼 뿐이었다. 집에서는 퇴근 후 카슨의 이름조차 입에 올리기를 꺼리며 젊은 후배에게 '사무실 해충'이라는 별명을 붙였고, 결혼 20년 차 아내는 충실히 그 호칭을 따라 주었다.

그 사이 카슨은 계속 승진을 거듭해, 마침내 보조 중개사 자리까지 올랐다. 보조 중개사라고? 로스는 속이 부글부글 끓었다. *저 애송이가 제대로 중개나 할 줄 알겠어?* 그러던 어느 날, 로스는 결국 한계에 다다랐다. 팀 회의에서 새로 맡은 대형 매물의 마케팅 계획을 세밀하게 발표했다. 방 안은 기대와 흥분으로 가득 찼고, 로스는 확신했다. 이번엔 완벽했다. 그런데 팔짱을 긴 채 얼굴을 찌푸린 카슨에 시선이 멈췄다.

로스는 당장이라도 책상을 넘어 달려가고 싶은 충동을 가까스로 눌렀다.

"음," 카슨이 입을 열었다. "괜찮은 계획이네요. 고전적이지만 무난한 방식? 맞죠?" 그리고 주위를 둘러보며 덧붙였다. "혹시 소셜 미디어 마케팅을 더 적극적으로 활용할 방법은 없을까요?"

그 얄팍한 비난이 공기 속에 가시처럼 박혔다. 얼굴이 붉게 달아오른 로스는 의자를 뒤로 밀치며 벌떡 일어섰다. 언제나 차분하던 목소리는 타오르는 분노로 떨렸다. "이제… 정말… 끝이야!" 로스는 뒤돌아 회의실 문을 쾅 닫고 나가 버렸고, 동료들은 입을 다물지 못한 채 멍하니 그 뒷모습을 바라보았다.

집에 도착하자 아내는 한눈에 무슨 일이 있었는지 알아챘다. "또 그 사무실 해충 때문이지?" 아내가 물었다. 로스는 얼굴을 일그러뜨리며 고개를 끄덕였다. "세상에, 여보. 그 자식 때문에 도대체 얼마나 많은 좋은 날들을 망쳤는지 생각해 봐. 도대체 뭐 때문에?" 두 사람은 집 안으로 들어가 저녁을 준비했지만, 아내의 말은 로스의 머릿속에 맴돌았다. 그토록 화가 난 적이 있었던가. 도대체 카슨의 무엇이 이렇게 강렬한 감정을 불러일으킨 걸까?

어니스트 헤밍웨이의 대표작《태양은 또다시 떠오른다》에서, 참전용사 마이크 캠벨은 어떻게 파산했냐는 질문을 받고 농담 섞인 대답을 한다. "두 가지 방식으로. 천천히, 그리고 어느 순간 갑자기." 로스의 폭발도 갑작스러워 보였지만, 사실 그렇지 않았다. 카슨은 등장한 첫날부터 로스의 신경을 긁고 불안을 키워 왔고, 팀 회의에서 무심코 내뱉은 연령 차별성 발언은 그 긴 자극의 연속에 불과했다. 결국 그 한마디가 수개월간 서서히 쌓여 온 분노를 '갑자기' 폭발시키는 마지막 트리거였을 뿐이다.

마지막 퍼즐 한 조각:
성장을 이끄는 세 가지 욕구

2005년은 톰 크루즈가 오프라 윈프리 쇼에 나와 소파에서 방방 뛰었고, 유튜브가 탄생했으며, 데스티니스 차일드가 해체한 해이자, 내 학문 여정에서 중요한 이정표가 되는 해였다. 산업·조직 심리학 박사 과정 3년 차였던 나는 '콤프'라는 두려운 종합시험 단계에 돌입했다. 자신의 연구 분야를 깊이 파고들어 독창적인 연구를 해내면 교수진의 날카로운 검토 작업을 거치고, 마지막으로 혹독한 이틀짜리 시험을 통과해야 하는, 몇 년에 걸친 긴 과정이었다.

그 경험은 엄청난 스트레스였지만, 의외의 좋은 점도 있었다. 바로 학술지에 실린 수많은 논문을 마음껏 읽어 볼 수 있는 합법적 평계가 생긴 것이다. 난 책벌레니까! 그중 한 논문이 관심을 끌었다. 저자는 사회심리학자 에드워드 데시와 임상심리학자 리처드 라이언. 두 사람은 1977년 로체스터 대학[1]에서 처음 만나 평생 협업을 이어 갔고, 심리학 역사상 가장 영향력 있는 이론 가운데 하나를 정립했다.●

자기결정성이론을 처음 읽었을 때가 아직도 생생히 기억난다. 무더운 여름날, 좁디좁은 대학원 연구실에서 산더미 같은 논문 더미에 둘러싸여 있던 어느 오후였다. 한 논문이 이렇게 포문을 열었다. "자율성 이론은 인간을 성장케 하는 핵심 요인을 밝힌다." 그 문장

●　사실 이것은 단순한 이론이 아니다. 여섯 개의 개별 이론을 포괄하는 상위 이론이다.

에서 *성장*이라는 단어를 본 순간, 내 안에서 전구가 켜지듯 전율이 일었다. 데시와 라이언의 연구는 당시 스물네 살이던 내 머릿속에 지워지지 않게 각인되었고, 지금도 여전히 내 작업에 중요한 관점으로 자리한다. 당시 많은 연구자가 인간을 환경에 그저 반응하는 존재로 여긴 반면, 데시와 라이언은 인간이 본능적으로 환경을 바꾸고 개선하려는[2] 힘을 지닌 존재라고 보았다. 물론 우리는 때때로 '무기력하고, 소외되고, 무책임해질'[3] 수 있다. 그런데 데시와 라이언은 인간의 본성에는 성장하려는 의지와 '호기심, 생동감, 자기 동기'[4]가 자리한다고 주장했다. 가장 중요한 질문이 남았다. **우리 안에서 '최악'이 아니라 '최선'[5]을 어떻게 끌어낼 수 있을까?**

그 답은 지금껏 접한 더 나은 삶으로 가는 길잡이 중 가장 분명했다. 수십 년이 지난 지금도 마찬가지다. 자기결정성이론은 인간이 생물학적으로 추구하도록 설계된 세 가지 보편적 욕구를 규정하고, 이 욕구는 충만함, 동기 부여, 발전, 자아실현으로 가는 가장 직접적인 길[6]을 제공한다. 나는 이 욕구를 **성장을 이끄는 세 가지 욕구**라 부르기로 했다.[*] 그런데 욕구가 충족되지 않으면, 이해는 되지만 결국 도움이 되지 않는 행동들, 예를 들면 충동적인 반응, 방어적인 태도, 성장을 사실상 불가능하게 만드는[7] 여러 가지 행동을 하게 된다. 즉, 성장을 이끄는 세 가지 욕구가 결핍될 때, 우리도 카슨을 대하는 로스처럼 행동하기 쉽다.[**]

---

[*] 연구에 따르면, 성장을 이끄는 세 가지 욕구는 안전 욕구를 통제한 이후에도 삶의 질을 설명하는 데 중요하며, 안전 욕구가 얼마나 충족되었는지와 무관하게 똑같이 중요하다(Beiwen Chen 외, "Does Psychological Need Satisfaction Matter When Environmental or Financial Safety Are at Risk?," Journal of Happiness Studies 16, no. 3 [2015]: 745–66).

성장을 이끄는 세 가지 욕구 중 첫 번째는 **자신감**[•••], 즉 효과적으로 행동하고[8] 목표를 이루며,[9] 새로운 것을 배우고 발전할 수 있다[10]는 믿음이다. 직장에서 문제를 해결할 때, 가정에서 부모 역할을 할 때, 혹은 어려운 취미를 익히는 과정에서 느끼는 자신감은 자존감, 자부심, 배움, 발전, 자기 수용의 감정을 느끼게 해 준다. 자신감에 대한 갈망은 진화 과정에서 형성된 본능이다.[11] 조상들은 탐험하고 배우며 최선을 다해 성과를 내고, 위험에서 벗어나거나 새로운 장소와 식량원을 발견하고, 공동체의 의식을 이어 가며 심리적 보상을 얻었다.

성장을 이끄는 세 가지 욕구 중 두 번째는 **선택권**으로 압박이나 위협이 없는[12] 상태에서 자유롭게 행동하고, 자기 주도성과 진정성[13]을 발휘하며, 자신에게 충실하게[14] 살아가는 모습이다. 만족스러운 직업을 선택하거나, 해로운 관계에서 벗어나거나, 의미 있는 일에 목소리를 내는 것 모두 선택권의 힘이다. 선택권은 나답게 살고 있다는 확신과 삶을 주도한다는 감각을 주며, 목적의식과 주체성, 몰입감을 느끼게 한다. 선택권 역시 진화의 결과다. 스스로 운명을 개척하려는 본능적 욕구는 초기 인류가 다른 부족 같은 위압적인 세력을 피해, 안정을 위협받거나 위험한 길로 빠지지[15] 않도록 돕는 중요한 역할을 했다. 지금도 마찬가지로, 외부의 압력인 '기계적 동기'가

●● 욕구 충족 개념이 아직 회복탄력성 연구에서는 제대로 논의되지 않았다. 깨지지 않는 힘이 회복탄력성과는 구별되는 접근이라는 주장을 뒷받침하는 또 하나의 근거다(Daniel J. Brown, Mustafa Sarkar, and Karen Howells, "Growth, Resilience, and Thriving: A Jangle Fallacy?," 수록: Growth Following Adversity in Sport: A Mechanism to Positive Change, 편집 Ross Wadey, Melissa Day, Karen Howells [New York: Routledge, 2020], 59-72).

●●● 데시와 라이언은 이 욕구들을 약간 다른 용어로 부른다. 유능감, 자율성, 소속감·관계성. 나는 두운과 단순성을 위해 자신감·선택권·연결감을 선호한다.

아니라 내적 욕구와 가치인 '동기'로 선택이 이루어질 때, 목적과 의미가 있는 삶을 살게 된다.[16]

마지막 욕구는 **연결감**이다. 이는 공동체에 속해 있고[17], 사람들과 잘 지내며[18], 상호 친밀함과 지지[19]를 경험하는 감각이다. 동네 농구팀에서 느끼는 동료애, 직장에서 가장 친한 친구가 주는 지지, 배우자가 '이해하고 공감해 주는' 순간 등, 연결감은 공동체의 일부로 받아들여지고, 존중과 보살핌을 받으며, 감사와 격려, 위로를 얻으며, 지지받고 있다고 느끼게 한다. 연결감은 인간 본성 깊숙이 새겨진 욕구다.[20] 초기 인류는 사냥하고 식량을 모으고 외부의 위험에 맞서기 위해 서로 협력하며 생존 확률을 높였다. 오늘날 수많은 연구 역시 사회적 연결이 정신적·신체적 건강에 필수적이라고 보여 준다. 심지어 가까운 관계가 중요하지 않다고 여기는 사람조차도, 실제로는 사회적으로 더 강하게 연결될 때 더 나은 삶을 누린다.[21]

결국, **자신감은 성장을 이끌고, 선택권은 진정성 있게 살도록 하며, 연결감은 더불어 살아가게 해 준다.** 연구에 따르면, 세 가지 욕구가 충족될 때 삶의 질[22], 만족감[23], 성취감[24]이 높아진다. 건강한 습관을 유지하고[25] 목표에 몰입하게 하며[26], 역경을 딛고 발전[27]하게 돕는다. 또한 자기 인식[28] 능력[29], 스트레스 대처 능력[30]도 키운다. 더 나아가 연인[31], 친구[32] 등 인간관계를 풍요롭게 만들고, 학교에서 갈등과 괴롭힘을 줄여[33] 원만하게 지낼 수 있다. 나아가 세 욕구가 충족되면 뇌의 보상 체계가 활성화되어[34] 동기 부여가 강화되고, 의사 결정 능력까지 향상[35]하는 방향으로 두뇌 자체가 변화한다.

반대로 환경이 이 세 가지 욕구를 충족시키지 못하면, 그 결핍은 부정적인 결과로 이어진다. 로스의 경우, 카슨이 세 가지 욕구를 모조리 좌절시켰다. 끊임없는 비판은 로스의 자신감을 갉아먹었고, 억지로 카슨을 가르쳐야 하는 상황은 선택권을 빼앗았으며 동료들의 무관심은 연결감을 약화했다. 연구 결과로도 보여 주었듯 이 모든 상황이 로스를 정신적[36], 신체적으로 고갈시켜[37] 번아웃[38] 상태로 몰아넣었고, 타인을 쉽게 판단하고[39] 공격적으로 행동[40]하게 되었다. 욕구가 충족되지 못하면 불안[41], 우울[42] •, 냉소[43], 실존적 외로움[44]이 커지고, 잠재력도 발휘[45]하지 못하게 된다. 더 나아가, 어린 시절부터 욕구가 충족되지 않으면 반사회적 행동[46], 경계선 성격 장애[47], 드물게는 폭력이나 살인[48]으로까지 이어질 수 있다.

지금까지 연구 결과는 **단지 감정 반응을 다스리는 데 그치지 말고, 그 이면에 충족되지 못한 욕구를 정확히 찾아내야 하는 이유를 분명히 보여 준다.** 내가 상담했던 급성장 중인 데이터 분석 기업 CEO 존의 사례를 보자. 존이 회의에서 늘 불만과 날 선 반응을 보인 탓에 회의실 안은 늘 불안한 기류가 감돌았다. 존은 궁금했다. "도대체 내 문제는 뭘까? 왜 자꾸 이러는 걸까?"

존에게 감정을 조절하는 기술을 가르치는 단기 처방을 바로 쓸 수도 있었다. 하지만 감정을 불러오는 근본 원인을 들여다보는 편이 훨씬 의미 있는 성과로 이어졌다. 내 친구 댄 히스의 훌륭한 저서 《업스트림Upstream》의 표현을 빌리자면, 단순히 존의 과민 반응 같은 증상을 덮는 대신, 문제의 뿌리를 찾아야 했다. 근본 원인은 회사 내부의 절차 문제였다. 일정이 계속 어긋났고 결국 존은 자기 효율성

• 통계 덕후들을 위해: 문화권을 막론하고 욕구 결핍과 우울의 상관이 놀랍게도 0.60에 이른다는 연구 결과가 있다!(Beiwen Chen 외, "Basic Psychological Need Satisfaction, Need Frustration, and Need Strength across Four Cultures," Motivation and Emotion 39 [2015]: 216–36)

과 능력에 대한 자신감을 잃었다. 그 불안이 결국 직원들에게 화를 내게 한 핵심 요인이었다.

"존, 문제가 무엇인지 궁금해했죠. 당신은 욕구가 충족되지 못한 상태에 있었을 뿐이에요." 존의 감정 반응에 트리거가 되는 근본 욕구를 찾아내자, 존은 회사의 절차 문제를 바로잡을 수 있었고, 일정이 지연되는 일도 크게 줄어들었다. 더불어 회사 내에 신뢰와 심리적 안정감이 회복되었으며, CEO인 존 역시 자신감을 되찾아 회사 전체에 더 든든한 안정감을 주었다.

트리거의 정체

트리거란 '괜찮다'에서 '더는 못 참겠다'로 순식간에 전환되는, 방아쇠가 당겨지는 순간을 뜻한다. 요즘 온라인 게시물에 미리 경고문을 올릴 때 흔히 쓰이는 '트리거 워닝trigger Warning'이라는 표현 덕분에, 이 단어가 익숙할 것이다. 이때 트리거는 흔히 불편하게 하거나[49] 상처 주거나 불쾌하게 만드는 무언가로 정의된다. 하지만 심리치료사들이 사용하는 정의는 다르다. 심리 치료에서 트리거는 외상후 스트레스 장애PTSD 환자들[50]이 겪는, 과거의 중대한 트라우마를 떠올리게 하는 특정 자극에 더 가깝다.•

• 트라우마를 설명하는 가장 통찰력 있는 관점 중 하나는, 트라우마를 '우리가 안전하다고 느끼지 못하게 만드는 신경계의 손상'으로 이해하는 것이다. 다행히도 우리는 다양한 치료 기법을 통해 트라우마를 다루고 관리할 수 있다.

이처럼 트리거는 여러 가지로 해석될 수 있기 때문에, 나는 여기서 아주 특정한 의미로 트리거를 언급하고자 한다. 깨지지 않는 힘에서 **트리거는 단순히 기분 나쁘게 하는 무언가가 아니라, 충족되지 못한 욕구를 드러내거나 상기시키는 신호다.** 성장을 이끄는 세 가지 욕구는 누구에게나 해당하지만, 세 욕구의 충족을 방해하는 트리거는 사람마다 다르다. 성장 과정, 성격, 경험, 기대치에 따라 형성되는 트리거는 특정 상황에서 의도치 않게, 즉각적이고 때로는 과도한 감정 반응을 일으킨다. 이때 우리는 예민해지고[51], 감정을 통제하기 어려워지며[52], 평소와는 다른 모습으로 행동하게 된다.[53]

트리거는 깊은 상처를 남길 수 있지만, 피해야만 하는 존재는 아니다. 오히려 회피하면, 트리거가 드러내는 감정 반응과 채워지지 않은 욕구를 살펴볼 소중한 기회를 놓치게 된다.●● 게다가 트리거가 될 수 있는 상황을 피하려 애쓰다 보면, 오히려 그 과정에서 생긴 감정을 제대로 다루고 배우는 능력을 약화시킬 수도 있다. 결국 이러한 회피 전략은 실제 생활에서 적용하려 할 때마다 한계를 드러낸다. 트라우마 치료사 캐럴린 스프링은 말한다. "트리거는 회피를 뚫고 들어오는 작은 심리적 폭발[54]과 같다." 게다가 트리거는 주관적이기 때문에 무엇이 우리를 자극할지 미리 알 수 없을 때가 많다. 로스의 사례처럼, 적극적으로 피하지 않더라도 '그냥 참고 견디는 게

●● PTSD 진단을 받았거나 트라우마 증상을 보인다면, 반드시 담당 치료사와 상의하길 바란다. 특히 회복 초기에 겪는 '진짜' 트라우마 트리거는 성격이 사뭇 다르므로, 전반적으로는 물론 깨지지 않는 힘을 지닌 상태를 만들어 가는 맥락에서도 각별한 주의가 필요하다. 이 말은 개인적 경험에서 비롯된 조언이기도 하다. 자신에게 가장 적합한 전략을 정하기 위해, 정신 건강 전문가와 상담하시길 권한다.

당연하다'라고 여기며 대수롭지 않게 지나칠 수 있다. 하지만 3장에서 살펴본 것처럼 이러한 사고방식은 결국 우리의 회복탄력성을 소진시켜, 사소한 자극에도 쉽게 무너질 수 있는 상태에 이르게 한다.

게다가 트리거는 현재의 욕구 불만을 알려 줄 뿐 아니라, 과거의 상처까지 다시 일깨우기도 한다. 몇 년 전, 나는 매주 목요일 저녁에 열리던 친구들과 술자리, 해피아워 모임에 변화가 생겼음을 알았다. 이 모임은 남편을 비롯해 몇몇 내 친구들이 무려 15년 동안 이어 온 소중한 전통이었는데, 어느 순간부터 친구들이 잘 나오지 않기 시작했다. 덴버 곳곳의 멋진 바에서 값싼 칵테일을 즐기고 푸짐한 안주로 배를 채우며, 수다와 웃음으로 삶을 풍성하고 즐겁게 만드는 자리였다.

친구들이 그동안은 이 전통을 굳게 지켜 왔는데, 분위기가 시들해지기 시작하자 나는 솔직히 마음이 꽤 불편했다. 해피아워가 취소되는 날이면 나는 이유 모를 공허감과 서운함에 휩싸여 저녁 내내 우울하게 보내곤 했다. 내가 과민 반응하고 있다는 걸 알았지만, 마음을 다스리기가 어려웠다.

유난히 피곤했던 어느 주, 나는 해피아워가 예정대로 열린다는 소식에 그 주 내내 들떴다. 로브와 테레사는 여행에 가서 없었지만, 마이크와 수와의 약속은 그대로 진행되었다. 목요일이 다가올수록 설레는 마음이 커졌고, 목요일 아침에는 침대에서 가뿐하게 몸을 일으켜 시계만 들여다보며 시간이 빨리 흐르기만을 기다렸다. 그러다 오후 5시가 되기 몇 분 전, 우리 부부가 아파트 엘리베이터를 기다리고 있던 바로 그때, 휴대폰 화면에 수에게서 온 메시지가 번쩍 떴다.

"정말 미안! 오늘 밤 못 가. 고양이 보러 가야 해서."

마치 배를 얻어맞은 듯한 충격을 느끼며 나는 휴대폰을 남편에게 내밀었다. "진짜야? 고양이라고? 농담하는 거야 분명." 쿵쾅대는 가슴을 부여잡고 수에게 웃으며 우는 이모티콘을 잔뜩 보냈다.

단 몇 초에 불과한 그때가 지독히도 길게 느껴진 그 순간, 답장이 왔다. "고양이 입양하러 가! 미안, 오늘은 못 가! 사랑해."

"못 간다고?" 내가 되뇌니, 남편도 황당하다는 표정으로 내 편을 들어 줬다. "대체 얼마나 바쁜 고양이길래 우리가 전부 그 녀석 일정에 맞춰야 하는 거야?" 나는 씩씩대며 말했다. "고양이는 목요일 저녁밖에 시간이 안 돼? 금요일에는 고양이가 바쁘기라도 한가 보지?"

집에 돌아오자마자 나는 뭐랄까, 완전히 폭발해 버렸다. 휴대폰을 탁자 위에 내던지고는 욕설을 퍼부으며 외출복을 거칠게 벗어 던졌다. 그러면서 소리쳤다. "이 우정은 끝이야! 끝! 끝이라고!"

물론, 전혀 과하지 않은 적절한 반응이었다.

앞으로 상처받지 않기 위한 현명한 선택이라 스스로 위로하며, 나는 몇 달 동안이나 수와 연락을 끊었다. 으… 나도 안다! 하지만 그렇게 친한 친구를 외면한다고 해서 더 평안을 느낀 것도 아니었다. 오히려 더 나빠졌다. 직장에서는 사소한 일에도 참지 못했고, 집에서는 괜히 짜증을 내기 일쑤였다.

어느 날, 친구 테레사가 저녁을 사겠다며 나를 불러냈다. 산더미처럼 쌓아 올린 샐러드가 테이블 위에 놓인 뒤에야 테레사는 진짜 목적을 밝혔다. "저기…." 테레사가 입을 열었다. "너랑 수 사이에 무슨 일이 있는지 좀 얘기할 수 있을까 해서."

나는 한숨을 내쉬며 고집스럽게 말했다. "얘기할 필요 없어. 아직은 용서할 생각 없어."

테레사는 잠시 말없이 말벡 와인을 한 모금 마셨다. 다정한 눈빛으로 나를 바라보며 조심스럽게 말했다. "정확히 무슨 일이 있었는지는 잘 모르겠어. 수가 약속을 취소했고, 그 뒤로 둘이 전혀 말을 안 하고 있다고만 알아." 나는 당당하게 고개를 끄덕였다. 그러자 테레사가 덧붙였다. "근데 혹시… 진짜 원인은 수가 아니라 다른 데 있는 건 아닐까?"

그 가능성은 한 번도 생각해 본 적이 없었다. 심리학자여, 너 자신부터 치유하라! 얼굴을 찡그리며 나는 겨우 인정했다. "그럴지도."

이 정도면 되었다고 생각한 테레사가 화제를 바꿨고, 우리는 저녁을 마저 즐겼다.

윌리엄 포크너가 말했듯이, "과거는 절대 죽지 않는다. 죽기는커녕, 아직도 과거다." 테레사도, 포크너도 옳았다. 이렇게 사소한 일에 내가 격렬히 흔들린 건, 오래전 해결되지 않은 무언가가 건드려졌기 때문이었다. 저녁 식사를 마치고 집으로 걸어가는 길, 나는 수의 문자 메시지를 받았을 때 느꼈던 감정을 떠올렸다. 하찮다, 버려졌다, 그냥 곁다리 같은 존재였다는 느낌. 고통을 데이터로 삼는 순간이었다! 그리고 스스로에게 물었다. *이런 기분을 또 언제 느껴 봤지?*● 답은 놀라울 만큼 빠르게 떠올랐다.

내가 다섯 살이었을 때, 아버지는 어머니와 헤어지고 곧바로 재혼했다. 길고도 험한 이혼 소송 끝에, 내 양육은 어머니와 새아버지가 맡게 되었다. 물론 아버지, 새어머니, 그리고 두 명의 이복 여동

●   여기 《자기통찰》의 '비교 · 대조' 도구가 실제로 어떻게 쓰이는지 보여 준다.

생이 나를 가족 행사에 끼워 주려 애쓰긴 했지만, 내 생각엔 종종 그 냥 깜빡 잊기도 했다. 그래서 산으로 떠난 하이킹, 아버지의 날 근사 했던 저녁 식사, 멕시코로 떠난 멋진 여행 같은 일들은 다 끝난 뒤에 야 전해 듣기 일쑤였다. 푸른 하늘 아래 아름다운 풍경을 배경으로 환하게 웃고 있는 가족들의 사진 속에는 늘 내가 없었다. 심지어 가 족들의 이야기를 들으며 억지로 웃어야 해서 더 끔찍했다. 아버지의 가족은 그때도, 아마 지금도 모르겠지만 내 마음을 수십 년 동안 수 없이 무너뜨렸다.

그 기억을 떠올리는 순간, 목구멍에 딱딱한 덩어리가 걸린 듯한 느낌이 밀려왔다. 내 반응이 지나치게 격했던 이유를 설명해 주는 충분한 증거였다. 목요일 해피아워가 취소되었을 때 느낀 과도한 상 실감은, 사실 어린 시절 내내 겪었던 소외되고 하찮게 여겨졌던 경 험과 뿌리 깊이 이어져 있었다. 수십 년이 지나 전혀 관련 없어 보이 는 상황에서 그 상처가 다시 고개를 들었다.

여기서 알아 두면 유용한 사실이 있다. **과거의 아픈 감정이 다 시 떠오를 때, 그것은 단순히 '머릿속'에서 일어나는 일이 아니다.** 과거의 고통을 떠올리게 하는 자극은 의식하든[55] 못하든, 그 기억을 저장한 신경 회로[56]를 활성화한다. 그 결과, 조건반사 같은 위협 반 응[57]이 일어나는데, 강렬한 분노, 슬픔, 감정 폭발, 혹은 내가 느꼈던 것처럼 목구멍이 막히는 신체 증상으로 이어질 수 있다. 친구의 약 속 취소라는 사소한 일이 '버림받았다'라는 불길로 번져 나를 집어 삼켰다. 다행히도, 이런 양상을 깨닫고 나니 상황이 비로소 명확하 게 보였다. 어린 시절의 소외감과 친구들의 갑작스러운 약속 취소 사이에는 아무런 논리적 연결 고리가 없었다. 이제는 수와 화해할 때였다. 실제로 우리는 다시 가까워졌고, 나는 수의 새로운 고양이 테드까지 만났다. 바쁜 스케줄 속에서도 시간을 내 준 그 고양이를 말이다.

그리고 몇 달 뒤, 수, 마이크, 테레사, 롭, 데이브, 나까지 우리 여섯 명은 인생 최고의 여행이라 불릴 만한 이탈리아 여행을 함께 떠났다. 만약 내가 그 트리거를 정면으로 마주하지 않았다면 결코 떠나지 못했을 여행이었다.•

트리거 다루기

2018년 2월 9일, 평창 근처 강릉 아이스 아레나. 미국 피겨 스케이팅 선수 네이선 첸은 올림픽 데뷔 무대를 불과 몇 초 앞두고 있다. 오늘은 단체전에 나가고, 일주일 뒤에는 개인전에 출전해 쇼트 프로그램과 프리스케이팅을 펼칠 예정이다. 해설자와 팬들은 이번 무대가 마침내 네이선의 이름을 올림픽 역사에 새길 순간이 될 것이라 확신했다. 경기장은 팽팽하게 당겨진 활시위처럼 긴장감으로 가득 차 있었다.

• 만약 오래되었거나 극도로 트라우마를 유발하는 트리거와 마주했는데, 다음에 소개할 방법들이 도움이 되지 않는다면 다음 접근을 검토해 보길 권한다. 과거의 트라우마 경험에 대한 반응을 처리하고 줄이도록 설계된 트라우마 사건 감소법traumatic incident reduction, 트라우마 기억과 관련된 고통을 완화하도록 고안된 안구운동 둔감화 및 재처리Eye Movement Desensitization and Reprocessing, EMDR, 비교적 최근에 나온 브레인스포팅brainspotting과 감정 변환 치료Emotional Transformation Therapy, ETT 같은 방법이다.

네이선은 세 살 때부터 빙판 위에서 남다른 재능을 보였다. 그가 올림픽 무대에 오르기까지는 어머니, 헤티 왕[58]의 헌신 덕분이다. 베이징 출신 이민자인 헤티는 세계 최고의 선수들과 코치들의 훈련 방식을 독학으로 연구하며 아들을 챔피언으로 키우는 데 모든 것을 걸었다. "해야 할 일이 있으면 다른 건 아무것도 중요하지 않다"라는 신념을 아들에게 심어 주었고, 유타 집에서 캘리포니아의 유명 코치에게 훈련을 받기 위해 직접 운전해 데려가곤 했다. 레슨비를 간신히 마련하고 나면, 차 안에서 하룻밤을 보내는 날도 있었다.

마침내 수년간 이를 악물고 버텨 온 노력이 보상받는 순간이 왔다. 두 차례 미국 챔피언에 오른 네이선은 당시 현역 선수 중 최고난도 기술인 다섯 가지 쿼드러플 점프를 성공시킬 수 있는 유일한 선수였다. 이번 시즌 들어 출전한 모든 대회에서 우승했고, 불과 한 달 전 열린 미국 전국 선수권에서는 무려 일곱 번의 쿼드를 성공시키며 2위를 기록한 선수와 55점 차라는, 믿기 힘든 기록을 세웠다. 열여덟 살 네이선은 '쿼드 킹'[59]이라는 별명에 걸맞게 올림픽 시상대에 서리라 모두가 기대했다.

그러나 단 2분 40초 뒤, 모든 것이 무너져 내렸다. 관중석은 충격에 휩싸였다. 물론 좋은 의미의 충격이 아니었다.

"솔직히 말해서, 엉망이었어요." 네이선은 기자들에게 고백했다. "할 수 있는 실수는 전부 다 한 것 같습니다." 언론도 동의했다. '아마도 네이선 인생에서 최악의 연기였던 것[60]'이라는 혹평이 쏟아졌다.

그러나 아직 끝난 건 아니다. 다음 주 싱글 쇼트 프로그램에서 만회할 기회가 남았다. 인터뷰에서 네이선은 결연히 말했다. "한 번

겪어 봤으니, 다음에는 더 잘할 수 있습니다." 그리고 사람들은 언제나 역전 드라마를 기대한다.

2월 16일 아침, 네이선은 두 번째 올림픽 무대에 오른다. 환호성과 박수, 수백 대의 카메라 셔터 소리가 쏟아지는 가운데 얼음 위로 미끄러져 들어갔다.

첫 번째 점프. 네이선은 크게 넘어진다.

그리고 또 넘어진다.

음악이 끝날 때까지, 쿼드 킹은 단 하나의 쿼드 점프도 성공시키지 못했다. 링크를 내려오며 그는 코치를 바라볼 엄두조차 내지 못했다. 최종 결과는 24명 중 17위. USA 투데이 기자는 믿기지 않는 듯 썼다. "믿기 어렵게도, 네이선 첸이 또다시 참패했다."

네이선은 2018 평창 동계올림픽에서 단순히 흔들린 수준이 아니었다. 완전히 무너졌다. 그것도 한 번이 아니라 두 번 연속으로. 물론 실망스러운 경기력은 선수로서 기량 부족 때문이 아니었다. 빙판 위에 들어서는 순간 분명 무언가가 네이선의 마음을 건드렸고, 집중력을 무너뜨려 치명적인 실수를 연발하게 했다.• 네이선도 무언가가 자신을 흔들어 놓았다고 분명히 느꼈다. 그러나 트리거가 작동했다고 아는 것과 정확히 무엇이 트리거였는지 아는 것은 전혀 다른 문제다. 네이선의 이야기는 7장에서 다시 이어 가기로 하고, 지금은 일단 트리거에 휘둘리기 전에 트리거를 다스리는 두 단계 방법을 살펴보자.

• 제가 이걸 어떻게 아냐고요? 네이선 첸의 솔직한 자서전 《One Jump at a Time》을 읽었거든요.

1단계: 양상 찾기

카슨 때문에 폭발하고 말았던 그 주말, 로스는 동이 트기도 전에 일어나 '사무실 해충' 문제를 어떻게 해결할지 고민하며 산책을 나섰다. 카슨 때문에 유난히 감정이 흔들렸던 순간들을 떠올리며, 로스는 세 가지 공통된 양상을 발견했다. 첫째, 머릿속 생각이 순식간에 뒤죽박죽되었다. 평소에는 붙임성 좋고 자신감 넘쳤지만, 그 젊은 동료 앞에서는 생각이 비틀리듯 꼬이며 피해망상과 자기 의심으로 변해 버렸다. 둘째, 감정이 극도로 증폭되었다. 분노와 모욕감, 억울함이 치밀어 오르는 동시에 속이 울렁거리는 신체적 스트레스 반응까지 나타났다. 마지막으로, 행동도 순식간에 달라졌다. 회의실에서 지킬 박사와 하이드처럼 돌변했던 자신의 모습이 떠오르자 몸서리가 쳐졌다.

자신의 트리거를 탐색하는 과정이 유쾌하지는 않을 것이다. 그러나 당신을 가장 무너뜨리는 상황이 무엇인지 들춰 보는 일은 분명 가치가 있다. 한번 떠올려 보라. 스트레스받거나 압도되거나 지칠 때 무엇이 당신을 끝내 폭발하게 하는가? 떠오르는 답은 '존중받지 못할 때(자신감)', '지시받을 때(선택권)', '소외될 때(연결감)'일 수도 있다. 하지만 이것들은 흔히 나타나는 트리거 중 일부일 뿐이다. 이 장 마지막에 더 많은 트리거 목록을 볼 수 있는데, 각 트리거가 어떤 욕구를 좌절시키는지도 확인할 수 있다. 목록을 검토하다 보면 자연스레 양상이 눈에 들어올 것이다. 대체로 자신감 트리거는 성과와 기여와 관련되고, 선택권 트리거는 사람이나 제도, 예측 불가능한 상황에서 비롯되며, 연결감 트리거는 대인관계에서 가장 많이 나타난다. 그런데 상황을 규정할 때 객관적 사실보다 주관적 해석이 더 큰 영향을 미친다. 이를테면, 외부에서 보면 로스와 카슨은 성격이 맞지 않아 부딪힌다고 생각할 뿐이지만, 로스는 카슨에게 괴롭힘을 당한다고 느꼈다. 그리고 그렇게 느낀 순간, 그것은 로스에게 곧 진실이 되었다.

또한 일반적으로, 하나의 상황에는 종종 여러 트리거가 동시에 숨어 있고, 트리거가 많을수록 반응도 강렬해진다. 어떤 트리거는 한 가지 욕구만 위협하는데, 예를 들어, 거절은 연결감을 위협한다. 반면 또 어떤 트리거는 여러 욕구를 동시에 건드리기도 한다. 예를 들어, 기대는 자신감과 선택권을 동시에 위협하고, 강압은 선택권과 연결감을 동시에 흔든다. 실제로 로스가 카슨과의 관계에서 자신을 자극했던 요소들을 정리해 보니 비판, 열등감, 위협, 무시, 불공정, 갈등이었다. 그러니 카슨이 로스를 폭발 직전까지 몰아넣은 것도 놀라운 일은 아니다.

2단계: 충족되지 못한 욕구로 트리거 추적하기

배울 준비가 되어 있다면, 트리거는 훌륭한 스승이 되어 준다. 과도한 반응 뒤에 숨어 있는 충족되지 못한 욕구를 드러내 주기 때문이다. 하지만 여러 요인이 얽히다 보니, 트리거를 충족되지 못한 욕구와 연결해 추적하는 과정은 자칫 미궁에 빠지기 쉽다. 하지만 다행히 **욕구 진단** 도구를 활용하면, 가장 충족되지 못한 욕구를 정확히 짚어내고 복잡하지 않으면서도 실제로 적용이 가능한 통찰을 얻을 수 있다. 자세한 도구는 부록 B를 참고 바란다.

첫 번째 단계는 집착을 찾아내야 한다. 연구에 따르면 욕구가 충족되지 않을 때 그 욕구를 막거나 위협하는[61] 신호에 특히 민감해진다.[62] 그리고 욕구가 좌절될수록 그 욕구에 더 강하게 매달리게 된다.[63] 예를 들어, 자신감이 없으면 실수에 집착하거나 다른 사람들이 내 성과를 어떻게 볼지 끊임없이 곱씹는다. 선택권이 제한되면 나를 조종하거나 불공정하게 대하는[64] 신호에 예민하게 반응한다. 연결감이 단절되면 소외되거나 사랑받지 못한다는 신호에 과도하게 반응한다. 결국, **가장 충족되지 못한 욕구가 가장 강한 집착을 불러온다.**

다음 단계는 가장 큰 두려움을 살펴봐야 한다. 자신감이 부족하면 스스로 무가치하거나 부족하고 열등하며, 해낼 능력이 없다는 두려움이 지배하게 된다. 선택권이 충족되지 못하면 무력하다거나[65], 통제할 수 없는 거대한 톱니바퀴의 한 조각에 불과하다거나[66], 내가 누구인지조차 모르겠다는 공포에 사로잡힌다. 연결감이 끊어지면 사랑받지 못하거나 중요하지 않다는 두려움이 깊어진다. **가장 큰 욕구는 가장 본능적이고 극적인 두려움을 낳는다.** 빠르게 확인하려면 스스로에게 물어보라. 무슨 생각 때문에 밤에 잠을 이루지 못하는가?

로스는 오랜 성찰 끝에 무능하다는 증거에 가장 크게 집착하고, 자신이 생각만큼 가치 있는 존재가 아닐 때 두려움을 느낀다는 사실을 알게 되었다. 이 두 가지 모두 결국 가장 충족되지 못한 욕구가 자신감이라고 보여 주었다. 그제야 로스는 충격적이지만 설득력 있는 사실과 마주했다. 카슨은 자신을 깎아내리려던 것이 아니라, 그저 자기 역할을 잘 해내고 싶었던 또 다른 불완전한 사람이었을 뿐이라는 사실 말이다.

　산책을 마치고 돌아온 로스는 카슨을 바라보는 새로운 시각을 얻게 되었고, 이는 카슨과 더 건강한 관계를 맺는 데 큰 도움이 되었다. 몇 달이 지난 지금, 로스는 카슨을 '직장 동료이자 친구'로 여긴다. 둘은 주먹 인사를 나누고, 서로의 가족 안부를 묻고, 몇 건의 부동산 매물을 공동으로 맡기까지 했다. 불과 몇 달 전만 해도 상상조차 할 수 없던 일이다. 그리고 이 모든 과정은 단 한 번의 폭발적인 감정 표출 없이 이루어졌다.

"우리가 트리거를 다루지 않으면, 트리거가 우리를 지배한다."

❶ **자기결정성이론:** 우리 안의 '최선'과 '최악'을 무엇이 끌어내는지 설명하는 이론

❷ **성장을 이끄는 세 가지 욕구:** 인간이 본능적으로 추구하며, 충족될 때 성장을 가능하게 하는 욕구

- **자신감:** 잘하고 있고 점점 나아지고 있다는 감각
- **선택권:** 삶을 주체적으로, 진정성 있게 이끌어간다는 감각
- **연결감:** 소속감과 상호 지지, 유대감을 느끼는 것

❸ **트리거:** 세 가지 욕구가 충족되지 않았다고 알리는 신호나 기억으로, '괜찮다'에서 '더는 못 참겠다'로 순식간에 바꿔 놓는 요인

- **트리거가 작동했는지 아는 방법**
  - 생각과 내적 독백이 부정적으로 바뀐다.
  - 감정과 신체 증상이 악화된다.
  - 행동이 통제되지 않고 충동적으로 변한다.
- **현재의 트리거를 과거와 연결하기:** 스스로에게 "내가 이런 기분을 또 언제 느낀 적이 있었지?"라고 묻기

❹ **욕구 진단**: 가장 충족되지 못한 욕구를 찾아내기 위한 도구. 두려움과 집착의 양상을 점검하여 파악한다(부록 B 참고).

| 대표 트리거 |

1차 결핍 욕구	트리거	예시	2차 결핍 욕구		
			자신감	선택권	연결감
자신감 (성취와 기여)	**기대:** 특정 기준을 충족해야 한다는 압박	· 특정 결과나 성과를 달성하라는 요구 · 과도한 업무나[67] 기대치[68](예:시간[69], 성과 압박[70]) · 성과에 따라 평가받거나[71] 인정받는[72] 상황		X	
	단조로움: 도전이나 보람 없는 일[73]	· 지루하고 반복적인 일[74] · 할 일이 충분하지 않거나 의미 없다고 느껴질 때 · 능력을 발휘하지 못하거나[75] 의미 있는 성과를 내지 못하는 상황		X	
	혼란: 기준이 불명확하거나 변경됨[76]	· 명확성, 확실성, 예측 가능성이 부족할 때 · 역할, 목표, 규칙이 계속 변할 때 · 기대치나 기준이 불명확할 때		X	
	좌절: 최선을 다했지만 결과가 미흡함	· 중요한 목표와 성과를 달성하지 못함 · 실패[77](특히 열심히 노력했고 반드시 성공하리라 예상했을 때[78]) · 스스로 세운 기준에 도달하지 못함		X	
	비판: 결점을 지적당함[79]	· 평가받거나, 의심받거나, 비판받음[80] · 단점이나 약점을 지적받음[81] · 타인에게 무능하거나 비효율적으로 보임			X
	열등감: '하찮게' 취급받음[82]	· 주변 사람들보다 능력이나 자격이 부족하다고 여겨질 때 · 기여를 인정받지 못하거나 무시당할 때[83] · 상대방 스스로 우월하다는 태도를 보일 때(예: 거만한 태도, 가르치려 드는 '맨스플레인' 등)			X

선택권 (사람, 제도, 우연한 기회)	**억압:** 진짜 나를 거스르도록 강요받음	· 가치관, 관심사, 목표에 어긋나는 일을 해야 할 때[84] · 하고 싶은 것 대신 '해야만' 하는 일을 강요받을 때[85] · 진짜 감정을 숨기고 가면을 써야 할 때[86]			X
	강요: 외부 요인에 억지로 따라야 함[87]	· 본인 의사와 상관없이 특정 행동을 하도록[88] 강제[89]당할 때 · 선택권이 제한[90]되거나 아예 박탈될 때[91] · 죄책감으로[92] 마지못해 행동하게 될 때			X
	상실: 소중한 것을 잃음	· 중요한 무언가를 빼앗길 때 · 건강, 생계, 평판 같은 삶의 통제권을 잃을 때 · 꿈꿨던 미래를 포기해야 할 때	X		X
	무시: 존재와 의견이 가볍게 여겨질 때[93]	· 의견이나 경험이 부정, 축소되거나 왜곡될 때(예: 가스라이팅) · 말을 끊거나 제대로 들어주지 않을 때[94] · 시간이나 노력이 존중받지 못하고 허투루 취급될 때	X		X
	불공정[95]: 편향, 불평등, 차별	· 결과나 절차가 불공정할 때(예:공로를 가로채는 경우) · 인종, 나이, 성별, 성적 지향, 장애 등 개인적 특성 때문에 다른 대우를 받을 때 · 편애, 일관성 없는 기준, 다른 사람에게 책임을 묻지 않을 때	X		X
	의견 봉쇄: 투명성 부족, 참여 배제	· 나에게 직접 영향을 미치는 결정에서 배제될 때[96] · 의견이나 선호가 무시되거나 평가 절하 될 때 · 의도적으로 속일 때			X

연결감[97] (대인관계 상호작용)	거절[98]: 무시당하거나[99] 버려짐[100]	· 배제되거나[101] 무시당할 때[102] · 상대방이 의도적으로 피하거나[103] 거부할 때[104] · 중요한 연결 관계가 단절될 때		X	
	방치: 관심과 배려 부족[105]	· 타인이 차갑고[106] 무심하거나[107] 무관심하게[108] 대할 때 · 필요한 지지[109]나 관심[110]을 받지 못할 때 · 다른 사람이 나보다 더 대우받을 때[111]		X	
	갈등: 갈등이나 오해	· 중요한 사람들과 긴장 관계에 놓일 때[112] · 언쟁, 다툼, 싸움 · 내 의도가 잘못 이해되거나 부정적으로 받아들여질 때	X	X	
	가혹함: 비인간적 이거나 상처 주는 대우[113]	· 벌을 받거나, 비난받거나[114], 모욕당하거나, 방해받을 때[115] · 학대, 미세 공격, 소극적 공격[116] · 타인의 이익을 위해 도구처럼 취급당하거나 이용당할 때[117]		X	
	배신[118]: 신뢰나 충성의 파기	· 믿었던 사람이 거짓말하거나, 불성실하거나, 이중적인 태도를 보일 때 · 경계, 바람, 비밀이 무시되거나 깨질 때 · 중요한 약속을 어기거나 자기 이익을 우선시할 때		X	

3단계:
그림자를 찾아라

"가장 밝은 불꽃이 가장 어두운 그림자를 드리운다."

—조지 R. R. 마틴

고요한 스위스의 케스빌 마을. 보덴호의 부드러운 바람이 장엄한 알프스의 자락을 스치는 그곳에서, 한 소년은 자기 내면을 향한 고독한 여정을 시작했다. 1875년에 태어난 소년은 철학자, 목사, 의사를 배출한 집안 출신으로[1] 위대한 요한 볼프강 폰 괴테와 혈연관계라는 소문까지 돌았다.

아홉 살까지 외동이었던 소년은 끊임없이 상상하고 생생한 꿈을 꾸며, 또래보다 이른 나이에 사람과 상황을 관찰하는 예리한 시선을 보이며 남다른[2] 내면세계를 드러냈다. 부모는 이해하기 어려운 이 독특한 아이를 혼자 놀게 두곤 했고, 소년은 더 풍성한 상상력을[3] 펼쳤다.

열두 살 무렵, 한 사건이 소년의 내면을 더 깊이 파고드는 트리거가 되었다. 다른 아이에게 밀려 연석 위로 넘어진 그는 잠시 의식을 잃었다. 학교로 돌아간 후에도 원인 모를 기절 증세가 반복되었고, 다른 학생들에게까지 방해가 되자 결국 집에서 6개월간 혼자 공부해야 했다. 하지만 소년은 오히려 그 시간을 즐겼다. 자기만의 방식으로 세상을 탐험할 기회를 얻은 소년은 공상에 잠기고, 비밀스러운 놀이를 만들어 내며, 아버지의 서재 속 책들에 파묻혀 지냈다.

회복 후 소년은 전보다 훨씬 진지하게 학업에 몰두했다. 새벽 세시에 일어나 공부하고는 학교까지 한 시간 길을 걸어갔다. 열세 살이 되자 쇼펜하우어, 성 토마스 아퀴나스, 칸트, 니체의 철학에 심취했고, 마침내 정신의학도의[4] 길을 선택했다.

정신과 의사로 막 첫발을 내디딘 그는 한 정신병원에서 작은 자리를 얻어 일에 몰두하며 살았다. 그런데 1901년, 같은 학자이자 스위스에서 두 번째로 부유한 상속녀였던 엠마 라우셴바흐와 약혼하면서[5] 상황이 달라졌다. 둘의 결혼은 재정적 안정과 정서적 지지를 가져다주었고, 그는 더 자유롭게 연구할 수 있는 기반을 얻게 되었다.

곧 이 젊은 정신의학자는 단어가 드러내는 무의식의 세계에 관한 실험으로 국제적 명성을 얻었고, 마침내 그 성과를 담은 획기적인 저서를 출간했다. 1906년 봄, 그는 대담하게 그 책을 유명한 정신분석 창시자[6] 지크문트 프로이트에게 보냈다. 프로이트의 아파트에서 무려 13시간 동안 이어진 첫 만남은 전설이 되었고, 이는 격렬하게 타오르다 결국 충돌할 수밖에 없는 협력의[7] 출발점이 되었다.

학문적 후계자를 원했던 프로이트는[8] 곧 이 젊은 정신과 의사가 제자로서는 적합하지 않다고[9] 판단했다. 특히 제자가 모든 심리적 장애의 기저에는 성적 에너지가 깔려 있다는 프로이트의 핵심 이론에 정면으로 도전하면서 긴장감은 고조되었다. 게다가 제자는 왜 이 이론의 창시자는 본인의 신경증조차[10] 다스리지 못하느냐며 공개적으로 한계를 지적하기도 했다.

1912년 말, 프로이트는 이 결별로 "더는 잃을 것이 없다"라며, '오래전부터 가느다란 실로 이어져 있었던 협력은 과거의 실망만 남겼을 뿐[11]'이라고 선언했다. 이듬해 초, 두 사람은 완전히 결별했다. 이른바 '어긋난 브로맨스[12]'는 젊은 학자를 깊은 위기로 몰아넣었다.[13] 스승에게서 버림받은 상실감과 앞으로의 미래에 대한 불안, 정체성의 혼란에 휩싸여 그는 심지어 자신이 정신 질환을 앓는 게 아닌지 의심할 정도로 극심한 고통을 겪었다.

바로 그때, 방향을 잃은 이 젊은 정신과 의사는 자발적으로 4년에 걸친 내적 탐구의 시기에 들어갔다. 내면의 고통에 굴복하지 않겠다고 다짐하며, 오히려 연구의 재료로 삼기로 결심한다. 자신의 어두운 환상과 꿈, 신념을 집요하게 탐구하며 '검은 책들'이라 불린[14] 일련의 기록으로 남겼다. 처음에는 무의식의 심연을 파고드는 과정이 두려웠다. 그는 어디까지나 실증 연구자로 존경받는 인물[15]이었기 때문이다. 그러나 곧 이 과정이 스스로 치유하는 과정이 될 수 있다고 깨달았다. 이후 이 새로운 방법을 실제 환자들에게 적용해 보았고, 프로이트의 정신 분석으로는 개선되지 않았던 많은 환자가 뚜렷한 호전을 경험하면서 그에게 큰 용기를 주었다.

한 사람의 위기에서 비롯된 이 경험은 인류가 마음을 이해하는 방식을 송두리째 바꾸는 새로운 이론으로 발전했다. 케스빌의 외로운 소년은 다름 아닌 역사상 가장 저명하고 영향력 있는 심리학자 중 한 사람, 카를 구스타프 융이었다.[*] 이 어두운 시기를 거쳐 융은 자신의 학문에서 가장 중요한 업적 가운데 하나를 세워 나갔다.

융의 분석심리학 이론에 따르면, 우리는 살아가면서 사회적 규범과 가치관을 내면화하고, 이는 우리 감정, 행동을 형성하는 데 지대한 영향을 미친다[16]. 예를 들어, 학교에서는 학업 성취와 행동 규율을 중시하도록 배우며, '성공한' 학생은 성적이 좋고 선생님 말씀을 잘 따른다는 믿음을 자연스럽게 받아들인다. 그러나 실제로 우리는 종종 이런 규범을 어기곤 한다. 바로 두려워하며 피하고 싶어 하는 '그림자'[17] 때문이다. 그림자는 본능적이고 사회적 규범을 벗어나는 충동이 축적된 영역으로, 어두운 생각, 자기 파괴적 욕망, 분노, 불안, 오만, 탐욕, 완벽주의 같은 불편한 성향을 담고 있다.[**]

많은 사람은 그림자를 억누르며 살아간다. 그러나 트리거가 작동하면 의식적 의지와 상관없이 그림자는 표면으로 떠오르며, 대개 즉각적이고 무의식적으로 나타난다. 이번 장에서는 **그림자**를 어떻게 포착할 수 있는지 살펴보려 한다. 즉, 지속적으로 결핍된 욕구가 만들어 내는 자동적 반응, 융이 표현했듯이 '아무도 원하지 않는 모습'으로 우리를 몰아가는 힘을 알아차리는 방법을 알아본다. 그래서 이 장의 목표는 스스로를 제한하는 반응을 깨지지 않는 힘의 방식으

---

[*]   융은 많은 역사적 인물처럼 복합적인 사람이었다. 그가 제시한 심리 유형(예: 내향·외향)과 개별화, 집단 무의식, 콤플렉스, 공시성 같은 개념은 오늘날 심리학 사유의 한 축으로 굳건히 자리 잡았다. 더 나아가 의식이 작동하는 방식에 대한 그의 여러 관찰이 실제 뇌의 생리와 맞아떨어진다고 과학이 점점 밝혀내고 있다. 동시에 사적인 관계, 여성에 대한 태도, 반유대주의 의혹에 이르기까지 여러 논란을 겪기도 했다.

[**]   그림자에는 실제로 '악'에 가까운 부분이 있을 수 있다. 하지만 독자 여러분은 학대·폭력·살인 같은 통제할 수 없는 충동보다 훨씬 더 '일상적'인 그림자를 다룰 가능성이 크다. 이 장에서는 바로 그 일상적 양상에 초점을 맞출 것이다.

로 바꿀 수 있도록 준비하는 데 있다.

|

그림자 속으로

자신감, 선택권, 연결감 욕구가 결핍될 때, 우리는 종종 자기 가치[18], 주도권[19]을 되찾고 주변의 인정을 받기 위해 '빠른 해결책'[20]을 찾는다. 원초적이고 본능적인 심리적 생존 본능에서 비롯된 이 그림자 목표는 잠시 욕구가 충족된 것처럼 느끼게 만든다. 하지만 실제로는 자신감, 선택권, 연결감의 진짜 경험을 대신할 수 없는 어설픈 대체물일 뿐이다. 곧 알게 되겠지만, **모든 목표가 같은 가치를 지니는 것은 아니다.[21] 어떤 목표는 도움이 되지만, 어떤 목표는 해롭고, 의식적으로 선택하지 않는 목표도 많다.**

그림자 목표의 개념을 이해하기 위해 한 장면을 떠올려 보자. 지친 하루를 마치고 집에 돌아와, 건강하고 맛있는 샐러드가 간절히 먹고 싶다. 그런데 냉장고를 열어 보니 상추가 상한 상태다. 짜증이 나지만, 대안을 찾는다. 어쨌든 *뭔가 먹어야 하니까.* 냉동실을 뒤지다가 피자를 발견한다. 가득 올려진 치즈를 보니 군침이 돈다. *건강 따위는 잊고, 탄수화물! 지금 당장 원해!*라고 외치게 된다.

이 비유에서[22] 피자는 그림자 목표를 뜻한다. 즉각적인 만족을 주지만, 샐러드처럼 몸에 진짜 필요한 영양을 채워 주지는 못한다. 이 장의 끝부분에서 흔한 그림자 목표 목록을 확인할 수 있다.

결핍된 욕구가 만들어 내는 좌절감, 불안감, 불안정감을[23] 견디기 위해 무의식적으로 그림자 목표를 선택한다고 연구자들은 주장한다. 그림자 목표는 치즈로 덮인 탄수화물만큼이나 달콤한 유혹[24] 같은 임시방편*으로, 피로가 쌓이고 의지가 약할 때 가장 취약해진다. 그림자 목표는 순간적으로 기분을 전환하고 불안을 달래 주는 것처럼 보여도[25] 결국 에너지를 소모하고 제자리걸음을 하게[26] 만들며 성장에 진정 필요한[27] 본질을 놓치게 한다.

그림자 목표는 보통 세 가지 **보상 동기**[28] 중 하나를 충족하려는 방식으로 나타난다. 보상 동기란 "자신감·선택권·연결감을 가질 수 없다면, 최소한 *이거라도* 가지자"라는 심리다. 먼저, 결핍된 욕구가 흔히 불러오는 죄책감, 수치심, 상처받은 자존심으로부터 스스로 **보호**하는 데 집중한다. 예를 들어, 성과를 낼 자신이 없을 때 우리는 무가치하게 여겨지거나 다른 사람의 평가를 받기가 두려워 방어적으로 행동한다.[29] 무력하다고 느낄 때는 반항하거나[30] 기대를 대놓고 거슬러서 통제권을 되찾으려 한다. 사랑받지 못한다고 느낄 때면 상처 준 사람을 벌하고 싶다는[31] 유혹에 빠지기도 한다. 이러한 보호 동기는 공통적으로 문제의 원인을 외부로 돌려[32], 자신의 문제가 아닌 것처럼 만들어 버린다.

두 번째로, **증명 동기**는[33] 내면의 두려움과 달리[34], 사실 우리는 가치 있고 능력 있으며, 사랑받을 만한 존재라는 확신을 외부에서 확인하려는 데서 비롯된다. 예를 들어, 상사에게 끊임없이 비판받는 상황이라면 동료들보다 더 열심히 일하거나[35] 성과급, 업계의 인정, 승진 같은 외부 보상을 통해[36] 능력을 자신과 타인에게 증명하려 든

● 통찰력 있는 감수자님, 이 보석 같은 비유를 제안해 주셔서 감사합니다!

다. 권력을 입증하기 위해서는 권위를 휘두르거나 다른 사람을 과도하게 통제하거나, 심지어 자신에게까지 지나치게 엄격해진다. 또한 사랑과 존중을 받고 있음을 증명하기 위해서는 인기를 얻거나 사회적 지위를 쌓는 데[37] 몰두하기도 한다.

마지막으로, **회피 동기**[38]는 당장의 부정적 감정이 더 커지지 않도록[39] 문제를 피하거나[40] 무시하거나[41] 축소하려는[42] 시도다. 자신감이 꺾였을 때는 스스로 자격이 없다고 느끼는 순간을 피하거나 바로 잘 해내지 못할 일은 회피하려 한다.[43] 선택권이 없다고 느낄 때는 제약을 받아들이며 포기하거나 순응한다.[44] 거절당했다고 느낄 때는 앞으로 받을 상처를 피하기 위해 스스로 거리를 두기도 한다.[45] 6장에서 내가 친구 수와 겪은 일이 여기 해당한다. 회피는 단기적으로는 도피가[46] 되지만, 이미 여러 차례 확인한 바처럼 결국 고통으로 되돌아온다.

이 세 가지 보상 동기에 주목하면, 자신을 옭아매는 양상 중 어떤 것에 가장 취약한지 쉽게 알아차릴 수 있다. 당신은 보호형인가, 증명형인가, 회피형인가? 아니면 세 가지를 조금씩 다 가진 편인가?

그림자 목표의 폐해

겉으로 보기에는 그림자 목표는 성장을 이끄는 세 가지 욕구와 비슷해 보인다. 그러나 이를 추구하는 방식은 완전히 다르다. 심리학자들은 인간의 기본적인 동기를 두 가지로 구분한다. 우리는 진정한 선택에서[47] 비롯된 내적 동기로 행동할 수도 있고 압력이나[48] 보상에 대한 기대[49]에서 비롯된 외적 동기로 행동할 수도 있다. 전자는 시간이 지남에 따라 성장을 이끄는 세 가지 욕구를 충족시키지만, 후자는[50] 오히려 멀어지게 만든다.[51] 대부분 외적 동기에 뿌리를 두고 있는 그림자 목표가 끼치는 부정적 영향은 막대하다.[52] 그림자 목표 때문에 무의식적으로 성장을 이끄는 세 가지 욕구를 축소하거나[53], 타협하거나[54], 하위의 대체재로[55] 바꿔 버린다.[56] 그 결과 압박감, 부정적 감정, 불행의 순환[57]에 갇히게 된다. 더 나아가 점점 내적 동기를 덜 느끼도록 뇌의 작동 방식을 바꿔 놓는다.[58] 다시 말해, **그림자 목표는 허울뿐인 종이호랑이에 불과하다. 자신감, 선택권, 연결감이라는 내적 경험을 대신하기에는 터무니없이 부족하다.**

네이선 첸의 올림픽 여정이 바로 대표적인 사례다. 네이선은 경쟁 스포츠가 주는 압박에 익숙했지만, 올림픽을 앞둔 1년 동안 무언가 달라졌다. 눈에 띄게 성과를 내기 시작했다. 처음엔 조용했지만 점점 더 많은 해설자들이 네이선을 금메달 후보라 불렀고, 두 차례 올림픽에 출전했던 조니 위어는 '미국의 희망'이라고 치켜세웠다.[59] 네이선에게는 '새로운 압박'[60]이었다. 곧이어 코카콜라와 나이키 등과 대형 스폰서 계약을 맺고, 디자이너 베라 왕이 의상을 제작했으며, 언론의 인터뷰 요청이 쇄도했다.

네이선이 마침내 올림픽 대표팀 자리를 확보한 날, 그는 산호세 아레나에서 기뻐하는 누나들과 함께였다. 잔뜩 흥분한 누나들이 지금 기분이 어떠냐고 묻자, 네이선은 분위기에 맞춰 짧게 웃었다. 그러나 평생의 꿈을 이루었음에도 설렘 대신 두려움이 몰려왔다. 전 세계의 기대를 한 몸에 받으며 금메달을 따야 한다는 압박은 오히려 자신감을 무너뜨리고[61] 있었다.

인터뷰에서 네이선은 꿈이 이루어져서 행복하고 올림픽에 출전하게 되어 영광이라는 '정답'들을 말했다. 하지만 시간이 갈수록,[62] 언론, 기업 스폰서, 감독과 코치의 기대를 마음 깊이 받아들일수록 불안은 커져만 갔다. 만약 내가 해내지 못한다면? 내가 좋아하는 뮤지컬 하데스타운의 한 대사가 이 경험을 가장 잘 설명한다.

네가 진짜 두려워해야 할 개는
네 머릿속에서 울부짖는 놈이지.
그 울음소리에 사람들이 미쳐 버리고,
결국 마음이 무너지고 마는 법이야.

올림픽 전까지만 해도, 네이선의 스케이팅은 거의 전적으로 내적 동기에 의해 움직였다. 물론 언제나 이기고 싶었지만, 항상 최고의 퍼포먼스를 보여 주는 데 집중해 왔다. 그러나 머릿속에 자기를 의심하는 울음소리로 가득 차 버리자, 네이선은 실력을 증명해야 한다는[63] 외적 목표에 흔들리기 시작했다. 그리고 "나는 반드시, 무조건 이겨야 한다. 만약 올림픽 금메달을 따지 못한다면, 나는 무슨 가치가 있단 말인가?[64]” 하고 믿게 돼 버렸다. 비단 네이선만 아니다. 놀랍게도 연구 결과, 많은 엘리트 선수가 올림픽 금메달을 위해서라면 목숨까지 걸[65] 용의가 있다고 한다! 네이선이 ‘금메달 아니면 실패’라는 목표를 받아들이는 순간, 그는 더 이상 자신을 위해 스케이트를 타지 않았다. 자신을 증명하기 위해 빙판 위에 섰다. 강한 외부 목표가 조용한 내적 동기를 밀어냈다. 그리고 그림자 목표가 성장을 이끄는 세 가지 욕구를 집어삼켜 버렸다.

올림픽을 한 달 앞두고, 네이선의 스트레스는 극에 달했다. 단체 경기 당일 아침, 네이선은 긴장감으로 완전히 무너졌다. 이름이 불릴 때 잘 듣지 못할 만큼 심하게 떨렸고, 빙판 위로 나서며 올림픽 오륜기를 본 순간 그대로 얼어붙어 버렸다.

그다음에 어떤 일이 벌어졌는지, 알고 있는 그대로다.

처참한 경기를 마친 뒤, 네이선은 경기복 차림으로 바로 연습 링크로 내려가 놓친 점프를 다시 시도했다. 다른 선수가 “지금 막 경기 끝낸 거 아니야?”라고 물었을 때, 네이선은 눈가에 맺히는 눈물을 들키지 않으려 애썼다.

며칠 뒤, 좌절과 상실감에 휩싸여 있던 네이선에게 뜻밖의 변화가 찾아왔다. 마지막 경기인 프리스케이팅을 하루 앞둔 밤, 올림픽 금메달이 이제 수학적으로 불가능하다는 뼈아픈 현실을 깨달았다. 그림자 목표가 산산이 무너지자 남은 건 단 하나였다. 처음부터 그를 이끌어온 ‘스케이팅을 사랑하는 마음’이었다. 네이선은 마음을 다잡았다. 내일은 오직 자신을 위해, 음악이 멈출 때까지 온 마음을 다해 스케이트를 타리라고.

프리스케이팅 당일, 네이선은 얼음 위로 미끄러져 나갔다. 그리고 올림픽 역사상 최초로 쿼드러플 점프를 다섯 차례 완벽하게 성공한 선수가 되었다. 비록 메달은 따지 못했지만, 이 기록적인 연기는 이후 4년에 걸친 여정의 출발점이었다. 외부의 압박으로부터 스스로 단련하며, 우승에 연연하지 않는[66] 더 안정된 자신만의 가치 기준을 찾기 시작했다. 그 전략은 성공했다. 4년 뒤 중국 베이징의 캐피털 실내 스타디움 빙판에 올랐을 때, 네이선의 시선은 메달이 아니라 스케이팅에 대한 순수한 사랑을 향했다. 이후 네이선은 2022년 베이징 올림픽에서 금메달을 두 개나 거머쥐었으며, 1952년 이후 최초로 올림픽 2관왕에 오른 미국 피겨 스케이트 선수가 되었다.[67]

|

그림자 습관을 포착하기

몇 년 전, 나는 퇴근길 러시아워 한복판에서 나의 그림자와 정면으로 마주했다. 오후 5시 30분 병원 진료를 마치고 덴버 시내로 향하는 4차선 도로를 달리고 있었다. 갑자기 내 앞차가 급정거했다. 몇 초간 혼란을 빚다 그 차는 옆 차선으로 빠져나가더니 속도를 높여 사라졌다.

그제야 나는 왜 차가 멈췄는지 알았다. 내 전조등 불빛을 향해 두 눈을 크게 뜬 채 서 있는 거대한 토끼 한 마리. 나는 급브레이크를 밟았다.

아마도 그 모습이 거의 3킬로그램 나가는 내 푸들 구조견 프레드를 떠올리게 해서였을 것이다. 그 토끼의 공포에 질린 눈빛에 가슴이 철렁 내려앉았다. 비상등을 켜고, 녀석을 도로에서 내보내려 애썼다. 전조등을 번쩍이고 경적을 울리며, 창문을 열어 몸을 내밀었다. 두 팔을 흔들며 힘없이 소리쳤다. "도로에서 나가!" 하지만 토끼는 그대로 있었다. 헤드라이트 불빛 속에 얼어붙은 채, 동결-실신 상태에 갇혀 꼼짝도 하지 않았다.

어쩌면 좋을까? 그대로 떠나면 나는 로드킬에 동조하는 셈이 된다. 하지만 양옆 두 개 차선은 여전히 차가 달리고 있었고, 차에서 내려 직접 도울 상황도 아니었다.

그 순간, 비가 오던 그 오후의 기억이 머릿속을 번쩍 스쳤다. 내 병세가 가장 심각했을 때, 고통과 마주하기 위해 스스로 밀어붙이며 포스트잇에 '무력감'이라는 단어를 적었다. 지금 도로 한복판의 토끼에게 소리치고 있는 내 마음을 가장 잘 표현하는 말도 그것뿐이었다. 공포로 몸이 굳은 불쌍한 생명체를 바라보며, 모든 걸 포기하고 그대로 떠나 버리고 싶은 충동에 사로잡혔다.

아니, 잠깐만. 이번에는 달랐다. 나는 다른 선택을 하기로 했다. 반드시 이 토끼를 구해야 했다.

심장이 터질 듯 뛰었지만, 천천히 차에서 내려 양옆에서 달려오던 두 차량을 향해 멈추라는 신호를 보냈다. 경적이 요란하게 울려 퍼지는 외중에도 토끼가 보이도록 크게 손짓했다. 왼쪽 운전자는 눈을 굴리며 그냥 가 버렸지만, 오른쪽 운전자는 멈춰 줬다. 나는 재빨리 토끼에게 다가가 발끝으로 살짝 등을 건드리며 말했다. "지금 당장 가야 해."

토끼는 처음엔 머뭇거리다가 곧 빠르게 뛰기 시작했고, 차로를 건너 풀밭으로 몸을 날려 벗어났다. 나는 안도의 한숨을 내쉬며 차로 돌아왔다. 두려움과 성취감이 뒤섞인 감정이 밀려왔다. 조금 지치긴 했지만 토끼도 나도 무사했다.

집에 돌아와 30년 지기 친구 사라에게 전화를 걸었다. 이야기를 들은 사라는 놀라움을 감추지 못했다. "내가 아는 타샤라면 그냥 가버리고 평생 후회했을걸."

흠, 흥미로웠다.

며칠 동안 나는 사라가 한 말을 곱씹었다. 나는 늘 주도적으로 나서서 토끼 같은 존재를 반드시 구해 왔다고 생각했는데, 사라의 말은 최근에 변화가 있었을지도 모른다는 사실을 깨닫게 해 주었다. 뭔가 중요한 깨달음의 문턱에 선 듯했지만, 어떻게 더 파고들어야 할지 알 수 없었다. 그래서 카를 융의 방식을 따라 새 워드 파일을 열고, 내 그림자를 탐구하기 위한 질문들을 적어 내려갔다.

대개 그림자 목표는 그림자 습관이라는 형태로 가장 구체적으로 드러난다. 이는 그림자 목표가 취하라고 요구하는 행동 방식이다.[68] 여기서, 특히 유용한 한 가지 질문을 알아냈다. **지금 내 행동은 내가 가장 좋은 모습일 때와 무엇이 다른가?** 그 순간, 사라가 한 말이 지닌 의미가 강하게 와닿았다. 정체불명의 병이 시작된 이후 몇 달 동안 나는 무력감에 굴복하는 습관을 들였고, 늘 후회가 뒤따랐다.

그런데 도대체 어떻게 이런 일이 가능하단 말인가? 나는 개성 강한 CEO들과 씨름하며 생계를 이어 왔고, 그 과정에서 겪는 어려움을 정면 돌파하는 모습에 '부드러운 카리스마'라는 제일 좋아하는 별명을 얻었다. 그런데 요즘 들어 내가 일할 때 보여 주던 최고의 모습이 정작 일상에서는 사라졌다고 느꼈다. 이 통찰을 곱씹는 동안, 수없이 반복되던 병원 진료 장면이 머릿속에 스쳐 지나갔다. 매번 무력감을 되풀이해 강화하는 과정이었다. 나는 증상을 정리해 설명했고, 고도로 훈련된 전문의들은 찡그린 얼굴로 의미심장하게 "흐음, 흥미롭군요…"라고 말했다.• 이어지는 값비싼 각종 검사 결과는 모두 정상. 그러고 나면 의사들은 "아주 건강하시네요, 완벽히 정상이십니다"라고 진단했다. 그리고 아직 아프기엔 한참 젊다며, "긴장을 푸세요", "명상을 좀 더 하세요", 아니면 가장 기가 막힌 조언이었던 "너무 과장하지 마세요"라고 덧붙였다.•• 그들이 하고 싶은 말은 분명했다. "내가 의학적 권위를 가진 전문가인데도 아무 이상을 찾지 못한다면, 당신에게는 아무 문제도 없는 겁니다."

토끼를 구할 때 잠시 내 본모습을 되찾았지만, 투병 여정 속에서는 뚜렷한 그림자 습관이 드러났다. 스스로 선택권이 사라졌다는 무력감을 견디기 위해 의식하지 못한 사이 전형적인 보호 행동을 택하고 있었다. 즉, 내가 쥐고 있는 작은 주도권마저 내려놓고 가장 편안한 길에 머무르며, 언젠가 외부에서 기적 같은 힘이 찾아와 모두 바꿔 주기를 기다렸다.

그 순간, 나를 거의 쓰러뜨릴 만큼 강렬한 깨달음이 찾아왔다. 나를 구하러 올 기병대 따위는 존재하지 않는다. 이대로 가면 상황은 결코 개선될 리 없다. 처음에는 가슴을 후벼파는 깨달음이었지만, 곧 묘하게도 힘이 솟았다. 이제 나는 카를 융의 이론을 완전히 이해했다. 자신의 그림자를 깨닫는 순간, 우리는 더 이상 판단하려 들

• 의료 현장에서는 '흥미로운 환자'가 되는 걸 절대, 정말 절대 바라면 안 된다.

•• 실화다. 진단받기 전까지 나는 30년 넘게, 다른 사람들도 매일 통증 강도 10(최대치)을 겪지만 나만 그들만큼 잘 버티지 못한다고 믿고 살았다.

지 않고 자기 정체성으로 받아들일 수 있다. 그리고 그 과정에서 자신을 온전히 수용하고 새롭게 거듭날 기회를 발견한다.[69] 나를 가장 옭아매는 그림자와 마주하는 순간, 비로소 더 나은 나를 향한 길이 열린다.

"그림자를 자각하는 순간,
나를 온전히 받아들이고 거듭날 길이 열린다."

❶ **그림자:** 지속적으로 결핍된 욕구에 대한 본능적 반응으로, 우리를 최악의 모습으로 몰아가는 힘

❷ **그림자 목표:** 자존감, 권력, 인정을 회복하려는 '임시방편'이지만, 오히려 욕구 결핍을 악화하는 함정

- **보상 동기:** "자신감·선택권·연결감이 없다면, 적어도 …할 수는 있겠지"라는 심리적 상태
- **보호:** 죄책감, 수치심, 상처받은 자존심을 가리려는 시도
- **증명:** 가치 있고, 강하고, 사랑받는다는 증거를 찾으려는 시도
- **회피:** 불편한 감정을 피하기 위해 도망치거나 무시하거나, 축소하려는 시도
- **외적 동기:** 압력, 죄책감, 보상 같은 외부 요인에 이끌려 행동하며, 욕구 충족을 방해함
- **내적 동기:** 진정한 선택에서 비롯된 행동으로 욕구 충족을 도움

❸ **그림자 습관:** 그림자 목표가 우리를 실제로 움직이게 하는 방식

- 그림자 습관을 찾는 질문: "현재 행동은 내가 최상의 모습일 때와 무엇이 다른가?"

| 그림자 목표 사례 | | | |

보상 동기	자신감 결핍	선택권 결핍	연결감 결핍
보호: 죄책감, 수치심, 비난에서 벗어나려고 저항하는 동기	**방어적 태도:** 타인의 관점을 깎아내리려는 충동	**반항:** 규칙이나 기대를 무조건 거부하려는 충동[70]	**앙심:** 상처를 준 사람에게 되갚아 주려는 충동[71] **공격성:** 분노를 폭발하려는 충동
증명: 나 자신과 내 위치를 증명할 외부 증거를 찾으려는 동기	**성취:** 어떤 대가를 치르더라도 성취하려는 충동[72] **보상:** 부, 명성 같은 외적 보상을 얻으려는 충동[73] **완벽주의:** 지나치게 높은 기준을 충족하려는 충동[74]	**지배:** 타인을 통제하고 권력을 행사하려는 충동[75] **제한:** 자신의 선택을 통제하거나 억제하려는 충동[76]	**인기 추구:** 타인에게 인정받고[77] 사회적 영향력을 얻으려는 충동 **인정 갈망:** 타인에게 받아들여지고 싶어 하는 충동[78]
회피: 당장의 기분이 나아지려고 경험을 부정하거나 필요를 축소하려는 동기	**탈출:** 자신감을 해치는 상황을 피하려는 충동 **관성:** 지금 상태를 유지하려는 충동 **무시:** 자신에 대한 불편한 진실을 외면하려는 충동[79]	**순응:** 상황을 '편하게 만들기 위해' '마땅히' 해야 한다고 여겨지는 일을 하는 충동[80] **포기:** 저항하지 않고 항복하려는 충동[81]	**가면 쓰기:** 갈등을 피하려고 사회적 가면을 쓰는 충동[82] **은둔:** 스스로를 고립시키려는 충동[83]

4단계:
전환점을 선택하라

겨울 한가운데서, 나는 마침내 내 안에 끝나지 않은 여름이 있다는 것을 깨달았다.
— 알베르 카뮈

이사벨은 서른여섯 살에 경험이 풍부하고 유능한 외교관과 결혼했다. 더 젊었을 적의 이사벨이라면 평생의 반려자로 선택하지 않았을 남자이긴 했다. 하지만 출산을 생각하면 시간이 넉넉하지 않은 현실 앞에서, 더 이상 이상적인 상대만 고집하며 까다롭게 굴고 싶지 않았다. 그래도 남편에게는 장점이 많았다. 박식했고 자신감이 넘쳤으며, 재미있고 유머 감각도 갖춘 데다 문학과 음악 취향도 비슷했다. 게다가 직업 특성상 세계 곳곳을 다니며 살아야 했으니, 전 세계를 여행하며 살아갈 수 있을 터였다. 곁에서 애정 어린 관심만 쏟는다면, 분명 차갑고 무뚝뚝한 성격도 충분히 변하리라 생각했다.

　무엇이든 자유롭게 선택할 수 있는 미래를 꿈꾸며, 이사벨은 지금껏 쌓아온 성공적인 경력을 모두 내려놓고, 외교관의 아내로 세계 곳곳을 옮겨 다니며 세 아들을 낳아 키우는 일에 전념했다. 그러나 세월이 흐르면서 이사벨이 그렸던 이상적인 삶은 점차 희미해졌다. 그녀는 남편의 애정이 언제나 조건부라는 사실을 깨달았다. 그의 기분과 필요를 최우선에 두어야 했고, 정해진 규칙을 철저히 준수해야 했다. 시간이 갈수록 기대에 부응하기 더 힘들어졌다. 특히 아이들이 사춘기에 접어들면서 균형은 더욱 위태로워졌다. 하지만 이사벨은 꿋꿋이 참아냈다. 불만이나 반대 의견을 내비쳤다가는 남편이 쉽게 폭발했기에, 애써 아무 말도 하지 않고 조용히 견디는 쪽을 택했다.

그러던 어느 날, 갑작스러운 발표가 가족의 아슬아슬한 균형을 완전히 깨뜨렸다. 남편은 퇴근하자마자 아프리카로 장기 파견을 떠나야 한다고 무심하게 통보했다. 의논은커녕 의견을 낼 기회조차 없었으며, 이번 결정이 이사벨과 아이들에게 어떤 영향을 미칠지에 대한 아무런 고려도 없었다. 이미 결정이 끝난 일이었다.

이사벨에게는 그저 물리적인 거리 문제가 아니었다. 더 이상 물러설 곳이 없었다. 분명한 한계에 다다랐다. 그래서 이사벨은 결혼 생활 20년 동안 단 한 번도 하지 않았던 일을 그날 처음으로 하게 된다.

"안 돼요."

그림자에 휘말려 스스로 욕구 결핍에 일조하고 있음을 깨닫는 순간, 바로 그때가 전환점이다. **전환점은 낡고 익숙한 그림자에서 벗어나', 욕구를 충족시킬 수 있는 새로운 길을 적극적으로 개척한다는 의미다.** 이런 변화는 대개 우리를 단단히 흔들어 깨우는 결정적 사건, 즉 망설임 없이 새롭고 깨지지 않는 힘 목표에 '전력을 다하도록' 만드는 강력한 동력에서 비롯된다.

결정적 사건

수술받는데 외과 의사가 엉뚱한 부위를 절개하거나, 간호사가 알레르기를 일으키는 약을 투여한다고 상상해 보라. 의료계에서는 이런 경우를 '결정적 사건Sentinel event'이라 부른다. 이는 환자에게 예상치 못한 심각한 피해를 주는 사건으로, 즉시 원인을 규명하고 재발을 막아야 한다. 마찬가지로 깨지지 않는 힘의 인생 여정에도 **결정적 사건**이 있다. 그림자에 끌려다닌 대가가 얼마나 큰지 직면하게 하며, 같은 일이 반복되지 않도록 전략을 수정하도록 촉구하는[2] 경고 등과 같다. 우리는 이미 여러 사례를 보았다. 계단에서 깨달음을 얻은 잰, 내적 고통을 학습의 자원으로 삼기로 결심한 카를 융, 자유로운 연기를 다짐하며 다시 빙판 위에 선 네이선 첸까지. 이들 모두 결정적 사건으로 변화가 시작되었다는 공통점을 지녔다.

최근에 깨지지 않는 힘 로드맵을 어느 회사 임원들을 위한 실습 프로그램으로 바꾼 적이 있다. 수년째 진행 중인 전략 및 조직 문화 개선 프로젝트 중, 임원들에게 위기에서 뜻밖의 기회를 발견했던 경험담을 나누어 달라고 요청했다. 모두의 이야기에서 공통점을 찾고 있던 중, 평소 과묵하지만 사려 깊은 최고운영책임자가 간결하면서도 인상적인 말을 했다. **"삶에 능동적으로 참여하기로 선택한 단 한 순간의 깨달음이었습니다."** 깨지지 않는 힘 로드맵의 마지막 단계를 너무도 절묘하게 표현한 말이어서, 지금도 여전히 전율이 느껴진다.

연구자로 이 개념을 찾아냈고 컨설턴트로 현장에서 검증해 왔지만, 나는 직접 경험해 보고서야 비로소 진정한 의미를 깨달았다. 정체 상태에 얼마나 위험하게 빠져 있는지를 마침내 자각했을 때가 바로 나의 결정적 사건이다. 끝없이 반복되는 무의미한 진료, 시키는 대로 따르는 수동적 태도, '전문의만이 나를 구하리라'는 믿음에 매달리던 때 말이다. 당시에는 "안전하다"라고 느꼈지만, 돌이켜 보니 지켜 준 게 아니라 오히려 나를 가둔 감옥이었다.* 이 깨달음은 분명한 선택으로 이어졌다. 계속 수동적인 방관자로 남아 결국 죽음에 이를 것인가, 아니면 새로운 길을 열어 내 치료 여정을 직접 이끄는 CEO가 될 것인가.

깨지지 않는 힘 목표:
욕구를 충족하는 새로운 방법

결정적 사건은 삶에서 성장을 이끄는 세 가지 욕구인 자신감, 선택권, 연결감 중 무엇이 가장 부족하게 느껴지는지를 드러낸다. 그리고 질문한다. "그 욕구를 충분히 충족시키려면 무엇이 필요할까?"

강연이나 상담 과정에서 이 질문을 던지면 돌아오는 답변은 대체로 비슷하다. 직장에서는 더 많은 인정, 유연함, 존중을 원하고, 개인적인 삶에서는 압박감, 기계적 동기, 갈등이 줄어들기를 바란다. 혹

---

* 철학을 노래하는 위대한 캐나다 록 밴드 러시의 말을 빌리자면, '헛된 두려움과 위험한 친절' 사이에서 망설일 때, 선택하지 않는 것도 결국 '또 하나의 선택'이다.

은 직장과 개인 생활 모두에서 변화를 바라기도 한다. 흔히 더 공감해 주는 배우자, 덜 까다로운 상사, 더 보람 있는 일처럼 우리는 환경의 변화가 욕구를 충족시키는 열쇠라고 생각한다. 실제로 지난 50년 가까이 자기결정성 이론 역시 양육 방식, 교사의 태도[3], 직장 문화[4] 같은 외부 요인이 인간의 욕구를 충족하거나 결핍시킨다고 여겼다.

그런데 2019년, 판도를 바꾸는 획기적인 연구가 등장했다. 암스테르담에서 열린 제7회 자기결정성 학회에서 대학원생 넬레 라포르트의 연구팀은 인간은 환경의 '수동적 수용자'가 아니라고 발표했다. 또 외부 상황과 무관하게 욕구를 능동적으로 만들 수 있다고 설명했다. 이 통찰은 **욕구 설계**라는 단순하면서도 강력한 과정의 핵심이다. 라포르트팀이 개발한 방법은 먼저 충족되지 않은 욕구와 장애물을 파악하는 것에서 출발한다. 우리가 6장에서 다룬 내용과 유사하다. 그리고 그 욕구를 최대한 충족시키기 위해 새로운 목표와 습관으로[5] 중심축을 전환한다.

초기 연구 결과는 놀라웠다. 라포르트가 청소년 800여 명을 대상으로 진행한 연구에서[6], 욕구 설계를 꾸준히 실천한 그룹은 자신감, 선택권, 연결감 욕구 충족도가 더 높았고 스트레스와 우울감은 더 낮았으며 삶의 활력, 만족감, 기분 상태가 전반적으로 더 긍정적이었다. 라포르트의 연구는 욕구 설계가 부모의 지지 같은 환경적 요인보다 욕구 충족을 조금 더 *정확하게* 예측한다는 놀라운 발견을 해냈다. 욕구 충족과 결핍에 환경이 가장 중요하다는 연구가 대세였던 지난 반세기를 생각해 보면, 매우 흥미로운 발견이다.

후속 연구에서도 욕구 설계는 일상뿐 아니라 위기 상황에서도[7] 정신 건강을 지키는 데 효과적임을 보였다. 예를 들어, 코로나19 봉쇄 기간 동안 진행된[8] 열흘짜리 온라인 욕구 설계 프로그램은 참가 자들의 욕구 충족감을 높이고, 활력을 높였으며 동기를 강화하는 동 시에 스트레스를 줄이는 효과를 보였다. 또 다른 연구에서는 경제적 어려움[9], 위험한 생활 환경[10], 심지어 전쟁 중 피난 상황에서도[11] 욕 구 충족이 강력한 힘을 발휘한다고 확인했다. 결론은 분명하다. **우 리는 욕구 설계를 통해 환경의 한계를 뛰어넘을 힘을 지녔다.**[12]

사람들에게 '나쁜 일'을 어떻게 다루었는지 물었던 우리 연구 의 초기 인터뷰는 사실 욕구 설계 자체를 다루지는 않았다. 하지만 이야기를 듣다 보니 흥미로운 공통점이 보였다. 여러 상황과 집단을 두루 살펴본 결과[13], 힘든 시간을 겪으면서도 더 성장해 나간 사람들 에게는 항상 반복적으로 *세 가지 반응만* 나타났다.

- 상황이나 나 자신을 더 나아지게 했다.•
- 내면을 돌아보며 더 진정성 있는 선택을 하려고 노력했다.
- 이 경험을 타인이나 세상에 보탬이 되도록 활용했다.

그렇다면 왜 이 세 가지 반응만이 깨지지 않는 힘을 지닌 결과 를 낳았을까? 수 개월간 도무지 답을 찾지 못했는데, 어느 순간 퍼즐 조각이 맞춰졌다. 자신을 성장시키기, 진정성 있는 선택하기, 타인을 위해 기여하기. 이 세 가지는 결국 자신감, 선택권, 연결감이라는 욕 구와 맞닿아 있었다. 그 순간 모든 게 분명해졌다. 이제 성장을 위한 세 가지 욕구를 충족시키기 위한 과학적으로 검증된 방법을 최대한

• 그 상황을 통해 배우려는 목표도 포함한다.

많이 찾아내는 연구만 남았다.

예를 들어, 승진에서 계속 밀린다면 새로운 기술을 배우거나 잘하는 것을 다른 사람에게 가르치면서 자신감을 회복할 수 있다.[14] 상사가 일거수일투족을 간섭한다면, 일 말고 진짜 좋아하고 의미 있다고 느끼는 취미 활동을[15] 통해 선택을 확장할 수 있다. 친구와 큰 갈등을 겪었다면, 그 관계를 회복하거나 소홀히 했던 다른 관계에 다시 마음을 쏟을 수도 있다.[16]

계속해서 세 가지 욕구를 채우는 14가지 목표를 6가지 주요 영역으로 나누어 소개한다. 나는 이 모델을 **여섯 가지 깨지지 않는 힘**라고 부른다. 하나하나 살펴보고, 곱씹어보면서 지금 당신에게 가장 맞는 목표를 선택하라. 이 장 마지막에는 각 욕구를 충족시킬 수 있는 구체적 행동 예시도 실려 있다.

| 여섯가지 깨지지 않는 힘* |

V = 주요 욕구 충족, + = 부차적 욕구 충족

영역	목표	정의	자신감	선택권	연결감
1. 성장: 나를 성장시켜라	숙련	특정 기술을 배우거나 다듬는 데 집중하는 것 (과정〉결과)	V	+	
	자기 개발	개인적 성장을 위해 노력하고 시야를 확장하는 것	V	+	
2. 번영: 삶을 더 풍요롭게 하라	기쁨	좋아하는 활동에 몰입하며 즐거움을 다시 발견하는 것	+	V	
	건강	정신적, 신체적 건강을 최대화하는 것	+	V	
	목적	삶에 의미와 충만함을 주는 일을 하는 것	+	V	+

3. 실행: 행동으로 옮겨라	주체성	선택을 스스로 하고 나답게 살아가는 것	+	V	+
	옹호	나를 위해 목소리를 내고 내 필요를 분명히 알리는 것	+	V	+
4. 조율: 진정성있게 선택하라	자기 인식	내가 누구인지, 세상 속 위치를 이해하고 받아 들이는 것	+	V	+
	진정성	내 가치관을 드러내고 진짜 나로 살아가는 것	+	V	
5. 연결: 의미 있는 관계를 맺어라	소속감	긍정적인 사회적 유대를 형성하는 것	+	+	V
	친밀감	가까운 관계에서 지지와 도움을 주고받는 것		+	V
	용서	오래된 원한을 내려놓고 내적 평안을 찾는 것		+	V
	영성	더 큰 존재와 연결되는 것		+	V
6. 기여: 세상에 기여하라	봉사	나눔과 기여를 통해 세상을 개선하고 긍정적 변화를 이끄는 것	V 모든 욕구를 충분히 충족		

이 표를 살펴보고 나면, 딱 맞는 목표가 곧바로 떠오를 수도 있다. 그런데 때로는 몇 가지 추가 질문이 필요하다. 먼저, 6장에서 확인했던 가장 크게 좌절된 욕구를 떠올려 보라. 그리고 스스로에게 질문을 던져라. "이 욕구를 가장 진정성 있게 충족시켜 줄 목표는 무엇인가?" 참고로, 깨지지 않는 힘 목표 대부분은 여러 욕구를 동시

● 각 깨지지 않는 힘 목표가 욕구 충족과 어떻게 연결되는지를 보여 주는 실증 연구들은 www.shatterproof-book.com/goals에서 확인할 수 있다.

에 충족하지만, 가장 크게 결핍된 욕구에 집중하도록 권한다. 여전히 판단이 어렵다면, 7장에서 확인했던 그림자 목표를 기억해 보자. 그리고 다시 질문하라. "어떤 깨지지 않는 힘 목표가 나의 그림자 목표를 가장 자연스럽게 저지할 수 있을까?"

연구에 따르면 깨지지 않는 힘 성과에 이르는 '효과적인 방법'은[17] 여럿 있지만, 성과에 도달하게 해 줄 목표를 선택할 때 기억해야 할 원칙이 있다. 첫째, 의미 있는 성과를 내려면 개인적으로 중요하고[18] 즐거우며[19] 좋은 의미에서 도전적인[20] 자기 주도적 목표를 선택해야 한다.● 진심으로 공감하지 못하는 변화로는 스스로를 바꾸기 어렵다.[21] 내 친한 친구이자 《Wonderhell》의 저자 로라 개스너 오팅의 말처럼, 남의 목표를 갈망할 수는 없다.

둘째, 좌절하거나 낙담하는 일을 최소화하려면, 현실적이면서도 동기를 부여하는 목표를 선택하자. 그리고 무엇보다도, 시간이 지나도 꾸준히 유지할 수 있는 목표여야 한다. 한 연구에 따르면, 깨지지 않는 힘 목표는 참가자들이 6개월 이상[22] 꾸준히 몰입했을 때만 삶의 질을 높였다. 즉, 깨지지 않는 힘 목표 설정은 한 번으로 끝나지 않으며 지속적인 몰입이 필요하다. 그렇기에 목표를 선택하는 순간은 끝이 아니라 새로운 시작, 곧 전환점이다.

● 흥미롭게도, 단순히 스스로 목표이든 다른 무엇이든 간에 자유롭게 선택하는 행위만으로도 자신감과 선택권을 동시에 키울 수 있다. 한 연구에서는 참가자들에게 문제 세트 둘 중 하나를 스스로 고를 수 있는 자율성을 주었을 때, 선택권이 없었던 참가자들보다 문제를 풀기 전부터 더 유능하다고 느꼈다는 결과가 나왔다(Rebecca A. Henry, "The effects of choice and incentives on the overestimation of future performance." Organizational Behavior and Human Decision Processes 57.2 [1994]: 210-25).

이사벨이 처음으로 남편의 억압적인 통제에 정면으로 맞서기로 결심하자, 결과는 빠르고도 가혹했다. 남편은 대화를 끊었고, 곧바로 이혼 절차를 밟았다. 감히 자신에게 거부 의사를 밝힌 아내를 응징하겠다는 듯, 법정에서 헌신적인 남편이자 억울한 피해자인 양 행동했다. 결국 이사벨은 빈손으로 떠나야 했고, 23년 전 평생 지켜 주겠다고 맹세했던 남자는 평생 모은 재산을 챙겨 뒤도 돌아보지 않고 떠났다.

이사벨은 어쩔 수 없이 아이들을 두고 멀리 떨어진 곳으로 이사를 갔다. 생활비조차 버거운 현실을 겪으며, 밤마다 집세를 못 내 쫓겨날지도 모른다는 두려움에 사로잡혀 천장을 바라보며 뒤척였다. 겨우 잠에 들어도, 전 남편이 목을 조르거나 옷을 불태우거나 심지어 수류탄을 침실로 던지는 악몽이 반복되었다. 카를 융이 이런 한밤의 블록버스터 같은 꿈들을 보았다면 과연 뭐라고 했을까! 이사벨은 오랜 세월 사랑하고 신뢰해 온, 아이들의 아버지이자 인생의 중심이었던 사람이 미래를 짓밟으려 하는 현실 앞에 말문이 막혔다.•

• 심리학에서 최근 '관계 트라우마' 또는 '배신 트라우마'라 불리는 영역에 관한 연구가 활발히 진행된다. 가장 신뢰하는 사람이 배신하거나 상처를 줄 때 발생하는 심리적 상흔을 말한다. 이런 트라우마가 남기는 충격과 피해를 과소평가하기 쉽다. 얼마 전 나는 15년 동안 다정하고 든든한 배우자라고 믿었던 남편이, 사실은 결혼 내내 낯선 사람들과 성매매 여성들을 만나며 이중생활을 해왔다는 사실을 알게 된 친구와 대화를 나누었다. 친구는 몇 년 전 걸프 지역에서의 긴 군 복무 후 외상 후 스트레스 장애(PTSD) 진단을 받았는데, 남편의 배신을 이렇게 표현했다. "이라크 전쟁을 백 번 겪는 것과 맞먹어."

그나마 좋은 소식은 이제 더는 감정을 억누르지 않는다는 점이었지만, 나쁜 소식은 그 감정들에 완전히 압도되었다는 점이다.

전환점은 오래된 친구의 한마디였다. 친구는 조심스럽게 이사벨의 고통이 마치 일종의 중독처럼 되어 가는 게 아니냐고 물었다. 그 순간, 이사벨은 깨달았다. 친구의 말이 옳았다. 배신감에 압도된 나머지, 점점 증오와 고통에 잠식되어 냉소적인 사람으로 변해 가고 있었다. 오랜 세월 자기중심적인 사람을 사랑해 온 대가로, 이사벨은 다정하고 유능하며 사랑이 넘치던 본래의 모습을 잃어버렸다.

그 결정적인 순간, 이사벨은 주체성이라는 깨지지 않는 힘 목표를 선택했다. 그림자에 갇혀 살아가는 삶에서 벗어나려면 이제 생존 차원에 머무르기를 멈추고, **새롭고 온전한 삶**을 향해 발걸음을 떼야 했다. 비록 그녀가 기대했던 삶은 아닐지라도, 자신의 욕구와 행복을 우선시하며 새로운 길을 개척하는 삶으로 향해야만 했다.

새로운 활력이 생겼지만 이사벨은 여전히 목표를 어떻게 달성해야 할지 확신하지 못했다. 그래서 출발점으로 돌아가 스스로에게 물었다. *내가 정말로 내 삶의 주인이라고 느끼려면 무엇이 필요할까?* 이사벨은 망설임 없이 적어 내려갔다. "아이들 그리고 사랑하는 사람들과 연결감, 경제적으로 자립할 수 있는 능력, 자기 신념과 행복을 최우선으로 챙길 힘." 이 답을 손에 쥔 이사벨은 스스로에게 도전하며, 세 가지 깨지지 않는 힘 습관을 만들기로 했다.

1. 멋진 아이들과 소중한 친구들에게 매일 사랑을 전하기
2. 가족을 부양할 수 있도록 월 600만 원 이상 벌기●
3. 해로운 관계에서 벗어난 자유를 축하하며 매일 아침 환

한 미소로 하루를 시작하기

이 습관은 이사벨의 핵심 가치를 그대로 담고 있었고, 새로운 에너지와 집중력을 불어넣었다. 이제 실제 삶에 적용해 볼 차례였다. 바로 전략적 실험이다. 전략적 실험은 새로운 깨지지 않는 힘 습관을 장기적으로 삶에 뿌리내리게 만드는 실천 과정이다. **깨지지 않는 힘 습관이 목표의 씨앗이라면, 전략적 실험은 뿌리를 내리고 싹을 틔우도록 돕는 햇빛과 같다.**

이사벨은 거창한 변화 대신 매일 가족, 경제적 안정, 자신의 행복을 우선시하는 작고 의도적인 행동부터 시작했다. 마침내 출판사에서 일하게 되었고, 여전히 빠듯한 생활이었지만 일이 주는 자신감과 삶의 주도권은 돈으로 살 수 없는 가치였다. 그리고 바로 그때, 주변 모든 것이 달라지기 시작했다.

이사벨은 무엇보다도 아이들과 함께 보낼 수 있는 시간을 최대한 확보하는 데 집중했고, 형편이 될 때마다 비싸지 않은 여행을 함께 계획했다. 그리고 '친구와 카페에서 나누는 활기찬 대화나 아이들과 함께하는 집밥은 결코 많은 돈이 필요하지 않다'라고 지혜롭게 말했다. 늘 곁에 있어 준 친구와 가족을 정성껏 돌보았고, 그렇지 않았던 관계는 과감히 내려놓았다. 무엇보다도, 과거의 실수를 인정하

● 금전적 목표는 겉보기에 외재적, 즉 그림자 목표처럼 보일 수 있다. 그러나 경제적 자원과 관련된 목표의 동기는 때때로 내재적 동기 즉, 깨지지 않는 힘 목표로 전환될 수 있다. 여기서 이사벨이 600만 원 이상 버는 목표를 세운 것은 단순히 '성공했다'라고 증명하고자 함이 아니라 진정한 선택권을 확보하고 아들들을 부양하기 위해 생계를 꾸려 나가기 위해서였다(Athanasios Mouratidis 외, Beyond Positive and Negative Affect: Achievement Goals and Discrete Emotions in the Elementary Physical Education Classroom, Psychology of Sport and Exercise 10, no. 3 [2009]: 336–43.).

면서 동시에, 과거의 삶에서 스스로 내린 잘못된 선택에 대해 용서하는 법을 배웠다.

그로부터 1년 뒤, 이사벨은 당당히 자신의 자리에 섰다. 혼자 힘으로 자신과 사랑하는 사람들에게 든든한 사랑과 지지를 보낼 수 있다는 것을 증명해 냈다. 이 사랑은 이사벨의 영혼을 상상도 못 했던 방식으로 치유하고 성장시켰다. 이사벨은 삶을 다시 세우는 데서 그치지 않았다. 오히려 예전보다 더 나은 삶을 새롭게 빚어냈다.

단 하나의 깨지지 않는 힘 습관만으로도 충분할 때

이사벨처럼 여러 가지 습관을 찾아 실험해도 된다. 그런데 때로는 단 하나의 습관만으로도 충분하다. 기억하자. 성장은 어렵게만 해야 하는 것이 아니다. 내 경우, 앓고 있던 병과 내 삶을 구해야 한다는 막대한 과업에 압도되어 있었기에, 습관을 단 한 가지만 선택하기로 했다. 하지만 어떤 습관을 선택해야 할까?

정면 승부를 택할 수도 있었다. 날 무시하던 의사들에게 공식적으로 문제를 제기하거나, 아침 방송에 내 사연을 알리거나, SNS에서 논란을 일으키거나, 심지어 정치 행동 단체를 만들 수도 있었다. 나처럼 기존 의료 체계에서 무시당하고, 업신여김받고 외면당한 사람들이 분명히 있을 테니까. 아니면 아예 내가 직접 의사가 되는 건 어떨까? 몇 년 동안 일을 잠시 내려놓고 의과 대학에 진학하면 된다!

타샤, 따뜻한 차 한 잔 마시고 좀 진정하자. 이건 누가 봐도 현실적이지 않았다.

그런데, 정말 그럴까?

어쩌면 조금 더 현실적인 방법이 있을지도 모른다. 당장 직장을 그만두고 의사가 될 수는 없지만, 하루에 30분씩 스스로 의학 공부를 하는 건 가능하지 않을까? 대학원 시절 갈고닦은 집요함, '논문을 파고드는' 열정[23], 복잡한 정보를 종합하는 능력을 활용해도 좋다. 비록 하루 30분으로 완벽히 진단하고 치료할 전문성을 갖출 수는 없더라도, 적어도 의사에게 내밀 수 있는 근거 있는 가설을 세우는 데는 큰 도움이 될 것이다.*

그래서 시작했다. 매일 저녁 30분 동안, 때로는 더 오래, 하지만 단 1분도 모자라지는 않게 학술 논문 웹사이트를 뒤져 인쇄한 의학 논문들을 쌓아 갔다. 한 달쯤 지나자 놀랍게도 진전되기 시작했다. 여전히 몸은 지독하게 아팠지만, 비교적 괜찮았다. 정말 오랜만에 나로 돌아간 기분이었다. 무력감에서 주도권으로 방향을 틀자, 동기와 에너지, 자부심이 차오르기 시작했다.

내 증상과 가장 유사한 희귀 질환 열 가지를 목록으로 정리하고, 진단하거나 배제할 때 필요한 정보를 찾아 나갔다. 실력 있는 탐정처럼, 가능한 한 많은 용의자를 제거하는 작업이 중요하다고 생각했다. 가장 유력한 용의자는 일단 자가 면역 질환이었다. 따라서 류머티즘 전문의를 찾아야 했다. 운 좋게도 콜로라도에서 가장 명망

---

* 미국 의료 시스템에는 훌륭하고 유능하며 헌신적인 전문가들이 많다. 하지만 그들조차도 환자를 치료하는 일보다 환자 수를 더 중시하도록 압박하는 구조 속에서 일하고 있다. 나는 환자로서 직접 경험했을 뿐 아니라, 사업을 시작하기 전 덴버의 한 일류 병원에서 3년간 리더십 개발을 총괄했던 경험을 통해서도 잘 알고 있다.

있는 의사 중 한 명에게 진료 예약을 어렵사리 잡았다. 진료 당일, 짧지만 꼼꼼하게 작성한 보고서를 들고 병원에 갔다. 그 안에는 증상 요약, 나와 가족의 병력 정리, '타샤의 뼈: 간략한 역사' 같은 관련 부록이 포함되어 있었다. 내 목표는 두 가지였다. 스스로 내 몸 상태를 충분히 이해하고 있다고 보여 줄 것, 더 이상 '쉿, 입 다물어요'라는 식의 반응은 거부하겠다는 것.

보고서를 받은 접수 직원의 표정에 속으로 움찔했다. 직원 얼굴에 잠시 스친 표정은… 혹시 경멸일까? 잘 모르겠다. "맙소사, 이상한 여자가 왔네"라며 충격받은 걸까? 아니면 그저 놀란 것뿐일까?

대기실에 앉아 있는 내내 심장이 쿵쾅거렸다. 뭔가 잘못된 것 같다. 혹시 내 보고서가 오히려 역효과를 내서, '흥미로운'[24]에 더해 '까다로운' 환자라는 꼬리표가 붙지는 않을까? 마음속으로 새로운 주문을 되뇌었다. 숨을 들이쉬며, *흔들리지 마*. 숨을 내쉬며, *흔들리지 마*.

15분 후, 벽에 자가 면역 질환 포스터들이 가득한 크고 창문이 없는 진료실 안 진찰대에 앉았다. 잠시 후, 골드스타인 박사가 내 보고서를 들고 들어왔다. 보고서 여백에는 손으로 쓴 메모가 보였다. 마치 교장실에 불려 간 학생처럼 잔뜩 긴장해 입안이 바짝 말랐다.

"안녕하세요, 타샤 씨." 박사는 말을 이어 갔다. "보고서를 읽어 봤어요." 잠시 보고서를 내려다보더니 덧붙였다. "정말 많은 일을 겪으셨네요. 어디서부터 이야기해 볼까요?" 나는 깜짝 놀랐다. 수십 년간 환자로 살면서, 이런 질문은 처음 들었다.

"목표는 두 가지예요." 나는 조심스럽게 말했다. "첫 번째는 자가 면역 질환 가능성을 배제하는 겁니다."

"좋아요."

드디어 때가 왔다. 나는 내가 세운 가설을 제시하며, 류머티즘 전문의만 이해할 수 있을 만큼 복잡한 의학 용어와 학술 논문들을 인용했다.

"그럴듯하네요." 골드스타인 박사가 조심스럽게 말했다. 그리고 잠시 생각하더니 덧붙였다. "네, 아주 일리 있는 얘기예요."

나는 의자에서 떨어질 뻔했다.

진찰과 검사를 마친 후, 골드스타인 박사가 말했다. "첫 번째 목표가 자가 면역 질환을 배제하는 거라고 하셨죠. 지금 말씀하신 내용과 검사 결과를 종합해 보면, 가능성이 매우 낮습니다. 그럼 두 번째 목표는 뭔가요?"

나는 인체의 두 단백질인 콜라겐과 엘라스틴 기능에 영향을 주는 결합 조직 질환을 의심하는 이유를 설명했다. 이 단백질은 모든 인체 기관에 존재하기 때문에, 이 유전 질환은 겉보기에 전혀 '관련' 없어 보이는 여러 증상을 동시에 유발할 수 있다. 내가 아는 한, 내 증상은 엘러스-단로스 증후군(EDS)이라는 희귀 질환과 가장 유사했다.

나는 잠시 말을 멈췄다. 혹시 박사가 나를 돌려보내려는 건 아닐까 싶어 잠시 눈치를 살폈다. EDS는 논란이 상당히 많은 질환이라고 알고 있었다. 많은 의사가 이 병이 너무 드물어서 평생 실제 환자를 볼 일이 없을 거라고 잘못 배운다.[*] 게다가 EDS는 혈액 검사나

---

[*] 최근 연구에 따르면, 엘러스-단로스 증후군은 최소 5,000명 중 1명꼴로 발생하는 것으로 추정된다(Germaine L. Defendi, "Genetics of Ehlers-Danlos Syndrome," Medscape Reference, 2024년 3월 14일 업데이트, emedicine.medscape.com/article/943567).

영상 촬영에서 명확한 징후가 드러나지 않고, 증상도 매우 다양해서 환자들은 의심받고 반박당하며, 심지어 사람들은 그 병을 믿지 않는 경우가 다반사다. 나 역시 평생 이런 회의적인 시선을 직접 견뎌야 했다. 의사와 주변 사람들은 늘 나를 과민하다, 예민하다, 혹은 유난스럽다고 쉽게 낙인찍었고, 내가 겪는 고통이 진짜라고 믿으려 하지 않았다. 때로는 혹시 이 모든 게 그냥 상상이 아닐까 하는 의심이 나를 덮치기도 했다. 믿어 주지 않는 상황도 힘들지만, 실제로 EDS라고 진단받는 일은 훨씬 더 어렵다. 보통 진단까지 10년에서 20년, 끔찍할 만큼 긴 시간이 걸린다.[25]

다행히도, 골드스타인 박사는 전혀 당황하지 않았다. 조용히 손짓하며 이야기를 이어 가도록 했다.

EDS는 열세 가지 유형이 있고 그중 열두 가지는 유전적 표지로 구분되지만, 나는 열세 번째 유형, 즉 과운동형 EDS에 해당한다고 생각한다며 주요 증상을 하나씩 나열했다.[26] 비정상적으로 유연한 관절, 극심한 근육·관절·신경통, 신체 시스템 전반에 걸친 퇴행성 변화.* 가족 병력을 자세히 살펴보니, 어머니와 할머니 역시 겉보기에 서로 관련 없어 보이는 다양한 증상을 겪어 왔음을 알게 되었다. 다행히 어머니의 증상은 훨씬 가벼웠다.

과운동형 EDS는 흔히 두 가지 주요 질환을 동반한다. 나 역시 오랫동안 두 증상을 겪어왔고, 최근 들어 통제 불가능할 정도로 증

---

* EDS 전문가 프리디프 초프라 박사는 "EDS 환자는 의학적으로 가장 만성적인 통증을 호소하는 질환군 중 하나에 속한다"라고 설명한다(Anne M. Maitland, Disjointed: Navigating the Diagnosis and Management of Hypermobile Ehlers-Danlos Syndrome and Hypermobility Spectrum Disorders [San Francisco: Hidden Stripes, 2020]).

상이 악화했다.** 첫 번째는 기립성 빈맥 증후군(POTS)으로, 심박
수·호흡·체온·소화·균형·기억력 같은 신체의 자동 기능 전반을
무너뜨리는 병이다. 심지어 뇌로 산소를 제대로 보내지 못하게 만드
는, 정말이지 끔찍하게 불편한 질환이었다. 두 번째 질환인 비만 세
포 활성화 증후군(MCAS)은 몸속 비만 세포가*** 음식, 냄새, 스트레
스 등 거의 모든 자극에 과도하게 반응하며, 전신에 염증을 일으키
고 신경계, 혈관계, 내분비계, 피부, 장 등 여러 기관에 문제를 일으
키는 질환이다.

내가 설명을 마치자, 골드스타인 박사는 한동안 아무 말이 없
었다. 잠시 후 자리에서 일어나 내 쪽으로 다가와 부드럽게 말했다.
"타샤 씨 말을 믿어요."

눈물이 왈칵 쏟아질 뻔했다.

"EDS는 매우 복잡한 질환이에요." 박사는 이어서 얘기했다.
"그리고 분명히 타샤 씨가 나보다 이 병에 대해 백 배는 더 잘 알고
있어요." 나는 환하게 웃었다. "EDS라고 바로 진단할 수는 없지만,
임상 검사 결과를 볼 때 타샤 씨는 관절 과운동 증후군으로 진단할
수 있어요. EDS를 포함한 여러 질환을 아우르는 개념이죠."

"충분해요!" 내가 들뜬 목소리로 대답했다.

진료가 마무리될 무렵, 골드스타인 박사가 물었다.

● ● 이 세 가지 증후군은 동반 발생 빈도가 매우 높아, EDS 커뮤니티에서는 '삼위일체'라고 부른다.
　　일부 의사들은 이 세 질환이 사실상 하나의 질환 스펙트럼에 속한다고 보기도 한다.
● ● ● 비만 세포는 우리 몸의 결합 조직과 점막에 존재하는 백혈구의 일종으로, 바이러스 등 외부 위협
　　을 감지하고 반응하는 역할을 한다. 비만 세포가 특히 많이 분포된 부위는 피부, 폐, 혈관, 신경,
　　장관 등이다.

"질문 있나요?"

나는 머릿속을 급히 정리했다. 건강의 주도권을 쥔 사람이라면 지금 어떤 질문을 할까? "구체적인 다음 단계가 필요해요. 박사님은 결합 조직 질환을 직접 진단하거나 치료하시진 않으니까, 그 분야를 전문으로 하는 분을 아시나요?" 박사는 EDS 및 관련 질환의 세계적 권위자 질 스코필드 박사를 소개해 주었다. 놀랍게도 스코필드 박사의 병원은 집에서 차로 불과 20분 거리였다. 다만, 예약은 몇 년이 걸릴 수도 있다는 경고도 함께였다.

진료를 마치고 집으로 돌아가는 길, 이상할 만큼 기분이 좋았다. 비록 기대했던 최종 진단을 받지는 못했지만, 이번 전략적 실험을 통해 의사와 새로운 방식으로 협력하는 법을 배웠고, 내 말에 귀 기울여 주는 의사를 만난 것만으로도 큰 진전이었다. 그때부터 나는 모든 진료 때마다 내 의료 보고서를 인쇄해 가져갔다. 의사가 다소 귀찮아하더라도 상관없었다. 결국 보고서는 색깔별로 구분된 두꺼운 바인더 네 권으로 발전했다. 그 안에는 내 모든 진료 기록, 검사 결과, 연구 논문, 각 질환에 대한 요약이 빼곡히 들어 있었다. 맞다. 나는 이제 그런 환자가 되었다.

몇 주 뒤, 기적이 일어났다. 스코필드 박사 진료 예약이 무려 15개월 뒤로 잡혀 있다는 말에 낙심하고 있던 차에, 한 친구의 도움으로 나는 세계적으로 유명한 EDS 전문 클리닉 진료를 단 일주일 만에 잡았다.

나흘 후, 병원 자동문을 통과하며 나는 골드스타인 박사를 찾아갔던 그 지친 환자와는 전혀 다른 사람이 되어 있었다. 이번엔 무엇을 해야 할지 정확히 알고 있었고, 이 센터의 전문성과 그간 기울

여 온 내 노력이라면, 마침내 병의 실체를 밝혀낼 수 있으리라 확신
했다.

"욕구를 주도적으로 설계하면
환경의 한계를 뛰어넘을 수 있다."

❶ **전환점:** 익숙한 그림자에서 벗어나, 욕구를 충족시키는 새로운 길로 나아가는 것[27]

- **새로운 삶:** 이전에 계획했던 삶을 내려놓고, 나의 필요와 행복, 만족감을 중심에 둔 새로운 길을 만들어가는 것

❷ **깨지지 않는 힘 목표와 여섯 가지 깨지지 않는 힘:** 자신감, 선택권, 연결감 세 가지 욕구를 충족하기 위해 과학적으로 검증된 여섯 가지 목표는 숙련, 즐거움, 목적, 진정성, 친밀감, 봉사(172쪽 목록 참고)

- **결정적 사건:** 그림자가 삶에 미치는 진짜 대가를 직면하고, 내 삶의 주인이 되겠다고 결단하는 순간
- **욕구 설계:** 외부 환경에만 의존하지 않고, 자신의 욕구를 새롭게 충족시키는 방법을 찾아가는 과정

❸ **깨지지 않는 힘 습관:** 깨지지 않는 힘 목표를 달성하기 위해 일상적으로 실천하는 지속 가능한 행동들

- **전략적 실험:** 새로운 깨지지 않는 힘 습관을 반복적으로 시도하며, 삶의

일부로 자리 잡게 만드는 과정

다음 장에서는 세 가지 핵심 욕구 자신감, 선택권, 연결감을 각각 깊이 탐구하게 된다. 그에 앞서 지금 당신이 깨지지 않는 힘 로드맵의 어디쯤 와 있는지 알고 싶다면, 부록 C의 자기 평가를 참고하라. 그리고 오늘 바로 실천할 수 있는, 과학적으로 검증된[28] 간단한 욕구 설계 행동은 다음과 같다.

자신감	선택권	연결감
· 자신이 잘하는 간단한 일 해 보기(낱말 퍼즐, 달리기, 노래 부르기 등) · 성취감을 느낄 수 있는 도전적인 일 해 보기 · 잘하는 일을 남에게 가르쳐 보기 · 자신을 창의적으로 표현할 수 있는 일을 해 보기	· 오늘 하루, 시간을 어떻게 쓸지 의미 있는 선택을 한 가지 해 보기 · 자신의 필요를 우선순위에 두는 행동을 실천하기 · 해야만 해서 하는 일 중, 자신에게 의미 없는 활동을 잠시 쉬기 · 중요한 사람에게 진심 어린 감정을 솔직하게 나누기	· 누군가에게 아끼고 있다고 말하기 · 중요한 사람에게 감사의 말을 전하기 · 누군가를 도와주기 · 사랑하는 사람과 즐거운 시간 보내기 · 자연과 연결되는 활동 해 보기

깨지지 않는 힘 변화를 위한 도구들

자신감 만들기

"자기 확신, 바로 그거였다.
그녀는 자신의 생각과 가치를 알고 있었다."
—케이트 모튼, 시계공의 딸

스테파니 스조스택이 고향인 프랑스를 떠나 미국으로 건너올 때 계획은, 영화 배우가 되는 것이 아니었다. 대학에서 마케팅을 전공한 그녀는 졸업한 뒤 샤넬에 입사했는데 그 경험은 생각지도 못한 모델 활동으로 이어졌다. 이후 연기 수업을 듣게 되었고, 누군가를 연기하는 일이 오히려 상상했던 것 이상으로 진짜 자신을 더 깊이 느끼게 했다.

하지만 성공은 단숨에 찾아오지 않았다. 스테파니는 거의 10년 동안 차근차근 경력을 쌓았다. 영화 〈악마는 프라다를 입는다〉*에서

---

* 이 영화에 대한 내 사랑은 정말 각별하다.

연기한 재클린 폴리처럼 인상 깊은 역할을 비롯해 작은 역할도 마다 하지 않았다. 그리고 어느 날, 갑작스럽게 오디션 제안을 받았고 몇 차례 추가 오디션과 배우 간 호흡을 맞춰 보는 테스트까지 긴장감 넘치는 과정을 거친 끝에 마침내 할리우드의 문이 열렸다. 제작비 950억 원의[1] 대형 코미디 영화 〈디너 게임〉에서 코미디 거장 폴 러드, 스티브 카렐과 함께 주연을 맡게 되었다. 따뜻한 가을날 아침, 스테파니는 포드 포커스 렌터카를 몰고 LA 파라마운트 스튜디오에 들어섰다. 생애 첫 대형 제작사 영화의 주연 배우로.

그날은 배우 인생의 새로운 장이 열리는 첫날이어야 했다. 하지만 촬영이 시작되자, 스테파니는 점점 압도당하는 느낌이었다. 훌륭한 감독, 동료 배우들, 대본 때문이 아니었다. 스타들로 가득한 현장에서 겉도는 스테파니 자신 때문이었다. 스포트라이트를 받고 있긴 했지만, 그 현장에서 가장 경험이 부족한 사람은 단연 스테파니였다. 머릿속에서 비난의 목소리가 들려왔다. *방금 그 장면, 엉망이었어. 다들 그렇게 생각할 거야. 아니, 다들 네가 형편없다고 생각할 거야. 넌 곧 잘릴 거야. 그러면 기획사도 널 버리겠지. 넌 형편없으니까, 스테파니. 다들 그걸 알고 있어.* 그 목소리를 애써 잠재우려 할수록, 오히려 더 크게 울려 퍼졌다. 스테파니는 손에서 놓쳐 점점 멀어지는 풍선처럼, 자기 자신 그리고 주변 모두와 멀어져 갔다. 인생 최대의 기회가 어쩌다 가장 큰 스트레스가 되었을까?

6장에서 살펴봤듯, 성장을 위한 세 가지 욕구 중 하나는 바로 자신감이다. **자신감은 근본적으로 두 가지 핵심 요소,[2] 잘하고 있다는 감각과 점점 더 나아지고 있다는 감각으로 이루어져 있다.** 이 두 가지가 충족될 때 유능함과 효능감을 느낀다. 하지만 그렇지 못할 때,

자기 의심의 어두운 그림자가 짙게 덮인다. 즉, 자신감이라는 욕구는 다음과 같은 스펙트럼 위에 놓여 있다.

자기 의심 ←—————→ 유능감

고백하자면, 스테파니는 내 친구다. 그래서 다소 편파적일 수도 있겠지만, 영화 〈디너 게임〉에서 보여 준 연기는 내면의 동요가 전혀 느껴지지 않을 정도로 매력적이고 유쾌했다.[*] 바로 그 점이 핵심이다. **자신감이라는 감각은 의외로 실제 능력과 반드시 비례하지는 않는다.**[3] 또 다른 사례는 내가 가장 좋아하는 가수, 조쉬 그로반에 관한 최근 기사에서 우연히 발견했다. 그는 그래미상을 다섯 차례나 수상한 싱어송라이터이자 브로드웨이의 슈퍼스타다.[**] 수많은 공연이 매진되고, 200만 장 이상 판매된 앨범을 여럿 보유한 스타도 데뷔 초기에는 스스로 성공할 자격이 없다고 생각했다. 겉으로는 티가 나지 않았지만, 내면의 목소리는 스테파니처럼 자신에게 비난을 퍼부었다. *정말 형편없네. 여기 있을 자격이 있어? 당장 무대에서 꺼져.*[4]

객관적 능력과 주관적 인식 사이의 불일치는 공연 예술가들만의 문제가 아니다. 운동 능력[5], 학업 성취[6], 재정적 판단력[7] 등에서도 발견된다. 그리고 분명히 삶의 만족감에는 객관적인 성취보다 주관

---

[*] 참고로 이 경험은 스테파니의 전환점이 되어 성장에 기여한 여러 기술과 실천을 찾게 했고, 그 과정은 스테파니의 매력적인 워크북 《Self!sh》에 잘 담겨 있다.

[**] 내 친구들에게 확인해 보라. 난 조쉬 그로반이라고 하면 자동으로 '천상의 목소리!'라는 말이 튀어나온다.

적인 자신감이 더 큰 영향을 미친다.

일반적으로 자기 인식은 현실과 두 가지 방식으로 어긋날 수 있다. 스스로 능력을 과대평가하거나 과소평가하는 것이다. 일상적인 상황에서는 오히려 능력을 실제보다 높게 평가하려는 사람이 많다. 이 흥미로운 사실 때문에 나는 《자기통찰》이라는 책을 쓰기도 했다.* 하지만 트리거가 당겨지면, 자신감이 곤두박질치며[8] 실제 능력보다 훨씬 못하다고 느끼게 만든다.

물론 자신감 트리거는 사람마다 다르지만, 몇 가지 공통된 트리거도 있다. 가령, 조쉬 그로반과 7장에서 소개한 피겨스케이팅 선수 네이션 첸은 모두가 **기대하고**[9] 주목하는 상황에서 압박감을 느낀 순간 자신감을 잃었다. 스펙트럼의 반대편에서는 **단조로움** 역시[10] 강력한 자신감 트리거가 될 수 있다.** 도전 의식이 사라지면 잠재력을 발휘할 수 없고, 자신이 기대한 만큼 유능하지 못하다고 의심하게[11] 된다. 또 다른 트리거는 명확하지 않은 기대치, 갑작스러운 역할 변화, 일관성과 예측 가능성 결여 등 **혼란**스러운 환경이다. 또한 **비판**[12], **실패,**[13] **열등감**[14]처럼 실력을 제대로 발휘하지 못했다는 신호도 당연히 자신감 트리거다. 스테파니가 촬영 현장에서 겪은 상황도 여기에 해당한다. (149쪽에서 흔한 자신감 트리거를 더 찾아볼 수 있다.)

요약하자면, 자신감 트리거는 부족하고[15] 열등하며 동기가 꺾이고[16] 실패한 느낌을 주고[17] 결국 과도한 자기 집중[18], 불필요한 경쟁

● 자신을 과대평가하는 일은 자신감 욕구를 충족하는 것과 다르다. 전자는 자아를 부추기지만, 후자는 자아를 잦아들게 하는 기본적인 심리적 영양분이다.

●● 사람들은 자신의 현재 능력 수준을 약간 넘어서는 과제에 끌리는 경향이 있다(Fred W. Danner and Edward Lonky, "A Cognitive-Developmental Approach to the Effects of Rewards on Intrinsic Motivation," Child Development 52, no. 3 [1981]: 1043–52).

심[19], 근거 없는 피해의식[20] 같은 그림자 습관으로 이어진다. 그리고 직장이나 학교에서 그림자 습관이 부정적인 자기 대화,[21] 피로감[22], 번아웃[23]으로 나타난다. 인간관계에서는[24] 더 큰 불행, 활력 저하, 삶의 만족도 하락을 경험한다. (자신감과 관련된 대표적인 그림자 습관 목록은 223쪽에서 확인할 수 있다.)

하지만 다행스러운 소식은 그 순간에는 바로 느껴지지 않더라도, 자신감 욕구는 생각보다 쉽게 충족할 수 있다는 점이다. 사실, 자신감을 키울 기회는 우리 주변 어디에나 존재한다. 필요한 것은 그 기회를 알아보는 눈뿐이다.

자신감 영역으로 들어가기

자신감은 세상에 의미 있게 참여할 때 생기는 본능적인 경험이다. 예를 들어, 중요한 일을 맡았다고 상상해 보자. 직장에서 맡은 프로젝트, 건강이나 체력 단련을 위한 목표, 가족이나 지역 사회를 위한 일처럼 당신에게 활력을 주고[25] 삶의 의미를[26] 느끼게 해 주는 어떤 도전이라도 좋다. 그 일에 뛰어들면 '몰입' 상태[27] 즉, 시간 가는 줄 모르고 오롯이 목표에 집중하며[28] 즐기는 상태가 된다. 이때 동기가 유발되고[29] 흥미를 느끼며,[30] 에너지로 가득하다.[31] 예상치 못한 어려움이 닥치더라도, 집중력을 잃지 않고 끝까지 헌신하며 설령 결과가 기대에 못 미쳐도 노력을 인정할 수 있고, 미래에 도움이 될 소중한 교훈을 얻는다.

멋지지 않은가?

사실 인간은 태어날 때부터 의미 있는 활동을 추구하도록 설계된 존재다.[32] 이는 문제 해결, 탐구, 통찰 같은 복잡한 사고 과정이[33] 조상들의 생존에[34] 필수였기 때문이다. 그 결과, 우리는 본능적으로 시간을 유용하게 쓰고자 하는 '의미 있는 활동을 하는 존재'로[35] 진화했다.• 이제 필요한 건 단 하나. 타고난 성향을 능동적 욕구 설계로 바꿔 줄 실용적인 도구다.

의심 괴물 길들이기

그레이스는 내가 상담해 온 그 어떤 리더와도 달랐다. 잘 나가는 IT 회사 신임 CEO였던 그레이스는 첫 통화에서 임포스터 증후군impostor syndrome에 지속적으로 시달리고 있다고 솔직히 털어놓았다. 기대와 혼란, 두 가지 트리거와 씨름하면서 매 순간 임기응변으로 버티는 느낌이었고, 작은 실수 하나가 이사회와 직원들의 신뢰를 잃게 만들 것이라며 두려워했다.

그러나 회사의 이사회, 직속 부하, 동료 직원들, 심지어 남편과 친한 친구까지 인터뷰한 결과, 그녀의 자기 인식이 주변인들이 보는 실제 모습과 완전히 다르다는 사실을 알아차렸다. 이전에 맡았던 모든 상담 사례에서, 인터뷰를 통해 무의식적으로 스스로에게 걸림돌이 되는 행동이나 사고방식을 최소한 서너 개, 때로는 훨씬 더 많이

• 그러니 미국 주정부 차량 관리국(DMV)에서 오래 기다리는 일이 왜 그렇게 영혼을 갈아 넣는 듯할까?

발견할 수 있었다. 그런데 그레이스의 경우, 단 하나뿐이었다.

안개 낀 어느 가을 아침, 나는 화려한 사무실에서 그레이스를 기다리고 있었다. 샌프란시스코만의 풍경을 바라보며, 나는 이 특별한 만남에서 어떤 일이 벌어질지 궁금해졌다. 눈앞에는 그레이스의 리더십과 인간적 면모에 대해 총 26명의 인터뷰를 종합한 27쪽짜리 보고서가 놓여 있었다. 결과는 분명했다. 그레이스는 탁월했다. 그런데 나의 새 내담자는 자신을 믿고 있을까?

잠시 후, 그레이스가 들어왔다. 어두운 정장 차림에 세련된 둥근 안경, 밤색 머리는 완벽했다. 그녀는 내가 전날 밤 이메일로 보낸 보고서를 들고 있었다. 자리에 앉자마자 모범생답게 펜 뚜껑을 열었다.

"아시다시피," 내가 말을 꺼냈다. "저는 이미 성공한 경영자들이 더 성장할 수 있도록 돕는 일을 합니다. 몇 주간 당신의 사례를 연구했는데, 이렇게 내담자의 걸림돌을 찾기 힘들었던 적은 처음이에요. 하지만 걱정하지 마세요. 결국 찾아냈습니다."

나는 잠시 극적인 효과를 주려 뜸을 들였다.

"당신의 유일한 한계는 말이죠, 바로 당신 머릿속에서 벌어지고 있는 일입니다." 그레이스는 잠시 고개를 갸우뚱했다. "당신은 너무 성실하고, 똑똑하며, 의욕적이고, 성공을 너무 중요하게 여기기 때문에 그 완벽함이 오히려 스트레스를 내부로 끌어들여 증폭시키고 있어요."

계속해서 가까운 사람들의 증언을 토대로, 그레이스의 그림자 습관을 설명했다. 머릿속 생각이 멈추지 않아 잠을 설친 수많은 밤, 작은 실수를 곧 실패의 증거로 받아들이는 완벽주의, 언제나 불만을 가진 단 1퍼센트의 사람에게만 집착하는 경향까지.

그레이스의 자신감 부족이 불러온 또 다른 문제는 감당하기 어려운 수준의 업무량이었다. 주말과 휴가 기간에도 거의 쉬지 않았는데, 이 습관은 몇 달 전부터 가슴 통증을 느끼기 시작하면서 기어코 대가를 치렀다. 응급실 의사는 부정맥 진단을 내리며 당장 스트레스를 줄여야 한다고 강조했다.

그레이스가 깊은 한숨을 내쉬었다. "정확해요. 승진하기 전에는 그럭저럭 스트레스를 관리했는데, 이제는 잘 안돼요."

무엇이 그레이스를 짓누르고 있는지 물었다. "자기 의심으로 완전히 마비됐어요." 그레이스가 답했다. "매일 물에 빠져 허우적대는 기분이고, 모두가 나에게 실망하고 있는 것 같고요. 한밤의 고요가 찾아오면, 이 자리를 감당할 자격이 있는지도 확신이 안 서요." 잠시 머뭇거리더니 덧붙였다. "새 직무가 평생 고수해 온 완벽주의와 정면으로 부딪치는 것 같아요."

내담자가 핵심 문제를 이렇게 빨리 짚어 낸 데 깜짝 놀랐다. 그레이스는 실제로 전형적인 완벽주의자의 모습을 보였다.

"그레이스, 당신에게 '완벽'은 뭔가요?" 내가 물었다.

"실수할 여지가 전혀 없다는 뜻이에요." 그레이스는 망설임 없이 답했다.

"또요?"

"티끌만 한 흠이라도 있으면, 실패자라는 뜻이죠."

나는 잠시 말을 멈추고 충분히 생각했다. "그레이스, 그런데 듣기만 해도 완전히 소모적인 기준이네요."

"맞아요! 보시다시피 저를 잡아먹고 있잖아요!"

지금 그레이스가 겪는 문제는 아이러니하게도 그레이스를 혜

성처럼 떠오르게 했던 바로 그 자질에서 비롯됐다. 25년 전, 콜센터 상담원으로 입사한 그레이스는 곧 비서로 승진했고, 타자 속도가 누구보다 빠르다는 평을 들었다. 몇 차례 더 승진해 관리자가 되었고, MBA 과정을 시작해 무려 수석으로 졸업한 후에도 승진을 거듭했다.

그리고 우리가 만나기 불과 일곱 달 전, 은퇴를 앞두고도 완전히 물러날 준비가 되지 않았던 상사는 이례적으로 그레이스를 공동 CEO로 임명했다. 회사 운영 대부분을 그레이스가 맡고, 상사는 주로 뒤에서 지원하기로 합의했다.

승진하기 전까지 그레이스는 모든 걸 완벽하게 만들고자 하는 자신과 대체로 평화롭게 지냈다고 말했다. 하지만 요즘, 그녀는 이렇게 말했다. "도대체 내 문제가 뭔지 모르겠어요. 통제가 안 돼요."

"잠깐만요," 내가 말을 이었다. "당신에게 문제가 있는 게 아니에요. 지금 당신의 반응은 지극히 당연한 거예요. 지금 당신은 스트레스와 자기 의심이 최고조인 상황이에요. 그래서 예전엔 그럭저럭 먹혔던 방식을 더 악착같이 고수하고 있는 거죠." 그레이스가 고개를 끄덕였다.

완벽주의자는 일이 계획대로 흘러갈 땐[36] 자신감이 치솟고 눈에 보이는 성과를 낸다. 하지만 예상치 못한 변수가 끼어들면, 과도하게 높은 기준은 순식간에 한계로 돌변한다. 완벽주의자는 종종 자기 가치와[37] 성취를 엮어서 생각하기 때문에, 사소한 실패도 금세 자기 의심의 소용돌이에 빠진다. 일이 틀어질 때는 보통 사람들보다[38] 더 격하게 반응하고, 사소한 부족도 실패로[39] 받아들이며, 도움을 요청하는 일도[40] 무능함으로 여긴다. 당연히 이런 믿음은 자기비판[41], 죄책감과 수치심을[42] 키운다. 과거의 실패를 끝없이 되새기게 하고, 다가올 실패를 미리 두렵게 하며, 심지어 수면 문제로도[43] 이어진다.

예전에는 완벽주의가 주로 성취 지향적인 사람들에게 나타난다고 여겨졌다.[44] 그러나 최근 연구는 그 범위가 점점 더 넓어지고 있다는 우려스러운 흐름을 보여 준다. 경제학자 토머스 커런과 심리학자 앤드루 힐이 1989년부터 2017년까지 미국·캐나다·영국의 대학생 4만여 명의 데이터를 분석한 결과, 시간이 지날수록 전체 집단의 완벽주의 정도가 꾸준히 증가했다.[45] 이 상승세는 사회적 지형 변화와도 맞물린다. 누구나 노력만 하면 무엇이든 이룰 수 있다는 실력주의가 힘을 얻자, 더 높은 수준의 성취를 추구해야 한다는 사회적 기대가 생겨났다.

커런과 힐은 사회적 요구가 높아지면서 젊은 세대가 점점 더 큰 압박을 느낄 뿐 아니라 스스로에게도 더 가혹해야 한다고 믿는다고 지적한다. 이런 의미에서, 완벽주의는 끊임없이 높아지는 삶의 기준에 맞서기 위한 일종의 대처 기제로 볼 수도 있다. (부록 D에서는 완벽주의 성향을 점검해 볼 수 있다.)

완벽주의는 또한 우리를 **임포스터 증후군**에[46] 특히 취약하게 만든다. 이는 객관적으로 잘하고 있는데도 스스로 무능하다고 느끼는 현상으로, 성공을 내 것으로 받아들이지 못하게 하고, 열등감을 피하려고[47] 필요 이상으로 과도하게 일하게 한다. 실제로 최근 진행된 연구는 삶의 만족감을 가장 약화시키는 것은 완벽주의 자체가 아니라 임포스터 증후군[48]이라고 제안한다.

나 역시 회복 중인 완벽주의자로서, 그레이스가 의심 괴물을 길들이고 몇 가지 새로운 신념과 행동에 집중하는 쪽으로 전환하는 데 도움을 줄 수 있겠다고 생각했다. 다음 단계는 그레이스의 완벽함이라는 그림자 목표를 내려놓고, 자신감을 키우며 자기 비난, 걱정, 일 중독에서 벗어나게 해 줄 새로운 목표를 세우는 것이었다. 그레이스는 현명하게도 자기 개발이라는 깨지지 않는 힘 목표를 택했다. 그리고 선언했다. "이 과정을 통해 CEO로서 또 한 인간으로서 자신감과 만족감을 온전히 내 것으로 만들며 성장하고 싶어요."

이건, 말 그대로, 완벽해 보였다. 우리는 악수하며 협력을 다짐했다. 그런데 오랜 시간 자기 의심이 옥죄어 왔는데도 그레이스는 이미 생각보다 훨씬 더 잘 해내고 있는 자신을 받아들일 수 있을까?

그 자리에 있어야 할 이유를 찾아라

그레이스와 나는 인터뷰에서 수집한 긍정적 피드백이 정리된 보고서를 살펴보며 하루를 보냈다. 동료와 지인들은 그레이스를 "비범하다" "매우 똑똑하다" "대체 불가다" "정말 멋진 사람이다" "내가 만난 최고의 상사다"라고 표현했다. 또 모두 입을 모아 탁월한 지성, 능숙한 관계 형성, 압박 상황에서도 빛나는 용기와 같은 흔치 않은 역량의 조합을 꼽았다. 사람들과 자연스럽게 소통하는 타고난 공감 능력을 지닌 그레이스는 동료에게 공을 돌리고 빛나도록 세워 주는 특별한 재능이 있었다. 특히 힘든 순간에도, 침착하고 솔직했다.

그레이스 같은 상사가 있다고 상상해 보자. 이제 그 사람이 자신이 얼마나 대단한지 전혀 모른다고 생각해 보라. 말도 안 되지 않은가?● 실제로 내가 보고서에 적었듯이, "그레이스에게는 아마 이미

● 영화 〈프린세스 브라이드The Princess Bride〉의 월리스 숀 스타일로 읽으세요.

특별한 CEO라는 말을 듣고 믿는 일이 가장 어려울 것이다." 첫 번째 전략 실험에서 바로 그 부분에 하루를 온전히 집중했다. 몇 시간 후, 그레이스가 칭찬을 충분히 받아들이고 난 뒤에야 질문했다. "다 듣고 나니 기분이 어때요?"

"음, 예전에 이런 말을 조금씩, 훨씬 덜 구체적으로 들은 적은 있어요. 다만 믿지 않았을 뿐이죠. 그런데 당신이 *그야말로 모두*에게 물어본 결과라니, 부정할 수 없겠네요. 그래서 기분이… 좋아요." 옅은 미소를 띠며 그레이스가 답했다.

연구에 따르면, 자신감은 *타인이 나를 어떻게 본다고 생각하는지*에[49] 크게 좌우된다. 심리학자들은 이 현상을 **메타 지각**[50]이라고 부른다.* 메타 지각을 더 잘 이해하려면, 마지막으로 중요한 발표를 했던 때를 떠올려 보라. 발표가 얼마나 잘됐는지 가늠하려고 청중의 언어적, 비언어적 신호를 읽으려 애썼을 것이다. 만족해 보였는지, 짜증 나 보였는지, 몰입했는지, 이미 마음이 떠난 건지 혹은 더 나아가 피드백을 직접 요청했을 수도 있다.

확실히 피드백이 풍부한 환경에서는[51] 메타 지각을 정확하게 형성하기가 비교적 수월하다. 그러나 대부분은 피드백과 거리가 멀다. 흔히 "잘했어"라고는 하지만 정확히 무엇을 잘했는지는 모르는 애매하거나 천편일률적인 칭찬만 듣거나, 아예 칭찬을 듣지 못한다. 그럴 때 우리는 **자신의 위치도, 자신이 유능한지조차 알 수 없다!** 그

---

* 부분적으로는 연결 욕구 때문이다. 타인이 '유능한 사람으로 알아봐 줄 때'가 소속감을 느끼는 방식 중 하나다(Thomas Curran and Andrew P. Hill, "Perfectionism Is Increasing Over Time: A Meta-Analysis of Birth Cohort Differences from 1989 to 2016," Psychological Bulletin 145, no. 4 [2019]: 410).

리고 특히 자신감이 위협받을 때는 타인이 나를 실제보다 더 부정적으로 본다고 믿는 경향이 있다.** 그레이스의 사례에서 보았듯, 자기 비판이라는 그림자 습관은[52] 상황을 더 악화시켰다. 타인도 자신만큼이나 그레이스 자신을 비판하리라고 짐작하도록 스스로를 길들였다. 그래서 그녀는 임포스터 CEO에서 자신감 충만한 CEO로 전환하는 데 가장 중요했던 그날을 '피드백의 날'이라고 부르게 되었다. "나는 최고가 될 수 있다는 믿음이 근본적으로 부족했어요. 사람들에게 내가 얼마나 필요한 존재인지, 이해관계자들이 제 효율을 어떻게 보는지 듣고 나니 전엔 믿지 못했지만, 이제는 믿어요."

물론 피드백을 구한다고 항상 긍정적이리란 보장은 없다. 그러나 역설적으로, 부정적 피드백도 잘 전달되면 자신감을 북돋운다. 사람들이 솔직하게 비판할 때, 우리는 보통 그들의 긍정적 피드백도 더 신뢰하게 된다. 게다가 개선해야 할 점을 알게 되면 우리는 더 많은 통제력을 갖게 되고, 원한다면 그 문제를 선제적으로 해결할 수도 있다.

특히 자신감이 부족할 때는, 타인의 시선을 통해[53] 내 강점을 규정하면 큰 힘이 된다. 전문가의 도움 없이 스스로도 할 수 있다.*** '최선의 나 찾기' 실습Reflected best self exercise, RBS[54]이라는 실용적인 도구를 활용해 보자. 내가 기억하는 한, RBS를 통해 '이 자리에 있어야 하는 이유'를 찾지 못한 사람은 아무도 없었다. 모두가 내면의 고유

** 특히 상사, 교사, 코치처럼 영향력이 큰 사람이 기여에 만족하지 않는다고 믿을 때, 이런 현상은 더 두드러진다(데이비드 A. 케니 · 벨라 M. 디파올로, "Do People Know How Others View Them? An Empirical and Theoretical Account," Psychological Bulletin 114(1), 1993, 145쪽).

*** 혹시 필요하시면, 전화하세요!

한 가치를 깨닫고, 스스로 이루어 낸 성공을 마주했다. 연구에 따르면 RBS는 주관적 자신감을 높이고[55] 심리적 자원을 회복시키며, 자신을 대하는 태도까지 너그러워지게 만듦을[56] 확인했다.

훈련은 세 단계로 간단히 이루어진다. 먼저 삶의 여러 영역에서 동료, 직원, 상사, 친구, 가족 중 10~20명을 택한다. 그들에게 이메일을 보내, 당신이 가장 빛났던 순간을 직접 본 구체적 사례를 2~4개씩 적어 달라고 부탁한다. 답장이 오면• 창의성, 공감 등 공통 주제를 뽑는다. 마지막으로 자리에 앉아 최상의 내 모습을 짧게 적어 본다. "내가 최고의 모습을 보일 때는…"으로 시작해 몇 단락으로 정리하라(초보자도 따라 하기 쉬운 RBS 단계별 가이드와 예시는 부록 E에서 확인할 수 있다).

이 훈련을 처음 설명하면, 내담자들은 종종 약간 회의적인 어투로 '빈말'을 유도하고, 얼마나 대단한지 치켜세우는 상투적 칭찬을 모으는 작업 아니냐고 묻는다. 너무도 타당한 이 질문에 나는 이렇게 답한다. RBS는 자아, 사회적 인정, 혹은 무턱대고 자존감을 부풀리는 훈련이 아니라, 타인의 눈을 통해 나를 규정하는 고유한 강점을 넓은 시각으로 데이터에 근거해 그리는 과정이라고.

업무 관련 데이터가 필요하다면, 동료들로만 대상을 제한해도 되냐는 질문도 자주 받는다. 물론 그렇게 해도 된다. 하지만 연구 결과, 개인적 관계와 직업적 관계를 다양하게 섞을수록[57] 최고의 강점에 대한 가장 포괄적인 그림을 얻을 수 있다. 그래서 나도 내담자를 평가할 때 늘 친구와 가족도 함께 인터뷰한다. 일반적으로 그들이야말로

•   꺼내기는 어려워도, 사람들은 의외로 기꺼이 도와준다.

더 오랜 기간, 더 다양한 상황 속에서 우리를 지켜봐 왔기 때문이다.

마지막 질문이다. "좋은 말만 듣고 싶지는 않은데요. 건설적 비판도 함께 듣고 싶다면요?" 내 대답은 이것이다. "아주 좋습니다!" 약간만 변형하면 실제로 그렇게 할 수 있다. 당신의 가장 큰 강점 사례 2~3개와 함께 개선하거나 성장할 수 있는 사례 1~2개를 요청하면 된다. 단, '애정 어린 비평가', 당신의 성공을 진심으로 바라면서 있는 그대로를 말해 줄 사람에게 요청해야 한다. 흥미롭게도, 한 연구는 이 변형 방식이 강점에만 초점을 맞출 때보다 더 긍정적인 정서를[58] 유발한다고 보고했다.••

RBS는 이미 알고 있는 강점을 확인시켜 주기도 한다. 또 남들은 보지만, 당신이 보지 못했던 숨겨진 강점도 발견한다. 또 어떤 때에는 당신이 생각하는 약점이 주변 사람들에게는 오히려 고유한 강점으로 받아들여진다는 사실도 알게 된다. 예를 들어, 육군 소대장 마크는 선의의 솔직함이 소대원에게 무신경하게 보이지 않을까 우려했다. 그런데 마크는 솔직한 시각을 분명히 전하면서도 따뜻한 지지를 보낼 때가 최고의 모습이라는 어느 분대원의 얘기에 깜짝 놀랐다. 자신의 따뜻한 솔직함이 용인되는 수준을 넘어 오히려 환영받는다는 사실을 깨달았다. 타인의 시선을 폭넓게 모아 얻은 초상은[59] 단지 자신감을 북돋울 뿐 아니라, 영향력을 더 깊고 단단하게 만드는 새로운 통찰을 준다.

•• 연구에 따르면, '강점만을 강조한 피드백'을 받으면 종종 듣지 않은 내용을 행간에서 추측하려 든다. 늘 그렇듯, 궁금하면 직접 물어보는 게 가장 좋다.

미래의 내 모습을 그려라

숨 가빴던 피드백의 날을 마무리할 무렵, 나는 그레이스에게 **미래의 나 연습하기**라고 부르는 숙제를 내주었다. 이 도구는 그림자 습관을 깨지지 않는 힘 습관으로 바꾸는 데 특히 유용하다. 방식은 대략 이렇다.

① **'과거의 나'에게 감사하기.** 과거의 그레이스는 주어진 일은 무엇이든, 그리고 그 이상도 해내며 성실히 일했다. 수십 년간 인간관계를 공고히 하고, 기대한 것보다 더 이루어 냈다. 이제 '현재의 그레이스'가 '과거의 그레이스'에게 쉼 없던 노력에 감사하고, 자신을 끊임없이 무능하다고 걱정하며 다른 사람을 실망시킬까 봐 두려워하던 모습은 과거에 남겨 둘 때다.

② **'현재의 나'를 온전히 바라보기.** 이번 단계는 그레이스에게 쉽지 않았다. 스스로 강점을 믿기 시작해야 한다. 이미 탁월하게 일을 해내고 있다는 동료들의 말을 그냥 듣는 데서 그치지 않고, 정말로 내면화할 때가 왔다.

③ **'내일의 나'에 헌신하기.** 그레이스는 변화를 본격적으로 시작할 날짜를 정하고, 자신에게 보내는 '첫째 날 선언문'을 작성해 어떤 습관과 행동을 바꿀지 공식적으로 밝혔다. 나는 몇 가지 문구를 제안했다.

오늘, 나는 그만두겠다:

- 내 가치를 증명하려는 일

- 중요한 사람들 앞에서 주눅 드는 일

- 내가 한 기여를 남들이 어떻게 볼지 걱정하는 일

- 남이 인정해야만 스스로 가치 있다고 여기는 일

오늘, 나는 시작하겠다:

- CEO로서 내가 내리는 중요한 결정에 주인 의식을 갖는 일

- 내가 최고의 가치를 창출할 일에 집중할 수 있도록 위임 비중을 높이는 일

- 내가 놓치고 있는 부분을 짚어 줄 조언자들을 믿는 일

- 타인을 돕는 동시에 나의 필요를 우선순위에 두는 일

- 어떤 영역에서도, 특히 스스로에게도 한계를 두지 않겠다고 기억하는 일

그 주말, 그녀만의 '행복한 장소'인 산으로 혼자 여행을 떠난 그레이스는 그곳에서 보고서를 다시 읽었다. 회사로 돌아올 즈음, 동료들의 평가가 점차 마음속으로 스며들기 시작했다. 그레이스가 보낸 이메일이다. "강점 부분을 읽기는 여전히 쉽지 않아요. 그래도 피드백을 내 안에 받아들이는 연습을 하고 있어요."

다음은 그레이스에게 막 움트기 시작한 자신감을 더 깊고 오래가게 돕는 단계다. 가장 필요로 하는 순간에 자신감을 불러올 수 있도록 하기 위해서다.

능력을 즉시 확인하며 맛보는 성취

다음 미팅에서 그레이스는 당장 해야 할 일들에 압도되는 느낌이라고 털어놓았다. 긍정적 피드백이 마음에 들어오기 시작했지만, 예상치 못한 스트레스나 좌절이 닥치면, 과연 일상에서 자신감을 유지할 수 있을까?

"지극히 당연한 걱정이에요. 크고 두려운 목표에 도전해 멋지게 해낸 경험을 하나 떠올려볼까요?"

그레이스는 잠시 생각하고 특유의 담담한 어조로 답했다. "작년에 식습관을 바꿨어요. 결국 약 23킬로그램을 감량했고, 무엇보다 기분이 훨씬 좋아졌죠."

나는 미소를 지었다. "와, 아주 훌륭해요! 그 큰 목표를 어떻게 매일 실천 가능한 작은 단계로 나누었나요?"

그레이스는 눈을 반짝이며, 체중 감량 과정을 한 문장으로 요약했다. "방울토마토는 늘리고, 과자는 줄이고."

"좋아요! 그런데 어떻게 꾸준히 해낸 거죠?"

"꾸준히 일기를 쓰면서 목표에 집중했어요. 허기가 오기 전에 대비하려고 언제나 건강한 간식을 챙겼고요. 그리고 일기에 작은 성취를 기록하며 스스로 축하했죠."

어디를 가든 건강한 간식을 챙겨가 허기를 미리 다스렸듯, 그레이스는 의심 괴물을 굶기는[60] 새로운 습관도 만들었다. 그녀는 이미 자신감 형성에 가장 중요한 전략 두 가지를 익힌 셈이다. **역량을 키우는 '성취'를 설계하고 축하하는 것**이었다. 이런 꾸준한 자신감 형성 전략이[61] 결핍에 집착하는 경향을 극복하는 효과적인 방법이며,

완벽주의자에게 특히 유용하다는 연구가 있다.

예를 들어, 그레이스는 '중요한 사람들 앞에서 움츠리지 않기'를 목표로 삼았다. 과거에는 이사회와 소통할 때 늘 위축되어 남들의 시선을 두려워했다. 그러나 탁월한 대인 역량에 대한 피드백을 들은 지금은 자기답게 행동하는 것이 가장 좋은 방법임을 깨달았다. 다만 다시 움츠러들지 않기 위해 '주인 되기'라는 새 습관을 들였다. 가상 이사회에 20분 먼저 접속해 참석자들을 집에 온 손님처럼 맞이한다고 상상하자, 영향력 있는 인물들과도 놀랄 만큼 자연스러운 대화가 이어졌다. 이후 여러 이사가 그레이스의 적극적인 참여에 감사를 표했다.

또 다른 목표는 위임이었다. '피드백의 날'에 그레이스는 오랫동안 일선에서 모든 걸 붙잡고 있었기 때문에 한 걸음 물러나기 두렵다고 고백했다. 임포스터 증후군 탓에 "사람들이 '하루 종일 도대체 뭐 하는 거야?'라고 생각하면 어쩌죠?"라며 불안해했다. 그러나 그레이스는 자신이 가장 큰 가치를 창출하는 일에 집중할 때 진짜 성공한 CEO가 된다고 인정했다. 그래서 업무 역량과 권한을 팀에 공유하고 세부 운영에서는 과감히 물러섰다.

그레이스는 식습관을 바꿀 때처럼 매일 성공과 장애물을 기록하기 시작했다. 몇 주 뒤, 위임이 생각보다 훨씬 수월하다는 소식을 전했다. "다른 사람들이 앞장서도록 돕고, 성공하도록 지원하는 게 정말 좋아요. 그리고 제 영향력이 더 커졌다고 느껴져요."

한 달쯤 뒤, 그레이스가 다시 소식을 전했다. 좋은 소식부터 전하자면, 일이 틀어질 때도 예전보다 차분했고 자신감도 유지했다. 안 좋은 소식으로는 가끔 '절망 속으로 가라앉는' 느낌이 든다는 것이었다. 이유는 간단했다. CEO로서 내린 모든 결정이 늘 모두에게 환영받는 것은 아니기 때문이다. 그녀도 그런 일이 직책의 일부라는 점을 알고 있었지만, 자신의 유난히 높은 기준과 어떻게 맞춰 나가야 할지 알지 못했다.

완벽주의자가 흔히 고수하는 믿음은 바로 **조건부 인정**[62]이다. 즉, 사소한 실수만으로도 존중, 지지, 감사를 잃을지 모른다는 두려움을 말한다. 여기에 연관된 사고방식이[63] **흑백 논리**라 불리는 편견인데, 간단히 말하면 "내가 세운 기준을 충족했나? 충족했으면 성공, 아니면 완전 실패다."[64]

CEO로 지내보면 분명해지는 사실이 있다. CEO가 다루는 결정의 크기와 범위를 고려할 때, 모두를 늘 만족시키려는 시도는 고무줄 달린 시트를 완벽하게 개거나, 영화 〈인셉션〉의 줄거리를 한 문장으로 요약하겠다는 것만큼 비현실적이다. 즉, 불가능하다.

그레이스에게 '모두가 행복해야만 성공이다'라는 믿음이 CEO로서 도움이 되는지 물어보았다. 웃으며 당연히 아니라고 했다. 그래서 기준을 바꾸기로 했다.

"그 믿음을 무엇으로 바꾸면, 여전히 사실처럼 느껴질까요?"

역시나 예상대로, 그레이스는 보석 같은 답을 내놓았다. "모두를 행복하게 할 수는 없더라도, 최소한 모두 자신의 의견이 존중받았다고 느끼게는 할 수 있지 않을까요." 빙고!

이것이 바로 **10퍼센트 완충제**라고 부르는 도구의 핵심이다. 90퍼센트의 시간에 훌륭하면 된다고, 전체적으로 탄탄한 'A 마이너스'면 충분하다고 스스로 설득하는 것 말이다.• 깨지지 않는 힘을 가진 사람은 가끔 빗나가거나 실수하는 일도 더 큰 맥락 안에서 일어난다고 이해한다. 잠시 흔들렸더라도, 사람들은 결국 그동안 쌓인 다양한 데이터를 고려해 역량을 판단한다. 다시 말해, 충분한 신뢰를 얻고 나면, 합리적인 사람들은 우리가 짐작하는 것 이상으로 더 오래 신뢰한다.

몇 주 뒤, 그레이스에게 이 전략을 실제로 적용해 볼 기회가 왔다. 대다수 직원이 대체로 환영했던 결정에 대해 직원 한 명이 소셜 미디어에 불평하는 글을 올렸다. "처음엔 혈압이 올랐죠." 그레이스가 회상했다. "하지만 깊게 숨을 들이쉬고, 모두를 행복하게 만들 수는 없다고 상기했어요." 10퍼센트 완충제를 허용하자, 때로는 사람들이 자신에게 불만을 품어도 괜찮다는 생각이 들었다. 그리고 불안이 상당히 잦아들었다.

그해, 그레이스의 회사 매출은 전례 없는 속도로 무려 25퍼센트나 성장했다. 전 부문의 재무 목표를 모조리 갈아치웠다. 신임 CEO로서 업무가 예전보다 수월해진 건 아니었지만, 새로운 편안함을 느꼈다. 그에 못지않게 중요한 변화도 있었다. 직원 모두가 몰입했고, 이해관계자들은 열광했으며, 그레이스는 그 어느 때보다 자신감을

• 어떤 경우에는 분명히 기준을 100퍼센트로 맞춰야 한다. 대표적으로 외과, 공학, 회계, 항공 교통 관제 같은 전문 직종에서다.

느꼈다. 그레이스가 힘주어 말했다.

"지난주, 제 모습 그대로가 편안했어요. 그 어느 때보다요. 예전엔 매일 아침 불안함을 안고 깼죠. 이제는 아니에요. 더 이상 제 선택을 끝없이 의심하지도, 다른 사람인 척 꾸미지도 않아요. 저는 저예요. 사람들이 저를 어떻게 볼지 신경 쓰던 습관이 사라졌어요. 그러자 자신감이 생겼고, 새로운 차원의 행복과 평안이 찾아왔어요."

이 장을 막 마무리하던 즈음, 상담을 끝낸 지 약 아홉 달쯤 지나 그레이스가 흥분된 소식을 전해 왔다. 바로 전 주, 이사회와 공동 CEO가 회의를 열어 중대한 결정을 내렸다. 애초 계획보다 1년 앞당겨, 그레이스가 전권을 쥐고 회사를 이끌게 되었다는 결정이었다. 나는 벅찬 마음으로 곧장 비행기를 타고 가 그레이스와 점심을 함께했다. 이 슈퍼스타 내담자를 맞은편에 앉아 바라보니, 그녀가 얼마나 달라졌는지 새삼 놀라웠다. 더 이상 스스로 증명해야 한다고 느끼던 리더는 없었다. 대신 식당 안을 가득 채우는 고요하고 단단한 자신감의 소유자가 그 자리에 있었다. 우리는 아이스티 잔을 부딪치며, 큰 성과를 넘어 그레이스의 깨지지 않는 힘 여정이 써 내려갈 새로운 장을 축하했다.

자신감을 얻는 다른 방법들

무능함을 느끼는 방식이 다양한 만큼, 자신감을 다시 설계하는 방법도 여러 가지다. 그 과정은 어떤 트리거와 그림자를 마주하느냐에 따라 달라질 수 있다. 여기서는 두 가지 다른 상황에서 자신감을 어떻게 회복할 수 있는지 살펴보자. 남들이 기여를 깎아내릴 때와 큰 좌절을 겪고 휘청일 때다(참고로, 부록 F에서 현재의 자신감 충족과 결핍 수준을 점검해 볼 수 있다).

타인의 압박에서도 나의 가치 찾기

자신감을 위협하는 가장 큰 요소가 그레이스처럼 내면에서 비롯될 때도 있지만, 어떤 때는 환경에서 오기도 한다. 특히 권한을 가진 사람이 일부러 우리를 무능하게 느끼게 만들 때, 어떻게 자신감을 얻을 수 있을까?

바로 이런 일이 짐에게 닥쳤다. 짐은 예상치 못했던 새로운 프로젝트에 배정받았다. 엔지니어로서 역량과 완벽하게 맞지는 않았지만, 성장 기회가 될 수 있다는 설명을 들었다. 새 프로젝트에는 프로젝트매니저가 있었는데, 기술 지식이 거의 없는 영업 경력자였던 그는 짐의 전문성을 끊임없이 깎아내렸다. 역할을 둘러싼 시각 차이는 충돌로 이어졌고, 짐은 무엇이든 제대로 해내지 못하는 사람처럼 느끼기 시작했다.

처음에 짐은 상사에게 자신의 가치를 증명하겠다며 일을 더 떠맡았다. 하지만 일중독 그림자 습관은 짐을 더 지치고 무력하게 만들 뿐이었다. 보이지 않는 톱니바퀴 하나가 된 듯했다. 그는 모든 것을 의심하기 시작했다. 여기서 나는 무슨 일을 하고 있지? 내가 안다고 믿는 것을 정말로 아는 걸까? 나는 필요한 사람인가? 짐은 프로젝트가 끝나기만을 기다렸다.

결국 자신이 엉뚱한 곳에서 자신감을 찾고 있었다는 사실을 깨달았다. 바로 상사의 인정이었다. 그래서 "얼마나 더 시간을 투입할 수 있지?"라는 질문 대신 "내 가치를 더할 수 있는 곳은 어디일까?"로 질문의 방향을 바꾸었다. 그리고 짐은 자신의 역량이 꼭 필요한 다른 프로젝트에 자원했고, 신입 사원이 업무를 익히는 데도 적극적으로 도움을 주었다.

상사의 평판에 매달리기보다 재능을 발휘할 새로운 기여 방식을 찾자, 짐의 영향력은 커졌고 평판은 좋아졌으며, 무엇보다 자신감이 되살아났다. 머지않아 짐은 원하는 보직으로 이동할 수 있었다. 이전 프로젝트에서 쌓은 경험을 제대로 활용할 수 있는 자리였다. 우리는 짐의 이야기를 통해 확실히 확인할 수 있다. **자신감을 얻기 위해 타인의 존중이나 인정에 기댈 필요가 없다.**

역경을 딛고 앞으로 나아가기

짐의 경우처럼, 때때로 누군가가 우리의 기여에 대해 의심할 때, 우리의 자신감 욕구가 좌절되기도 한다. 그러나 최선을 다했음에도 실제로 성과가 나쁘거나 실패했을 때는 어떻게 될까? 상상이 아니라 실제 우리의 부족함을 직면했을 때, 우리는 어떻게 다시 자신감을 회복하고 앞으로 비슷한 상황을 되풀이하지 않도록 실력을 키울 수 있을까?

후안은 열정적이고 유능한 그래픽 디자이너였다. 하지만 5년간 근무한 회사가 인수되면서 삶이 완전히 뒤집혔다. 회사 통합 과정에서 후안의 역할은 조직의 영업 부문으로 옮겨졌고, 상당한 분량의 마케팅 업무를 맡게 되었다. 마케터가 아니라 그래픽 디자이너라고 여러 차례 새로운 상사에게 설명했지만, 들은 체 만 체였다.

늘 성취 지향적이었던 후안은 도망가지 않고, 새 상사가 시키는 일을 해내기로 마음먹었다. 그러나 아무리 애써도 업무 성과는 기준에 미치지 못했다. 상사의 기대를 맞추려고 주 60~80시간을 일했지만, 성과는 여전히 형편없었다. 후안은 늘 에너지 넘치고 낙관적인 편이었지만, 점점 의욕이 꺾이고 창의성도 부족해졌으며 예전에는 순탄하던 회사 생활이 부당하게 틀어졌다는 생각에 더 속상했다. 결국 해고 통보받은 날, 분노로 책상을 내리쳤고, 반짝이는 나무 책상에 주먹을 부딪친 순간 아끼던 명상 팔찌가 두 동강 났다. 명상 팔찌를 차고서 분노를 참지 못한 모순이라니!

무엇이 잘못됐는지 돌아보며, 후안은 새 도전에 이전 방식으로 대응했지만 그 방식이 더는 통하지 않았다는 사실을 깨달았다. 1장에서 본 나방특공대 이야기와 다르지 않다. 실제로 연구 결과, **과거에 성공을 많이 거둘수록**[65] **전환점 신호를 알아차릴 가능성은 오히려 낮아진다.** 후안의 낙관적 태도 자체는 본질적으로 나쁘지 않지만, 과거에도 늘 성공했으니 지금도 잘되리라는 믿음은 역량을 키우기 위해 보다 주도적으로 움직여야 하는 현실을 보지 못하게 만들었다. 관성에 매몰되면 흔히 이 질문과 마주하지 못한다. "지금 무엇을

놓치고 있지?"•

자기연민을 내려놓은 후안은 스스로에게 물었다. "경력을 발전시키고, 이런 시련을 다시 겪지 않으려면 지금 뭘 해야 할까?" 후안은 다양한 방면으로 접근하기로 했다. 퇴직금의 3분의 1은 마케팅 집중 과정 등록에, 또 다른 3분의 1은 런던으로 이주해 광고 회사에서 일하는 데, 나머지는 이번 경험이 남긴 감정적 후유증을 다루기 위한 인지행동치료(CBT)에 투자했다.

후안에게는 그래픽 디자이너로 다시 일하고, 자신을 잘못된 역할에 둔 상사를 탓하는 것이 훨씬 쉬웠을 것이다. 그러나 그는 자신이 걷고 있는 길을 계속 간다면 더 많은 것이 앞에 있을 것이라고 믿었다. 오늘날 그는 지금도 여전히 마케팅 일을 하고 있으며 그래픽 디자인은 그만둔 지 5년째다. 두 번째 직장에서 후안은 더 이상 건설적 피드백을 비난의 신호로 보지 않는다. 오히려 성장으로 이끄는 선의의 초대로 받아들인다. 예를 들어, 새 상사가 기획 요청서를 더 잘 써야 한다고 했을 때 좀 화가 났지만, 곧 자신이 세운 깨지지 않는 힘의 목표인, 숙련을 더 발전시킬 기회로 보았다. 바로 두 가지 워크숍에 등록했고, 이는 결국 후안과 팀이 더 탄탄하고 창의적인, 훗날 상까지 받게 되는 작업을 하는 데 도움이 됐다.

더 넓게 보면, 후안의 변화는 그의 말처럼 '원인과 결과에 대한 교과서적 기대를 조금 덜어 내는 데' 도움이 되었다. 그는 이렇게 말했다. "X를 개선하면 반드시 Y가 보장되는 건 아니라는 현실을 받아들였다." 이런 인식은 일이 뜻대로 풀리지 않을 때도 더 깊은 평온을

• 　친구 척 블레이크먼에게 처음 듣고 나서, 내 '단골' 자기 성찰 질문이 됐다.

주었다.

후안, 짐, 그레이스가 각각 깨달은 것처럼, 강점을 발견하고 기술을 새로운 영역에 적용하고 개인적, 직업적 성장에 투자하며 자기 의심을 능동적으로 관리할 때, 지금 하는 일에서 더 큰 자신감을 얻게 되고 다가올 도전에도 대비할 수 있다.

> "어떤 장애물이 앞을 가로막더라도,
> 자신감을 얻을 기회는 어디에든 있다.
> 어디를 봐야 하는지만 알면 된다."

❶ **자신감 vs. 자기 의심:** 잘하고 있고 나아지고 있다고 느끼는 감각은 실제 능력과는 놀랄 만큼 비례하지 않는다. 기대, 혼란, 비판 같은 트리거 앞에서 자기 의심은 심해진다.(149쪽 참조)

- **자신감 그림자 목표 예시:** 성취, 방어적 태도, 관성(자세한 표는 9장 마지막에서 확인)

- **자신감 그림자 습관 예시:** 피해의식, 과도한 자기 집착, 불필요한 경쟁심
  (자세한 표는 9장 마지막에서 확인)

❷ **의심 괴물 길들이기**

- **핵심 용어**

  - **임포스터 증후군:** 객관적 성과가 좋아도 스스로 무능하다고 느끼는 현상

  - **메타 지각:** 타인이 나를 어떻게 보는지에 대한 나의 인식

  - **흑백 논리:** 완벽하지 않으면 곧 실패라고 오인하는 사고방식

  - **조건부 인정:** 사소한 실수만으로도 타인이 나를 거부할 거라고 믿는 태도

- 도구
  - **최상의 나 찾기 실습**Reflected Best Self, RBS : 타인의 눈에 비친 나를 데이터로 배우는 피드백 절차(부록 E 참조)
  - **'미래의 나' 연습**: '과거의 나'를 인정하고, '현재의 나'에 감사하며, '미래의 나'에 헌신함으로써 전환점을 표시하는 방법
  - **10퍼센트 완충제**: 100퍼센트가 아니라 90퍼센트만 훌륭해도 충분하다고 스스로 여기기

❸ **타인의 압박에서도 나의 가치 찾기**
- 자신감을 얻는 데 타인의 인정이 필수는 아니라고 기억하라.
- 회의적인 타인의 평가에 의존하지 않는 새로운 가치 창출 방식을 찾아라.

❹ **역경을 딛고 앞으로 나아가기**
- 과거의 성공이 전환점이 필요하다는 초기 신호를 가리지 않도록 주의하라.
- 대부분 피드백은 성장으로 이끄는 선의의 초대다.
- 막혔다고 느낄 때 스스로에게 물어라. "무엇을 놓치고 있는가?"

| 자신감을 꺾는 그림자 목표와 습관 |

항목	그림자 목표	그림자 습관
보호: 죄책감, 수치심, 비난을 피하기 위해 맞서 싸우기	**방어:** 비판으로부터 자신을 지키려는 충동[66]	· 피드백에 과잉 반응하고[67], 매사를 개인 공격으로 받아들이기 · 자기 개념에 도전하는 피드백 즉시 무시하기 · 명백히 효과 없는 전략을 오히려 강화하기 · 실수를 축소[68], 합리화하기 · 명백한 반증이 있어도 모두가 나를 형편없게 본다고 단정하기 · 자신의 결함과 불안을 남 탓으로 돌리기 · 타인을 깎아내리며 우월감 느끼기[69]

증명: 자신과 사회적 위치를 외적인 근거에서 찾기	성취: 어떤 대가를 치르더라도 해내려는 충동 보상: 부, 이미지 같은 물질적 보상을 축적하려는 충동 완벽: 비현실적으로 높은 기준을 충족시키려는 충동	· 자기 자신[70], 자기 성과[71]에 과도하게 집착하기 · 승리 자체에 강박적으로 집착하기[72] · 과도한 경쟁심[73], 사회적 비교 · 일에 대한 강박적 열정[74](일 중독[75]) · 빈번한 자기비판[76]과 부정적 자기 대화 · 실수는 곧 실패라는 믿음[77] · 편집적 의심[78] · 끊임없는 칭찬을 요구하기[79] · 타인에게 깊은 인상을 주는 데 집착하기[80] · 가치는 성과로 획득해야 한다는 믿음
방어: 지금 기분을 나아지게 하려고 경험을 부정하거나 욕구의 가치를 깎아내리기	회피: 자신감을 해치는 상황을 피하려는 충동 관성: 현상 유지를 고집하려는 충동 무지: 불편한 (자기) 진실을 외면하려는 충동	· 자기 방해 행동[81] · 중요한 일 미루기 · 기여보다 산만함을, 성과보다 활동 자체를 찾기 · 더 야심 찬 목표 대신 쉬운 목표, 활동 택하기 · 익숙한 루틴의 안락함에 갇히기 · 불편한 도전 상황에서 아예 발을 빼기 · 과거 성취가 미래 성취를 보장한다고 가정하기 · 두려움에 마비되도록 방치하기

선택권 만들기

"가장 흔한 절망은 나로 존재하지 못하는 것이다."

— 쇠렌 키르케고르

디나르알프스의 장엄한 설산, 아드리아해의 햇살을 머금은 해안선, 우바츠 협곡의 에메랄드빛 물결에 에워싸여 포근히 자리한 이곳은 유려한 자연과 다양한 문화가 스민 땅이다. 그러나 발칸 반도의* 아름다운 겉모습 뒤에는 '유럽의 화약고'라는 별칭을 낳은 격동의 역사가 흐른다.

이 복잡한 서사의 중심에는 한 남자가 서 있다. 자주 비교되곤[1] 하는 《해리 포터》 시리즈의 전형적 악당 볼드모트와 달리, 슬로보단 밀

---

* 유럽 최남동부의 반도에 있는 이 지역은 옛 유고슬라비아 공화국들인 크로아티아, 몬테네그로, 세르비아, 슬로베니아, 보스니아-헤르체고비나, 마케도니아(현 북마케도니아)를 비롯해 알바니아, 불가리아, 루마니아를 포함한다.

로셰비치의 개인사는 '미래의 집단 학살 독재자'를 떠올리게 할 만한 흔적이 없다. 대학에서 법학을 전공하고,[2] 고등학교 때부터 사귀던 사람과 가정을 꾸린 뒤, 기업 관리자로 사회생활을 시작했다. 훗날 정치에 발을 들였을 때도 대머리에 포동포동한 얼굴과[3] 귀가 커다란,[4] 이 전직 은행가는 대체로 딱딱하고[5] 인상 없는[6] 인물로 여겨졌다. 하지만 밀로셰비치는 인접 민족 집단과의 갈등을 부추기며 빠르게 세력을 키웠고, 1990년에는 외국인 혐오 민족주의의 파도를 타고[7] 세르비아 대통령궁에 입성했다.

그다음에 어떤 일이 벌어졌는지는 여러분도 기억할 것이다. '발칸의 도살자'[8]는 슬로베니아, 크로아티아, 보스니아-헤르체고비나, 뒤이어 코소보와 피비린내 나는 전쟁에 돌입했고,[9] 그곳에서 밀로셰비치의 군대는 특히 보스니아의 무슬림과 코소보의 알바니아인들에게 끔찍한 만행을 저질렀다. 마을을 불태우고,[10] 강제수용소를 만들고,[11] 수만 명의 여성을 조직적으로 강간했다.[12] 이 독재자는 총 12만 5천 명이 사망하고,[13] 300만 명의 난민이 발생하는 비극을 초래했으며,[14] 결국 유고슬라비아 연방 붕괴에 책임을 지게 되었다.

세르비아 내부 상황도 암울하기는 마찬가지였다.[15] 700만 명의 국민은[16] 전형적인 권위주의 전술을 답습한 억압 아래 놓였다. 밀로셰비치는 정치적 경쟁자를 살해하고[17] 활동가들을 투옥했으며, 선거를 조작하는 등 세르비아 시민들의 주체성과 자율성을 빼앗기 위해 가능한 모든 수단을 동원했다. 한편, 정부의 부패와 방만한 경제는 세르비아를 전례 없는 빈곤으로[18] 몰아넣었다.*

이런 배경에서 당시 베오그라드 대학교 생물학과 1학년이던 스르자 포포비치는 정치적으로 각성하게 된다. 방송국 기자 부모 사이의 둘째 아들로 태어난[19] 스르자는, 어린 시절부터 우상 데이비드 애턴버러처럼 동물 다큐멘터리를 만드는 것이 꿈이었다. 그는 대학에서 수업을 듣고, 고스 밴드에서 베이스를 연주하고, 친구들과 어울리며 보냈다.

겉으로 보면 스르자와 친구들은 맥주를 마시고, 밤늦게까지 놀고, 데이트 상대를 찾아 헤매는 평범한 대학생들[20]이었다. 하지만 그 뒤에는 감춰진 더 강력한 공통점이 있었다. 슬로보단 밀로셰비치와 그가 상징하는 모든 것에[21] 대한 혐오였다. 다만 대부분의 세르비아인처럼, 스르자와 친구들은 밀로셰비치의 전면적 탄압 앞에서 무력함을 느꼈다.** 경찰 병력을 내세워 집단 학살을 일삼는 폭군에 맞서는 일은, 당시로서는 지나치게 무모해 보였기 때문이다.

그마저도 1998년 5월, 의회가 대학 법을 통과시키기 전까지의 일이었다. 사실상 정부가 세르비아의 여섯 개 대학을 장악하면서 정권이 임명한 총장들은[22] 근로계약서를 충성 서약으로 바꾸고, 존경받던 교수들을 숙청했으며, 교육 과정을 선전물로 대체했다. 이 새로운 조치는 학생들의 자유와 미래를 이전과는 전혀 다른, 섬뜩한 방식으로 위협했으며, 스르자와 친구들은 더 이상 이를 외면할 수 없었다.

- 실업률은 50퍼센트에 달했고, 단 1년 만에 감자 약 1킬로그램 가격이 4,000디나르에서 무려 170억 디나르로 치솟았다(스티브 요크, 연출, Bringing Down a Dictator, 워싱턴 D.C.: International Center on Nonviolent Conflict, 2002, https://www.nonviolent-conflict.org/bringing-dictator-english); 크리스토퍼 히친스, "No Sympathy for Slobo," Slate, 2006년 3월 13일.
- 다른 사람들은 오히려 자유를 훔쳐 가는 바로 그 정권을 열렬히 지지했다. 연구에 따르면, 선택이 좌절되는 상황에 직면하면 일부 사람들은 역설적으로 통제적 제도를 지지하는 방식으로 반응하기도 한다(Aaron C. Kay 외, "Compensatory Control: Achieving Order through the Mind, Our Institutions, and the Heavens," Current Directions in Psychological Science 18권 5호 [2009]: 264-68).

구세주가 보이지 않는 상황에서 그들은 선택의 기로에 섰다.[23] 체념한 채 더 깊숙이 숨을 것인가, 아니면 맞설 것인가. 그렇게 학기가 막 시작된 10월 어느 저녁, 스르자와 여섯 명 남짓한 친구들이 비좁고 담배 연기 자욱한 베오그라드의 한 아파트에 모여 '오트포르!(Otpor!, 세르비아어로 저항이라는 뜻)'를 결성했다. 이는 밀로셰비치의 억압적 정권에 맞선 조직적인 움직임이었다.•

　가장 먼저 상징을 만들었다. 대담하고, 날카롭고, 무엇보다 멋져야 했다. 스르자의 친구 두다가[24] 여학생에게 잘 보이려는 마음까지 담아 디자인한 오트포르!의 로고는 하늘로 치켜든 과감한 주먹 모양이었다. 몇 주 뒤, 비와 어둠을 방패 삼아 베오그라드 공화국 광장 근처에 주먹 300개를 스프레이로 그려 넣었다. 도시의 아침은 완전히 달라졌다. 거리 곳곳에 새겨진 주먹은 새로운 도전의 기류를 대담하게 선언했다. 곧이어 "체제를 물어뜯어라!", "저항하며 살아라!", "나는 세르비아를 사랑하니까!"와 같은 짧은 구호가 적힌 전단이[25] 도시 곳곳에 붙었다.

　이 선전 활동은 의도대로 젊은이들을 끌어들였다. '허세꾼'과 '위장한 스파이'[26]를 솎아 내고, 스르자와 친구들은 십 대와 이십 대 학생들로 이루어진 핵심 그룹, 약 열두 명을 모았다. 그들은 밀로셰비치를 향한 저항, 그리고 사랑하는 조국의 더 나은 미래를 스스로 만들 수 있다는 믿음으로 하나가 되었다.

• 　처음엔 세르비아 대학의 탄압에 대응하는 데 초점을 맞췄지만, 학생들은 금세 밀로셰비치를 전면 퇴진시키는 것만이 유일한 해법이라고 깨달았다.

이웃집 독재자

다행히도 우리는 대부분 사악한 독재자에게 기본적 자유를 박탈당하는 일은 겪지 않을 것이다. 그런데 어느 순간 주도권을 뺏기는 경험은 모두 하게 된다. 그리고 독재자의 압제에서든 일상적인 좌절에서든, 무력감을 촉발하는 트리거는 대개 비슷하다. 내적·외적 압력으로 인해 본성에 반해 행동하며 진짜 자아를 **억압**받는 것, 사사건건 간섭하는 상사나 통제적인 부모처럼 외부 요소가 복종을 **강요**하는 것, 관계나 승진처럼 소중한 것을 **상실**하는 경험, 존재 가치가 적어지거나 없어지는 **무시**, 동료가 공을 가로채는 일처럼 부당하게 피해자가 되는 **불공정**, 투명성과 의견 수렴이 부재한 **의견 봉쇄** 같은 트리거다**(자세한 선택권 트리거는 149쪽 참조).

간단히 말해 인간은 스스로 선택하고[27] 솔직하게 자신을 표현하며[28] 자신의 가치, 관심,[29] 욕구에[30] 맞춰 사는 방향으로 설계돼 있다. 이런 본능은 인류 역사 속에서 일어난 모든 혁명과 자유에 대한 갈망[31]을 설명해 줄 뿐 아니라, 영화 〈브레이브하트〉가 많은 사람의 사랑받는 이유를 멋지게 설명해 준다. 애초에 설계된 대로, 우리 조상은 강압적 위협에 맞서 싸우며 살아남았다.

** 그다지 반갑지 않은 사실 하나. 평균적으로 공공부문 종사자는 민간 부문 종사자보다 선택권에서 좌절을 더 많이 경험하는 편이다. 제한된 자원, 대중의 감시, 규제 제약, 정치적 개입, 더 관료적인 구조 때문이다(Aiste Dirzyte, Aleksandras Patapas, and Dovile Zidoniene, "Employees' Personality Traits and Needs' Frustration Predicts Stress Overload during the COVID-19 Pandemic," Scandinavian Journal of Psychology 63, no. 5 [2022]: 513-21).

본질적으로 선택권 트리거는 하나의 스펙트럼에 존재한다. 한쪽 끝에는 진정성에서 나온 결정이, 반대쪽 끝에는 정체성과 욕구에 어긋나게 행동하게 만드는 내적, 외적 강압에서 비롯된 결정이 있다.•

강압 ⟵──────⟶ 진정성

가령 유난히 지친 한 주의 끝, 회식 자리에 초대받았다고 가정해 보자. 파자마 차림으로 종일 TV나 보려고 손꼽아 기다렸지만, 팀워크를 다지는 자리니까 꼭 참석해야 할 듯한 압박을 느낀다. 당신은 진정성 있는 선택에 따라 정중히 거절할 텐가, 아니면 단념하고 예능 채널 몰아보기는 다른 날로 미룰 텐가?

어떤 결정이 강압-진정성 스펙트럼의 어디쯤 놓이는지 알아보는 방법은 한 가지다. 그냥 물어보자. "이 일을 선택하면 *진짜* 내 기분은 어떻지?"[32] 자율권이 생겼다, 동감이다, 목적이 분명하다, 힘이 난다, 만족한다 등의 대답은 진정성 쪽에 가깝다. 좌절했다, 무력하다, 통제받는 느낌이다, 짜증 난다, 두렵다, 의무적이다 등은 강압 쪽에 가깝다.

• 선택의 욕구가 집단의 조화를 개인의 역량 강화보다 강조하는 문화까지 포함해 문화 전반에서 항상 똑같이 나타나는지 묻는다면, 그렇다. 이는 선택의 정의에 중요한 차이를 보여 준다. 선택은 독립성 그 자체라기보다 결정을 스스로 내릴 수 있다는 뜻이며, 관계나 사회 구조와 공존할 수 있다(Martin F. Lynch, Jennifer G. La Guardia, and Richard M. Ryan, "On Being Yourself in Different Cultures: Ideal and Actual Self-Concept, Autonomy Support, and Well-Being in China, Russia, and the United States," Journal of Positive Psychology 4, no. 4 [2009]: 290-304; Shi Yu, Chantal Levesque-Bristol, and Yukiko Maeda, "General Need for Autonomy and Subjective Well-Being: A Meta-Analysis of Studies in the US and East Asia," Journal of Happiness Studies 19 [2018]: 1863-82).

진정성은 깊은 내면의 감각이[33] 이끈다. 해야만 해서나, 마땅해서가 아니라, 원해서[34] 하는 행동이다. 진정성 있게 살 때, 내 삶의 설계자[35]가 된 듯한 느낌을 받는다. 더 나아가 자신의 가치와 필요에 맞춰 행동할 때, 내적 자각과[36] 일체감[37]을 경험한다. 진정성 있는 행동은 타고난 본능을 억누르거나 감출 필요 없다는 의미로, 정신적 에너지●●를 아낄 뿐 아니라[38] 삶의 만족도도 높인다.[39] 또 진정성에 근거해 행동할 때 우리는 더 몰입하고[40] 창의적이며[41], 충만해지고[42] 타인에게도 더 큰 도움을 줄 수 있다.[43]

하지만 스펙트럼의 반대편, 강압은 스트레스와[44] 불행함,[45] 불안감, 심지어 우울감까지[46] 불러온다. 강압에 오래 굴복할수록 자율성을 회복하려는 동기를 끌어내기 더 어려워진다는 연구 결과도 있다. 학습된 무기력이 자리 잡으면 우리는 자신 또는 타인에 대한 통제감이나 권력을 주는 그림자 목표를 선택할 가능성이 높아진다. 식사나 운동에 **제한**을 두거나, 혹은 팀을 **지배**하려 드는 방식으로 말이다.[47] 또 무력감이 안기는 수치심을 피하려고, 무모하게 규칙을 어기는 **반항**을 선택하거나, 진정한 최선의 이익과 어긋나더라도 기대에 맞춰 움직이는 **순응**을 기본값으로 삼거나, 아예 진정한 필요와 선택을 **포기**해 버린다(선택권 결핍과 흔히 연결되는 그림자 목표 목록은 169쪽 참조).

개인에게 선택권의 그림자는 지루함[48], 냉담,[49] 탈진[50] 같은 대가를 치르게 한다. 집단적으로는 참여를 제한하고,[51] 목소리를 내지 못하게 하며,[52] 성장을 멈추게 한다.[53] 조직에서는 성과 하락,[54] 실수[55] 급증, 결근 증가, 심지어 비윤리적 행위의 급증으로[56] 이어진다.

●● 내가 아닌 누군가인 척하는 건 진짜 미친 듯이 피곤하다!

암울했던 밀로셰비치 치하, 예상대로 당시 스펙트럼에서 강압 쪽에 바짝 붙어 살았던 세르비아인 대부분에게 선택지는 단 둘뿐이었다. 싸우거나, 도망치거나. 수만 명이[57] 독재자가 제멋대로 일으킨 전쟁에 징집당하지 않으려고 인근 국가로 탈출했다. 하지만 수백만 세르비아인에게 남은 유일한 탈출구는 정신적 차원뿐이었다.[58] 5장에서 살펴봤듯, 극심한 스트레스를 감당하는 과정에서 종종 감정으로부터 자신을 떼어 놓는다. 현실이 극도로 고통스러울 때, 신경계가 우리를 보호하는 것이다. 강압적 독재 아래, 지속적 트라우마를 겪는 세르비아인들의 상황을 고려하면 많은 사람이 싸움-도피가 아니라, 부정, 체념, 무관심[59]과 같은 동결-실신 반응으로 대응한 것은 충분히 이해할 만하다.

다행히도, 스르자와 오트포르! 동지들은 대담하고 근본적으로 다른 선택을 했다. 맞서 싸우기로 한 것이다. 그리고 집단 학살을 일삼는 독재자와 세르비아의 미래를 걸고 싸우려면, 국민을 공포와 무관심의 자리에서 용기와 결속의 자리로 움직여야 한다고 깨달았다.

불량배 상대 주짓수

1992년 어느 봄밤, 세르비아 록 밴드 림투티투키Rimtutituki가 신곡을 홍보하러 거리에 나섰다. 공연 허가를 받을 수 없었던 이 인기 반전 록 밴드는 다른 방식을 택했다. 트럭 트레일러를 타고 베오그라드를 돌며 연주하기로 한 것이다. "그 헬멧 아래엔 뇌가 없어" 같은 가사를 내지르며[60] 공화국 광장을 선회하는 밴드는 록커보다도 행진하는 장군에 가까워 보였다. 밴드는 짓궂고 도발적이었으며, 직설적으로 행동했다. 밴드의 열혈 팬이던 어린 스르자 포포비치는 그날 밤 공연에 엄청난 영향을 받았다. 스르자는 최고의 저항은 따분하거나 둔탁하지 않다고 배웠다. 누구나 접근할 수 있어야 하고, 무엇보다 재미있어야 한다고.

선택권이 위협받는 상황에서, 사람들은 아무것도 하지 않는 것과 큰 대가를 치르는 정면충돌 두 극단 사이에 갇혔다고 생각한다. 하지만 스르자처럼 깨지지 않는 힘을 가진 사람들은 제3의 길을 찾는다. 그가 '폭군 끌어내리기'라고 부르는 방식인데, 나는 **'불량배 상대 주짓수'**라고 이름 붙였다. 일본 무술인 주짓수를 잠시 설명하자면, 상대의 체력이나 힘에 상관없이 에너지를 그대로 되돌려 쓰는 기술로 불필요한 해를 끼치지 않는다. 예를 들어, 상대의 주먹을 살짝 비켜 돌려보내 균형을 무너뜨리는 방식으로 공격을 무력화한다.•

스르자와 동료들은 이 전략을 우연히 찾아냈다. 초기 아이디어 회의 중, 오트포르! 멤버들은 절망에 빠져 있었다. 밀로셰비치의 공포 정치가 절정에 달한 상황에서 어떻게 세르비아인들을 저항에 동참하도록 이끌 수 있단 말인가? 그때 누군가 번뜩이는 통찰을 내놓았다. "두려움을 이길 수 있는 유일한 방법은 웃음이야." 그 순간, 그들은 **미소 짓는 드럼통**[61]을 떠올렸다.

곧장 인근 공사장에서 묵직한 금속 드럼통을 구해 왔고, 오트포르!의 로고 디자이너 두다에게 드럼통에다 밀로셰비치를 사악하게

• 이 주제에 관해서라면, 나도 나름의 경험을 내세울 수 있다. 학창 시절 운동이 필수 과목이었는데, 연극 덕후였던 나는 필드하키나 라크로스가 '나'답지 않게 느껴졌다. 대신 서커스 수업을 듣고 무술에서 파란 띠를 땄는데 둘 다 의외로 꽤 재미있었다.

비웃는 캐리커처로 그려 달라고 했다. 여기에 '디나르 한 닢이면 면상 한 방'*라는 문구를 덧붙이자, 걸작이 탄생했다.

학생들은 드럼통과 야구방망이를 베오그라드의 중심가 한복판에 가져다 놓고, 근처 카페에서 어떤 상황이 펼쳐질지 기대하며 지켜보기로 했다.

지나가던 시민들도 처음엔 어리둥절해했지만, 호기심은 곧 웃음으로 바뀌었다. 그리고 돌파구가 열렸다. 어떤 청년이 동전을 드럼통에 떨어뜨리고 방망이를 움켜쥔 뒤, 밀로셰비치의 얼굴을 향해 힘껏 한 방을 휘둘렀다. 쾅! 하는 굉음이 몇 블록을 타고 퍼졌지만, 청년은 개의치 않았다. 머잖아 다른 사람들도 가세해 광란의 드럼통 두들기기가 이어졌고, 시민들은 참여해도 별일 없다고 안심했다. 거리에 웃음이 가득해지는 동안, 스르자와 동지들은 에스프레소를 홀짝이며 담배를 즐겼다.

그런데 진짜 하이라이트는 아직 남아 있었다.

몇 분 뒤, 순찰차 한 대가 도착했다. 경찰 두 명이 진지한 표정으로 목격자들을 심문하기 시작했다. 그들은 이 소동을 벌인 주모자를 꼭 잡아내고 싶어 안달이 났지만, 정작 주모자는 어디에도 보이지 않았다. 즐거워하며 들떠 있는 젊은이들과 가족들을 함부로 연행했다간 여론의 뭇매를 맞을 게 뻔하다고 생각한 당국은, 마지막 선택지를 택했다. 그들은 드럼통을 *체포했다*. 마치 영국식 블랙코미디 〈몬티 파이선*Monty Python*〉의 한 장면 같았다. 밀로셰비치 정권의 공포스럽던 경찰은 어수룩한 허당 무리로 묘사된 채 사진으로 영원히 박제되어

---

* 한화 약 30원

멀리 퍼져 나갔다.**

이런 불손한 장난 밑바닥에는 독재 통치의 주춧돌인 두려움을 해체하려는 진지한 전략이 깔려 있었다. 그날의 전략적 실험을 통해, 오트포르!의 불량배 상대 주짓수의 고수들은 국민의 사기를 북돋웠고 당국이 서툴고도 민망한 대응을 하게 만들었다. **가장 어두운 때에 유머는 두려움을 무력화하는 데 그치지 않고** 행동할 용기를 준다. 더불어 권리와 자유를 주장하기 위한 아주 작은 행동 하나가 큰 결과를 가져오기도 한다.

선택권 지지를 택하라

스르자에 대해 알아가면서, 나는 그가 놀라울 정도로 겸손한 사람이라고 생각했다. 예를 들어, 오트포르!를 공동 설립한 뒤 스르자는 130개 지부에 걸친 회원 7만 명을 훈련하는 막대한 역할을 맡았다. 그는 군대식 획일성을 빗댄 자조 섞인 농담으로 스스로를 '이데올로기 정치 위원'[62]이라 불렀지만, 실제 모습은 전혀 달랐다.

스르자의 리더십을 떠받친 핵심 요소 가운데 하나는 **선택권 지지**[63]라는 깨지지 않는 힘 실천이었다.*** 강압을 앞세운 리더는 사

** 오트포르!의 불량배 상대 주짓수를 보여 주는 또 다른 예도 빼놓을 수 없다. 지방 도시 크라구예바츠의 활동가들은 매일 머리에 플라스틱 하얀 꽃을 꽂고 다녔던 독재자의 아내를 상징하는 흰 꽃을 칠면조의 머리에 꽂았다. 세르비아어로 '칠면조'는 거친 욕설로도 쓰인다. 그날 그곳에 있던 사람이라면 누구도 잊지 못할 광경이 펼쳐졌다. 경찰들이 마지막 한 마리까지 잡아보겠다며 허둥대다 발을 헛디디며 넘어지기 일쑤였지만, 끝내 전부 잡아들이는 데 실패했다.

*** 자기 결정성 이론 연구자들은 이 개념을 자율성 지원이라 부르지만, 여기서는 일관성을 유지하기 위해 선택 지지라는 용어를 유지한다.

람들이 자신이 원하는 대로 움직이게 하려 선택지를 제한하는 반면, 선택권 지지형 리더는 '결국 선택은 당신 몫'이라고 상기시킨다. 이것은 공식적인 직책이 있는 사람만 가능한 것이 아니다. 상사[64], 교사[65], 코치[66], 심리치료사[67], 부모[68], 형제자매[69], 친구[70], 배우자[71] 누구든 간에 다른 사람이 새로운 주도권을 찾도록[72] 도울 수 있다. 선택권 지지는 욕구 충족과[73] 동기부여[74], 성장[75]과 성과[76]를 더 높인다. 그리고 스르자의 전술을 따라 하면, 누구든 선택권 지지적 행동[77]으로 다른 사람에게 선택권을 '만들어' 줄 수 있다. 예를 들어, 개인적 경험을 인정하고 진정성 있는 의사 결정을 뒷받침할 정보를 제공하며, 주체적 행동을 강조하는 식이다.

오트포르!의 리더들은 구성원들에게 두려운 감정을 정상적인 반응으로 받아들이게 애쓰며 그들의 경험을 인정하는 것부터 시작했다. 스르자는 억압 앞에서 느끼는 두려움은 자연스러운 반응이라고 설명했다. 다만 "독재자는 유령의 집을 운영하려는[78] 사람이 아니다"라며 압제자의 목표는 두려움이 아니라고 상기했다. 두려움의 최종 목표는 복종이다. 복종하지 않기로 선택하면 대가가 따를 수도 있지만, 복종할지 말지는 언제나 우리 손에 달려 있다고 거듭 강조했다.•

1장을 떠올려 보면, 인간은 불확실성을 매우 두려워한다. 밀로셰비치 정부의 경찰은 체포 위협을 가해 두려움을 활용했다. 오트포르! 누구도 체포되면 실제로 어떤 일이 벌어지는지 몰랐기 때문에 당연히 최악을 상상했다. 다행히 스르자는 두 가지 중요한 사실

•   '강한' 리더더라며 처음부터 겁먹지 말라고만 다그치는 통념과 얼마나 다른지 생각해 보라.

을 이해하고 있었다. 먼저, 모르면 실제보다 훨씬 더 두렵다는 점, 두 번째로 두려움을 줄이는 제일 좋은 방법은 불확실성을 지식으로 대체하는 것이다.[**] 그래서 구성원들이 체포되기 시작하자마자, 오트포르! 리더는 모든 세부 사항을 문서로 작성해 공유하고, 전 구성원에게 체포에 대비한 교육을 했다. 교육한다고 두려움을 완전히 없애진 못했지만, 보다 영리하게 위험을 감수하게 만드는 데 큰 도움이 되었다. 머지않아 많은 구성원이 체포 가능성에 대해서도 자신 있게 심지어는 허세를 부리며 이야기하기 시작했다.

물론 오트포르!의 리더들도 모든 결과를 완벽히 예견할 수는 없었다. 일자리를 잃거나, 감옥에 가거나, 고문을 당하거나, 심지어 목숨을 잃을 수도 있다고 모두가 알고 있었다. 그럼에도 어쩌면 그렇기에, 행동할지 말지는 언제나 전적으로 자신의 선택이라고 상기했다. 위험이 도사렸지만, 체포는 곧 영예의 훈장이 되었고 오트포르!는 상황을 영리하게 활용해 회원들의 체포 전력을 자랑스럽게 적은 티셔츠를 배포했다. 뜻밖의 이 패션 선언은 순식간에 도시에서 가장 화제의 상품이 됐다. 밀로셰비치는 호화로운 궁전에 앉아 더 많이 체포하라는 명령을 내리고 있었지만, 현장에서 경찰들은 단속을 강화할수록 시위가 더 커진다는 사실을 실감하기 시작했다.

2000년 1월 13일, 오트포르! 회원과 지지자 3만 명이 공화국 광장에 모여 "올해는 바로 자유가 세르비아에서 승리해야 하는

[**] 한 연구에서, 연구자들이 마작 플레이어의 선택 욕구를 결핍시켰을 때 플레이어는 주도권을 회복했다. 다만 그 게임을 해낼 주관적 유능감을 느낄 때 한해서였다. 처한 상황과 가능한 선택지를 이해하는 일이 얼마나 중요한지 보여 준다(Rémi Radel, Luc Pelletier, and Philippe Sarrazin, "Restoration Processes after Need Thwarting: When Autonomy Depends on Competence," Motivation and Emotion 37 [2013]: 234–44).

해!"[79]라며, 선거를 통해[80] 밀로셰비치를 끌어내리겠다고 선언했다. 선거에서 세르비아의 18개 정당은 서로 싸우느라 어부지리로 밀로셰비치에게 승리를 안겨 줬지만, 오트포르!는 끈질긴 조율 끝에 반대파가 한데 뭉치도록 판을 다시 짰다. 이제 새롭게 꾸린 연합 세력은 내부 규율을 지키는 일이 가장 중요했다.

밀로셰비치는 야권을 흔들기 위해 선거를 열 달이나 당겼다. 하지만 18개 정당이 기존 부패한 정치 세력에 연관 없는[81] 헌법학자 보이슬라브 코슈투니차를 단일 후보로 내세우며 뭉쳤을 때, 독재자가 얼마나 충격을 받았을지는 어렵지 않게 짐작할 수 있다.

마침내 선거일인 2000년 9월 24일. 부정 선거를 막으려고 자원봉사자 3만 명이[82] 전국 1만여 투표소를 지켰다. 29세 미만 유권자의 투표율은 거의 90퍼센트에[83] 달했고, 표는 대부분 코슈투니차에게 향했다. 그날 밤, 투표 감독관들은 밀로셰비치의 참패를 공식화했다. 오트포르!가 결국 독재자를 무너뜨렸지만, 과연 깨끗이 물러날까, 아니면 끝까지 버틸까?

야권 연합은 곧바로 시민 행동에[84] 들어갔다. 먼저 탄광 노동자들이 파업에 돌입했고, 다른 산업도 연쇄적으로 파업에 들어갔다. 시민들은 파업 노동자를 지키기 위해 거리로 나왔다. 이어서 등교 거부, 도심 봉쇄가 이어졌고, 대중교통 노동자들은 도심 주요 교차로 한복판에 버스와 전차를 세워 두었다. 택시 기사들은 느릿느릿 운전하며 도로를 마비시켰다.

10월 5일경, 온 나라가 멈춰 섰다. 수년간의 노력과 셀 수 없는 작은 승리를 거쳐, 마침내 대규모 집회를 열 때가 왔다.● 평화 시위대 수십만 명이 "세르비아가 깨어났다!"라고 외치며 베오그라드로 몰려왔다. 몇몇 예외를 제외하면, 경찰은 대통령의 해산 명령을 받고도 따르지 않았다. 밀로셰비치 정권의 최고위 지휘관들조차도 부대에 발포 명령을 내리지 않았다. 왜였을까? 그들의 자녀가[85] 바로 그 군중 속에 있었기 때문이다.

〈해리 포터와 혼혈 왕자〉에서 알버스 덤블도어는 말한다. "폭군은 본인이 억압하는 사람을 얼마나 두려워하는지 아느냐? 그들 모두는 언젠가 많은 희생자 가운데서 반드시 자신에게 맞서 일어날 누군가가 있다는 사실을 모두 알고 있다." 마침내 세르비아 국민이 봉기했고, 무능한 독재자는 항복밖에 선택지가 없었다. 코슈투니차가 대통령으로 취임했고, 36시간 대치 끝에 밀로셰비치는 집단 학살과 반인도적 범죄 혐의로 체포되었다. 그는 국제 형사 재판소[86]에서 전쟁 범죄로 기소되어 재판받았지만, 2006년 수감 중 사망해[87] 재판은 종결짓지 못했다.

이후에도 세르비아의 앞길은 순탄치 않았다. 그러나 교훈은 남았다. 짓눌리고, 무력하고, 선택지가 없어 보일 때도, **여전히 긍정적 변화를 위해 싸우고, 사람들을 불러 모아 함께 변화로 나아가게 만들 수 있다.** 스르자와 친구들이 끔찍한 독재 치하에서도 7백만 국민에게 선택지를 만들어 냈듯, 우리도 각자의 자리에서 선택의 폭을 조금씩 넓혀 갈 방법을 찾을 수 있다.

그리고 이 교훈을 나는 몸소 체험했다.

● 스르자는 흔한 통념과 반대로, 큰 집회는 성공적 운동의 시작이 아니라 승리 퍼레이드라고 말한다.

2-2-2 도구

색깔별로 정리한 바인더를 챙겨 들고 주도권까지 거머쥔 채, 세계적으로 유명한 EDS 클리닉의 자동문을 열고 당당히 걸어 들어갈 때 나는 그 어느 때보다 낙관적이었다. 병명을 찾아 헤매던 무수한 막다른 길 끝에서, 멀리 비행기를 타고 와 만나는 이곳 전문가들이라면 해답을 주리라 확신했다. 해답만 얻으면 더 많은 선택지가 생기고, 더 나아질 기회도 늘어날 거라 믿었다.

그런데 예상은 완전히 빗나갔다.

55분 후, 나는 병원 밖으로 거의 비틀거리듯 나왔다. 잘 꾸며진 공원에는 환자와 방문객들이 웃으며 거닐고 있었고, 그 한복판에서 과호흡이 시작되었다.

도대체 어떻게 이런 일이? 놀랍게도, 지금까지 겪은 의료 경험 중 최악이었다. 과장이 아니다. 클리닉 소장은 대충 진찰하더니 EDS의 여러 객관적 징후를 무시하고, 이미 다른 의사들이 배제했던 자가 면역 질환인 섬유근육통이라는 진단을 내렸다. 그리고는 '통증을 무시하는 법'을 가르쳐 준다는 세미나에 참석하라고 제안했다. 믿기 어렵겠지만, 사실이다.

겨우 몸을 가누며 세 블록을 걸어 호텔에 도착했고, 방문을 열자마자 바삭한 시트 속으로 파고들었다. 사실상 더는 꺼낼 카드가 남아 있지 않았다. 이제 어떻게 해야 하지?

그때, 이 책을 준비하면서 만들고 있던 도구 하나가 떠올랐다. 전략적 실험이 계획대로 흘러가지 않으면, 흔히 즉시 플랜 B를 짜서 계속 싸워야 한다는 압박을 느낀다. 하지만 깨지지 않는 힘을 가진 사람들은 완전히 다른 전략을 택하는 편이다. 의도적인 타임아웃이다. **압박감에 짓눌려 부서진 기분이 들 때, 특히 회복탄력성이 바닥났을 때는 부서진 조각을 다시 줍기 전에 잠시 그대로 늘어지게 내버려둘 시간이 필요하다.**

2-2-2 도구는 더도 덜도 아닌 정확히 48시간 동안 멈춰 서도록 돕는다. 그리고 다시 싸울 힘을 찾기 위해 앞으로 *2분, 2시간, 2일* 동안 나의 필요를 우선순위에 두도록 한다. 내 답은 정확히 이틀 동안 2분 실컷 울기, 2시간 일찍 자기, 2일 동안 포기하기였다. 또다시 찾아온 실망스러운 좌절 앞에, 이 도구를 이용해 작지만 의미 있는 선택을 몇 가지 하고, 내 상황에 대한 최소한의 주도권을 되찾을 수 있었다. 다음 단계가 무엇인지는 여전히 확신할 수 없었지만, 적어도 그 48시간 동안만큼은 몰라도 괜찮다고 스스로 허락했다.

선택권을 만드는 다른 방법

자신감과 마찬가지로, 주도권에 대한 인식도 객관적 현실과[88] 늘 일치하지는 않는다. 더구나 실망과 좌절을 겪는 순간에는 의욕 있고[89] 야심 차며 성취 지향적인 사람,[90] 즉 운명을 통제하고 싶은 마음이 큰 사람이 오히려 가장 크게 흔들리는 경향이 있다. **선택권에 대한 기대가 클수록, 선택권이 좌절될 때 충격도 커진다.**

우리는 흔히, 더 많은 공식적 권력이나 영향력을 가지게 된다면 통제력을 되찾을 수 있다고 생각한다. 그러나 내가 해 온 연구는, 가장 강력한 사람들조차도 자신의 통제를 벗어난 힘에 의해 제약받는다는 사실을 보여 주었다. 조직도 마찬가지다. 직원은 관리자에게 통제받는다고 느끼고 관리자는 임원에게, 임원은 고위 간부에게, 고위 간부는 CEO에게, CEO는 이사회에, 이사회는 주주에게 통제받는다고 느낀다. 그리고 사슬은 끝없이 이어진다. 이 역설적인 구조는 가족, 학교, 지역 사회 등 어떤 체계에나 적용할 수 있다.

권력도 답이 아니라면, 주도권이 제한되는 상황을 어떻게 능숙하게 헤쳐 나가며 더 많은 선택지를 만들 수 있을까? 이런 전환은 트리거와 그림자에 따라 여러 형태를 띨 수 있다. 하지만 환경이 주도권을 아무리 뺏는다 해도, 다음의 전략들은 욕구를 새롭고 창의적인 방식으로[91] 충족하도록 도와준다. 현재 자신의 선택권 결핍과 선택권 충족 수준을 점검하려면 부록 G를 참고하라.

바닥을 치고 돌아오기

돌이켜보면, 제론은 장인이 폐암 4기 진단을 받았을 때부터 자신의 삶이 무너지기 시작했다고 본다. 지친 아내가 애리조나와 캘리포니아를 오가며 아버지를 간병하는 동안, 제론은 모든 집안일을 떠맡는 동시에 책임이 큰 부사장으로 일하며 생계도 책임졌다. 크리스마스를 며칠 앞두고 장인이 세상을 떠났을 때 제론은 가슴이 아팠지만, 가족에게 닥친 최악의 고비는 이제 지나갔다고 안도했다.

그러나 그는 틀렸다.

몇 주 뒤, 미시시피에 사는 어머니에게서 걱정스러운 전화가 왔다. 아버지가 혼자 산책에 갔다가 사라졌다는 소식이었다. 곧 사랑하는 아버지가 나무에 목을 매 숨진 채 발견되었다는 소식이 전해졌고, 제론은 영웅 같던 아버지가 왜 스스로 생을 마감했는지 도무지 이해할 수 없어 망연자실했다.

그런데 이번엔 제론의 아들이 출근길 오토바이 사고를 당했다. 다행히 회복하긴 했지만, 몇 주나 입원해야 했고 눈덩이처럼 불어난 의료비 부담까지 떠안아야 했다.

아버지와 장인을 잃은 슬픔, 다친 아들 걱정, 눈덩이처럼 불어난 빚으로 인한 스트레스가 겹쳐, 제론은 이 모든 게 너무 불공평하다고 생각했다. 부서져 버린 느낌을 떨칠 수 없었다. *왜 하필 나야? 내가 왜 이런 불행을 겪어야 하나?* 온 우주가 삶의 주도권을 되찾으려는 시도를 모조리 좌절시키려 작정한 듯했다. 사람들은 불가항력이었다고 위로했지만, 그 말은 오히려 제론을 더 무력하게 만들 뿐이었다.

이 모든 상실과 불운에 겹쳐, 제론의 직장 생활에도 위기가 찾아왔다. 품질, 정시 납품, 직원 유지율 등 핵심 지표가 곤두박질치는 모습을 두려움에 떨며 지켜보는 동안, 부사장인 제론은 스트레스가 최고치로 치솟았고, 그에 대한 회사의 신뢰는 바닥으로 떨어졌다.

제론은 '강력한 허리케인 속에서 퍼즐을 맞추는 것' 같았지만, 이 난국을 벗어나려 애썼다. 그러다 아버지의 비극적 최후를 떠올리며, 지금 상황과 소름 돋게 닮았다는 생각이 들었다. 어쩌면 아버지는 주도권을 회복할 길을 찾지 못해 생을 마감한 게 아니었을까. 제론은 처음으로 아버지의 마음을 이해하게 되었다. 그리고 깨달음은 행동을 이끌었다.

먼저 스스로에게 물었다. 나를 아프게 하는 것 중에 무엇을 통제할 수 있는가? 그는 개인적인 목록을 만들어 보았다. 지표를 악화시키는 시장 상황을 바꿀 수는 없다. 빚을 갚으려고 돈을 찍어 낼 수도 없다. 아버지가 왜 삶을 끝냈는지 진짜 이유를 알 수도 없다. 그러면 무엇을 통제할 수 있지? 단 하나의 답만 또렷이 떠올랐다. "내 몸은 내 것이다." 제론은 깨달았다. 건강을 최우선에 두어야 한다고. 원해서라기보다, 해야 하고, 할 수 있었기 때문이다.

제론은 식습관을 전면적으로 손보는 것부터 시작했다. 그다음엔 규칙적인 걷기를 시작했고, 걷기는 반쯤 달리기로, 머지않아 지방을 태우고 근육을 만드는 달리기로 바뀌었다. 익숙해진 후에는 근력 운동까지 더했다. 9개월 만에 무려 45킬로그램이나 감량했다.

체중이 줄어든 만큼, 의욕은 커졌다. 삶의 단 한 가지 영역에서라도 선택을 만들어 내자, 두텁게 드리웠던 두려움의 구름 사이로 한 줄기 밝은 빛이 스며들었다. 성장을 위한 세 가지 욕구는 한 세트처럼 충족되기 때문에, **한 영역에서 욕구가 충족되면 다른 영역의 욕구 충족으로 이어진다**[92]는 연구 결과가 있다. 제론도 예외가 아니었다. 곧 사방에서 변화의 기회가 보이기 시작했다. 직장에서는 팀이 통제할 수 있는 것에 초점을 맞추도록 돕고, 관점을 전환해 비정상적인 시장 상황도 유리하게 작동하도록 새로운 방식을 찾았다.

그해 제론의 팀은 회사 50년 역사상 최고의 지표를 달성했다. 한편, 첫 하프 마라톤을 준비하면서 몸과 마음이 어느 때보다 편안했다. 바닥을 친 후로, 제론은 그저 원래 자리로 돌아온 게 아니었다. 앞으로 나아갔다. 2년이 지난 지금도 직장에서 성과를 유지하고 개선했을 뿐 아니라 울트라마라톤에까지 도전했다. 이는 삶의 단 한 영역에서라도 과감히 선택권을 만들어 낼 때, 그 파급 효과가 얼마나 놀라운지를 보여 주는 생생한 증거다(선택권과 관련된 흔한 그림자 습관 목록은 253쪽 참조).

기계적 동기를 극복하는 진정성 택하기

스콧은 비교적 이른 나이에 소명을 찾았다고 믿었다. 그런데 어느 날 눈을 떴을 때 깨달았다. 무척 자랑스러웠던 박사 학위를 포함해 고된 노력을 기울였던 몇 년이, 그 열정이 이제는 골칫거리가 되어 버렸다는 것을. 고립감을 느꼈고, 번아웃에 빠졌고, 무너져 괴로웠다. 평생을 바친 이 일이 결국 나를 행복하게 해 주지 못하는 건가?

직업에 대한 불만족의 원인을 찾던 그는, 겉으로는 삶의 질을 중요하게 여기는 척하면서도 실제로는 직원들에게 "적은 자원으로 더 많이 해내라"라고 요구하는 회사 문화를 발견했다. 시간, 업무량, 삶의 질을 무시하는 태도는 전형적인 직장 트리거다. 하지만 어딘가 더 근본적인 원인이 있다는 생각에 더 깊이 파고들었다. 스콧은 해마다 학회 발표, 컨설팅, 블로그, 봉사 같은 직무 외 일을 자발적으로 수없이 떠안았다. 하고 싶어서 하는 일이라고 자신을 설득해 왔지만, 스스로 진짜 마음을 들여다보고 나서야 진짜 동기라기보다 기계적 동기에 가까웠음을 깨달았다.

선택권 욕구가 결핍될 때, 스콧이 처음 그랬던 것처럼 주도권과 힘을 빼앗아 가는 외부 세력을 탓하게 된다. 하지만 스콧이 깨달았듯, 선택권 트리거는 항상 상사나 동료, 회사에서만 오는 게 아니다. 우리 내면이 만들어 내기도 한다. 스콧은 '좋은' 전문가의 행동 방식에[93] 대한 믿음을 내면화했고, 그 결과 자신의 욕구보다 타인의 기대를 우선하는[94] 그림자 습관이 자리 잡았다.

우리는 살아가며 '나는 누구인가'에 대한 가정과 기대를 쌓아 간다. 이러한 **자아 정체성**[95]은 대체로 '나는 애플 직원이다'처럼 속한 집단, '나는 부모다'처럼 맡은 역할, '나는 소통을 잘한다' 같은 개인적 특성으로 형성된다. 세 가지 닻은 모두 위기 상황에서 심리적 균형을 유지하도록 돕지만, 그중에서도 집단과 역할은 특히 안전감을 준다. 사회적 지지와 공동의 목적이 함께 따라오기[96] 때문이다.

그런데 역할이나 집단이 정체성의 중심이 되면, 생각보다 더 큰 위험이 따른다. 회사나 동료와 강력하게 연결되면 개인과 조직에 긍정적 결과를 낳기도 하지만, 선을 넘는 **과잉 동일시**는[97] 위험하다.[98] 특정 역할이나 집단과 지나치게 얽히면 관점을 잃고, 결국 자신의 욕구를 소홀히 하게 된다. 안타깝게도 이런 그림자 습관은 매우 흔하다.[99] 일부 조직은 '회사 우선' 문화를 강조하고 개인적 희생을 칭찬하거나, 직원의 삶의 질보다 회사를 앞세우도록 부추기기도 한다.[100]

연구자들이 과잉 동일시를 '병리적 현상'[101]이라고 부르는 데에는 이유가 있다. 일중독, 낮은 삶의 질[102], 외로움[103]• 등을•• 유발하기 때문이다. 더 심한 경우, 일이 곧 정체성이 되어 버리면[104] 직장에서 좌절하거나 상실을 겪는 순간 불안, 우울, 분노, 굴욕감, 심지어

• 이 상태는 윌리엄 제임스가 '산산이 찢긴'이라는 뜻의 독일어 'Zerrissenheit'로 묘사했다(Elizabeth Glendower Evans, "William James and His Wife," Atlantic, 1929년 9월호).

•• 훌륭한 감수자 한 분의 지적에 감사드린다. "아이에게 삶의 에너지를 지나치게 쏟아붓던 부모에게도 비슷한 일이 일어나곤 한다. 아이가 집을 떠난 뒤 삶의 다른 부분이 무너질 수 있다."

PTSD까지 촉발할 수 있다. 심리학자 자나 코레츠는 하버드 비즈니스 리뷰에서 이에 대해 날카로운 질문을 던졌다. "직장을 미워할 수는 있다. 그런데 **직장을 자신과 너무 동일시한 나머지, 직장이 미워서 나도 미워진다면?**"[105](과잉 동일시 상태인지 확인할 수 있는 실습은 부록 H 참조)

회사의 성공을 자기 것처럼 생각하는 보병 부대가 많으면 기업도 이득이라고 생각하기 쉽다. 하지만 과잉 동일시는 역시 해롭다. 창의성, 위험 감수 능력,[106] 성과[107]를 떨어뜨리고, 갈등을 부추기고 변화에 저항하게[108] 유도하며, 비윤리적 행동에[109] 맞서 목소리를 내지 못하게 한다. 리더가 어려운 결정을 내려야 할 때, 과잉 동일시의 파장은 특히 심각하다. 정리 해고가 한 차례 이뤄진 뒤에도, '우리는 가족'이라는 서사가 어떻게 유지되겠는가?

스콧은 일이 정체성의 닻이 되어, 진짜 욕구를 억누르도록 스스로 압박해 옴을[110] 깨달았다.●●● 스트레스가 많았고 에너지는 소진됐다. 그러니 평생의 소명이었는데도 미워하게 될 수밖에! 그는 그 자리에서 더 균형 잡힌 정체성을[111] 세우겠다고 다짐했다. 일, 회사, 가족, 결혼 생활, 양육, 공동체, 여가 등 인생의 어느 한 요소도 정체성에 과도한 영향력을 미치지 못하도록 하겠다고.

스콧의 첫 번째 전략적 실험은 거절 시작하기였다. 우리는 가끔 원하지 않는 일에 동의하곤 하는데, 이는 선택지가 없다고 느끼기

●●● 희생 개념 즉, 직장에서 목표를 위해 원치 않는 일을 과도하게 해내는 태도는 특히 미국에서 문제로 지적한다(Anne C. Holding 외, "Sacrifice—But at What Price? A Longitudinal Study of Young Adults' Sacrifice of Basic Psychological Needs in Pursuit of Career Goals," Motivation and Emotion 44 (2020): 99-115).

때문이다.* 게다가 부탁을 거절했을 때[112]의 결과를 실제보다 더 부풀려 생각하기 쉽다. 그런데 우리 생각보다 주도권을 더 갖고 있을 때가 많다. 작가 아서 브룩스의 조언처럼 "'예'가 아니라[113] '아니오'라고 말하는 요령을 익혀야 한다." 거절하는 방법은 다양하다. 결정을 미루거나, 마감 시점을 바꾸어 달라고 하거나, 도움을 줄 수 있는 다른 사람을 제안하는 식이다. 모든 선택을 통제할 수는 없지만, 가능할 때는 반드시 주도권을 행사해야 한다.

스콧은 삶과 일에 기쁨을 주지 않거나 가치를 더하지 않는 모든 부수적인 활동은 내려놓기로 했다. 놓아 버리는 것만으로도 해방감을 느꼈다. 끝없는 약속을 근성으로 버텨 내면서 자랑스러워하던 예전과 달리 이제는 스스로 만든, 불필요한 스트레스에서 빠져나오는 기쁨을 찾았다. 앞으로는 본업 외에 요청이 올 때마다 잠깐 시간을 두고, 가치와 관심사에 맞지 않는 것은 모두 거절하겠다고 스스로에게 상기하기로 다짐했다.

동시에 스콧은 양육, 결혼 생활, 여가 활동 등 직장 밖에서 소중한 일에[114] 우선순위를 두었다. 가족과 더 많은 시간을 보내고, 소설을 더 읽고, 작은 부업에도 도전하면서 스콧은 생각보다 훨씬 크고 풍성한[115] 진짜 정체성을 발견했다(균형 잡힌 정체성을 구축하는 아이디어와 욕구를 지지하는 여가 활동 목록은 252쪽 참조).

이 장에서 내가 분명히 전하고 싶은 메시지는 하나다. **환경이 아무리 우리를 압박하고 통제하더라도, 언제나 더 기쁘고 진정성 있**

---

* 바로 이런 이유로 너무 바쁘면 불행해진다(Cassie Mogilner, "It's Time for Happiness," Current Opinion in Psychology 26 (2019): 80–84).

게 사는 쪽을 선택할 수 있다. 미국의 시인 엘라 휠러 윌콕스의 말처럼, "결연한 영혼의[116] 굳센 결심을 우회하거나 방해하거나 통제할 수 있는 우연도, 운명도, 숙명도 없다."

내가 병명을 찾는 여정을 이틀간 멈추겠다고 작정한 지 정확히 사흘 뒤, 마치 예정된 것처럼 연락이 왔다. 진료까지 무려 15개월을 기다려야 한다고 들었던 EDS 전문의 스코필드 박사의 사무실에서였다. 6주 뒤에 진료할 수 있다는 소식이었다. 불길한 예감을 애써 누르며 나는 또다시 진료 기록 요약을 추가하고, 네 권의 두툼한 바인더를 준비하는 절차에 들어갔다.

진료가 있던 날 아침, 나는 어떻게든 그럭저럭 사람답게 보이도록 스스로 추스른 뒤, 색깔별로 정리한 바인더를 캐리어에 차곡차곡 넣고 스코필드 박사 진료실까지 20분을 운전해 갔다.

진료가 끝난 뒤, 스코필드 박사의 보조 찬드라가 어떻게 되었는지 물었다. "저는… 저는 말문이 막히는 편이 아닌데요." 내가 더듬거렸다. 어색할 만큼 긴 침묵 끝에, 마침내 간신히 입을 뗐다. "여러분이… 제 목숨을 구한 것 같아요."

찬드라는 고개를 천천히 저었다. "아니에요. 당신이 한 거예요. 우리 환자들은 평생을 통증 속에서 보냅니다. 의사와 사랑하는 사람들에게 외면당한 채로요. 여기까지 오는 데 무엇이 필요했는지, 스스로 과소평가하지 마세요." 나는 찬드라와 포옹하고, 바인더를 챙겨 얼어붙을 듯한 겨울 공기 속에서 캐리어를 끌고 차로 돌아갔다.

그날, 확정적인 진단 두 개를 받았고, 세 번째는 일주일 뒤 검사 결과로 확정되었다. 과운동성 EDS, 기립성 빈맥 증후군(POTS), 비만세포 활성화 증후군. 스코필드 박사는 이 진단이 애매한 경계선상에 있지 않고, 명확하고 객관적이며 반박의 여지가 없는 소견이라고 못 박았다.

물론 결승점은 아니었다. 앞으로의 여정에 환상도 없었다. 하지만 할 일은 분명했다. 새로운 주도권과 수년 만에 몸을 가장 나아지게 해 줄 새로운 길이 열렸다. EDS에는 완치나 표준 치료가 없지만, 동반되는 질환들은 치료할 수 있다. 게다가 이제 나를 진심으로 돌보아 줄 의료진으로 이루어진 지원 체계가 있다. 그리고 지혜와 힘의 엄청난 원천이 되어 줄 EDS 동료 전사들과 만들어가는 새로운 커뮤니티도 함께다.

집으로 돌아오는 길, 내 안에 휘몰아치는 감정의 스펙트럼을 믿을 수가 없었다. 정당함을 인정받았다는 기분이었고, 심지어 약간 우쭐하기도 했다. 의학 교육도 받지 않은 내가 수십 년간 전문의도 풀지 못한 수수께끼를 풀어냈으니 말이다. 하지만 그런 자아 주도 감정이 가라앉고 나자, 남은 것은 지금까지 회복탄력성 훈련이 준 어떤 느낌과도 다른 감정이었다. 깊고도 또렷한 명료함, 자신감, 평안.

그 순간, 나는 마침내 깨지지 않는 힘을 가진 상태가 어떤 느낌인지 이해했다.

"환경이 아무리 압박하고 통제하더라도,
언제나 더 기쁘고 진정성 있는 삶을 선택할 수 있다."

❶ **진정성 vs. 강압:** 스스로 선택하고, 자신을 진솔하게 표현하는 능력은 억압, 상실, 불공정 같은 트리거 앞에서 쉽게 상처받는다(149쪽 참조).

- **그림자 목표 예시:** 지배, 반항, 포기(자세한 목록은 다음 마지막 페이지의 두 번째 표 참고)

- **그림자 습관 예시:** 세부사항 통제, 권위 거부, 침묵(자세한 목록은 다음 페이지의 두 번째 표 참고)

❷ **선택권을 만드는 도구**

- **불량배 상대 주짓수:** 상대의 힘을 역이용하라. 예를 들어, 유머는 적의 균형을 무너뜨리고 두려움을 무력화하며, 행동할 용기를 북돋운다.

- **선택권 지지:** 선택지를 제시하고 '결국 선택은 당신 몫이다'라고 말하라.

- **선택권 지지형 리더십:** 타인의 경험을 인정하고(확인·정상화), 진정성 있는 의사 결정을 돕는 정보를 제공하며, 주체적 행동을 뒷받침하라.

- **2-2-2 도구:** 포기하고 싶을 때 스스로에게 묻는다: "앞으로 2분, 2시간, 2일 동안 내가 필요로 하는 것은 무엇인가?" 잠시 쉬고, 다시 이어 가라.

❸ 상실에서 앞으로 나아가기:

- **한 가지를 선택하라**: 삶의 한 영역에서 욕구가 충족되면, 다른 영역의 욕구 충족이 함께 이루어진다. "내가 통제할 수 있는 한 가지는 무엇인가?"를 질문하라.

❹ 기계적 동기를 진정한 동기로 바꾸기

- **진정성 점검**: "이 일에 대해 내가 느끼는 진짜 감정은 무엇인가?"
- **과잉 동일시 피하기**: 일과 같은 요소가 자아의 한 부분인 정체성의 중심이 되어 버리는 경험에서 벗어나, 균형 잡힌 정체성을 구축하라.

❺ 균형 잡힌 정체성 구축하기[117]

- **역할과 정체성 분리하기**: 내가 하는 일은 곧 '나'가 아니다.
- **한계 설정하기**: 외부 압력을 버틸 수 있는 자신의 실제 역량을 인식하고 경계선 세우기
- **우선순위를 명확히 정하기**: 가족을 우선하기 등
- **임시 역할 시도하기**: 포커 플레이어와 같은 전혀 다른 정체성으로 잠시 '탈출'해 보기

| 과학적 근거에 기반한 욕구 만들기 여가 활동[118] |

자신감 지지 활동	선택권 지지 활동	연결감 지지 활동
· 연기	· 연기	· 연기
· 오락실 게임	· 베이킹 · 요리	· 야구
· 야구	· 캠핑	· 교회 · 종교 모임
· 자전거 타기	· 도예	· 춤추기
· 체스	· 사인 수집	· 프리스비
· 컴퓨터 게임	· 춤추기	· 라이브 음악 감상
· 낚시	· 드로잉	· 소풍
· 포커	· 정원 가꾸기	· 축구
· 당구	· 기타 연주	· 사교 활동(소셜라이징)
· 축구	· 하이킹	· 자수
· 스포츠 동호회		· 그림 그리기
· 테니스		· 사진
· 웨이트 트레이닝		· 퀼팅
		· 자원봉사: 위기 개입
		· 자원봉사: 스카우트 활동
		· 목공

| 선택권 결핍: 그림자 목표와 습관 |

항목	그림자 목표	그림자 습관 예시
보호: 죄책감 · 수치심 · 비난을 피하기 위해 맞서 싸우기	**반항:** 기대나 규칙을 무조건 거부하려는[119] 충동	· 자신 또는 타인의 경계 밀어붙이기 · 결과를 고려하지 않고 위험 감수하기 · 사회적 규범 따르지 않기[120] · 지나친 불복종[121]으로 권위 거부하기[122] · 기대와 반대로 행동하기(부메랑 효과)[123] · 위험한 행동하기 · 수동적 공격성[124](예. 의도적 지연) · 거짓말하거나 속이기[125]
증명: 자기 가치와 사회적 위치를 외부의 증거로 입증하려는 태도	**지배:** 타인을 통제하려는 충동[126] **제한:** 자신의 선택을 통제 · 제한하려는 충동	· 일방적 결정 내리기 · 타인의 의견이나 선택 제한하기 · 위임 거부하기 · 강압적으로 타인 통제하기 · 극단적으로 지나치게 간섭하기 · 적대감[127], 공격성[128], 괴롭힘[129] · 자신이나 주변에서 과도한 질서 · 통제 추구하기[130] (예. 식단, 운동[131], 기타 습관)
방어: 당장의 불편함을 피하기 위해 경험을 부정하거나 욕구의 가치를 축소하는 태도	**순응:** '그게 쉬우니까, 마땅하니까' 해야 한다고 자신을 몰아가는 충동 **포기:** 저항 없이 물러서는 충동	· 무관심[132]이나 무동기[133] 방치하기 · 침묵[134], 수동성[135], 관계 이탈[136] · 현실의 제약을 무시하거나 부정[137] 하기 · 자기 진정성과 맞지 않는 신념 · 감정 · 행동 · 가치 채택[138]하기 · 파문을 일으키지 않으려 '겉으로만' 순응하는 모습 보이기 · 자신의 실제 감정 억누르기[139] · 자신의 필요 · 편안함 · 행복 부정하기 · 자기 위안[140](음식, 술, 게임 등) · 원하지 않지만 남이 원하는 일 하기[141] · 자신의 처지를 바꿀 힘이 없다고 단정하기 · 통제적인 제도 · 기관 지지하기[142]

연결감 만들기

"우리는 바다 위의 섬과 같다. 겉으로는 떨어져 있어도 깊은 곳에서는 연결되어 있다."
— 윌리엄 제임스

샬럿은 낙원에 살고 있었다. 암스테르담의 조약돌 포장길을 산책할 때면, 고향 오하이오는 납작하고, 딱딱하고, 눈만 부신 세상처럼 느껴졌다. 샬럿과 남편, 어린 딸이 사는 집은 천장이 높고 창도 큰 멋진 복층 구조였다. 창 너머로는 지붕들 사이로 물길이 보였고, 빛나는 구 교회 성탑이 눈앞에 펼쳐져 있었다. 토요일 아침이면 샬럿과 딸은 바삭한 베이컨과 치즈가 듬뿍 올라간 네덜란드식 팬케이크를 먹곤 했다. 둘 다 이 현지 별미에 푹 빠져 있었다. 도시 곳곳을 누비는 자전거와 아슬아슬하게 스치는 일만 빼면, 샬럿에겐 불평할 일이 전혀 없었다. 정말, 그랬다.

그런데도. 왜 행복하지 않을까?

샬럿은 주변을 둘러싼 아름다움과 역사, 문화를 볼 수 있었다. 맛있는 음식을 맛볼 수도 있었다. 딸의 천진한 웃음소리도 들을 수 있었다. 이곳이 세계에서 가장 완벽한 도시 가운데 하나라고 적어도 머리로는 이해하고 있었다. 하지만 어찌 된 일인지, 그 모든 것이 마음 깊숙한 곳까지 스며들지 못했다. 마치 자신이 나오지만, 색도 생기도 리듬도 없이 단조로운 영화를 보는 기분이었다.

그렇지만 샬럿은 불평할 것이 없으니 불평하지 않기로 했다. 다정한 엄마가 되고, 성실한 남편인 이안에게 상냥한 아내가 되는 데 집중하기로 했다. 충분히 좋은 삶이었다. 그것만 해도 실질적인 어려움을 겪는 수백만 명에 비하면 과분한 일일 테니까. 더욱이 남편의 직장 덕분에 이런 대단한 모험을 시작할 수 있었으니 감사해야 했다. 비록 샬럿은 당분간 경력이 단절돼야 했고, 글로벌 은행에서 일하는 남편은 몇 주씩 집을 비우곤 했지만 말이다.

그리고 정말, 남편이 집을 비우는 그 몇 주는 길고도 외로웠다. 특히 도시가 어둡고 추운 겨울로 접어들 때면 더했다. 암스테르담에서 친구를 사귀기는 쉽지 않았다. 네덜란드 사람들은 정중하고 친절했지만, 소도시 오하이오에서라면 무례하다고 여길 만큼 거리를 두는 편이었다. 샬럿은 이곳 사람들의 담백한 태도를 좋아하면서도, 자신의 중서부 특유의 과장되고 활달한 친근함이 오히려 관계의 걸림돌이 되지 않나 걱정했다.

매일 저녁, 딸이 공부하는 동안 샬럿은 무릎 담요를 덮고 소파에 웅크려 앉아 노트북으로 넷플릭스를 틀어 놓았다. 창밖 얼어붙은 운하 위에서 취객들이 떠드는 소리를 무시하려 애쓰면서. 특히 마음이 가라앉는 밤이면, 일기장을 펼쳐 따뜻했던 기억을[1] 다시 꺼내 읽

기도 했다.●

다행히 샬럿은 정기적으로 친한 친구와 영상 통화를 했다. 아이패드 화면에 조이의 얼굴이 나타나면 마치 구름 사이로 해가 비추는 것만 같았다. 둘은 늘 가까웠지만, 지구 반대편으로 이사 오고서야 떨어져 있어 봐야 소중함을 안다는 옛말이 얼마나 맞는 말인지 절감했다. 정말 그랬다!

조이와의 통화는 일주일 중 가장 기다려지는 순간이었다. 이안이 없는 날이면 특히 더더욱. 그날을 '조이 데이'라고 부르며, 그날 아침엔 벌떡 일어나 하루 종일 들떠 있다가 통화를 마쳤다. 이후에는 대화 내용을 되새기며 친구가 던진 재치 있고 사랑스럽고 날카로운 말들을 떠올리며 미소 지었다.

2월의 어느 눈 내리는 날, 샬럿은 조이에게 외롭다고 털어놓았다. 그러자 조이도 힘든 시간을 보내는 중이며 결혼 생활에 문제가 있다고 말했다. 이런 이야기에 샬럿의 기운이 난 건 잘못일까? 물론 샬럿은 조이가 불행해지길 바라지 않았다. 하지만 친밀하게 속삭이는 대화, 슬픔과 안도의 눈물은 둘을 한층 더 가깝게 만들었다. 곧 둘은 일주일에 여러 번 영상 통화를 하게 되었다.

어느 밤, 샬럿이 런던 호텔에 있는 이안에게 전화를 걸었다. 그는 갑자기 버럭 소리를 질렀다. "제발, 샬럿. 죄다 조이 얘기뿐이야. 마치 여고생의 짝사랑 같다고."

● 샬럿의 선택은 꽤 타당했다. 연구에 따르면 외롭거나 단절감을 느낄 때, 향수를 불러일으키는 회상을 활용하면 일시적으로 그 공백을 메우는 데 도움이 된다(Johannes Seehusen 외, "Individual Differences in Nostalgia Proneness: The Integrating Role of the Need to Belong," Personality and Individual Differences 55, no. 8 (2013): 904-908).

그 순간, 모든 퍼즐이 맞춰졌다. 전화를 끊고 나서 샬럿은 어린 시절 가족 여행의 한 장면이 갑자기 떠올랐다. 밤에 오리건에 도착해 자고 일어난 다음 날 아침, 커튼을 걷자 호텔 창문 너머로 완벽히 맑은 하늘을 배경 삼아 우뚝 선 후드산의 장엄한 풍경이 액자처럼 펼쳐졌다. 조이를 사랑한다는 자각도 바로 그런 느낌이었다. 그 산처럼 갑작스럽고, 거대하며, 부인할 수 없었다.

샬럿은 이런 상황에 대처할 준비가 되어 있지 않았다. 평생 '모범생'인 자신을 자랑스럽게 여겨 왔다. 학교 성적 올 A? 당연하다. 일류 대학의 스타 운동선수? 당연하다. 괜찮은 직업을 갖되, 여전히 예쁘고 위협적이지 않은 이미지? 당연, 너무 당연하다. 자신이 누구이며 무엇을 진정으로 원하는지 파고들기보다, 사람들의 기대에 맞춰 사는 편이 늘 더 쉬웠다. 손이 많이 가지 않고, 끝없이 맞춰 주는 사람으로 살았다. 특히 남편에게는 함께 스포츠 경기를 보고 집밥을 해 주고 불평하지 않는 '좋은 아내'가 되려고 애썼다.

그러니… 남자와 결혼해 사는 내가 여자를 사랑하다니? 말도 안 된다. 미쳤다. 젠장, 절대 그럴 리 없다.

샬럿은 회피 전략을 가동했다. 어쩌면 이안 말이 맞을지도 몰랐다. 그저 유치한 반짝임일 뿐이라고. 이 감정은 무시하면 언젠가는 틀림없이 사그라들 거라고.

조이와 통화 횟수를 줄였다. 메시지도 덜 보냈다. 이 광기가 덮치기 전 삶으로 억지로 되돌려 놓으려 노력했다. 변화는 고통스러웠고, 조이에게도 상처를 주고 있다는 것을 알고 있었다. 그래도 그럭저럭 괜찮다라고 스스로를 설득해야 했다. 달리 무슨 선택을 할 수 있었을까?

그런데 전략은 곧 흔들리기 시작했다. 두 친구, 내털리와 남편 브라이언이 암스테르담을 방문했기 때문이다. 봄날 아침, 세 사람은 자전거를 타고 그림 같은 거리를 돌아다니며 샬럿이 가장 좋아하는 장소는 어디인지, 무엇에서 영감받는지, 이 도시에서 무엇을 가장 사랑하는지 물었다. 조이와의 통화를 제외하면, 1년 만에 처음으로 샬럿은 자신의 존재가 온전히 *보인다*는 느낌을 받았다. 조이, 브라이언, 내털리는 샬럿이 하는 말에 진심으로 귀 기울였다. 샬럿이 행복한지 확인하고 싶어 했다. 자신들의 기대에 맞는 모습이 아니라, 있는 그대로의 샬럿을 사랑했다.

그날, 샬럿은 충만했다. 단 1초도 외롭지 않았다. 그 감정은 곧 '깨달음의 쓰나미'로 이어졌다. 지금껏 느껴 온 단절감의 깊이에 관한 깨달음이었다. 단지 낯선 도시로 이주했기 때문은 아니었다. 네덜란드식 차갑기 때문도 아니었다. 이안이 집에 있을 때도 마찬가지였으니, 그의 잦은 출장 때문도 아니었다. 더 이상 인간에게 가장 근본적인 욕구를 충족해 주지 못하는 결혼 생활이 문제였다.

연결 결핍의 시대에 연결하기

본질적으로, 인간은 관계적 존재[2]다. 인간은 태초에 약 100~150명의[3] 작고 안정적인 집단으로 살았고, 뭉쳐 지내는 것이 생존의 핵심 전략[4]이었다. 노동[5], 자원, 정보를 나누고 사냥과 외부 위협에 맞서 협력하며 초기 인류는 살아남을 수 있었고, 결국 번식할 수 있었다. 몸이 아프거나, 두렵거나, 위험할 때 유난히 타인의 보살핌[6]과 지지를 갈망하는 이유도 여기에 있을지 모른다. 살아남기 위해 인간은 협력[7]해야 했다.• 그리고 협력하려면 서로를 아껴야 했다.[8] 따라서 인간은 외로움을 피하고 사랑과 수용을 갈망하도록 설계돼 있다. 우리가 살면서 경험하는 진정한 연결의 수준은 다음 스펙트럼에서 어딘가에 있는 우리 상태에 달려 있다.

외로움 ⟵⎯⎯⎯⎯⎯⟶ **사랑**

연구는 연결의 두 가지 기본 구성 요소[9]를 밝혀낸다. 첫째는 **소속감**이다. 사회적 유대는 협업을 가능하게 했기[10] 때문에, 유대를 쉽게 형성하도록[11] 진화했다. 예를 들어, 한 연구에 따르면, 완전한 낯선 사람에게서 연하장을[12] 받은 사람 중 다수가 답장을 보냈다. 역경 속에서는 유대가 특히 더 쉽게[13] 형성된다. 참전 용사라면 누구라도 평생의 끈끈한 동지애는 '포화 속에서 단련'된다고 말한다. 또한 일상에서 소속감[14]을 느끼는 순간들, 가령 마음이 맞는 동료와 마시는 커피 한 잔, 동호회 배구팀의 팀워크, 종교의식에서 느끼는 초월적 힘은 스트레스를 줄이고, 알아봐 주고, 들어 주고,[15] 인정해 주고, 지지해 주고, 곁에 있어 주고, 내 편이 되어 주며, 지켜 주는 느낌을 준다.

• 인간의 뇌는 본능적으로는 이타성을 기본값으로 두고 있지만, 자원 희소성 때문에 이후 이기적 성향으로 진화했을 가능성도 있다(Jennifer Crocker, Amy Canevello, and Ashley A. Brown, "Social Motivation: Costs and Benefits of Selfishness and Otherishness," Annual Review of Psychology 68 [2017]: 299-325; Caroline Roux, Kelly Goldsmith, and Andrea Bonezzi, "On the Psychology of Scarcity: When Reminders of Resource Scarcity Promote Selfish (and Generous) Behavior," Journal of Consumer Research 42, no. 4 [2015]: 615-31).

둘째는 **관계의 깊이**[16]다. 조상들은 평생을 같은 친족[17]과 가까운 지인 사이에서 살았기 때문에 그들과의 관계는 세월의 시험을 견딜 만큼[18] 튼튼해야 했다. 관계는 신뢰[19]와 친밀감[20]을 키우는 상호작용을 통해 점차 깊어진다. 그 결과 타인이 진정으로 나를 아끼며,[21] 특히 스트레스 상황에서[22] 사랑과 지지가 필요하며 의지할 수 있다는[23] 느낌을 얻게 된다. 가장 깊은 관계[24]인 연인, 절친, 가족은 물론 동료·상사·고객과의 관계 역시 호혜적으로 작동한다.[25] 즉, 보살핌과 지지를 주기도 하고 받기도 한다. 상대가 받는 것이 우리가 받는 것보다 많거나, 반대로 상대가 주는 것이 우리가 주는 것보다 많을 때는 연결감을 덜 느낀다.

소속감과 관계의 깊이는 혼자가 아니라고 일깨워 주며, 이는 우리의 자존감과[26] 존엄성을[27] 높인다.* 단지 정서적 만족에 그치지 않고, 말 그대로 뇌의 신경 회로를 재구성한다.[28] 친밀한 연결은 엔도르핀[29] 같은 기분 좋은 화학 물질의[30] 분비를 촉발한다. 소득과 의료 수준의 차이를 반영해도,[31] 사회적 연결은 암 생존율을 높이고 10년간 사망 위험을 낮추는 보호 효과[32]를 보였다. 반대로, 외로움은 하루 15개비의 담배[33]를 피우는 것만큼 건강에 해롭다. 치매[34]와 심근경색[35]의 위험을 높이고, 정신 건강 문제와도 강하게 연결된다. 그리고 일부 연구는 총기 난사[36] 증가의 한 요인일 가능성도 제기한다. 전 미국 공중보건국장 비벡 머시는 이 외로움 팬데믹을 시급한 공중

---

* 서문에서 스티븐 손드하임의 뮤지컬 〈인투 더 우즈Into the Woods〉에 나오는 가장 유명한 대사 중 "너는 혼자가 아니다. 아무도 혼자가 아니다"를 언급했다. 왜 그 가사가 가슴을 쿡 찌르듯 와닿는지 늘 궁금했는데, 이제 이해한다. 혼자가 아니고 싶다는 욕구는 원초적이고도 본능적이다.

보건 과제[37]로 규정한 바 있다.

어쩌다 여기까지 왔을까? 앞서 말했듯, 우리의 조상은 대체로 한 곳에서 같은 사람들과 평생을 함께 지냈기에 시간이 흐를수록 관계를 깊게 만들기 쉬웠다. 오늘날은 샬럿처럼 종종 삶의 근거지[38]를 옮겨 다시 시작한다. 조상들이 삼촌, 이모, 사촌, 조부모가 뒤엉킨 '확장된 가족 네트워크'[39] 안에서 살았다면, 오늘날 많은 문화권은 핵가족 중심이고 확장 가족과의 상호작용은 줄어들었다. 결혼 상대도 과거엔 가까운 범위에서 상대를 골랐지만, 지금은 만나 볼 일도 없는 사람들의 프로필을 무한히 넘겨 본다.

이런 변화 속에서 지난 수십 년 동안 사회적 연결이 급격히 감소해 온[40] 것도 놀랄 일은 아니다. 성별, 연령, 인종을 막론하고 대면 사회활동은 지난 50년 사이 30퍼센트 감소했다.[41] 친한 친구를 적게 사귈 뿐 아니라,[42] 친구와 보내는 시간이 20년 전보다 월평균 20시간이나 줄었다.[43] 가족 규모 축소와 혼인율 하락 같은 **인구학적 요인도[44] 긴밀한 연결을 더 어렵게 만든다. 그 결과, 미국에서 성인이 '아주 잘 연결되어 있다'라고** 느끼는 비율은 39퍼센트에[45] 불과하고, 거의 절반은 지속적인 외로움을 경험한다.[46] 특히 청년층에서 두드러지는데, 고립감을 느낄 가능성이 거의 두 배 높게 나타났다.[47]

가슴 아프게도 어느 조사에서는 응답자의 거의 4분의 1이 친구가 '한 명도 없다'라고[48] 답했다.

데릭 톰슨이 〈애틀랜틱〉에 썼듯,[49] "미국 역사상 사람들이 이토록 많은 시간을 혼자 보낸 시기는 통계적으로 존재한 적이 없다." 기술의 영향 또한 크다.[50] 주의를 붙들어 두고, 대면 만남을 대체하며, 관계의 질을 낮춘다. 저녁 식사 자리에서도 휴대폰을 내려놓지 못하는 그 친구가 어쩌면 당신일 수도 있다. 2015년 이후 '거의 항상' 온라인 상태인 십 대의 비율은 두 배로[51] 늘었다. 연구에 따르면 휴대폰을 하루 평균 고작 *1시간 사용해도*[52] 외로움, 우울감, 불안함을 유발할 수 있다고 한다.

그렇다고 기술만 탓할 수는 없다. 더 넓은 관점에서, 우리는 데릭 톰슨이 '공동체 의례의 침체'[53]라 부른 현상을 겪고 있다. 지역 공동체 기반의 일상적 활동은 급격히 줄었고, 타인과 접촉을 피할 선택지는 늘었다. 지난 20년 사이 독서 모임, 스포츠팀, 공동 예배 같은 집단 활동 참여는 3분의 1 이상 줄었다. 지역 사회에 '아주 강한 애착'을 느끼는 미국인은 10명 중 2명도 되지 않는다.[54] 사회학자 로버트 퍼트넘의 말처럼, 사회 제도와 타인에 대한 신뢰는 역사상 최저치에[55] 가깝다. 여기에 원격, 혼합 근무제의 확산은[56] 사실상 공동체의 마지막 보루였던 직장마저 균열된 곳으로 만들고 있다.

연결이 절실할 때

사소한 무시부터 큰 배신까지, 연결감을 위협하는 트리거는 깊은 상처를[57] 남기며 우리를 버려진 듯, 고립된 듯, 인정받지 못한 듯, 지지받지 못한 듯 질투와 분노, 배신감에 사로잡히게 한다.

첫 번째 주요 트리거는 **거절**[58]이다. 예를 들어, 친구의 결혼식에 초대받지 못한 일, 승진에서 누락되는 일, 데이트 상대에게 갑자기 연락이 끊기는 일, 배우자에게 냉랭한 무시를 당하는 일 등이다. 거절은 불안[59]과 적대감[60]을 유발하는 요인 가운데 가장 확실히 입증된 원인이다. 거절은 자기 통제와 추론 능력, 심지어 IQ까지[61] 손상시킨다. 그리고 집단에서 배제는 조상들의 생존 자체를 위협했기에, 인간의 뇌는 거절에 반응하도록[62] 만들어졌다. 아주 작은 무시에도 거절 경보가 울릴 수 있다. 연구에 따르면,[63] 남이 따돌림당하는 장면을 보기만 해도 마치 자신에게 일어난 일처럼 부정적 감정이 솟구친다.

또 다른 단절 트리거는 **방치**[64]다. 중요한 사람 또는 집단이 관심과[65] 배려를[66] 보이지 않을 때 발생한다. 차갑고[67] 소원한 상호작용[68], 지지의 부재, 특정인에게만 돌아가는 특혜[69]를 목격하는 일이 해당한다. 특히 교묘한 형태의 방치를 조건부 인정이라고 하는데, 상대방의 뜻대로 행동할 때만[70] 애정을 쏟고 인정해 주는 경우다. 이는 사실상 선택권 욕구와 연결감 욕구 가운데 하나만 선택하도록 강요하는 것이다.

세 번째 트리거는 **갈등**이다. 이는 대인 관계의 긴장, 의견 충돌, 오해[71] 등의 형태로 나타날 수 있다. 예를 들어 가족 간의 불화, 직장에서의 권력 다툼, 친구와의 분쟁 등이 여기에 해당한다. 갈등은 소통 방식과 가치관의 차이, 미흡한 의사소통, 서로 다른 우선순위에서 비롯되며, 때로는 해로운 의도가 원인이 되기도 한다. 갈등이 고통스러운 이유는 타인과의 마찰을 낳기 때문만이 아니라, 그것이 이해관계, 목표[72], 지위[73]까지 위협할 수 있기 때문이다. 더 깊은 차원에서, 갈등은 호감을 주고 같은 편이 되고 싶다는 핵심 욕구[74]를 정면으로 뒤흔든다.

네 번째 트리거인 **가혹함**은 의도와 무관하게 인간성을 깎아내리거나 해를 끼치는 행동[75]을 말한다. 학대, 공격, 처벌[76], 조종[77], 굴욕[78], 타인의 이익을 위한 착취[79] 등이다. 노골적으로든[80], 더 은밀한 공격을 통해서든, 가혹함은 존엄성과 자존감을 위협해 깊은 수치심을 불러온다.[81] 괴롭힘은 아주 흔한 가혹함의 형태다. 한 연구는 무려 84퍼센트가[82] 괴롭힘을 당한 경험이 있다고 보고한다. 그리고 약자만 괴롭힘을 당한다는 대중적 믿음과 달리, 가해자는 대개 사회적 연결이 탄탄한 유명인[83], 특히 지위가 높은 여성[84]을 표적으로 삼는 경향이 있다.•

　마지막으로, **배신감**[85]은 '안전'하다고 느끼던[86] 사람이 신뢰, 충성, 성실을 깨뜨릴 때 생긴다. 친구가 비밀을 누설하는 일, 직장에서 가장 친한 동료에게 갑자기 연락을 두절당하는 일, 파트너의 불륜 등 이러한 배신감은 안전감만 무너뜨리는 것이 아니다. 우리가 중요하게 여기는 사람이 우리를 같은 무게로 여기지 않는다는 신호이기도 해서 관계 전체, 심지어 관계의 종류에 따라서는 삶 전체가 거짓이었던 것처럼 느끼게 한다. 보통 누군가의 행동이 기대를 크게 빗나갈수록[87] 분노도 더 크다. 인간은 배신감을 포착하도록 설계되어 있다. 글렌 게헤르 연구팀은 이를 우리 조상들이 착취를 피할 수 있게[88] 하던 '사기꾼 탐지 적응 기제'라는 메커니즘으로 설명했다. 과거에는 아군과 적을 가려내는 능력이 생존과 직결된 문제였기 때문에, 다시 배신당할 위험을 무릅쓰느니 분노를 유지하는 편이 더 안전했다.

•　내 친구 에이미 커디의 걸작 《Bullies, Bystanders, and Bravehearts》를 꼭 읽어 보라. 에이미의 끔찍한 경험을 바탕으로 괴롭힘을 다루는 데이터와 실전 도구를 치밀하게 풀어낸 책이다.

이 모든 것은 연결감 트리거에 관한 중요한 진실을 보여 준다. 친구가 내 생일을 잊는 작은 실수 같은 일도 지나치게 큰 트리거[89]가 될 수 있다. 아무 때나 무려 1,100만 개에[90] 달하는 정보에 동시에 노출된다고 생각해 보라. 이에 대처하는 과정에서 뇌는 자동 조종 모드로 전환되어, 다른 사람들의 동기와 행동까지 포함해 주변 환경에 대해 신속하고 반사적으로 판단한다. 이 체계는 대체로 유용하지만, 스트레스 상황에서는 오작동하여 지각을 왜곡하고 현실을 왜곡해 보도록 만든다. 그리고 조상들에게는 거짓 경보보다 거짓 긍정이 훨씬 덜 위험했기 때문에, 인간은 본능적으로 타인으로부터의 위협을 과도하게 탐지하도록[91] 설계돼 있다. 이를테면, 소파에 앉아 소셜 미디어를 훑다가 야근 중일 줄 알았던 배우자가 동료들과 회식하는 사진을 보았다고 하자. 초기 인류가 상대의 불륜을 눈치채는 데[92] 도움을 주던 바로 그 사회적 위협 탐지 시스템이, 실제 배신이 없었더라도[93] 의로운 분노나 도덕적 격분 같은 감정을 촉발한다.

이러한 본능적 반응이 만드는 그림자 목표는 트리거만큼이나 다양하다. 첫째, 호감을 사고 있는 증거인 **인기**[94]나 가치 있게 여겨진다는 증거인 **인정**[95] 같은 것을 쫓아 존재감을 증명하려는 충동이 있다. 혹은 모욕감을 씻어 내려고 상처 준 사람에게 되갚아 주려는 **앙심**[96]이나 우위를 증명하려고 쏟아 내는 **공격성**[97]에 기대 자신을 지키려 할 수도 있다. 마지막으로 고통을 피하려, 스스로를 걸어 잠그는 **은둔**[98]이나 충돌을 피하려는 **가식**[99]을 택할 수 있다(연결감 위협 상황에서 흔한 그림자 습관의 예시는 282쪽 참조).

궁지에 몰린 샬럿의 이야기로 돌아가 보자. 우리는 이제 샬럿이 몇 가지 뚜렷한 트리거와 씨름하고 있었음을 알았다. 잦은 출장을 떠나는 남편의 방치, 집에 있을 때조차 무관심으로 일관하는 가혹함, 암스테르담에서 친구 사귀기에 연이어 실패하며 겪은 거절 신호가 그것이다. 이 트리거들에 대한 반응으로, '착한 아이' 샬럿은 가식과 은둔이라는 그림자 목표를 택했고, 단절로 치러야 하는 진짜 대가를 인정하지 않는 그림자 습관을 조이와 멀어지면서까지 받아들였다.

기댈 만한 다른 관계가 있다고 해도, 이런 식의 단절은 절대 가볍지 않다. 연구에 따르면 샬럿에게 조이의 존재처럼, 단 하나의 가장 깊은 연결감이 정신 건강과 삶의 질에 큰 영향[100]을 미치고, 그 밖의 다른 관계들은 영향력이 점점 줄어들기 때문이다.[101] 연구자들이 **짝 유대**라고 부르고, 드라마 〈그레이 아나토미〉에서 '내 사람'이라 부르는 이 관계는 연인 사이에서 흔하지만[102], 연인이 아니어도 상관없다.[103] 어느 쪽이든, 짝 유대는 인생에서 심리적 안전 기지를 제공한다. 그러므로 연결감이 결핍될 때 샬럿이 본능적으로 한 것처럼, 짝 유대를 밀어내는 것은 최악의 선택이다.

다행히 브라이언, 내털리와 함께한 그날 이후, 샬럿에게 변화가 일어났다. 결혼 생활과 조이에 대한 진짜 감정에 관한 '깨달음의 쓰나미'는 결정적 전환점이 되었고, 안일했던 자아를 흔들어 깨워 마침내 스스로 놓치고 있었던 것을 보게 했다. 깊은 사랑과 연결로 가득한 삶이 바로 자기 손안에 있었다. 샬럿이 해야 할 일은 단 하나, 용기 있게 전환점을 맞이하는 일이었다.

키다리 아저씨와 따개비

나는 폴과 코트니 부부를 내담자로 만나 키다리 아저씨와 따개비라는 말을 배웠다. 이 부부는 급성장하는 건설 회사의 공동 창업자였는데, 남편인 폴은 억울할 만큼 많은 역경을 겪었다. 회사를 막 창립한 직후, 끔찍한 사고로 걷지 못할 정도로 다쳤고 심각한 포도상구균 감염으로 입원했다. 회복은 했지만, 시련은 끝나지 않았다. 15년 넘게 키운 회사는 한 차례 인수 실패로 파산 절차까지 밟아야 했다.

시련을 겪으며 폴은 살면서 만난 사람이 부지불식간에 두 부류로 나뉜다는 것을 깨달았다. 그리고 누가 어느 쪽에 속할지는 결코 예측할 수도 없었다. 키다리 아저씨는 별다른 질문도 없이 나타나 곁을 지켰다. 모터보트의 엔진처럼, 거친 물살을 건널 때 추진력을 더해 주었다. 반면 **따개비**도 있었다. 평탄할 때는 주변을 맴돌지만, 상황이 어려워지면 나타나지 않거나 나타날 수 없는 사람이다. 배의 선체에 달라붙는 해양 갑각류처럼, 따개비는 우리를 아래로 끌어당겨 앞으로 나아가지 못하게 만든다. 폴은 키다리 아저씨에게 크게 의지하고 따개비는 긁어내 버림으로써 두 번의 위기를 깨지지 않는 힘 방식으로 헤쳐 나갔다. 먼저 의사의 예상과 달리 가족과 디즈니랜드에서 만 보를 걸었고, 회사는 업계 기록을 갈아치울 정도로 성장했다.

하지만 여기에는 까다로운 점이 있다. 상황이 좋을 때는 키다리 아저씨와 따개비가 사실상 거의 구분되지 않는다.[104] 그래서 힘든 시기는 비록 고통스럽지만, 관계에 대해서는 탁월한 리트머스 시험지가 된다. 나는 EDS 3종을 진단받은 뒤 추가 검사에서 면역 기능이 위험할 정도로 저하되었다고 알게 되었을 때, 이 교훈을 체감했다. 세계적 팬데믹 한가운데서, 상황은 간단한 시험지가 되었다. 친구든 가족이든 누가 만나자고 연락하면, 내 상황을 알리고 부탁했다. "제가 면역이 많이 약해진 상태라, 야외에서 만나거나 코로나 검사를 하거나 마스크를 써 줄 수 있나요?" 매우 안타깝게도, 약 절반 정도는 그 지점에서 대화가 뚝 끊겼다. 그리고 폴의 경고처럼, 대개는 전혀 예상하지 못한 사람이었다. 이유는 중요하지 않았다. 나의 *조기 사망 위험*을 줄이는 간단한 행동보다 작은 불편을 감수하는 일을 더 크게 여겼다면? 확실히 내 사람은 아니었다.

그렇게 면역 치료를 시작하기 전 약 18개월 동안, 나는 가혹하지만 피할 수 없는 진실을 배웠다. 삶의 고난이 활달하고 사교적이었던 당신을 도움이 절실히 필요한 취약하고 부서진 상태로 바꿔 놓을 때, 모두가 당신 곁에 남아 주지는 않는다. 그러나 따개비가 드러나는 놀라움과 고통을, 우리의 가장 깊은 연결감을 강화하기 위한 단기적인 대가로 볼 수도 있다. 누군가 내 욕구를 채워 주기보다 좌절시키는 일이 더 많다면, 손에 따개비가 붙어 있다는 명백한 신호다.● 그리고 분명하다. 누가 '내 사람'이고 아닌지를 확실히 알 수 있다면, 축복이다.

● 이 아이디어를 제안해 준 통찰력 있는 감수자께 감사드린다. 놀랍도록 탁월했고, 깊이 와닿았다.

관계를 솔직하고 정직하게 들여다볼 용기를 내면, 함께라고 여겼던 사람이 더 이상 우리에게 필요한 지지, 헌신, 친밀감을 주지 않는다고 알게 될 수 있다. 이보다 두려운 일이 또 있을까. 샬럿도 마찬가지였다.

그럼에도 샬럿은 사랑과 지지를 보내 주는 사람들로 둘러싸인 미래를 만들겠다고 결심했다. 연결된 삶이 정확히 어떤 모습일지 선명하게 떠올리고 싶었던 샬럿은 더 나은 미래를 향한 희망과 꿈을 모은 모자이크, 즉 비전 보드를 만들었다.** 그 보드에 무엇이 있었을지 대략 짐작이 간다. 딸과 함께 웃는 사진, 조이와 아이들, 영상 통화를 할 때 '무척 사랑하는' 눈빛으로 바라봐 주던 조이를 캡처한 장면, 살아가는 모습을 상상하며 구글 지도에서 찾아본 아기자기한 거리 사진, 푹신한 그네가 달린 널찍한 현관 사진. 그런데 새로 그려 본 삶에서 유난히 보이지 않는 한 사람이 있었다. 바로 그때 샬럿은 마침내 내면의 목소리에 항복했다. *이안은 내 사람이 아니야. 그래도 괜찮아.*

다음 단계는 힘들었다. 샬럿은 제대로 나아가고 있다는 확신이

** 비전 보드에 관한 과학적 근거는 아직 제한적이지만, 행동을 시각화하면 실제 행동만 할 때보다 더 나은 결과가 나타나며, 시각화는 결과뿐 아니라 과정을 상상할 때 가장 효과적이라는 연구가 있다(Hwi-young Cho, June-sun Kim, and Gyu-Chang Lee, "Effects of Motor Imagery Training on Balance and Gait Abilities in Post-Stroke Patients: A Randomized Controlled Trial," Clinical Rehabilitation 27, no. 8 [2013]: 675–80; Lien B. Pham and Shelley E. Taylor, "From Thought to Action: Effects of Process-Versus Outcome-Based Mental Simulations on Performance," Personality and Social Psychology Bulletin 25, no. 2 [1999]: 250–60).

있었지만, 2년에 걸친 부부 상담이 성과 없이 끝난 후에도 결혼 생활을 끝내는 데 죄책감을 크게 느꼈다. 설상가상으로 실망하거나 반대하며 그녀의 선택을 판단하는 직장 동료들, 가까운 친구들, 가족들과 마주해야 했다. 물론 이안도 깊은 상처를 입었다. 샬럿이 이혼을 요구하자 처음엔 농담인 줄 알았다가 곧 상처받고 분노했다. 특히 딸과 함께 살 수 없게 될지도 모른다는 냉혹한 현실에 괴로워하는 이안을 보며 샬럿도 가슴이 아팠다.

결혼 생활을 끝내면서 샬럿은 브레네 브라운의 표현대로 오롯이 혼자 황야 한가운데 서 있었다. 세상이 모두 그 선택이 틀렸다고 말하는 것 같았지만 샬럿은 다짐을 끝까지 붙들었다. "다시는 '그럭저럭 괜찮다'를 충분하다고 여기지 않겠다."• 또 머지않아 마음속에 떠오르는 부정적 판단들이 대개 두려움에서 비롯됨을 깨달았다. 샬럿은 이렇게 설명했다. "가끔은 작은 금덩이를 캐내기 위해 굴삭기가 필요할 때도 있었죠. 그래도 대부분은 해냈어요." 샬럿은 삶에 꼭 필요하다고 생각하는 것을 추구하는 과정에서 불가피하게 따르는 결과를 스스로 용서하는 법을 배웠다.

현재 샬럿과 딸은 고향인 오하이오주 켄우드에서 조이 그리고 조이의 자녀 둘과 함께 살고 있다. 가족을 합치는 과정은 쉽지 않았다. 실은 '정말, 정말 가장 어려운 일'이었지만 품위를 잃지 않고 친

• 샬럿의 결정이 마음에 걸린다면, 이혼이 어렵긴 해도 함께 머무는 편이 부부와 자녀 모두에게 더 나쁠 수 있다는 연구를 떠올리자. 부부가 불행한 결혼을 지속하면 신체·정신 건강이 이혼한 상태보다 더 나빠진다(Daniel N. Hawkins and Alan Booth, "Unhappily Ever After: Effects of Long-Term, Low-Quality Marriages on Well-Being," Social Forces 84, no. 1 [2005]: 451-71). 나 역시 이혼 가정의 자녀로서, 이혼이 정말 끔찍한 경험이라는 데 동의한다. 하지만 부모님이 계속 함께 사는 모습을 지켜봤다면 훨씬 더 끔찍했을 것이다!

절과 사랑으로 이 도전에 맞서 결국 해냈다. '많은 노력' 끝에, 샬럿은 이제 애정을 담아 '전 남편'이라 부르는 이안과도 조화로운 관계를 구축했다. 딸은 두 부모와 모두 가깝게 지내며 훌륭하게 성장하고 있다. 해외에 있는 아빠를 만나러 세계 곳곳을 여행하는 한편, 오하이오의 새로운 가족과 보내는 시간도 소중히 여긴다. 그리고 샬럿이 구글 지도에서 우연히 찾아 비전 보드에 꽂아 두었던 거리 사진을 기억하는가? 운명의 장난처럼, 지금 *바로 그 거리*(!)에 살게 되었고, 사랑하는 사람과 세 아이와 함께 넓은 현관의 큰 흔들의자에 앉아 보내는 시간을 누리고 있다.

샬럿은 어느 때보다 행복하다. 하지만 꿈꾸던 삶이 이루어졌다고 해서 완벽하다고 말하진 않는다. 왜냐하면 이미 배운 바처럼 완벽한 삶은 없기 때문이다. 샬럿의 삶이 수많은 면에서 달라졌지만 그중 가장 큰 변화는 마음가짐이다. 남들이 기대하는 모습에 자신을 억지로 끼워 맞추는 대신, 자신과 타인을 함께 헤아리며 진정으로 원하고 필요로 하는 것을 추구한다.

이 이야기의 교훈은 분명하다. **누가 뭐라든 더 많은 것을 바라고 추구하며 살아도 괜찮다. 설령 그 과정에서 버려야 할 것이 생겨도 말이다.** 그리고 큰 변화는 대개 큰 보상을 동반한다. 진정으로 연결되기 위해서라면, 과감하게 선택할 때 가장 큰 변화가 시작된다.

연결감을 만드는 다른 방법

샬럿은 운 좋게도 오래전부터 알고 지내 온 사람 중에 '내 사람'을 찾을 수 있었다. 그런데 주위를 둘러봐도 간절히 필요한 지지와 소속감, 친밀감이 어디에도 보이지 않을 땐 어떻게 해야 할까?

갈등을 연결로 바꾸기

소프트웨어 회사에서 영업직으로 일하던 찰리는 누구와도 잘 지냈다. 그래서 새 상사가 낙하산 인사로 오게 되었을 때도 두 팔 벌려 환영했다. 물론, 행크는 경험이 부족했고 나이도 찰리의 자식뻘이었다. 소통 능력도 다소 아쉬웠다. 그래도 찰리는 서로 맞춰 가며 해결할 수 있을 거라 자신했다.

첫 성과 평가회에서였다. 썩 유쾌한 대화는 아니었지만, 찰리의 말처럼 "절대 최악은 아니었다." 엉성하긴 했지만, 행크가 몇 가지 정말 유익한 성장 기회를 짚어 주기도 했으니까.

며칠이 지나고 어느 저녁, '매우 중요' 표시와 함께 '당신이 쓴 업무 메신저 관련'이라는 불길한 제목으로 이메일이 도착했다. 처음엔 영문을 몰랐다. 대체 뭘까? 행크가 '사적인 불만을 공론화했다'라며 호되게 질책하는 장문의 메일이었다. 그제야 기억났다. 그날, 행크가 들어오지도 않는 회사 메신저 채널을 훑어보다가 한 동료가 헬스장에서 오랜만에 열심히 운동하고는 생애 가장 땀을 많이 흘린 날이었다는 포스팅에 장난스럽게 댓글을 달았었다. "진짜 끔찍한 성과 평가회를 겪어 보지 않았구나!"

누군가 이 댓글을 행크에게 전한 모양이었다. 행크는 찰리의 가벼운 농담이 바로 며칠 전 성과 평가회를 가리키는 것이며, 본인의 관리 능력을 비꼬아 한 말로 여긴 듯했다. 너무 당황스러웠던 찰리는 그 댓글은 결코 행크를 두고 쓰지 않았다고 재빨리 답장을 썼다. 오해일 뿐이라고. 이 정도면 괜찮겠지. 찰리는 생각했다.

하지만 괜찮지 않았다.

행크가 끝내 믿지 않자, 찰리는 분노가[105] 치밀어 올랐다. 찰리는 상사에게 단 한 번도 정직하지 않았던 적이 없었다. 어떻게 감히 내 말을 믿지 않을 수 있단 말인가? 찰리는 인정했다. "원래 독설엔 자신 있었죠. 좋든 나쁘든요."

사실 대부분 사람에게 **일상 속 분노의 가장 큰 원인은 타인이다.**[106]● 오해에서 비롯된 분노와 억울함은, 찰리같이 사실을 바로잡으려 했는데도 통하지 않을 때,[107] 더 원초적으로 튀어 오른다. 그렇다고 분노 자체가 선악으로 나뉘는[108] 감정은 아니다. 위협받은 욕구에 자동으로 반응하는 신호에 가깝다. 긍정적으로 보면 분노는 때로 보호 행동을[109] 불러온다. 찰리가 행크의 이메일에 사실 관계를 바로잡으려 답장을 보낸 것처럼. 하지만 분노가 공격이나 앙심[110]으로 변하는 순간, 화살은 우리에게 돌아오기 일쑤다. 속이 잠깐 시원할 수는 있어도, 행크를 위협하거나 몰아붙였다면 찰리의 회사 생활에 치명적인 선택이 됐을 것이다.

공격이나 앙심만 해로운 게 아니다. 분노를 꾹 눌러 병 속에 가

● 장 폴 사르트르의 지옥은 타인이라는 말, 정말 일리가 있다!

두듯 덮어 두는 것도 문제다. 그러면 **모욕 곱씹기**[111]라는 그림자 습관이 나온다. 혼자 분노를 키우고, 부당했던 장면을 반복 재생하며, 정교한 복수 시나리오[112]까지 만든다. 이 습관은 갈등 해결을 가로막고[113], 피해 의식[114]과 분노[115]를 키우고, 생각을 흐리게 만든다. 찰리도 결국 행크가 회사 생활을 망치려는 조종자라는 이야기를 만들어 내기 시작했다.

예전에 전직 대테러 요원 인터뷰를 우연히 보았는데, 인간 본성에 관한 대목이[116] 인상 깊었다. "기관에서 배운 게 하나 있어요. 사람은 누구나 스스로 '착한 편'이라고 믿어요." 특히 억울하다고 느낄 때는 그 믿음이 더 커진다. 자기가 중요하고 마땅히 대우받아야 한다는[117] 감각이 치솟는 것이다. 자신을 금세 의로운 주인공으로 만들고, 자신의 의도는 순수하다고 확신한다. 동시에 자신을 다치게 한 사람은 악당으로 몰아가며[118], 그들의 행동에서 또 다른 '악의 증거'를 찾아내려 든다. 나는 이 습관을 **악당 편향**[119]이라고 부른다. 교묘하게 스며드는 이 습관[120]은 모욕 곱씹기를 부추긴다. 악당 편향은 귀중한 내면의 자원[121]을 축내는 데 그치지 않는다. 공격적[122]이고 사회적으로 부적절한 행동[123]을 하도록 불을 붙여 갈등을 더 키운다.[124] 이것이 바로 선의의 오해가 전면전으로 번지는 이유다.

몇 주 동안 행크의 부당한 비난을 곱씹던 찰리는 행크를 믿는 쪽으로 한 걸음 내딛었다. 갈등은 대개 한쪽만의 문제가 아니라고 인정하면서, 아직 찾지 못했어도 자신도 갈등에 역할을 담당하고 있을지 모른다고 생각해 보았다. 코미디언 리키 저베이스의 말을 빌리면, "내가 기분 상했다고 해서 내가 옳다는 뜻은 아니다!"

다행히도, 찰리는 깨달았다. 악당 편향과 모욕 곱씹기의 고리를 끊는 일은 생각보다 간단하다고. 궁금하다면 부록 I에서 내 성향을 확인해 볼 수도 있다. 핵심은 **뇌의 탐색 네트워크**[125]를 켜는 데 있다.• 이 네트워크가 활성화되면 평소엔 떠올리지 못하는 창의적이고 비정형적인 아이디어가 나온다. 반대로 꺼져 있으면 익숙한 생각과 인지적 지름길로 되돌아간다.

이 네트워크를 켜는 요령 중 하나는 믿을 만한 사람과 내 상황을 호기심 어린 태도로 함께 들여다보는 것이다. 찰리는 아내와 분노 섞인 '한풀이 대화'를 멈추고 '탐색의 대화'로 바꾸었다. 그리고 결국 한 가지 질문으로 요약됐다. **내가 틀렸다면?** 이 질문은 행크의 행동에 대한 다른 설명, 즉 빌런이 아닌 행크를 떠올리게 했다. 예를 들어, 행크는 성과 평가회가 불안해서 이메일을 보냈을 수도 있다. 혹은 윗사람에게 어렵고 불편한 평가를 받고 그 감정을 찰리에게 투사했을 가능성도 있다. 아니면 그냥 기분 나쁜 하루를 보냈던 걸지도 모른다.

게다가 찰리는 '미칠수록 좋다'라는 원칙을 받아들이며 상상력을 한껏 풀어 놓았다. 가능성은 낮지만 더 웃긴 가정을 마구 떠올렸다. 혹시 행크가 극도의 탈진으로 해리 상태에서 메일을 보낸 건 아닐까? 아니면 감정적으로 과민한 상사 역할을 준비하는 메소드 연기자일지도? 어쩌면 행크의 메일은 외계 문명에서 보낸 암호 메시지일 수도! **창의적 관점으로의 전환**[126]은 정답을 찾는 게 아니라 탐색 네트워크를 활성화하는 목적이다. 더구나 말도 안 되는 추측을

• 내 책 《자기통찰》을 읽었다면, 여기서 말하는 네트워크는 내가 '디폴트 모드'라고 부른 것임을 알 것이다. 이 네트워크는 마음 챙김을 할 때 활성화한다. 최근 연구는 이 네트워크가 휴식 외에도 다른 기능을 수행한다고 보여 준다(Michael Platt 외, "Perspective Taking: A Brain Hack That Can Help You Make Better Decisions," Knowledge at Wharton, 2021년 3월 22일, https://knowledge.wharton.upenn.edu/article/perspective-taking-brain-hack-can-help-make-better-decisions).

하다 보니 분노도 한결 누그러졌다.

요컨대, 찰리는 이제 행크가 자신의 인생을 망치려 드는 사람은 아니라고 생각한다. 행크는 그저 젊고 경험이 부족한 매니저였고, 아마 한밤중에 깊이 생각하지 않고 메일을 보낸 뒤 찰리도 그랬듯 체면을 구기지 않으려고 태도를 유지했을 뿐이었다. 게다가 상사의 관점을 억지로라도 고려해 보았더니, 찰리는 생각 없이 쓴 댓글이 어떻게 받아들여졌을지도 더 이해하게 되었다. 성과 평가회를 끔찍한 헬스장 운동 세션에 *빗대어* 표현했으니.

이미 주도권을 되찾고 피해망상도 줄어든 찰리는 갈등에서 책임질 몫이 있다고 느꼈다. 그래서 문제를 정면으로 다루고 행크에게 사과하기 위해 줌 미팅을 잡았다. 대화는 꽤 잘 흘렀고, 두 사람은 결국 많지는 않지만, 어느 정도 공통분모를 찾았다.

줌 미팅은 찰리에게 전환점이었다. 이제 그는 행크가 한 말이나 행동 때문에 화가 치밀어 오를 때마다 '우리 둘 중 누구도 상대방을 불행하게 만들려고 하는 게 아니다'라는 사실을 떠올린다. 지금까지도 행크의 소통 방식은 조금도 변하지 않았지만,[*] 그럼에도 찰리는 더 이상 행크를 적으로 보지 않는다. 오히려 자기 불안 그리고 감정과 씨름하는 한 인간으로 본다. 가끔은 여전히 부딪히지만, 서로를 이해한 덕분에 많은 문제를 훨씬 순탄하게 풀 수 있게 되었다. 더 넓게 보면, 찰리는 이제 '일시적이고 강한 짜증'과 더 큰 문제가 벌어지는 상황을 자신 있게 구분할 수 있다. 긴 여정이지만 찰리의 말처럼 "충

---

[*] 깨지지 않는 힘 전환의 반복되는 주제이기도 하다. 우리는 타인을 바꿀 수 없다. 스스로 변화하는 일이 중요한 또 하나의 이유다.

분히 가치 있다."

실제로 즉각적 반응을 깊이 들여다보면, 갈등을 연결로 바꾸는 일이 생각보다 훨씬 쉬워지는 경우가 많다. 확신이 서지 않을 땐, 한 가지만 기억하자. 영국 뮤지션 데이브 메이슨의 말을 빌려 표현하자면, 천사도 악당도 없다. 그저 당신과 내가 있을 뿐. 우리는 그냥 의견이 다를 뿐이다.••

나보다 더 큰 존재

헬렌의 삶은 누가 봐도 화려한 잡지에서 막 찢어 낸 한 페이지 같았다. 잘나가는 사업, 화려한 고객들, 멋진 결혼 생활, 좋은 친구들까지. 그런데 마음 깊은 곳에서는 설명하기 힘든 공허함이 헬렌을 갉아먹고 있었다. 마침내 꿈꾸던 회사를 직접 운영하고 있었지만, 기대했던 설렘 대신 무기력함, 의욕 상실, 단절감이 찾아왔다. 처음에는 권태감을 단순히 스트레스 탓으로 돌렸다. '나만의 시간'을 조금만 더 확보하면 제자리를 찾으리라고 믿었다. 하지만 매일 아침 요가를 하고 바쁜 일정 속에 규칙적으로 수영 수업까지 끼워 넣었는데도, 권태감은 사라지지 않았다.

한여름의 포근한 어느 오후, 헬렌은 남편과 함께 스페인 프리에고 데 코르도바의 아름다운 공원에 앉아 있었다. 생각에 잠겨 있

•• 마지막으로, 우리가 항상 '착한 사람'이라는 뜻은 아니다. 공감 능력을 무디게 하거나 폭력적 충동을 억제하지 못하게 만드는 요인들이 분명히 있다. 대부분의 상황, 비록 우리가 악한 설계자와 마주하고 있다고 느낄 때조차 실제로 그런 인물일 가능성은 낮고, 오히려 아닐 가능성이 크다고 강조한다.

던 그녀의 눈에, 남편 어깨 너머로 그가 읽던 전자책의 한 대목이 눈에 들어왔다. 기독교 작가 팀 켈러의 책에 있는 문장이었다. "하나님 자리에 다른 걸 올리면, 그게 아무리 좋아 보여도 결국 실망하게 된다."《내가 만든 신*Counterfeit Gods*》에서 켈러는 누구나 자각하든 못 하든 충만함과 연결감을 찾겠다는 명목으로 무언가를 신처럼 섬긴다고 설명한다. 예를 들어, 아이만 생기면 모든 것이 완성될 거라 믿고, 시험관 시술을 거듭하느라 시간과 돈, 정신 건강까지 쏟아붓는 부부처럼 말이다.

그때까지, 헬렌의 10년에 걸친 신앙 여정은 오르막과 내리막을 겪었고, 결국 삶에 하나님이 굳이 필요하지 않다고 확신했다. 하지만 그날 공원에서 본 문장은 번개처럼 헬렌을 강타했다. 그 순간 헬렌이 쏟아 온 부, 자유 시간, 요가와 수영에 집착하며 만들었던 완벽한 몸 같은 그림자 목표가 결국은 진짜 욕구를 채워 주지 못할 '내가 만든 신'임을 단번에 알아차렸다. 그녀에게 필요한 것은 자신보다 더 큰 어떤 존재와의 연결감이었다. 그리하여 헬렌의 영적 여정은 다시 시작되었다.

영성이라는 깨지지 않는 힘 목표가 반드시 헬렌처럼 하나님에 관한 것일 필요는 없다. 물론 하나님에 관한 것이어도 된다. 핵심은 일상에서 어떤 모습으로든 신성함을 발견하고 지키는[127] 것이다. 종교, 자연, 명상, 창조적 표현, 봉사, 공동체, 세상과 연결되었다고 느끼게 하는 그 어떤 방식에서도 영성을 찾을 수 있다. 연구에 따르면, 외적 동기가 아니라 내적 동기가 영성을 추구할 때, 변혁적 힘을 발휘한다고 강조한다. 깊고 진정성 있게 성스러움을 추구[128]한다면, 예배 참석 같은 전통적 종교의식 없이도 삶에 큰 만족을 안긴다. 영성의 중심은 **경외**다.[129] 평범함이 비범함으로 탈바꿈하는 경험, 광대하고 초월적인 세상을 보게 만드는 경험 말이다. 자기 존재를 축소하고 시야를 넓히는 경외의 순간은 자신보다 큰[130] 힘과 깊이 연결되었다는 감각을 키운다.

이러한 방식으로, 영성은 연결로 가는 또 하나의 경로를 제공한다. 헬렌은 바로 그 길을 가기로 결심했다. 남편과 절친의 격려를 등에 업고, 헬렌은 습관을 깨지지 않는 힘 목표에 맞추는 일부터 다시 시작했다. 가짜 그림자를 내려놓고, 신앙에 초점을 맞추었다. 의심이 고개를 들 때도 있었지만, 헬렌은 기독교에 대해 깊이 이해하며, 한 사람이나 하나의 관계를 넘어서는 더 큰 존재와 연결을 맺는 데서 위안을 얻었다. 매일 삶의 중심에 하나님을 두려는 연습을 이어 갔다. 쉽지 않았지만, 가짜 기대로 느끼던 부담은 조금씩 옅어졌다. 그리고 노력의 결과가 아니라 믿음과 사랑으로 구원을 얻는다고 받아들이며, 마침내 자유를 맛보았다.

열 달이 지났다. 겉으로 보이는 헬렌의 삶은 예전과 다르지 않다. 그러나 내면은 완전히 달라졌다. 그녀가 달라졌기 때문이다. 되찾은 영성은 이제 삶의 구석구석에 스며들어, 다시 자기 자신으로 느끼게 한다. 그녀의 삶은 기쁨과 평안, 자유로 가득 차 있다. 모든 사슬이 풀렸다고 헬렌은 말한다. 그리고 그 헌신이 흔들리지 않고 계속되리라는 확신이 미래를 자신 있게 마주하도록 돕는다.

바로 이것이 연결을 만드는 본질이다. 연결은 우리를 일상의 평면 위에서 들어 올려, 이 세상에서 그리고 이 세상에 의미 있는 존재라고 깨닫게 한다. 그 과정에서 우리는 곁에 있는 사람들까지 함께 들어 올리게 된다. 실존주의 작가 알베르 카뮈의 말처럼, "사랑하는 사람의 얼굴에 비치는 행복의 빛을 본 사람이라면, 자신을 둘러싼 얼굴들 위에 그 빛을 깨우는 것 말고는 다른 소명을 가질 수 없다고 깨닫는다."●

● 혹시 이 책에 실존주의적 주제와 인용이 유독 많이 보인다고 느꼈다면, 내가 늘 가장 깊이 공감해 온 사조가 바로, 어쩌면 반反 학파라고 불러야 할지도 모를 실존주의이기 때문이다.

핵심 요약과 도구

❶ **사랑 vs. 외로움:** 인간은 외로움을 피하고 사랑을 갈망하도록 설계돼 있다.

❷ **연결감 트리거:** 거절, 가혹함, 배신 같은 트리거는 연결감을 약화시킨다.
- **연결감 그림자 목표 예시:** 인기, 공격성, 은둔(이 장 마지막 페이지의 표 참고)
- **연결감 그림자 습관 예시:** 악당 편향, 모욕 곱씹기[131], 피해망상[132](이 장 마지막 페이지의 표 참고)

❸ **연결의 구성 요소:** 소속감(빈번하고 긍정적인 상호작용), 관계의 깊이(신뢰·친밀감을 높이는 상호작용, 호혜적 관계)
- **짝 유대:** 우리 삶에서 단 하나, 가장 가깝고 중요한 연결(내 사람)
- **향수:** 과거의 연결 순간을 떠올려 단절감을 일시적으로 보완하는 도구

❹ **'내 사람' 찾기:** 삶을 키다리 아저씨 중심으로 설계하라. 나머지는 장식에 가깝다.
- **키다리 아저씨:** 아무것도 묻지 않고 나타나 우리 곁을 지키는 사람들
- **따개비:** 가장 필요할 때 나타나지 못하거나, 아예 나타나지 않는 사람들

- **관계 리트머스 시험:** 평소엔 키다리 아저씨와 따개비가 구분되지 않는다. 상황이 힘들어질 때, 누가 와 주는지, 누가 오지 않는지 주의 깊게 살펴보라.

❺ **갈등에서 연결로:** 분노는 우리의 필요를 대변하게 하지만, 동시에 사고를 편향시킬 수 있다.
- **모욕 곱씹기:** 부정적 사건을 끝없이 반추하거나 복수 시나리오를 생각하는 것
- **악당 편향:** 자신은 의로운 주인공으로, 해친 사람은 '악한 설계자'로 규정하는 것
- **탐색 네트워크:** 탐색·상상·혁신을 돕는 뇌의 네트워크
  - **탐색적 대화:** "내가 틀렸다면?"
  - **창의적 관점 전환:** 그 사람이 그렇게 했을 법한 기상천외하고 창의적인 이유를 가능한 한 많이 떠올려 보라.

❻ **나보다 더 큰 존재와 연결**
- **영성:** 각자의 방식으로 일상 속 성스러움을 발견하거나 다시 찾는 행위
- **경외:** 어떤 것이 광대하다고 느끼는 정서로, 자기 관점을 넘어 더 큰 존재와 연결되도록 돕는다.

| 연결감 결핍: 그림자 습관 예시 |

항목	그림자 목표	그림자 습관 예시
보호: 죄책감·수치심·비난을 피하기 위해 맞서 싸우기	**앙심:** 우리를 해친 사람에게 되갚아 주려는 충동	· 공격성: 욱해서 쏘아붙이고 분노를 발산하려는 충동 · 모욕 곱씹기: 트리거를 끝없이 되감는 반추 · 악당 편향: 우리는 영웅, 그들은 악당으로 단정하기 · 타인의 행동을 비난·평가하기 · 남을 배제·소외하거나 상처를 줘서 자신의 기분을 나아지게 하려 함[133]

		· 나를 해친 이들에게[134] 복수 · 훼방 · 보복 시도하기 · 중립적인 상대에게까지 적대감[135]을 보임
증명: 자신과 세상에서의 위치를 외부 증거로 확인하기	**인기:** 호감과 사회적 영향력에 집착 **인정:** 타인에게 받아들여지고 인정받으려는 충동	· 지위 상징[136] 과시 · 명성 집착[137](예: '좋아요' · 팔로워 수 등) · 사회적 가치를 증명하기 위해 가십 · 소문 유포하기 · 기여에 대한 사회적 인정[138] · 칭찬[139]을 필요로 함 · 성과를 미화하거나 과장함 · 더 높은 지위의 사람들과 어울려 서열 상승 노림 · 사회적 인맥을 사익에 이용 · 유명인 · 영향력자와의 인연을 자주 언급 · 아부 · 칭찬[140]으로 중요한 사람의 호감 얻기
방어: 지금 기분을 낮게 하려는 목적으로 경험을 부정하거나 욕구 깎아내리기	**순응:** '그게 쉬우니까, 마땅하니까' 해야 한다고 자신을 몰아가는 충동 **포기:** 저항 없이 물러서려는 충동	· 가식: 갈등을 피하려 사회적 가면 쓰기 · 은둔: 스스로 문을 닫고 단절하기 · 상처나 거절감을 무시함 · 관계 유지를 위해 나의 욕구 · 경계 희생 · 타인의 해로운 행동 합리화 · 맞대면을 피하고[141] 아무것도 하지 않거나[142] 침묵하기[143] · 타인의 의견 · 기대[144]에 순응[145](원치 않는 요청[146] 수락 포함) · 더 다치지 않으려[147] 물러나거나[148] 감정적으로 분리되어 거리 두기[149] · 모임 · 행사 대신 혼자 하는 활동 선택[150] · 사람들을 자주 '이젠 내게 끝난 사람'[151]으로 단정함

결론

깨지지 않는 힘을 가진 삶 만들기

"어둠을 저주하는 것보다 작은 촛불 하나를 켜는 것이 더 낫다."
— 엘리너 루스벨트

디트로이트 교외의 하이랜드 파크 중심에는, 한때 번성했으나 지금은 방치돼 황폐해진 도시의 풍경이 펼쳐져 있다. 이곳에서 공립학교 행정관이자 네 아이의 엄마, 목사, 보조 경찰관으로 활동하며 지역 사회에서 '마마 슈'로 불리던 샤마임 해리스는 삶을 송두리째 바꾸어 놓을 가슴 아픈 사건과 마주하게 된다.

1910년, 하이랜드 파크는 포드 자동차의 첫 공장이 들어선 곳이었다. 이곳에서 생산된 수백만 대의 '모델 T'는 중산층의 탄생을 이끌었고, 학교·병원·주택을 세운 경제 동력이 되어 전 세계가 주목하는 성공 사례[1]가 되었다. 그러나 20세기 말이 되면서 자동차 산업이 쇠퇴하고,[2] 한때 번영하던 도시는 쇠락의 길로 접어들었다.[3] 주민들은 도시를 떠났고 세수는 바닥났으며, 범죄율은 치솟았다.

2000년대 초, 대다수가 흑인인 이 공동체는 말 그대로 절망의 한가운데에 놓여 있었다. 마마 슈는 전력을 공급하던 회사가 하이랜드 파크의 가로등을 모조리 회수해 가던 순간을 지금도 잊지 못한다. 도시는 말 그대로, 또 비유적으로도 암흑에 잠겼다. 그러나 비극은 거기서 멈추지 않았다.

2007년 9월 23일, 남편과 함께 일하러 나간 사이, 두 살배기 야코비 라와 열 살 치니엘루, 두 아들은 이웃의 보살핌 아래[4], 밖에서 놀고 있었다. 형제가 배운 대로 손을 꼭 잡은 채, 길을 건너기 위해 인도에서 발을 내딛는 순간, 과속 차량이 야코비를 들이받았다. 야코비의 작은 몸은 그대로 튕겨 날아갔고, 차량은 달아나 버렸다. 병원으로 옮겨진 야코비는 결국 뇌사 판정을 받았다. 가족은 생명유지 장치를 떼기 전,[5] 침대 곁에 모여 마지막 인사를 했다.

그날 이후, 마마 슈는 상상조차 할 수 없는 악몽 속에 갇혔다. 숨을 쉴 때마다 유리 파편을 삼키는 듯한 고통이 밀려왔고, 밤이 되면 심장이 멎을지도 모른다는 두려움이 엄습했다. 시간이 흐르면서 상실의 깊이가 비로소 가늠되기 시작했다. 야코비의 장난감엔 먼지가 쌓였고, 집안을 가득 채우던 생기 넘치던 기운은 기묘한 침묵으로 변해 갔다.

그래도 마마 슈는 슬픔 한가운데서 새로운 용기를 찾아 나가기 시작했다. 매일 출근길에[6] 그녀의 눈길을 붙잡는 황량한 동네가 하나 있었다. 합판으로 막힌 집들, 잡초와 쓰레기로 뒤덮인 풍경 너머에서, 마마 슈는 아발론가가 얼마나 아름다워질 수 있을지 상상했다.[7] 그때 불현듯 깨달았다. 고통받는 이 공동체의 부서진 곳을 일으켜 세우는 일을 하면서 내 안의 부서진 곳도 함께 치유할 수 있지[8] 않을까. 그녀는 이 황폐한 동네를 바꾸는 데 자신의 힘을 쏟아붓기로 결심했다.

야코비가 떠난 지 6개월 뒤, 아발론가와 우드워드가가 만나는 코너의 집 한 채가 매물로 나왔다. 마마 슈는 세금 환급금에 언니에게 빌린 돈을[9] 보태 약 3천 달러를 들여[10] 그 집을 샀다. 그렇게 '아발론 빌리지'가 탄생했다. 마마 슈는 저소득층[11] 아이들이 60퍼센트에 달하는 지역 사회에 희망과 치유의 등불, 아이들을 위한[12] 안식처를 만들어 야코비를 기리고 싶었다. 이 도시가 불사조처럼 다시 일어나[13] 꽃이 피고, 아이들이 뛰놀고•, 사람들이 삶을 이어 가는 곳이 되는 미래를 그렸다.

마마 슈의 계획은 곧 기부금을 모았고, 덕분에 서서히 더 많은 부지를 매입할 수 있었다. 자원봉사자들과 함께 땀 흘리며 못 하나를 박고, 잡초 하나를 뽑을 때마다 마마 슈는 공동체에서 힘을 얻었고, 공동체는 그녀에게서 힘을 얻었다. 블록 하나 안에 공동체가 필요로 하는 모든 것을 갖추겠다는 궁극의 비전을 이루기 위해, 비영리단체 '아발론 빌리지'를 설립했다. 첫 모금 행사에서 팀은 목표액을 약 7천만 원으로 제안했지만, 마마 슈는 더 높은 목표를 세웠다. 캠페인이 입소문을 타자, 아발론 빌리지는 단 30일 만에 3억 원 넘는 기금을 모았고, 마마 슈는 다시 희망을 느끼기 시작했다. 기금 사용의 최우선 과제는 '홈워크 하우스' 완공이었다. 아이들이 안전하게[14] 공부하고, 영양가 있는 식사를 하고, 샤워와 세탁 시설을 이용

• 조너선 라슨의 아프도록 아름다운 뮤지컬 〈렌트〉를 알아챘다면, 당신도 뮤덕이군요.

하며, 폭력으로 가족을 잃은[15] 이들을 위한 지원 모임에서 위로를 찾을 수 있는 안식처가 될 공간이었다.

14년이 흐른 뒤, 한때 슬럼가였던 동네는 알아보기 어려울 만큼 달라졌다. 마마 슈와 헌신적인 자원봉사자들은 아발론가를 되살리는 데[16] 성공했고, 그 과정에서 마마 슈는 슬픔을 '견딜 만한 것, 나아가 아름다운 것'으로 바꾸어 놓았다.

그런데 2021년 1월 26일 저녁, 상상할 수 있는 가장 잔혹한 방식으로 비극이 다시 닥쳤다. 마마 슈의 맏아들인 스물세 살 치니엘루, 운명의 날 동생의 손을 꼭 붙잡고 있던 바로 그 아이는 아발론 빌리지에서 보안 업무를 보는 중이었다. 트럭으로 지역을 순찰하던 치니엘루는 어머니 집을 마주 보는 풀밭에 차를 세워 두었다. 부드럽게 눈이 내리던 그때, 범인 두 명이 차량에 접근해 근거리에서[17] 다섯 발을 쏘았다. 치명상을 입은 치니엘루는 가까운 이웃집 현관까지 기어갔지만, 끝내 제때 구조되지 못했다.

그날 밤, 마마 슈는 유일하게 살아 있던 아들마저 잃었다. 그 고통은 마치 벼락을 두 번 맞은 듯[18], 익숙하면서도 도저히 형언할 수 없는 감각이었다. 비탄에 빠져 짓눌려서는 잠시 모든 것을 포기할까도 생각했다.[19] 하지만 날이 갈수록, 고통은 오히려 결의를 더 단단하게 만들었다. 자신의 눈앞에서 더는 어떤 어머니도 그런 고통을 겪게 두지 않겠다고 맹세한 마마 슈와 팀은 즉시 보안팀을 꾸리고[20] 울타리를 세웠으며[21], 카메라를 설치하고 재건 사업을 멈추지 않고 이어 갔다.

치니엘루가 세상을 떠난 지 정확히 1년 되던 날, 마마 슈는 드디어 홈워크 하우스의 사용 승인서를 받았다. 5년에 걸쳐 쌓아 올린 가장 자랑스러운 성취를 축하하며, 치니옐루의 영혼도 함께 기뻐하고 있다고 분명히 느껴졌다.

오늘날 아발론 빌리지는 세 블록에 걸쳐[22] 45개 필지와 6개의 건물로 이루어져 있다. 그중에는 엘런 드제너러스가 헌정한 마을 회관도 있다. 한때 쓰레기로 뒤덮였던 앞마당들은 놀이터, 테니스 코트, 주민들에게 유기농 농산물을 공급하는[23] 풍성한 공동체 텃밭으로 변모했다. 태양광으로 작동하는 컨테이너 세 개에는 여성이 소유·운영하는 비즈니스 인큐베이터 '여신 마켓플레이스'[24], STEAM 연구실[25]•, 그리고 와인 시음실[26]까지 들어섰다. '홈워크 하우스'에는 도서관과 컴퓨터, 3D 프린터, 음악 스튜디오[27]가 갖춰져 있고, 최근에 문을 연 '힐링 하우스'에서는 요가, 레이키, 마사지가 제공된다.[28] 또한 아발론 빌리지는 하이랜드 파크에서 최초로 무선 인터넷을 제공하는 스마트 태양광 가로등 다섯 기를 설치해 재생 조명 체계를 구축했다.

야코비 라 공원에서는 주민들이 커다란 나무 아래에서 콘서트와 피크닉을 즐긴다. 나무 밑동에는 하얀 페튜니아가 야코비를 기리는 사진과 명판을 둘러싸고 있다. 주민들은 '치니옐루의 꺾을 수 없는 정원'이라 불리는 공간에서 잠시 평안과 위안[29]을 찾고 화려한 벽화가 바닥을 가득 채운 농구 코트에서 즉석 경기를 펼칠 수도 있다. 벽화에는 마마 슈의 아들들의 얼굴이 크게 그려져 있다. 여기서 끝이 아니다. 마마 슈는 편의 시설과 자원을 더 확충하고, 시장 가격 주택[30]을 짓는 한편, '도시 전체에 걸쳐' 더 많은 골목을 아름답게 가

•   과학·기술·공학·예술·수학을 뜻한다.

꾸고자 한다.

당연히 이 외적인 변화가 영감을 주지만, 마마 슈의 내적 변화 또한 그에 못지않게 중대하다. 자신의 부서진 마음을 동력으로 삼아 공동체와 자신을 함께 치유하며, "슬픔을 영광으로[31], 고통을 목적으로, 상실을 사랑으로 바꿨다"라고 말한다. 다만 이 여정을 낭만화하지 않기 위해, 마마 슈는 삶이 '진짜 막장 같은 일'들을 안겼다는 점을 분명히 덧붙인다. 아들들을 잃은 고통은 평생 안고 갈 짐이다.[32]

여기에는 놓쳐서는 안 될 중요한 진실이 있다. **깨지지 않는 힘을 갖고 산다는 것은 결코 부서지지 않는다는 뜻이 아니다. 끔찍한 좌절 앞에서도 계속 앞으로 나아가기로 선택한다는 의미다.** 마마 슈의 말처럼, "부서진 마음으로도 살아갈 수 있다. 하지만 그것이 당신의 정신까지 부러뜨릴[33] 필요는 없다." 사실, 깨지지 않는 힘의 여정에서 새로운 폭풍은 계속 찾아올 것이다. 그리고 선실 아래에 숨기보다, 다시 돛을 고쳐 매고 앞으로 나아갈 결의를 다져야 한다. 마마 슈의 지혜로운 말처럼, 항해를 계속하는 일은 결국 '선택의 문제'다.[34]

'최선의 나'를 만들기

깨지지 않는 힘의 여정을 시작하는 당신에게, 거친 물살을 헤쳐 나갈 때 도움이 될 몇 가지 팁을 전하고 싶다. 분명히 말하지만, 이 통찰은 어느 날 노트북 앞에서 뚝딱 얻어낸 것이 아니다. 대부분은 영뜽한 선택을 먼저 하고, 그 과정에서 비로소 옳은 길을 발견하며 대가를 치르고 얻은 것들이다.

첫 번째 팁이다. **괜찮지 않아도 괜찮다**는 말은 익숙할 것이다. 하지만 솔직해지자. 머리로 알더라도, 가슴으로 온전히 받아들이는 것은* 전혀 다른 일이다. 나 역시 그 지점에 이르기까지 몇 년이 걸렸다. 그동안 나는 이 지혜를 내담자, 친구, 비행기 옆자리의 아무런 대비도 없는 낯선 이에게까지 열심히 설파했지만, 정작 스스로에게는 적용하지 못했다. 전환점은 내 주변을 끊임없이 맴도는 '그릿 가스라이팅'과 '나쁜 긍정'을 있는 그대로 보게 되었을 때 찾아왔다. 다른 사람의 편안함을 나의 평안보다 우선하라는 해로운 압박을 목격했고, 괜찮지 않은 나를 인정했을 때, 비로소 정말로 괜찮아질 수 있는 새로운 방법을 찾았다. 고통을 껴안는 일은 이 여정의 첫걸음이며, 때로는 가장 어려운 걸음이다. 그래서 이 용기 있는 걸음은 큰 보상을 안겨 준다.

다음 팁은 한층 더 근본적이다. **욕구를 우선순위에 두는 일은 이기적인 일이거나 사치스러운 선택이 아니다. 더 나은 삶을 위한 필수 재료다.** 특히 고난을 겪을 때는 자신감·선택권·연결감을 중심으로 삶을 능동적으로 설계할수록, 내면의 가장 긍정적이고 강력한 면모[35]가 드러난다. 에너지·즐거움·만족감이[36] 올라가면, 당신은 몸과 마음이 더 좋아진다고 느끼게 될 것이다. 성과가 커지고[37] 배움이 깊어지면,[38] 당신은 더 유능해질 것이다. 그리고 근본적인 심리 욕구에

---

* 공상 과학 덕후들을 위해 internalizing보다 더 좋은 단어가 있다. 'grokking', 어떤 것을 깊은 통찰과 공감으로 완전히 체득해 이해한다는 뜻이다.

기반해 삶의 항로를 잡으면 더 큰 의미[**]·목적·평안[39]을 얻고, 나아가 신체 건강[40]과 수명[41]에도 영향을 미쳐 더 나은 *삶*을 *살게* 된다.

요컨대, 꾸준히 '최선의 나'에 가까워질 것이고, 그 변화는 주변 모든 사람에게도 이익이 된다. 욕구를 추구하는 일은 제로섬 게임이 아니다. 내가 CEO들에게 자주 상기시키듯, "당신이 나아지면 모두에게 이익이다." 우리 모두에게 똑같이 적용되는 진리다. 욕구를 우선순위에 두면, 더 나은 부모[42]·배우자[43]·친구[44]·직장인·동료[45]·시민[46]이 될 수 있다. 감정적으로 덜 반응하고 판단도 줄어들며, 타인에게 더 너그러워지게[47] 된다. 말 그대로 '윈윈'이다.

어떤 삶을 살고 싶은지 정하고 그 삶을 향해 나아가도록 스스로에게 허락하는 과정이 중요하다. 심리학자들은 이를 **'삶 만들기**life crafting**'**라고 부른다. 특정 상황에서의 욕구 만들기need crafting보다 더 넓은 개념으로, 한 발 크게 물러서서 당신에게 중요한 것 그리고 그중에서도 가장 중요한 것을 정의하는 작업이다. 이 연습은 놀랄 만큼 단순하다. 아래 목록을 보고, 당신 삶에서 가장 중요한 요소 4~5개에 표시하라. 추가해도 된다. 그런 다음, 가장 중요한 것부터 덜 중요한 것 순으로 순위를 매겨 보라. 무엇을 양보할 수 있고, 무엇은 양보할 수 없는지를 가르는 데 도움이 된다.

•• 흥미로운 데이터 한 가지: 의미를 찾으려는 탐색이 오히려 의미를 경험하는 것과 부정적으로 상관한다는 연구가 있다. 즉, 의미를 찾는 데 흔히 쓰는 방식들 가운데 상당수가 그다지 효과적이지 않을 수 있다. 이 점에서 '욕구 만들기'의 장점이 두드러진다. 실제로 효과가 있다! 참고: Michael F. Steger 외, "Understanding the Search for Meaning in Life: Personality, Cognitive Style, and the Dynamic between Seeking and Experiencing Meaning," Journal of Personality 76, no. 2 (2008): 199-228.

- 정신 건강
- 일·직장
- 경력
- 결혼·연애 관계
- 자녀
- 확대 가족(친지)
- 친구
- 개인적 성장
- 창작·창의적 활동
- 여가·취미
- 영성·종교
- 봉사 활동
- 공동체

마지막으로 기억하자. **미래의 나는 과거의 나일 필요가 없다.**
수십 년 동안 경영자들이 조직을 이끄는 방식과 사는 방식을 바꾸
도록 돕고, 이 모든 교훈을 내 삶에서 다시 배우는 과정을 거친 끝에
나는 하나의 결론에 도달했다. 반응, 목표, 믿음, 습관은 바꿀 수 있
다. 심지어 근본 성향도 바꿀 수 있다. 내 오랜 편집자가 결론에서는
새로운 연구를 꺼내 들지 말라고 했지만, 이번만은 약속을 어기겠다
(미안해요, 사랑하는 탈리아). 요지는 이렇다. 연구에 따르면, 우리의 핵심
성향은 돌에 새겨진 운명이 아니다. 시간이 지나며 의미 있게, 그리
고 더 나은 방향으로 변할 수 있다. 한 연구에서는, 개인적 성장이 행
복을 높이는 데 그저 영향을 준 정도가 아니었다. 일에서 성공, 결혼

생활 상태, 둘을 합친 것을 포함해 그들이 살펴본 다른 어떤 요인보다도 두 *배나 강력한 효과*[48]를 보였다.

이전 책《자기통찰》에서 나는 자기 인식이 21세기의 메타 스킬이라고 주장했다. 여전히 사실이다. 그리고 그 사실은 점점 더 분명해지고 있다. 메타 스킬은 바로 변화라는 것이다. 그러니 가능한 최고의 나, 가능한 최고의 삶을 더 이상 미루지 말자.

|

궤도를 지키기

깨지지 않는 힘의 여정이 속도를 내기 시작하면, 길에서 벗어나게 만드는 흔한 두 가지 함정을 만나게 된다. 첫째, **과부하 함정**을 경계하라. 고통을 탐색하고 트리거를 추적하며, 그림자를 찾아내고 전환점을 정하면, 특히 늘 바쁜 성취 지향적 사람에게는 너무 많은 걸 떠맡고 싶은 유혹이 생긴다. 깨지지 않는 힘 목표를 두 개 이상 고르거나, 습관 목록을 지나치게 길고 복잡하게 만드는 식이다. 그러나 도달 불가능한 기준을 세웠을 때의 결말은 예견되어 있다. 좌절하거나, 냉소적이 되거나, 아예 포기하게 될 것이며, 여정은 본격적으로 시작도 하기 전에 끝나 버린다.

앞서 조언했던 것처럼, 개인적 성장의 성공 비결은 과감한 단순화다. 내가 CEO를 상담할 때는, 1년 내내 단 하나의 목표만 붙잡고 간다. 때로는 충분한 진전을 이룬 뒤에 두 번째를 추가하지만, 시작부터 둘 이상을 고르는 일은 없다. 이유는 간단하다. 효과가 있기 때문이다. 효과가 분명해 보증까지 한다. 내담자가 변하지 않으면, 비용을 환불해 준다. 성취 욕구가 큰 동지들이여, 성장 과정을 단순화하면 대충 하는 것처럼 느껴질지 모르지만, 사실 그것이야말로 깨지지 않는 힘 변화를 성공시키는 가장 확실한 방법이다. 완벽함이 진전을 가로막게 두지 말라. 작은 승리가 모여야 결국 승리한다.

두 번째 함정은 깨지지 않는 힘 습관을 시험하기 시작할 때 드러난다. 전략적 실험을 하는 동안, 마치 끈끈이 덫에 걸린 파리처럼 느껴진다. 필사적으로 몸부림치지만, 그림자 습관의 끈적임에서 빠져나오지 못한다. **관성의 함정**에 사로잡히면, 심리학자 스티븐 헤이스•가 '내면의 독재자'[49]라고 부르는 존재에게 기꺼이 권한을 넘겨주게 된다. 이 내면의 폭군은 우리를 안전지대에 가둬 두고, "네 이익을 위해서야"라고 속삭이며 자율성을 빼앗는다. 그런데 어떤 행동을 단지 불편하다는 이유만으로 피하고 있다면, 오히려 그 행동이 지금 우리에게 가장 필요한 것일 수 있다.

내 병세가 악화하기 시작했을 때, '과거의 타샤'라면 절대 하지 않았을 일을 했다. 내면의 독재자에게 설득당해, 가벼운 운동조차 상태를 더 악화시킬 거라고 믿었다. 날마다 운동을 피할수록, 혐오감은 더 커졌다. 결국 전혀 움직이지 않았고, 침대 밖으로 일어나지 못하는 지경에 이르렀다. 그러다 스코필드 박사에게 진단받았을 때, 가장 듣고 싶지 않았던 얘기를 들었다. EDS 통증을 관리하고 병의 진행을 늦추는 가장 좋은 방법 가운데 하나가 매일 하는 가벼운

● 스티븐 헤이스 박사는 수용전념치료(ACT)의 가장 존경받는 개척자 중 한 사람이다. 5장에서 언급했다.

운동이라는 것이다.•• 그래서 나는 내 마음이 시키는 것과 정반대의 일을 해야 했다. 문제없었다.

다행히, 이런 순간을 위한 훌륭한 도구를 스티븐 헤이스가 제안한다. **거꾸로 나침반**은 '내면의 독재자를 툭 찔러' 가장 뿌리 깊은 그림자 습관을 드러내도록 돕는다. 압도된 느낌이 들면, 독재자가 싫어할 만한 가치, 목표, 원칙을 하나만 찾아라. 내 경우엔 무중력 침대의 안락함을 떠나 다시 몸을 만들기 시작하는 일이었다. 매일 오후 4시를 운동 시간으로 정하고, 나에게 말했다. *계속 빠지면 통증은 더 심해질 거야. 곧 아예 침대에서 못 일어나게 될지도 몰라.* 나중엔 이 격려 문구를 더 극단적이지만 동기 부여가 되는 주문으로 줄였다. "멈추면 죽는다."

얼마나 피곤한지, 운동이 얼마나 두려운지에 집중하는 대신 치러야 할 대가에 초점을 맞추자 말 그대로 관성을 극복할 수 있었고, 내 행동을 건강이라는 깨지지 않는 힘 목표에 다시 연결할 수 있었다.••• 이것이 거꾸로 나침반의 핵심이다. 내면의 독재자에 맞서, 우리가 진짜 되고자 하는 사람과 우리의 행동을 연결하는 것 말이다.

•• 여기서는 조심해서 말하고 싶다. 만성 질환자나 미진단 환자들은 흔히 요가, 채식, 운동이면 해결된다는 호의 어린 조언 폭탄을 맞는다. 어떤 질환(예: ME/CFS)에서는 운동이 위험할 수 있다. 그래서 정확한 진단을 위해 싸우는 일이 얼마나 중요한지 더 강조하고 싶다.

••• 이것마저 여의치 않다면, 멜 로빈스의 5초 규칙을 써 보자. 지금 당장 5초 안에 일어나서 그 일을 하겠다고 결정한 다음, 이렇게 카운트다운한다. "5… 4… 3… 2… 1. 지금 해!"

이제, 어디로?

우리는 지금까지 상당히 많은 내용을 다루며 걸어왔다. 그럼, 이제 어디로 갈까? 이 책을 덮자마자 무엇을 하면 좋을까? 말만 꺼내고 끝낼 수는 없으니, 지금까지 함께 다룬 여러 자료와 도구에 더해 세 가지를 더 나누고자 한다.

첫 번째 도구는, 당신이 회복탄력성의 한계치에 얼마나 가까이 와 있는지, 그리고 그 의미가 무엇인지 알아보는 웹 기반 자기 평가다. 회복탄력성 한계치 퀴즈를 www.Resilience-Quiz.com에서 무료로 이용할 수 있다. 그리고 타인이 보는 나에 대한 관점이 자기 인식 못지않게, 종종 더 정확할 수 있기 때문에 당신을 잘 아는 사람에게도 퀴즈를 보내 답변을 비교해 볼 수 있는 옵션이 있다. 보고서에는 깨지지 않는 힘의 여정을 시작하기 위한 실용적인 제안도 담겨 있다.

더 나아가, 직장에서 깨지지 않는 힘 개념과 로드맵을 적용하도록 돕는 다운로드형 보너스 챕터 두 편을 확인할 수 있다. '깨지지 않는 힘 팀 만들기'(현재 및 예비 리더용)와 '깨지지 않는 힘 조직 만들기'(임원용)이다. 보너스 챕터는 www.shatterproof-book/bonus에서 다운로드 할 수 있다.

마지막으로, 이 책의 개념을 삶에 깊고 체계적으로 적용하고 싶다면, 《깨지지 않는 멘탈 셔터프루프 워크북》을 살펴보길 권한다. www.shatterproof-book/workbook에서 구매할 수 있다.

빛 속으로 걸어 들어가기

마마 슈의 이야기가 보여 주듯, 깨지지 않는 힘을 향한 여정은 결코 직선이 아니다. 오히려 나선형에 가깝다. 성장과 변형의 원형적 상징[50]인 나선은 수천 년 동안 자연 곳곳에서 반복됐다. 거대한 은하에서 가장 작은 조개껍데기 혹은 매의 비행경로를 떠올려 보라.• 종이에 나선을 그릴 때처럼, 여정은 고정된 한 점에서 시작된다. 그리고 스스로를 제한하는 그림자를 발견할 때마다, 또 깨지지 않는 힘 습관을 하나씩 단련할 때마다 점차 넓어지는 원을 그리며 바깥으로 나아간다. 가끔은 잠시 멈출 필요가 있을지라도, 앞으로 나아가길 멈추지 않으면 원은 계속 넓어지고 우리는 성장한다. 길을 가다 익숙한 장애물을 다시 만날 수도 있지만, 한 바퀴를 돌 때마다 더 확장된 모습으로 새로운 통찰, 자신감, 힘을 얻어 그 지점으로 돌아온다.

깨지지 않는 힘을 기르면 삶은 내면부터 달라진다. 가장 큰 두려움을 가장 큰 기회로, 가장 힘든 시간을 가장 자랑스러운 순간으로, 점점 고갈되어 가는 회복탄력성의 잔고를 재생 가능한 힘의 원천으로 바꾸게 된다. 되돌릴 수 없을 만큼 소중한 것을 잃었거나, 삶의 일부가 회복 불가능할 정도로 손상된 순간에도, 고통을 연민으로 받아들이고 성장하기로 결심하며, 새롭고 좋은 삶을 만들어 갈 수 있다.

• 재밌는 사실: 지구에서 아마 가장 유명한 그림인 '모나리자'는 완벽한 피보나치 나선이라고 한다 (The Fibonacci Sequence, "The Mona Lisa," 2024년 9월 11일 접속, https://thefibonaccisequence.weebly.com/mona-lisa.html).

가장 어려운 순간을 버티는 수단으로 회복탄력성에만 의존할 때, 우리는 부서지지 않으려고 애쓰는 데 너무 많은 에너지와 노력을 소모하게 된다. 그러나 깨지지 않는 힘이 있다면, **구부러져도, 부서져도, 심지어 바닥을 쳐도 괜찮다. 올바른 도구만 있다면, 우리를 부수는 바로 그 시간이 우리를 '고유하게' 다시 빚어 줄 수 있기 때문이다.** 물론 좌절은 자신감과 결의를 시험할 것이다. 좌절을 받아들여라. 그리고 거기서 배워라. 좌절이 당신을 금 가게 하거나 부러뜨리게 하라. 그리고 조각을 모아 금으로 이어 붙여라. 그러다 보면, 어느 순간 당신은 이전보다 더 강하고, 더 나아진 자신을 마주하게 될 것이다.

1장을 내가 가장 좋아하는 TV 시리즈 〈뱀파이어 해결사〉의 대사로 시작했다. "이 세상에서 가장 어려운 일은, 그 안에서 살아가는 거야." 잠깐 그 장면으로 돌아가 보자. 수십 층 높이의 타워 위에 소용돌이치는 보랏빛 포탈이 막 다른 세계를 향해 열렸다. 공기 중에는 탁탁 전기가 튀고, 하늘은 어두운 구름으로 뒤엉켜 있다. 슬픔과 결의가 뒤섞인 얼굴로, 버피는 여동생 던에게 속삭인다. "이 세상에서 가장 어려운 일은, 그 안에서 살아가는 거야." 그 순간 그녀는 깨닫는다. 괴물과 싸우거나 죽음을 마주한다고 진짜 용기가 아니다. 지저분하고, 아름답고, 무섭고, 경이로운 이 삶을 통과해 나가는 여정이 진짜 용기다.

그리고 포탈로 뛰어들어 세상을 구하기 직전, 버피는 여동생에게 당부한다. "용감해져, 살아."

카를 융이 말했다. "영혼에는 빛을 향한 갈망과 어둠에서 벗어나려는 본능적인 충동이 깃들어 있다." 어둠에서 나올 용기를 찾아내는 것이 바로 깨지지 않는 삶의 핵심이다. 마음이 부서지는 상실을 겪지 않으면 기쁨을 느낄 수 없고 실패를 겪지 않으면 성공을 알수 없으며, 비극을 겪어 보지 않으면 초월을 찾을 수 없다.

과학자이자 한 인간으로서 나는 믿는다. 어둠은 불편한 동행자 따위가 아니다. 가장 큰 동기이자 가장 위대한 스승이다. 우리가 직면하는 역경을 환영하자거나, 미화하자거나, 일부러 고난을 겪으라는 뜻은 아니다. 다만, 설령 어둠에 둘러싸여 있을 때도 빛을 향해, 앞으로 성장할 용기를 찾아낼 수 있다는 뜻이다.

그러니 이제 자신만의 깨지지 않는 힘의 여정을 떠나려 할 때, 이 질문을 떠올려 보자. 부서졌는데도가 아니라, 부서졌기 때문에 ‘최선의 나’로 살아갈 수 있다면? 지금의 ‘나’이면서 더 나아진 ‘나’에 이를 수 있다면?”

스코필드 박사가 의학 용어로 포장된 선물, 그러니까 과운동형 엘러스-단로스 증후군(EDS)과 그 동반 질환을 진단한 지 거의 3년이 지났다. 그새 진단 목록은 더 길어졌는데, 공통 가변 면역결핍증(CVID), 혈관부전, 두개경추 불안정성 같은 항목들이 추가되었다. 정말, 이 모험에는 끝이 없다!

'과거의 타샤'라면, 끊임없이 터져 나오는 진단에 어쩔 줄을 몰랐을 것이다. 하지만 지금 그것들은 내게 앞으로 나아갈 힘을 준다. EDS에는 완치가 없지만, 건강의 어떤 측면을 최대로 끌어올릴 수 있는지는 이제 안다. 나는 수백 번의 전략적 실험을 해 왔다. 95퍼센트나 막혀 있던 경정맥을 뚫기 위해 받은 신경혈관 수술처럼 삶을 바꾸는 큰 실험도 있었고, 염증을 줄이려고 글루텐을 끊는 정도의 중간급 실험, 증상 관리를 위해 새로운 약을 시도해 보는 작은 실험도 있었다. 내 전략은 간단하다. 내가 1퍼센트라도 더 좋아질 합리적 가능성이 있다면, 일단 해 본다. 내일 또 무엇이 나타날지는 알 수 없지만, 지금 나는 최근 10여 년 중 컨디션이 가장 좋다.

이 소식을 전하면 사람들은 종종 "기적이네요!"라며 감탄한다. 그런데 알다시피 기적이 아니었다. *그건 나였다.* 현실을 직면했기 때문에, 내가 농담 삼아 '불량 몸뚱이'라고 부르는 이 몸으로 가능한 한 건강한 상태를 유지하기 위해 주도적으로 움직일 수 있었다.

EDS 전사로서 내 새로운 삶을 그려 보자. 나를 도와주고, 내 말을 들어 주며, 색깔별로 정리된 내 바인더를 좋아해 주는 놀라운 의료진 15명으로 팀을 꾸렸다. 증상 관리를 위해 매일 알약 52정을 먹고, 10시간 동안 잔다. 6시간 수면으로도 버틸 수 있다고 오랜 세월 우겼지만, 이제는 내 몸이 10시간을 필요로 한다는 사실을 인정했기 때문이다. 가벼운 운동과 물리치료 덕분에, 매일 겪던 통증은 10점 만점 중 9에서 감당이 가능한 6까지 뚝 떨어졌다. 주말마다 몇 시간씩 다리에 작은 바늘 세 개를 꽂아, 만 명의 면역글로불린[1]을 혈액에 주입한다. 그래야 더 많은 에너지를 얻고 감염과 싸울 수 있다. 기증자 여러분 감사합니다! 바이오닉 귀, 일명 보청기의 도움으로 이제는 말을 제대로 들을 수 있으니 더 이상 고개만 끄덕이며 아는 척할 필요도 없다. 머리카락을 절반 넘게 잃은 뒤에는 근사한 가발을 쓰게 되었고, 덕분에 매일 완벽한 스타일을 유지한다.

변화는 신체에만 그치지 않았다. 내 삶의 모든 영역으로 파동처럼 번져 갔다. 사랑하는 이들에게 상처받을 때면 참지 않고 따개비를 제거하고, 은혜, 친절, 지지를 건네는 키다리 아저씨 옆에 머문다. 죄책감이나 사과 없이 거절하는 법을 배우고 내 경계를 지키며, 필요할 땐 '회복의 날'을 갖는 방식으로 내 에너지를 관리한다. 타인의 욕구를 존중하면서도, 내 욕구를 가장 중요하게 여긴다. 가장 큰 변화는 이것이다. 이제 나는 8장에서 어느 COO가 선언했듯, 삶의 모든 영역에서 능동적으로 참여하기로 꾸준히 선택하는 사람이 되었다.

그 결과, 나는 그 어느 때보다 '나'답다고 느낄 뿐 아니라, 더 나은 버전의 내가 되었다. 상담에서는 내담자들과 깊이 연결되었고, 그만큼 결과도 극적이다. 숨지 않고 강연과 글로 내 이야기를 나누기 시작했다. 어깨에 얹혀 있던, 내가 들고 있는 줄도 몰랐던 거대한 바위를 내려놓았다. 그리고 내 이야기가 도움이 되었다는 피드백을 들으면 무척 기쁘다.

또한 새롭게 얻은 통찰과 에너지를 두 가지 방식으로 더 깊은 욕구 충족에 쏟아붓고 있다. 첫째, 23년 전 조직 심리학자라는 더 '실용적인' 길을 걷겠다며 떠났던 첫사랑, 연극으로 돌아갔다. 지금은 브로드웨이 투자자이자 프로듀서로 두 번째 경력을 시작하는 중이다. 가장 큰 경이로움은 브로드웨이 뮤지컬의 불 꺼진 객석 아래, 특히 내가 참여한 작품일 때 강하게 찾아온다.[*] 깨지지 않는 힘의 여정에서 배운 교훈이 없었다면, 이 열정을 다시 발견하고 존중하기 위해 삶의 방향을 바꿀 용기를 내지 못했을 것이다.

이제 또 하나의 큰 변화에 대해 이야기해 보자. 나는 오랫동안 마셜 골드스미스의 100 코치 프로그램의 일원이었다. 내 멘토이자 세계 최고의 리더십 사상가인 그는 모든 지식과 노하우를 100명에게 무료로 가르치기로 했다. 우리가 더 큰 긍정적 변화를 만들도록 돕는 것이 목표였고, 단 하나의 조건은 언젠가 각자 자신만의 그룹

---

[*] 오늘, 내가 참여한 첫 작품이 토니상 '뮤지컬 리바이벌상' 후보에 올라 드레스를 하나 샀다!

을 시작하는 것이었다. 나는 여러 해 동안 그 '언젠가'에만 매달려 있었다. 하지만 병에서 허우적대다 빠져나오면서, 마음에 꽂힌 질문이 있었다. "지금이 아니면, 언제?" 그래서 마셜의 100 코치 중 처음으로 나만의 선행 나누기 프로그램, '타샤 텐'을 시작했다. 현재 11개국에서 온 13명의 현역 멤버와 6명의 명예 멤버가 함께하며, 더 나은 회사, 기관, 지역 사회를 세워 전 세계에 인간 중심 리더십을 확산하고 있다.** 처음에는 그저 받은 것을 돌려주고 싶다는 마음이었지만, 지금은 훨씬 많은 것을 돌려받고 있다. 우리는 선택한 가족이고, 이 세계적 비전가이자 멋진 사람들은 매일 나를 북돋아 준다.

그렇다면 깨지지 않는 힘을 얻으려는 이 여정이 내 삶에 끼친 전반적인 영향은 무엇일까? 나는 이를 다섯 단어로 요약할 수 있다. **새로운 평안 그리고 새로운 기쁨.** 건강 문제는 분명 사라지지 않았고, 새로운 도전에도 직면했다. 그중 하나인 결혼 생활과 관련된 문제는 상상도 못 했던 방식으로 나를 압도한다. 하지만 최소 90퍼센트의 시간은 변화했다. 뒤척이던 밤은 평온한 잠으로, 마비시키던 공황은 행동으로, 자기혐오는 관용으로 바뀌었다(나머지 10퍼센트는… 나도 인간이기에).

나는 과연 이 변화가 주로 내면에서만 느껴지는 것인지 궁금했다. 스스로는 크게 느끼지만, 남들이 보기에도 두드러진 변화였을까? 가까운 친구 몇 명에게 내가 달라진 점이 보였는지 물어보았다. 처음엔 변화가 항상 뚜렷하지는 않았다고 했다. 친구 데이나는 "요

** 타샤 텐Tasha Ten에 대해 더 알고 싶거나 신청하고 싶다면 www.tashaeurich.com/tashaten을 참고하길.

즘 너랑 같이 보내는 시간이 확 줄었어"라고 했는데, 그건 이 책 마감 탓이다! 그녀는 조금 더 깊이 생각하더니 이렇게 덧붙였다. "감히 말하자면, 자기 인식 수준이 더 높아졌어. 감정을 솔직하게 받아들이고, 스스로에게 더 너그러워졌지." 그러면서 일화를 떠올렸다. 내가 데이나 딸의 중학교 졸업식 날짜를 헷갈렸던 밤, 실수를 알아차리자마자 나는 바로 차에 올라탔다. 가발도 안 쓰고, 화장기 하나 없이. 데이나는 이렇게 회상했다. "넌 완벽하진 않지만 멋지게 나타났지. 우리 가족에겐 충분히 의미 있었어. 정작 사소한 부분은 눈치채지도 못했어."

또 다른 친구 에밀리는 이렇게 말했다. "너는 예전보다 더 과감하게 기회를 받아들이고, 생동감 넘치고, 사랑하는 것들을 더 기쁘게 누려. 그래서인지 어려움을 다루는 더 좋은 전략도 찾은 것 같아."

만성 질환과 장애를 안고, 게다가 삶이 던지는 온갖 변수까지 감당하며 살아내기는 결코 쉽지 않다. 그래도 깨지지 않는 힘 여정은 목적, 의미, 기쁨의 새로운 원천을 내게 선물했다. 의대에서는 학생들에게 말발굽 소리가 들리면 얼룩말이 아니라, 말부터 의심하라고 가르친다. 설명하기 어려운 증상을 보이는 환자를 볼 때는, 가장 기이한 답보다 가장 흔한 답을 먼저 찾으라는 뜻이다. 희귀 질환자는 '겉보기에는 정상'이라는 말을 들으며 수십 년을 해답 없이 떠돈다. 하지만 가끔, 말발굽 소리가 정말로 얼룩말일 때가 있다. EDS 커뮤니티가 자신을 가리키는 말로 당당히 되찾아 쓴 그 얼룩말 말이다. 그런데 혹시 알고 있는가? 동물학자들은 얼룩말 무리를 '눈부심dazzle'이라고 부른다.

몇 달 전, EDS가 의심되는 십 대 딸을 둔 한 어머니와 통화했다.

그녀는 목이 메어 말을 잇지 못했다. 멈추지 않는 딸의 통증, 무시로 일관한 의사들, 오히려 상태를 악화시키기만 한 엉뚱한 치료들까지. 수화기 너머로 고통이 고스란히 전해졌다. 그때, 내 안의 깨지지 않는 힘의 불꽃을 지폈던 조언이 떠올랐다. 나는 이렇게 말했다. "따님도, 당신도 여전히 충만하고 생동감 넘치는 삶을 살 수 있어요. 지금부터는 전과는 비교도 안 될 각오로 싸우세요. 그리고 그 싸움 끝에서, 지금보다 더 강해질 거예요."

이 말은 모두에게 해당한다. 우리 앞에 어떤 일이 닥치든, 이를 악물고 침묵 속에서 견디기만 해서는 안 된다. 고통을 똑바로 응시하고, 다가올 '눈부신' 삶을 향해 *싸우고, 또 싸우고, 다시 싸워야* 한다.

감사의 말

《깨지지 않는 멘탈 셔터프루프》를 써낸 지난 5년은 광란에 가까운 흥분과 통제할 수 없는 무너짐의 시간이었다. 동시에, 여정 내내 나를 지지하고 도전하게 하며 영감을 준 놀라운 사람들에게 압도적인 감사를 보내는 시간이기도 했다.

먼저 비범하고 강력한 두 여성에게 감사의 마음을 전한다. 편집자 탈리아 크론 그리고 에이전트 크리스티 플레처다. 당신들의 뛰어난 역량과 한결같은 지원, 나를 향한 확고한 믿음이 없었다면 이 책은 물론, 어쩌면 내 작가 경력 자체는 존재하지 않았을 것이다. 어떻게 내가 이렇게 행운을 얻었는지, 지금도 실감 나지 않는다.

리틀 브라운 스파크 출판사의 훌륭한 팀(로렌 캐서린 에이키, 팻 잘버트-레빈, 소피아 산체스, 그렉 쿨릭, 로렌 헤스, 로라 에식스, 앨리슨 구드나우)과 UTA(베로니카 골드스타인, 멜리사 친칠로, 그로이니 폭스, 요나 레빈, 클레어 유, 사모리 컬럼)에도 감사를 전한다. 이 책을 세상에 내놓기까지 보여 준 열정과 협력에 깊이 감사드린다. 감사의 마음이 바다를 건너 커티스 브라운의 시일라 크로울리, 팬 맥밀란의 리브 브라운리에게도 닿기를.

스피커스오피스 가족, 홀리 캐치폴, 미셸 월리스, 트레이시 블룸, 캐시 글래스고, 샌디 코너, 킴 스타크, 제시카 케이스, 제니퍼 칸조네리에게, 열두 해 동안 함께해 온 놀랍고도 멋진 여정에 감사한다. 그리고 이 책의 메시지를 무대 위에서 살아 숨 쉬게 하는 음악으로 빚어 준 마이크 가니노에게도 특별한 감사를 전한다!

우리 연구에 참여해 자신의 이야기를 나눠 준 모든 분들, 여러분은 이 책의 진정한 주인공이다. 용기와 신뢰에 깊이 감사드린다. 또 팬데믹 한복판에서 방대한 연구 프로그램을 세우고 이를 멋지게 완수해 낸 우리 연구팀(자네 맥켄드리, 로저 벌리, 브리터니 샤렛, 애비 맥나마라, 엘 맥나마라, 안드레아 팔머, 니콜 폴피르카, 매기 라이헨바흐, 로렌 반더버그)에도 말로 다할 수 없는 감사를 표한다.

이 책의 윤곽을 다듬어 준 빛나는 지성들! 개러스 쿡, 케이트 로드먼, 윌 스토어의 전문성과 귀한 조언에 감사한다. 책이 완성되기까지 모든 과정을 묵묵히 견디며 "네 번째 글이 진짜 정답이야"라며 안심시켜 준 마이클 팔곤에게도 고맙다. 그리고 이 책의 구성에 매우 결정적인 피드백을 준 애덤 그랜트에게도 감사한다.

관대한 조언을 아끼지 않은 친구이자 멘토들에게! 마셜 골드스미스, 오르탕스 르 장틸, 로라 개스너 오팅, 리즈 와이즈먼, 마이클 번게이 스타니어, 스테파니 조스타크, 티파니 두푸, 티파니 보다, 칩 히스, 앨런 멀러리, 에이미 커디, 사라 매카서, 팸 셔먼, 스르자 포포비치, 스콧 구르카, 에릭 스포엘스트라, 캐럴라인 웹, 체스터 엘튼, 마크 톰프슨, 보니타 톰프슨, 위베르 졸리, 알렉스 오스터왈더, 크리스

포라스, 데이비드 버커스, 데이비드 라덱에게도 깊이 감사드린다.

초기 피드백을 주고 빛나는 감수자로 함께해 준 여러분! 배리 엥겔하르트, 에이미 릴리, 리사 라브레크, 론다 생트크루아, 에드윈 팔스마, 오마르 아흐마드, 브루스 모건, 트리샤 피츠패트릭, 제니퍼 샌퍼드, 우도 랑게, 수 길라드, 애슐리 윌랜드, 마이크 베어럽, 바바라 완코프, 게르손 엘리아스, 에밀리 스콧, 앨리슨 몽크먼. 여러분의 통찰 덕분에 나 혼자였다면 결코 도달할 수 없었을 깊이와 밀도를 지닌 더 나은 책이 될 수 있었다.

유리치 그룹의 놀라운 팀에게도 감사한다. 재스민 로런스, 존 휴, 다니엘 라 로즈, 신시아 셰티, 리사 돈몰-리브, 미셸 롱마이어에게, 내가 이런 미친 프로젝트에 거침없이 뛰어들어도 모든 일이 잘 돌아가도록 지켜 주어서 감사하다. 그리고 올해 유독 느렸던 내 이메일 답장에 보여 준 인내심에도 감사한다.

내가 '선택한' 가족에게도 감사를 전한다. 테리 웽거, 리처드 웽거, 사라 깁슨 데일리, 다나 세드넥, 버클리 보울러, 닉 바에즈, 로저 벌리, 마셜 골드스미스, 오르탕스 르 장틸, 위베르 졸리, 로라 개스너 오팅, 에밀리 와서먼, 브라이언 데일리, 대런 젭슨, 제로드 콜먼, 콜스 웨일런, 데이브 개더스, 레이첼 맥스웰, 오스틴 레이티 그리고 타샤 텐에게. 나를 단단히 붙들어 주고, 응원해 주고, 아마도 내가 끝도 없이 '책 감옥'에 갇혀 사라져도 이해해 주고 용서해 줘서 고맙다. 여러분이 보내 준 사랑과 믿음은 내가 상상했던 것보다 훨씬 더 먼 곳까지 나를 데려가 주었다.

마지막으로, 모든 독자 여러분께 진심으로 감사드린다. 이 책이 여러분의 삶 가운데 놓일 기회를 주어서 감사하다. 어느 지혜로운 친구가 내게 말했다. "이 책을 통해 네가 마침내 완전히, 진정으로 '너 자신'이 되길 바라. 그럴 수 있다면, 네 상상보다 훨씬 더 많은 독자를 도울 수 있을 거야." 이 책이 그 바람에 부응하기를! 여러분이 자신의 금 간 부분을 끌어안을 힘과 혼돈을 헤쳐갈 용기, 그리고 가장 어두운 순간에도 빛을 찾는 힘을 얻기를! 마음 깊이 바란다.

부록

부록 A

당신의 회복탄력성 위험 요인은 무엇입니까?

아래 목록은 당신의 잘못이 아닌데도, 대처 역량을 떨어뜨릴 수 있는 경험입니다. 이 점검표의 목적은 당신이 겪어온 역경에 대해 더 많은 자기 연민을 갖도록 돕고, 회복탄력성에 어떤 영향을 줄 수 있는지 이해하도록 하는 데 있습니다. 이 도구는 회복탄력성이 얼마나 높은지 예측하려는 것이 아니며, 회복을 어렵게 만드는 위험 요인을 더 잘 파악하도록 돕기 위한 것입니다.

아래 각 목록에서, 현재 자신에게 해당하는 항목에 표시하세요.

목록 A: 일상 스트레스

현재 나는 겪고 있다.

1. 만성 스트레스[1] (사소한 스트레스 포함) ☐
2. 건강에 대한 걱정[2] (감기, 독감, 피로 등 사소한 것 포함) ☐
3. 직장 또는 일과 관련한 지속적인 스트레스[3] ☐
4. 이직[4] 또는 실직 ☐

5.   차별 경험 ☐

6.   정신 건강상 어려움[5] ☐

7.   친구 · 동료 · 가족과의 문제[6] ☐

8.   배우자나 연인과의 문제[7] ☐

9.   사랑하는 사람이 심각한 문제를 겪는 상황[8] ☐

목록 B: 삶의 스트레스

최근 몇 년 사이에, 나는 겪은 적이 있다.

1.   경제적 문제[9] 또는 지속적인 금전 스트레스 ☐

2.   법적 문제[10] ☐

3.   가까운 친구와의 심각한 갈등[11] ☐

4.   별거 또는 이혼[12] ☐

5.   중대한 질병[13] · 부상[14] · 사고[15] ☐

6.   장애 또는 만성 질환[16] ☐

7.   범죄 피해[17] 경험 ☐

8.   학대[18] 또는 폭행[19] (혹은 그에 준하는 심각한 위협) ☐

9.   폭행이나 폭력을 목격[20]한 경험 ☐

10.   사랑하는 사람의 사망 또는 중대한 질병[21] ☐

목록 C: 아동기 스트레스

어린 시절, 나는 겪었다.

1.   부모의 냉담함 또는 방임[22] ☐

2.   부모의 이혼 또는 사망[23] ☐

3.   부모의 정신 질환 또는 약물 남용[24] ☐

4.   따돌림이나 타인으로부터의 부당한 대우[25] ☐

5. 경제적 어려움[26] ☐

6. 심각한 건강 문제 또는 질병[27] ☐

7. 신체적 학대 또는 성적 학대[28] ☐

8. 폭력 또는 타인의 피해를 목격[29]한 경험 ☐

점수 합산 방법

- **목록 A와 목록 B:** 표시한 항목당 1점
- **목록 C:** 표시한 항목당 2점
- **최종 점수 범위:** 0점~36점

총점	해석
0-12	**평생 위험도 낮음:** 회복탄력성에 영향을 미치는 위험 요인을 비교적 적게 겪었다는 의미다. 이는 더 긴 '회복탄력성 활주로'를 가졌다는 뜻일 수 있지만, 스트레스와 역경에 강하다는 의미는 아니다. 정신적 자원을 꾸준히 가꾸고, 회복탄력성이 소모될 수 있는 새로운 도전에 주의하라.
13-24	**평생 위험도 보통:** 회복탄력성을 어느 정도 제한할 수 있는 위험 요인을 중간 수준으로 경험해 왔다는 의미다. 이런 경험이 당신에게 끼친 영향에 자기 연민을 갖고, 도움을 요청해도 좋다. 또한 회복탄력성 하나에만 의존하지 않는 대안적 대처 전략을 개발하라.
25-36	**평생 위험도 높음:** 살면서 많은 위험 요인을 겪었다는 의미다. 큰 역경을 마주해 온 만큼, 어떤 상황에서는 바라는 만큼 회복탄력성을 발휘하기 어려울 수 있다. 두 가지를 꼭 기억하라. 첫째, 이런 경험은 당신의 잘못이 아니다. 둘째, 위험과 스트레스 요인을 인정하는 것이야말로 변혁적 성장을 향한 첫걸음이다.

욕구 점검

	첫째, 집착 찾기	둘째, 두려움 밝혀내기
자신감	**상황 신호** • 무능하다.[30] • 임포스터다. • 다른 사람들이 나를 무능하다고 본다. • 다른 사람들이 나보다 우월하다.	**무가치함**[31] • 나는 쓸모없는 사람인가?[32] • 나는 형편없는가?[33] • 나는 사람들을 실망시키는가?
선택	**상황 신호** • 무력하다.[34] • 지나친 간섭[35]을 받고 있다. • 자신의 의지와 반대로 일하고 있다. • 진짜 모습을 숨겨야 한다.	**무력감** • 내 삶에 대해 무력한가? • 나는 나를 제대로 알고 있는가? • 나는 언젠가 행복해질 수 있을까?
연결	**상황 신호** • 소외·배제[36]되고 있다. • 사람들이 나에게 화가 나 있거나 실망한 상태다. • 필요한 지지를 받지 못하고 있다. • 다른 사람들이 나를 실망시키거나[37], 가혹하게 대하거나, 배신하고 있다.	**사랑받지 못함 / 사랑받을 자격 없음** • 누가 나를 진짜로 보고 있는가? • 누가 나를 진짜로 신경 쓰는가? • 나는 사랑받을 자격[38]이 있는가?

부록 C

당신의 깨지지 않는 힘 지수는?

다음 질문을 읽고, 아래 척도를 활용해 현재 당신의 삶의 도전을 헤쳐 나가는 방식에 관한 믿음, 행동, 습관을 가장 잘 설명하는 선택지를 고르세요.

1	2	3	4	5
전혀 그렇지 않다	거의 그렇지 않다	가끔 그렇다	대체로 그렇다	거의 항상 그렇다

회복탄력성의 한계 인식

1. 역경을 겪을 때, '단순히' 원래 상태로 돌아오는 데 그치지 않고, 앞으로의 성장에 우선순위를 둔다. ☐
2. 최선의 대처 도구가 통하지 않을 때, 과감히 진로를 바꾼다. ☐
3. 회복탄력성 자원이 바닥나고 있다는 신호를 알아차릴 수 있다. ☐
4. 회복탄력성을 만능 해결책이 아니라, 전략적으로 선별해 사용한다. ☐

고통 탐색

5. 두려워도, 부정적 감정이나 고통을 들여다보는 일을 멈추지 않는다. ☐

6. 타인의 '나쁜 긍정'을 알아차릴 수 있다. ☐

7. 내 안의 '동결–실신' 반응 체계가 작동할 때, 이를 알아차릴 수 있다. ☐

8. 고통을 탐색할 때 정기적으로 사용하는 도구가 하나 이상 있다. ☐

트리거 추적

9. 어떤 상황에서든, 내 감정을 촉발하는 트리거를 말할 수 있다. ☐

10. 트리거가 켜질 때, 그 반응 뒤에 있는 결핍된 욕구를 알아볼 수 있다. ☐

11. 과거의 트리거가 현재 감정에 미치는 영향을 이해한다. ☐

12. 감정의 흐름을 파악하기 위해 주 1회, 3분 감정 지도를 작성한다. ☐

그림자 포착

13. 삶 전반에서 외적 동기보다 내적 동기를 우선하려고 노력한다. ☐

14. 자존감, 권력, 인정 욕구를 빠르게 채우려고 임시방편을 좇을 때, 스스로 알아차릴 수 있다. ☐

15. 내가 평소답지 않게 행동할 때, "최상의 나일 때와 무엇이 다른가?" 라고 스스로 묻는다. ☐

16. 자기 비난이나 수치심에 갇히지 않고, 내 그림자를 탐색할 수 있다. ☐

전환점 선택

17. 현 상태가 더 이상 도움이 되지 않을 때, 능동적으로 변화를 실행한다. ☐

18. 욕구 충족에 실패하면, 충족할 다른 경로를 찾아낸다. ☐

19. 전환을 시도할 때, 한 가지 명확하게 깨지지 않는 힘의 목표에 집중한다. ☐

20. 욕구 충족을 도울 새로운 길을 찾기 위해 전략적 실험을 활용한다. ☐

총점	해석
20-45	**깨지지 않는 힘 실천 단계: 미완성** 깨지지 않는 힘 실천법을 일상의 습관으로 만들 기회가 있다. 4장에서 소개한 세 가지 관점 전환에 집중해 보는 것도 좋다. 또한 로드맵 단계 가운데 점수가 낮았던 부분을 의식적으로 보완해 보길 권한다. 이렇게 하다 보면 어느새 여정에 올라서게 될 것이다.
46-75	**깨지지 않는 힘 실천 단계: 발달** 깨지지 않는 힘에 한 걸음씩 가까워지고 있다. 동시에 로드맵의 특정 단계를 강화하거나 모든 단계를 더 꾸준히 실천할 기회가 있음을 의미한다. 앞으로 몇 주간, 우선할 단계를 하나 정한 뒤, 그 단계에서 소개한 팁과 요령을 다시 살펴 적용하는 방법을 추천한다.
76-100	**깨지지 않는 힘 실천 단계: 성숙** 깨지지 않는 힘을 자연스럽게 실천하고 있다. 고통이 보내는 신호를 자주 포착하고, 자신의 트리거와 충족되지 않은 욕구를 이해하며, 그림자를 식별하고, 바꿀 대상을 선택하고, 회복탄력성에 과도하게 의존하지 않는다. 강점을 계속 확장해 나가면, 고난을 만나도 앞으로 나아가며 계속 성장할 것이다.

당신의 완벽주의 경향은 무엇인가요?

아래 문항 중, 평소 자주 해당하는 생각·감정·행동에 표시하세요.

실수에 대한 염려

1. 일·학업에서 실패하면, 인간으로서 완전히 실패한 것처럼 느낀다. ☐

2. 무엇이든 최고가 아니면 싫다. ☐

3. 실수하면 사람들이 나를 낮게 볼 것이다. ☐

4. 항상 잘하지 못한다면, 사람들은 나를 존중하지 않을 것이다. ☐

행동에 대한 의심

5. 아주 신중하게 일을 해도, 어딘가 완벽하지 않다고 느끼는 경우가 잦다. ☐

6. 일상적인 간단한 일을 할 때도 대체로 의심이 든다. ☐

7. 같은 일을 계속 반복하느라 일이 밀리는 편이다. ☐

8. 무언가를 '제대로' 하는 데 시간이 오래 걸린다. ☐

개인적 기준

9. 가장 높은 기준을 세우지 않으면, 결국 뒤처질 것 같다. ☐
10. 나는 대개 남들보다 더 높은 목표를 세운다. ☐
11. 목표를 달성하기 위해 노력을 집중하는 데 매우 능하다. ☐
12. 다른 사람들은 나보다 낮은 기준을 쉽게 받아들이는 것처럼 보인다. ☐

정리정돈

13. 나는 정돈된 사람이다. ☐
14. 내 삶에서는 모든 것이 제자리가 정해져 있다. ☐
15. 깔끔함은 내게 매우 중요하다. ☐

표시한 항목당 1점이며, 총점은 0~15 사이입니다.

총점	해석
0-4	**낮은 완벽주의 성향:** 당신은 현실적인 목표를 세우고, 불완전함을 편안하게 받아들인다. 모든 것을 완벽하게 만들 필요가 없다고 여기기 때문에, 자기 수용 정도가 높고, 정신적으로 더 건강하게 지낼 수 있다.
5-10	**중간 완벽주의 성향:** 높은 기준을 세우고 탁월함을 추구하지만, 모든 상황에 동일한 잣대를 적용하지는 않는다. 완벽주의가 역효과를 내기 시작하는 순간을 알아차리는 능력이 중요하다. 높은 열망과 자기 수용 간의 균형을 유지하면 목표 달성과 만족감을 동시에 얻을 수 있다.
11-15	**강한 완벽주의 성향:** 강한 완벽주의 경향이 정신 건강과 삶의 만족도에 상당한 영향을 줄 수 있다. 탁월함을 지향하면 유익할 수 있으나, 지나치게 높은 기준은 불안, 자기비판, 자기 회의를 키운다. 이 장의 도구 중 몇 가지를 골라 작은 실험부터 시작하라. 더 건강한 목표와 습관을 설계해 개인적 성취를 도울 수 있다.

이 척도는 프로스트 다차원 완벽주의 척도의 네 가지 하위척도에서 일부 문항
을 발췌했다. 다만 부모의 기대와 부모의 비판 하위척도는 제외했다. 오늘은
그 판도라의 상자는 열지 않기로!

'최선의 나' 찾기 실습

1단계: 사람 선택하기(10분 미만)[*]

당신을 잘 아는 사람 10~20명을 삶의 다양한 영역에서 선택하세요. 예를 들어, 직장 동료(현직/전직), 고객, 친구(오래된/새로운), 가족, 그밖에 정기적으로 상호작용하는 사람들이 있습니다. 이 그룹이 다양할수록 데이터의 질이 좋아집니다.

2단계: 피드백 요청 보내기(10분 미만)

아래 샘플을 이용해, 각자 '당신이 가장 빛났던 순간'을 본 경험을 이야기해 달라는 이메일을 보내세요.

---

[*] Robert E. Quinn, Jane E. Dutton, and Gretchen M. Spreitzer, "Reflected Best Self Exercise: Assignment and Instructions to Participants," Center for Positive Organizational Scholarship, Ross School of Business, University of Michigan, product B 1 (2003).

제 개인적·직무적 성장을 위해 저를 잘 아는 분들 X명께, 제가 '가장 빛났던 때'가 언제인지 더 잘 이해하고자 연락드립니다. 이 실습에서 해 주실 일은 간단합니다. 저와의 상호 작용을 떠올린 다음, 당신이 느끼기에 제가 가장 '빛났던 순간' 2~4가지를 골라 아래 질문을 참고해 몇 문장으로 적어 주세요.

- 당신이 보기에, 제가 가치를 더하고 중요한 기여를 하는 방식 중 하나는 무엇인가요?

  [한두 문장 또는 몇 단어로 적어 주세요.]

- 제가 가장 빛났다고 느낀 순간은 언제인가요?

  [구체적인 기억을 1－2문장으로 적어 주세요: 상황, 당시 제 행동, 그리고 그것이 당신이나 다른 사람에게 어떤 영향을 미쳤는지 포함해 주세요.]

부탁을 들어주셔서 감사합니다! 도와주실 수 있다면, [마감일]까지 회신해 주시면 감사하겠습니다. 제가 무엇을 배웠는지도 꼭 공유해 드리겠습니다.

이런 내용의 이메일을 쓰려니 어색하게 느껴지는 건 당연합니다. 하지만 대부분 이 실습을 '삶이 달라지는 경험'으로 받아들이며, 대부분의 주변 사람도 기꺼이 도와주려 합니다.

3단계: 주제 찾기 (20분 미만)

- 받은 피드백을 모두 읽어 보세요.
- 아래 샘플을 이용해 반복적으로 나타나는 공통점을 찾으세요.
  - 주제(예시): 창의성, 공감, 영향력
  - 해당 주제에 속하는 구체적 행동 사례를 나열하라.
  - 해석: 이것은 당신의 강점에 대해 무엇을 말해 주는가?

4단계: 당신의 '최선의 나' 초상 작성하기(20분 미만)

- 배운 내용을 바탕으로, 최선의 나를 짧은 초상으로 그려 보세요(피드백을 준 분들과 공유해도 좋습니다). 예시는 다음과 같습니다.

  ▶ 나는 상대의 말을 공감하며 듣고, 지지와 격려를 건네는 사람이다. 비판에 휘둘리거나 과거의 실수에 집착하지 않는다. 대신, 가능한 것에 초점을 맞춘다.

  ▶ 나는 단단한 관계를 만들고, 타인이 존중받고 중요하게 여겨진다고 느낄 수 있도록 돕는다. 공통분모를 찾아 협력하고, 함께 목표를 달성한다. 나는 진정성 있고 믿을 만하게 행동하여 신뢰감과 충성심을 불러온다.

  ▶ 나는 문제 해결과 갈등 조정에 능숙하다. 침착하고 합리적으로 문제에 접근하여, 근본 원인을 찾고 건설적인 해결책을 모색한다. 또한 열린 자세로 대화해 합의를 이끌어낸다.

  ▶ 나는 사람들이 목표를 달성하도록 도우면서 그들의 삶에 긍정적인 영향을 준다. 공감과 친절을 바탕으로 지속적인 변화를 만들어 내며, 더 나은 공동체를 세우는 데에도 기여한다.

부록 F

당신의 자신감은 얼마나 충족되거나 결핍되고 있을까?

지금 이 순간, 생각·감정·행동을 떠올리며 현재의 상태에 해당한다고 느끼는 문장에 표시하세요.

자신감 충족

1. 나는 유능하고 역량이 있다[39]고 느낀다. ☐
2. 나는 내가 잘하는 일[40]을 주로 하고 있다. ☐
3. 나는 내 행동에 자신이 있다.[41] ☐
4. 나는 내가 하는 일에서 대체로 성취감[42]을 느낀다. ☐
5. 나는 장애물을 극복[43]할 수 있다고 느낀다. ☐
6. 나는 흥미로운 새 기술[44]을 배우고 있다. ☐
7. 사람들은 내가 하는 일에 능숙하다고 말해 준다. ☐
8. 나는 앞으로의 도전에 대비되어 있다고 느낀다. ☐

자신감 결핍

1. 나를 무능하게 느끼게 만드는[45] 상황을 겪는다. ☐
2. 다른 사람들이 나를 무능하다고 느끼게 만드는 말을 한다. ☐
3. 사람들은 나에게 비현실적인 기대[46]를 한다. ☐
4. 나는 스스로 열등하다고 느끼는 상황을 겪는다. ☐
5. 내 잠재력을 펼칠 기회가 많지 않다. ☐
6. 사람들이 나를 무능하다고 은근히 암시한다. ☐
7. 다른 사람들이 내가 성장하거나 나아질 능력이 있다고 믿지[47] 않는다. ☐
8. 나는 실패자처럼[48] 느낀다. ☐

점수 합산 방법

- 표시한 항목당 1점
- 충족과 결핍, 두 점수를 계산하세요(각 0–8점)

점수 해석(영역별)

- **0–2점:** 낮음
- **3–5점:** 보통
- **6–8점:** 높음

끝으로, 아래 표에서 당신의 범주를 찾아 해당 칸에 X 표시를 하세요. 오른쪽으로 갈수록 충족이 높고, 위쪽으로 갈수록 결핍이 낮아 전반적인 삶의 만족도가 더 높게 나타나는 경향이 있습니다.

	낮은 충족	보통 충족	높은 충족
낮은 결핍			
보통 결핍			
높은 결핍			

당신의 선택권은 얼마나
충족 혹은 결핍돼 있나요?

지금 이 순간, 생각·감정·행동을 떠올리며 현재의 상태에 해당한다고 느끼는 문장에 표시하세요.

선택권 충족

1. 나는 진정한 관심과 가치[49]에 기반해 의사결정을 내린다. ☐
2. 나는 스스로[50] 선택할 자유가 있다. ☐
3. 나는 삶의 방식[51]을 스스로 결정할 수 있다. ☐
4. 나는 내 생각과 의견을 표현할 수 있다. ☐
5. 나는 삶의 대부분을 있는 그대로의 나로 지낼 수 있다. ☐
6. 내가 내리는 선택은 진짜 나를 드러낸다.[52] ☐
7. 나는 삶의 방향을 스스로 선택할[53] 자유가 있다고 느낀다. ☐
8. 내 삶을 완전히 통제하지 못한다는 무력감을 거의 느끼지 않는다. ☐

선택권 좌절

1. 원치 않는 압박[54]이나 외부 요구[55]를 많이 느낀다. □
2. 내적·외적 부담에 통제되고 있다고[56] 느낀다. □
3. 특정 방식으로 행동해야 한다는[57] 압박감을 느낀다. □
4. 원하지 않는 일들을 하도록 떠밀린다.[58] □
5. 선택을 내릴 때 방해받는[59] 느낌이 든다. □
6. 주위에 무엇을 해야 하는지[60] 지시하는 사람이 많다. □
7. 다른 사람이 정한 결정이나 계획을 따르도록[61] 강요받는다. □
8. 원해서가 아니라 해야 하니까[62] 한다. □

점수 합산 방법

- 표시한 항목당 1점
- 충족과 결핍, 두 점수를 계산하세요(각 0-8점)

점수 해석(영역별)

- **0-2점**: 낮음
- **3-5점**: 보통
- **6-8점**: 높음

아래 표에서 당신의 범주를 찾아 해당 칸에 X 표시를 하세요. 오른쪽으로 갈수록 충족이 높고, 위쪽으로 갈수록 결핍이 낮아 전반적인 삶의 만족도가 더 높게 나타나는 경향이 있습니다.

	낮은 충족	보통 충족	높은 충족
낮은 결핍			
보통 결핍			
높은 결핍			

당신은 일에 과잉 동일시되어 있나요?[63]

아래 질문을 읽고 잠시 생각해 보세요. 솔직하게 답할수록, 자신의 직업과 지나치게 동일시되고 있는지 판단하는 데 도움이 됩니다.

1. 근무 시간 외에 얼마나 자주 일을 떠올리나요?

1	2	3	4
드물다	가끔 한다	자주 한다	거의 항상 한다

2. 처음 만난 사람에게, 얼마나 빨리 직업을 밝히나요?

1	2	3	4
거의 말하지 않는다	물어볼 때만 말한다	대화 초반에 말한다	거의 즉시 말한다

3. 친구나 가족과 있을 때, 일 이야기를 하지 않는 것은 얼마나 어렵나요?

1	2	3	4
쉽다	다소 쉽다	어렵다	매우 어렵다

4. 직무 능력과 무관한 취미나 관심사가 있나요?

1	2	3	4
두 개보다 많다	최소 하나가 있다	찾아보려는 중이다	없다, 일이 곧 삶이다

5. 내일 당장 지금의 직장·경력·직업을 떠나야 한다면, 어떤 기분일까요?

1	2	3	4
받아들일 수 있다	불안하다	속상하다	견딜 수 없다

총점	해석
5-9	**과잉 동일시 낮음:** 일과 나머지 삶의 영역 사이에서 정체성의 균형을 잘 유지하고 있다. 다양한 활동을 하고, 필요하거나 가능할 때 일과 분리되어 한 발 떨어질 수 있다. 스트레스를 줄이고 삶의 질을 높인다.
10-15	**과잉 동일시 보통:** 일을 자기 정체성의 중요한 일부로 여기지만, 대체로 지나치지는 않다. 근무 시간 외에도 일을 떠올리거나 자주 이야기할 수 있지만, 삶에는 여전히 다른 정체성 요소도 존재한다. 잠재적 번아웃을 예방하기 위해 이 균형을 계속 유지하길 바란다.
16-20	**과잉 동일시 높음:** 일이 직장 밖 당신의 정체성·생각·대화에 비정상적인 비율로 영향을 미치고 있다. 회사는 이런 특별한 충성심을 반길 수 있지만, 장기적으로는 당신과 고용주에게 도움이 되지 않을 가능성이 크다. 지금이 더 균형 잡힌 정체성을 구축할 절호의 기회다. 일 이외 활동에 참여하고 관심사를 다양화해, 핵심 심리 욕구 충족과 삶의 질 증진에 힘쓰길 바란다.

부록 I

모욕 곱씹기와 '악당 편향' 경향 점검

아래는 누군가로부터 상처받았을 때, 초기 반응을 점검하는 체크 리스트입니다. 최근 대인관계에서 상처받은 경험을 한 가지 떠올리고, 그때 당시의 생각·감정·행동에 해당하는 항목에 표시하세요.

1. 나는 그 사람이 나에게 잘못한 일을 계속 생각했다.[64] ☐
2. 그 사람이 분명히 나를 공격하려 한다고 느꼈다. ☐
3. 그 사람의 행동을 생각하느라 일상의 즐거움을 느끼기 어려웠다. ☐
4. 나는 그 사람을 전혀 알지 못했다고 단정했다. ☐
5. 내가 받은 대우에 대한 생각을 머릿속에서 떨쳐내기 어려웠다. ☐
6. 그 사람이 일부러 내 인생을 망치려 한다고 느꼈다. ☐
7. 그 사건을 머릿속에서 거듭 떠올렸다. ☐
8. 그 사람은 나쁜 사람이라고 굳게 믿었다. ☐
9. 복수를 하고 싶은 생각에 사로잡혔다. ☐
10. 내 분노가 정당하다고 확신했다. ☐

점수 합산 방법

아래에서 홀수·짝수 문항에 표시한 개수를 따로 더한 뒤, 점수표로 자신의 경향을 확인하세요.

홀수 항목 점수 =　　　　　**짝수 항목 점수 =**

모욕 곱씹기	악당 편향
0-1: 이번 상황에서 모욕 곱씹기가 낮았다. 단절 트리거 앞에서 불필요한 고통이 커지지 않았다.	**0-1:** 당신은 잘못이 없고, 당신을 해친 사람은 나쁜 사람이라는 편향된 믿음에 의존할 가능성이 낮다.
2-3: 이번 상황에서 모욕 곱씹기가 보통 수준이다. 일부 고통은 줄였지만, 추가적인 개선이 필요하다.	**2-3:** 어느 정도 편향된 믿음에 기대는 경향이 있다. 약간의 연습만 더해도 모욕 곱씹기가 빠르게 줄어드는 걸 느낄 것이다.
4-5: 이번 상황에서 모욕 곱씹기가 높다. 11장 도구들을 활용하면, 트리거 상황에서 피할 수 있는 고통을 크게 줄이는 데 도움이 된다.	**4-5:** 나는 무고하고, 나를 해친 사람은 악인이라는 인식 패턴이 뚜렷하다. 이 믿음이 모욕 곱씹기를 부추기고 삶의 질을 낮출 가능성이 크다.

당신의 연결감은
얼마나 충족 또는 결핍돼 있나요?

지금 이 순간, 당신의 생각·감정·행동을 떠올리며 현재 당신의 상태에 해당한다고 느껴지는 문장에 표시하세요.

연결감 충족

1. 사람들은 대체로 내게 꽤 친절하다.[65] ☐
2. 나는 대부분의 사람과 잘 지낸다. ☐
3. 나는 정기적으로 상호작용하는 사람들을 친구로 여긴다.[66] ☐
4. 내가 상호작용하는 사람들은 대체로 나와 잘 어울린다.[67] ☐
5. 내게 중요한 사람들과 강한 친밀감과 신뢰[68]를 느낀다. ☐
6. 스트레스 상황에서 나를 격려해 주는 주변 사람들[69]이 있다. ☐
7. 사람들은 내가 베푸는 관심과 보살핌을 나에게도 되돌려 준다.[70] ☐
8. 속마음을 털어놓을 수 있는 가까운 진짜 친구가 적어도 한 명은[71] 있다. ☐

연결감 결핍

1. 내가 정기적으로 상호작용하는 사람들은 나를 그다지 좋아하지 않는 것 같다.[72]
2. 다른 사람들은 나를 가볍게 여기거나[73] 거절할 때가 있다.
3. 나는 어울리지 못하는[74] 느낌이 든다.
4. 함께 지내는 사람들 속에서 종종 안전하지 않거나, 내가 따돌림 당하는 느낌을 받는다.
5. 나는 대체로 혼자 지내며[75] 사회적 접촉이 많지 않다.
6. 내 삶에서 중요한 사람들은 내가 기분이 가라앉을 때 위로해 주지 않는다.[76]
7. 내 삶에서 중요한 사람들은 사실 나를 별로 신경 쓰지 않는다.
8. 때때로 내가 의지하는 사람들이 나를 실망시키곤[77] 한다.

점수 합산 방법

- 표시한 항목당 1점
- 충족과 결핍, 두 점수를 계산하세요(각 0–8점)

점수 해석(영역별)

- 0~2점: 낮음
- 3~5점: 보통
- 6~8점: 높음

아래 표에서 당신의 범주를 찾아 해당 칸에 X 표시를 하세요. 오른쪽으로 갈수록 충족이 높고, 위쪽으로 갈수록 결핍이 낮아 전반적인 삶의 만족도가 더 높게 나타나는 경향이 있습니다.

	낮은 충족	보통 충족	높은 충족
낮은 결핍			
보통 결핍			
높은 결핍			

참고 문헌

| 1장 | 혼돈의 시대에 오신 것을 환영합니다.

1) 크로포드 S. 홀링, "Resilience and Stability of Ecological Systems," Annual Review of Ecology and Systematics 4, no. 1 (1973): 1–23.

2) 데이비드 C. 파월, 1980년대 서부 가문비나방 대발생이 오리건주 북동부 말휴어 국유림에 미친 영향. 미국 농무부 산림청, 태평양북서부 지역국, 산림 해충 · 병해 그룹, 1994.

3) 메인 임산물 협의회, "Lessons Learned: Memories of the Maine Budworm Infestation, 1970s–1980s," YouTube, 2015년 4월 1일, https://www.youtube.com/watch?v=LRW9O-abhLY.

4) Boreal Forest Facts, "11 Big Questions about the Tiny Spruce Budworm," 2024년 9월 9일 기준, https://www.borealforestfacts.com/?p=510.

5) 메인주 가문비솔나방 태스크포스, "1970s–80s Outbreak," Center for Research on Sustainable Forests, University of Maine, 2024년 9월 9일 기준, https:// www.sprucebudwormmaine.org/ historical-perspectivespast-infestations/1970s-80s-outbreak/.

6) C. A. 밀러, "Spruce Budworm: How It Lives and What It Does," Forestry Chronicle 51, no.4 (1975): 136–38.

7) 메인주 가문비솔나방 태스크포스, "1970s–80s Outbreak."

8) 메인 임산물 협의회, "Lessons Learned."

9) 존 타카라 "Limits of Resilience," Resilience, 2013년 1월 15일, https://www.resilience.org/ stories/2013-01-15/limits-of-resilience/

10) 가 리엘 캐논, "'Historic' Weather: Why a Cocktail of Natural Disasters Is Battering the US," Guardian, 2022년 6월 18일, https://www.theguardian.com/us-news/2022/jun/17/ compound-extremes-natural-disasters-us-west.

11) 니컬러스 블룸, 다비데 푸르체리, 히테스 아히르, "Tracking Uncertainty in a Rapidly Changing Global Economic Outlook," VoxEU, 2022년 12월 17일, Centre for Economic Policy Research, https://cepr.org/voxeu/columns/tracking-uncertainty-rapidly-changing-global-economic-outlook#:~:text=The%20measure%20suggests%20that%20uncertainty,associated%20cost%20of%20living%20crisi.

12) 블룸, 푸르체리, 아히르의 연구는 71개국이 넘는 국가에서 불확실성이 증가하는 추세라고 밝혔다. ("Tracking Uncertainty").

13) 제인 티어, "American Worker Productivity Is Declining at the Fastest Rate in 75 Years— And It Could See CEOs Go to War against WFH," Fortune, 2023년 5월 5일, https://fortune. com/2023/05/05/remote-work-productivity-5-straight-quarters-decline-gregory-daco/.

14) 소피 베쑨, "Stress in America 2022: Concerned for the Future, Beset by Inflation," 미국 심리학회, 언론 보도, 2022년 10월, https://www.apa.org/news/press/releases/stress/2022/ concerned-future-inflation.

15) 도메니코 다미코 외, "Stress and Chronic Headache," Journal of Headache and Pain 1 (2000): S49–S52.

16) 폴 H.블랙, "Stress and the Inflammatory Response: A Review of Neurogenic Inflammation,"

Brain, Behavior, and Immunity 16, no. 6 (2002): 622–53.

17) 아녜세 마리오티, "The Effects of Chronic Stress on Health: New Insights into the Molecular Mechanisms of Brain–Body Communication," *Future Science* OA 1, no. 3 (2015).

18) 존 T.오 라이언, "The 'Glucocorticoid Cascade' Hypothesis in Man: Prolonged Stress May Cause Permanent Brain Damage," *British Journal of Psychiatry* 170, no. 3 (1997): 199–201.

19) P.라비, "Sleep Disturbances in the Wake of Traumatic Events," *New England Journal of Medicine* 345, no. 25 (2001): 1825–32; "Acute Inescapable Stress Exposure Induces Long Term Sleep Disturbances and Avoidance Behavior: J. 필베르, P. 피샤, S. 비스케, M. 데코베르, C. 벨중, G. 그리벨, A Mouse Model of Post-traumatic Stress Disorder (PTSD)," *Behavioural Brain Research* 221, no. 1 (2011): 149–54.

20) 크리스티 T.오타 외, "REDD1 Is Essential for Stress-Induced Synaptic Loss and Depressive Behavior," *Nature Medicine* 20, no. 5 (2014): 531–35.

21) 게리 M. 피비 외, "The Effects of Prolonged Stress and APOE Genotype on Memory and Cortisol in Older Adults," Biological Psychiatry 62, no. 5 (2007): 472–78.

22) 에이미 비첨, "Emotional Coasting: Why Are So Many of Us Are [sic] Feeling Out of Sorts at the Moment?" Stylist, 2022, https://www.stylist.co.uk /health/mental-health/emotional-coasting/673895.

23) 리즈벳 분 외, "Self-Critical Perfectionism and Binge Eating Symptoms: A Longitudinal Test of the Intervening Role of Psychological Need Frustration," Journal of Counseling ㅎ Psychology 61, no. 3 (2014): 363.

24) 토레 본사켄 외, "Associations between Social Media Use and Loneliness in a Cross-National Population: Do Motives for Social Media Use Matter?," *Health Psychology and Behavioral Medicine* 11, no. 1 (2023): 2158089.

25) 사이먼 카우프만, "Why Are Americans Spending More Time Alone?," Scripps News, 2024년 7월24일, https://scrippsnews.com/stories/why-are-americans-spending-more-time-alone/.

26) 수잰 블레이크, "Americans Are Becoming Less Satisfied with Their Lives," *Newsweek*, 2024 년 2월 10일, https://www.newsweek.com/americans-are-less -satisfied-their-lives-1868560.

27) 르네 D. 굿윈 외, "Trends in Anxiety among Adults in the United States, 2008–2018: Rapid Increases among Young Adults," *Journal of Psychiatric Research* 130 (2020): 441–46; 잉가 도라 시그푸스도티르 외, "Trends in Depressive Symptoms, Anxiety Symptoms and Visits to Healthcare Specialists: A National Study among Icelandic Adolescents," *Scandinavian Journal of Public Health* 36, no. 4 (2008): 361–36; 신디 고든, "Massive Health Wake Up Call: Depression and Anxiety Rates Have Increased by 25% in the Past Year," *Forbes*, 2023년2 월 12일, https://www.forbes.com/sites/cindygordon/2023/02/12/massive-health-wake-up-call-depression-and-anxiety-rates-have-increased-by-25-in-the-past-year/?sh=63c8e00d1760; 댄 위터스, "U.S. Depression Rates Reach New Highs," Gallup, 2023년 5월 17일, https://news.gallup.com/poll/505745/depression-rates-reach-new-highs.aspx#:~:text=Line% 20chart%3A%20Rising%20trends%20in,most%20recent%20 results%2C%20obtained%20Feb.

28) 리 코와트, "Stress Can Literally Kill You. Here's How," *Popular Science*, October 5, 2021, https://www.popsci.com/health/stress-effects-on-body/.

29) 로이 F. 바우마이스터 외, "Bad Is Stronger Than Good," Review of General Psychology 5, no. 4 (2001): 323–70.

30) 카트린 핑커나워와 베르나르 리메, "Keeping Emotional Memories Secret: Health and Subjective Well-Being When Emotions Are Not Shared," *Journal of Health Psychology* 3, no. 1 (1998): 47–58.

31) 대니얼 카너먼과 아모스 트버스키, "Choices, Values, andFrames," *American Psychologist* 39, no.4 (1984): 341.

32) 이것을 '긍정-부정 비대칭 효과positive-negative asymmetry effect'라고 부른다.(바우마이스터 외, "Bad Is Stronger Than Good").

33) 케넌 M. 셸든, 리처드 라이언, 해리 T. 레이스, "What Makes for a Good Day? Competence and Autonomy in the Day and in the Person," *Personality and Social Psychology Bulletin* 22, no. 12 (1996): 1270–79.

34) 바우마이스터 외, "Bad Is Stronger Than Good."

35) 루시 혼, "The Three Secrets of Resilient People," TEDxChristchurch,2019년 8월, https://www.ted.com/talks/lucy_hone_the_three_secrets_of_resilient_people.

36) 크리스티 A. 덴클라 외, "Psychological Resilience: An Update on Definitions, A Critical Appraisal, and Research Recommendations," *European Journal of Psychotraumatology* 11, no. 1 (2020): 1822064.

37) 이자와 슈헤이 등은 지속적인 스트레스가 시간이 지남에 따라 코르티솔을 증가시킴을 보여 주었다. "Effects of Prolonged Stress on Salivary Cortisol and Dehydroepiandrosterone: A Study of a Two-Week Teaching Practice," Psychoneuroendocrinology 37, no. 6 (2012): 852–58. 만성 스트레스 상태의 사람들은 코르티솔 억제 호르몬인 덱사메타손을 먹어도, 체내 코르티솔 생성이 실제로 멈추지 않는다.(마렌 볼프람 등, "Emotional Exhaustion and Overcommitment to Work Are Differentially Associated with Hypothalamus–Pituitary Adrenal (HPA) Axis Responses to a Low-Dose ACTH1–24 (Synacthen) and Dexamethasone CRH Test in Healthy School Teachers," Stress 16, no. 1 (2013): 54–64).

38) 댄 W. 그루프와 잭 B. 니츠케, "Uncertainty and Anticipation in Anxiety: An Integrated Neurobiological and Psychological Perspective," Nature Reviews Neuroscience 14, no. 7 (2013): 488–501.

39) R. 니컬러스 칼튼, "Fear of the Unknown: One Fear to Rule Them All?," *Journal of Anxiety Disorders* 41 (2016): 5–21.

40) 줄리언 F. 세이어 외, "A Meta-Analysis of Heart Rate Variability and Neuroimaging Studies: Implications for Heart Rate Variability as a Marker of Stress and Health," *Neuroscience & Biobehavioral Reviews* 36, no. 2 (2012): 747–56.

41) 라이언 로빈슨, "What Brain Science Reveals about Uncertainty and 6 Strategies to Cope at Work," Forbes, 2022년 8월 24일, https://www.forbes.com/sites/bryanrobinson/2022/08/24/what-brain-science-reveals-about–uncertainty-and-6-strategies-to-cope-at-work/?sh=5a4b90b244b

42) 칼튼, "Fear of the Unknown."

43) 마컴 하이드,"Science Explains Why Uncertainty Is So Hard on Our Brain," Medium, 2020년 3월 19일, https://elemental.medium.com/science-explains-why-uncertainty-is-so-hard-on-our-brain-6ac75938662#:~:text=%E2%80%9CUncertainty%20acts%20like%20rocket%20fuel,in%20response%20to%20those%20threats.%E2%80%9D.

44) 그루프와 니츠케, "Uncertainty and Anticipation in Anxiety."

45) 크리스티앙 그리용 외, "Anxious Responses to Predictable and Unpredictable Aversive Events," *Behavioral Neuroscience* 118, no. 5 (2004): 916.

46) 아리 W. 크루글란스키와 도나 M. 웹스터, "Motivated Closing of the Mind: 'Seizing' and

'Freezing,'" *Psychological Review* 103, no. 2 (1996): 263.

47) 이르막 올자이소이 옥텐, 안톤 골비처, 가 리엘레 외팅겐, "When Knowledge Is Blinding: The Dangers of Being Certain about the Future during Uncertain Societal Events," *Personality and Individual Differences* 195 (2022): 111606.

48) 세라 A. 버가드, 제니 E. 랜드, 제임스 S. 하우스, "Perceived Job Insecurity and Worker Health in the United States," *Social Science & Medicine* 69, no. 5 (2009): 777–85.

49) 칼튼, "Fear of the Unknown"; 볼프람 슐츠 외, "Explicit Neural Signals Reflecting Reward Uncertainty," *Philosophical Transactions of the Royal Society B: Biological Sciences* 363, no. 1511 (2008): 3801–11.

50) 아치 드 버커 외, "Computations of Uncertainty," 10996.

51) 칼튼, "Fear of the Unknown."

| 2장 | 회복탄력성을 둘러싼 세 가지 신화

1) 사회적 지지는 회복탄력적 결과를 위한 가장 중요한 단일 보호 요인으로 자주 꼽힌다. 페기 A. 토이츠를 참고하라. "Mechanisms Linking Social Ties and Support to Physical and Mental Health," *Journal of Health and Social Behavior* 52, no. 2 (2011): 145–61; Alexandra Stainton 알렉산드라 스테인턴 et al., "Resilience as a Multimodal Dynamic Process," *Early Intervention in Psychiatry* 13, no. 4 (2019): 725–32.

2) 이지희 외, "Resilience: A Meta-Analytic Approach," *Journal of Counseling & Development* 91, no. 3 (2013): 269–79.

3) 앤절라 L. 더크워스, "Grit: Perseverance and Passion for Long-Term Goals," *Journal of Personality and Social Psychology* 92, no. 6 (2007): 1087. 그릿과 회복탄력성의 관계에 대한 요약은 존 그리치, 셰리 햄비, 빅토리아 배니어드를 참고하라. "The Resilience Portfolio Model: Understanding Healthy Adaptation in Victims of Violence," Psychology of Violence 5, no. 4 (2015): 343. 앤절라 L. 더크워스, 트레이시 A. 스틴, 마틴 E. P. 셀리그만의 논문 역시 참고하라. "Positive Psychology in Clinical Practice," *Annual Review of Clinical Psychology* 1 (2005): 629–51; 셰리 햄비, 존 그리치, 빅토리아 배니어드 "Resilience Portfolios and Poly-Strengths: Identifying Protective Factors Associated with Thriving after Adversity," *Psychology of Violence* 8, no. 2 (2018): 172.

4) 간략한 설명은 강 우 외 참고, "Understanding Resilience," *Frontiers in Behavioral Neuroscience* 7 (2013): 10; 이 외, "Resilience: A Meta-Analytic Approach," 269–79.

5) 간략한 설명은 그리치, 햄비, 배니어드 참고, "Resilience Portfolio Model," 343.

6) 간략한 설명은 우 외 참고, "Understanding Resilience," 10.

7) 설명은 우 외 참고, "Understanding Resilience," 10 : 예시는 오비디우 포파-벨레아 외 참고, "Resilience and Active Coping Style: Effects on the Self-Reported Quality of Life in Cancer Patients," *International Journal of Psychiatry in Medicine* 52, no. 2 (2017): 124–36.

8) 햄비, 그리치, 배니어드, "Resilience Portfolios and Poly Strengths," 172.

9) 그리치, 햄비, 배니어드, "Resilience Portfolio Model," 343.

10) 회복탄력성연합, "HollingFund," 2024년 9월 기준, https://www.resalliance.org/index.php/hollingfund.

11) 랜스 건더슨, "The Passing of a Polymath: In Memory of Buzz Holling," News, 회복탄력성 연합, 2024년 9월 9일 기준, https://www.resalliance.org/news/51.

12) "C. S. '버즈' 홀링, 1930년 12월 6일~2019년 8월 16일," 부고란, *Nature Sustainability* 2 (2019):

997 – 98.

13) 스톡홀름 회복탄력성 센터, "Buzz Holling Resilience Dynamics," YouTube, 2009년 1월 23일, https://www.youtube.com/watch?v=FrNWUO mOHRs.

14) 강조를 위해 기울임체 포함, 그로포드 스탠리 홀링과 랜스 H. 건더슨, *Panarchy: Understanding Transformations in Human and Natural Systems* (Washington, DC: Island Press, 2002), 12.

15) 토마스 웨버, "The Strange Story of the Man behind the Popularization of 'Resilience Thinking,'" *Boston Globe*, 2023년 3월 2일.

16) 스톡홀름 회복탄력성 센터, "Buzz Holling Resilience Dynamics."

17) 홀링은 회복탄력성을 '시스템의 지속성 그리고… 변화와 교란을 흡수하고서도 [기능]을 유지하는 능력'으로 정의했다(Crawford S. Holling, "Resilience and Stability of Ecological Systems," *Annual Review of Ecology and Systematics* 4, no. 1 (1973): 1 – 23).

18) 웨버, "Strange Story."

19) "resilio, resilire, resilui," 항목, 2024년 9월 9일 기준, https://latin-dictionary.net/definition/33432/resilio-resilire-resilui.

20) 셰이-리 신시아 벨라와 나게시 B. 파이, "A Theoretical Review of Psychological Resilience: Defining Resilience and Resilience Research over the Decades," *Archives of Medicine and Health Sciences* 7, no. 2 (2019): 233 – 39i.

21) 욥기에서 욥은 큰 부를 누리면서도 경건함이 뛰어난 인물로 그려진다. 사탄은 선동자로 나서, 욥의 경건히 오직 그의 번영에만 근거한 것인지 시험한다. 그러나 재산과 자녀들, 그리고 마지막에는 자신의 건강까지 잃는 참혹한 일을 겪고서도, 욥은 끝내 하느님을 원망하지 않는다(Editors of Encyclopedia, "The Book of Job," Encyclopedia Britannica, 2024년 7월 31일 업데이트 기준, https://www.britannica.com/topic/The-Book-of-Job). 관련한 성경 구절은 다음과 같다. "울음이 밤을 지낼지라도, 아침이면 기쁨이 찾아온다(시편 30:5)." "시련을 끝까지 견디는 사람은 복이 있다. 그는 시험을 통과한 뒤 생명의 관을 받을 것인데, 이는 주께서 자기를 사랑하는 이들에게 약속하신 것이다(야고보서 1:12)." "내가 이런 말을 한 것은 너희가 내 안에서 평안을 누리게 하려는 것이다. 세상에서는 환난을 겪겠지만, 용기를 내라. 내가 세상을 이겼다(요한복음 16:33)."

22) P. J. 클라이드 랜들과 에드 윈, *The Exodus* (Pittsburgh, PA: Peoples Printing, 1919).

23) "우리는 반드시 너희를 두려움과 굶주림, 재산과 생명, 그리고 너희 수고의 열매의 일부 손실로 시험할 것이다. 그러나 인내로 견디는 이들에게 기쁜 소식을 전하라. 재난이 닥쳤을 때 '우리는 알라께 속하며, 결국 그분께로 돌아간다'라고 말하는 자들에게는 그들의 주님으로부터 축복과 자비가 내리나니, 바로 그들이 인도를 받는 자들이다(코란 2:155 – 157)."

24) Editors of Encyclopedia, "dukkha," Encyclopedia Britannica, 2003년 11월 26일, https://www.britannica.com/topic/dukkha; Donald S. Lopez, "Four Noble Truths," Encyclopedia Britannica, 2023년 8월 11일, https://www.britannica.com/topic/Four-Noble-Truths.

25) "내 고통이 잠잠해지기를 구하지 말게 하시고, 그것을 이길 마음을 구하게 하소서." 인도 힌두교 신 비주의 철학자, 라빈드라나트 타고르(1861 – 1941) 인용, "A central life's work is to become detached from overinvolvement in the world"(사라 M. 휘트먼, "Pain and Suffering as Viewed by the Hindu Religion," *Journal of Pain* 8, no. 8 (2007): 607 – 13.

26) "You have power over your mind—not outside events. Realize this, and you will find strength" (마르쿠스 아우렐리우스, *Meditations*, 8.47).

27) 린 마이클 블룸과 R. W. 블룸, "Resilience in Adolescence," *Adolescent Health: Understanding and Preventing Risk Behaviors* 1 (2009): 51 – 76.

28) 에미 워너, "Reproductive and Environmental Casualties: A Report on the 10-Year Follow-Up of the Children of the Kauai Pregnancy Study," *Pediatrics* 42, no. 1 (1968): 112 – 27.

29) 에미 E. 워너와 루스 S. 스미스, "A Report from the Kauai Longitudinal Study," *Journal of the*

American Academy of Child Psychiatry 18, no. 2 (1979): 292 – 306.

30) 그들은 표본의 약 3분의 1이 이 범주에 속하고 그 집단 중 다시 3분의 1이 회복탄력성을 보이는 결과를 나타냈다고 발견했다(에미 워너, "Risk, Resilience, and Recovery," *Reclaiming Children and Youth* 21, no. 1 [2012]: 18).

31) 수니야 S. 루타르와 단테 치케티, "The Construct of Resilience: Implications for Interventions and Social Policies," *Development and Psychopathology* 12, no. 4 (2000): 857 – 85, at 862.

32) 앤 S. 마스튼, "Resilience in Developing Systems: Progress and Promise as the Fourth Wave Rises," *Development and Psychopathology* 19, no. 3 (2007): 921 – 30.

33) 캐런 레이비치와 앤드류 샤테, *The Resilience Factor: 7 Essential Skills for Overcoming Life's Inevitable Obstacles* (New York: Broadway Books, 2002).

34) 멜리사 S. 아벨레, "Advancing Out of Poverty: Social Class Worldview and Its Relation to Resilience," *Journal of Adolescent Research* 24, no. 1 (2009): 114 – 41.

35) 리처드 헤이와 딜란티 아마라퉁가, "An Integrative Review of the Built Environment Discipline's Role in the Development of Society's Resilience to Disasters," *International Journal of Disaster Resilience in the Built Environment* 1, no. 1 (2010): 11 – 24.

36) 데니스 스미스와 모이라 피슈바허, "The Changing Nature of Risk and Risk Management: The Challenge of Borders, Uncertainty and Resilience," *Risk Management* 11 (2009): 1 – 12.

37) 해피 폴과 푸자 가르그, "Elevating Organizational Consequences through Employee Resilience," National Conference on Emerging Challenges for Sustainable Business, 2012.

38) 진 E. 룩스, "Strengthening Resilience in Children and Youths: Maximizing Opportunities through the Schools," *Children & Schools* 28, no. 2 (2006): 69 – 76.

39) 프로마 F. 월시, "Family Resilience: A Developmental Systems Framework," *European Journal of Developmental Psychology* 13, no. 3 (2016): 313 – 24.

40) 네빌 아슈르와 앤드루 D. F. 프라이스, "Resilience Strategies of Healthcare Facilities: Present and Future," *International Journal of Disaster Resilience in the Built Environment* 1, no. 3 (2010): 264 – 76.

41) 장 파리에스와 존 리솔, *Resilience Engineering in Practice: A Guidebook* (Boca Raton, FL: CRC Press, 2017).

42) 미국 연방재난관리청, "Building Resilient Infrastructure and Communities," 미국 국토안보부, 2024년 9월 9일 기준, https://www.fema.gov/grants/mit igation/building-resilient-infrastructure-communities#:~:text=Building%20Resilient%20Infrast ructure%20and%20Communities%20(BRIC)%20supports%20states%2C%20local,from%20disasters%20and%20natural%20hazards.

43) 로스 에글리, *The Art of Resilience* (New York: HarperCollins, 2020).

44) 아폴로 극장(@apollotheater), "#FLOTUS가 오늘 열린 #GlamourforEDU #62MillionGirls 행사에 모인 소녀들에게 현명한 조언을 전했습니다!", 인스타그램, 2015년 9월 29일, https://www.instagram.com/p/8OPwbGSRRS/?utm_source=ig_embed; Michelle Obama, Becoming (New York: Crown, 2021)에서도 확인 가능.

45) 제니퍼 애니스턴 인용, Imdb.com. www.imdb.com/name/nm0000098 /quotes/.

46) 로널드 레이컬스, "Elon Musk Delivers Surprise 'Resilience Day' Presentation," *SolarQuotesBlog*, 2022년 4월 1일, https://www.solarquotes.com.au/blog/elon-musk-resilience-day/.

47) 데이비드 빌라, "The Power of Resilience, and How to Develop It," Forbes, 2021년 3월 26일, https://www.forbes.com/sites/forbesagencycouncil/2021/03/26/the-power-of-resilience-and-how-to-develop-it/?sh=1d76c9dc1f2a.

48) 엘런 배리, "Workplace Wellness Programs Have Little Benefit, Study Finds," *New York Times*, 2024년 1월 15일.

49) '되돌아오기'가 개념의 핵심이라는 점에서, 미국심리학회(APA)가 정의하는 회복탄력성과도 일치한다.(루스 W. 스미스 외, "The Brief Resilience Scale: Assessing the Ability to Bounce Back," *International Journal of Behavioral Medicine* 15 (2008): 194–200; 찰스 S. 카버, "Resilience and Thriving: Issues, Models, and Linkages," *Journal of Social Issues* 54, no. 2 (1998): 245–66).

50) 안나 판제리, "Factors Impacting Resilience as a Result of Exposure to COVID-19: The Ecological Resilience Model," *PLOS One* 16, no. 8 (2021): e0256041.

51) 이 논의를 둘러싼 훌륭한 연구들은 다음과 같다. 안토넬라 시스토 외, "Towards a Transversal Definition of Psychological Resilience: A Literature Review," *Medicina* 55, no. 11 (2019): 745; 젬마 에번, 메린 갓, 캐런 호어, "What Is Resilience? An Integrative Review of the Empirical Literature," *Journal of Advanced Nursing* 72, no. 5 (2016): 980–1000; 리처드 리드, 린다 코트니 보터릴, "The Multiple Meanings of 'Resilience': An Overview of the Literature," *Australian Journal of Public Administration* 72, no. 1 (2013): 31–40. 또, 이 논의를 서사적으로 매우 잘 요약한 뛰어난 글 두 편이 있다. 스티븐 M. 사우스윅, "Resilience Definitions, Theory, and Challenges: Interdisciplinary Perspectives," *European Journal of Psychotraumatology* 5, no. 1 (2014): 25338; 크리스티 A. 덴클라, "Psychological Resilience: An Update on Definitions, A Critical Appraisal, and Research Recommendations," *European Journal of Psychotraumatology* 11, no. 1 (2020): 1822064.

52) 회복탄력성의 과학을 다룬 대부분의 글은 회복탄력성을 어떻게 정의할지에 대한 합의가 부족하다고 지적한다. 이 논쟁을 생생하게 보여 주는 두 가지 사례가 있다. 사우스윅, "Resilience Definitions, Theory, and Challenges," 25338; 덴클라 외, "Psychological Resilience," 1822064.

53) 수니야 S. 루타르, 단테 치케티, 론원 베커, "The Construct of Resilience: A Critical Evaluation and Guidelines for Future Work," *Child Development* 71, no. 3 (2000): 543–62.

54) 마리사 E. 힐리아드, 마이클 A. 해리스, 질 바이스버그-벤첼, "Diabetes Resilience: A Model of Risk and Protection in Type 1 Diabetes," *Current Diabetes Reports* 12 (2012): 739–48.

55) 앤 S. 마스튼과 마리-가 리엘 J. 리드, "Resilience in Development," *Handbook of Positive Psychology* 74 (2002): 88.

56) 회복탄력성을 측정하는 데 가장 널리 신뢰받는 세 가지 척도 가운데 하나인 '간편 회복탄력성 척도'로 측정했을 때 (루스 W. 스미스 외, "The Brief Resilience Scale: Assessing the Ability to Bounce Back," *International Journal of Behavioral Medicine* 15 [2008]: 194–200; 이샤쿠 살리 수와 노라시다 하심, "A Critical Review of Scales Used in Resilience Research," *IOSR Journal of Business and Management* 19, no. 4 [2017]: 23–33).

57) 다니엘 J. 라운, 무스타파 사르카르, 캐런 하웰스, "Growth, Resilience, and Thriving: A Jangle Fallacy?," *Growth Following Adversity in Sport: A Mechanism to Positive Change*, 로스 웨 이디, 멜리사 데이, 카렌 하웰스 엮음. (New York: Routledge, 2020), 59–72.

58) 하미데 마흐디아니와 마이클 웅가, "The Dark Side of Resilience," *Adversity and Resilience Science* 2.3 (2021): 147–55.

59) 즉, 메타 분석과 체계적 문헌 고찰.

60) 이사벨라 헬름라이히, "Psychological Interventions for Resilience Enhancement in Adults," *Cochrane Database of Systematic Reviews* 2017, no. 2 (2017).

61) 아담 J. 반호, "Can Resilience Be Developed at Work? A Meta-Analytic Review of Resilience-Building Programme Effectiveness," *Journal of Occupational and Organizational Psychology* 89, no. 2 (2016): 278–307.

62) 제니 J. W. 리우, "Comprehensive Meta-Analysis of Resilience Interventions," *Clinical Psychology Review* 82 (2020): 101919; 리흐타 C. 아인테마, 이본 D. 뷔르허르, 빌마르 B. 샤우펠 리,"Reviewing the Labyrinth of Psychological Resilience: Establishing Criteria for Resilience-Building Programs," *Consulting Psychology Journal: Practice and Research* 71, no. 4 (2019): 288; 사드 조이스, "Road to Resilience: A Systematic Review and Meta-Analysis of Resilience Training Programmes and Interventions," *British Medical Journal Open* 8, no. 6 (2018); Helmreich et al., "Psychological Interventions for Resilience Enhancement in Adults."

63) 회복탄력성이 정신 건강과 삶의 질을 보장하지 않는다는 메타 분석. 에릭 판 데르 뫼런, "Longitudinal Associations of Psychological Resilience with Mental Health and Functioning among Military Personnel: A Meta-Analysis of Prospective Studies," Social Science & *Medicine* 255 (2020): 112814.

64) 윌리엄 J. 플레밍, "Employee Well-Being Outcomes from Individual-Level Mental Health Interventions: Cross-Sectional Evidence from the United Kingdom," *Industrial Relations Journal* 55, no. 2 (2024): 162-82.

65) 라이언 베튠, "When It Comes to Resilience, the Self Help Industry Has It All Wrong," Maclean's, 2019년 5월 23일, https://macleans.ca/society/when-it-comes-to-resilience-the-self-help-industry-has-it-all-wrong/.

66) 베버, "Strange Story."

67) 메리엄-웹스터 사전은 가스라이팅을 '대체로 장기간에 걸쳐 개인에게 가해지는 심리적 조작으로, 그 결과 피해자가 자신의 생각, 현실에 대한 인식, 혹은 기억의 타당성을 의심하게 되고, 통상적으로 혼란, 자신감과 자존감의 상실, 자신의 정서적·정신적 안정성에 대한 불확실성, 가해자에 대한 의존으로 이어지게 하는 행위'로 정의한다. (메리엄-웹스터 검색어 , "gaslighting," 2024년 9월 9일 기준, https://www.merriam-webster.com/dictionary/gaslighting).

68) 벨린다 루버, "Psychometric Properties of the Multidimensional Scale of Perceived Social Support in Youth," *Comprehensive Psychiatry* 49, no. 2 (2008): 195-201.

69) 회복탄력성에 작용하는 유전적 요인의 요약은 강 우 외를 참조. "Understanding Resilience," *Frontiers in Behavioral Neuroscience* 7 (2013): 10. 회복탄력성의 후생적 요인의 요약은 데멜자 스미스 외를 참조. "The Role of Epigenetics in Psychological Resilience," *Lancet Psychiatry* 8, no. 7 (2021): 620-29.

70) 류 하오란, "Biological and Psychological Perspectives of Resilience: Is It Possible to Improve Stress Resistance?," *Frontiers in Human Neuroscience* 12 (2018): 326.

71) 헬렌 허먼, "What Is Resilience?," Canadian Journal of Psychiatry 56, no. 5 (2011): 258-65.

72) 크레이그 A. 올슨, "Adolescent Resilience: A Concept Analysis," Journal of Adolescence 26, no. 1 (2003): 1-11. 여기에는 긍정적 정서와 같은 것들이 포함된다(바르트 P. F. 루튼 외, "Resilience in Mental Health: Linking Psychological and Neurobiological Perspectives," *Acta Psychiatrica Scandinavica* 128, no. 1 [2013]: 3-20); 스테반 E. 홉폴, 나탈리 R. 스티븐스, 앨리슨 K. 잘타, "Expanding the Science of Resilience: Conserving Resources in the Aid of Adaptation," *Psychological Inquiry* 26, no. 2 (2015): 174-80.

73) 케이티 A. 맥러플린, "Childhood Adversity, Adult Stressful Life Events, and Risk of Past-Year Psychiatric Disorder: A Test of the Stress Sensitization Hypothesis in a Population-Based Sample of Adults," *Psychological Medicine* 40, no. 10 (2010): 1647-58.

74) 유해한 아동기 경험은 우리 뇌와 스트레스 반응 체계에 회복탄력성을 약화시키는 변화를 일으킨다. 우 외 참조, "Understanding Resilience," 10. 이른 아동기의 역경은 그릿을 약화시키는 것으로도 보고되었다: 섀넌 청, 황 치엔중, 장 충충, "Passion and Persistence: Investigating the

Relationship between Adverse Childhood Experiences and Grit in College Students in China," *Frontiers in Psychology* 12 (2021): 642956.

- 사회경제적 지위가 낮은 사람은 높은 사람에 비해 정신질환 유병률이 두 배에 이른다(찰스 E. 홀 저, B. M. 셰이, J. W. 스완슨, P. J. 리프 외, "The Increased Risk for Specific Psychiatric Disorders among Persons of Low Socioeconomic Status," *American Journal of Social Psychiatry* 6, no. 4 [1986]: 259–71).

- 예를 들어, 한 경찰 사관생도 대상 연구에서는 아동기 트라우마 이력이 있는 집단이 그렇지 않은 집단보다 타액 스트레스 호르몬 수치가 더 높게 나타났다(크리스티안 오테 외, "Association between Childhood Trauma and Catecholamine Response to Psychological Stress in Police Academy Recruits," Biological Psychiatry 57, no. 1 [2005]: 27–32) 더 나아가, 삶 전반에 걸친 스트레스·역경·트라우마 경험은 회복탄력성을 더 약화할 수 있다. 크리스 R. 루인, 버니스 앤드루스, 존 D. 밸런타인 참조, "Meta-Analysis of Risk Factors for Posttraumatic Stress Disorder in Trauma-Exposed Adults," *Journal of Consulting and Clinical Psychology* 68, no. 5 (2000): 748; 마크 D. 시어리, E. 앨리슨 홀먼, 록산 코언 실버, "Whatever Does Not Kill Us: Cumulative Lifetime Adversity, Vulnerability, and Resilience," *Journal of Personality and Social Psychology* 99, no. 6 (2010): 1025; 폴라 S. 누리어스, 에드위나 우에하라, 더글러스 F. 자칙, "Intersection of Stress, Social Disadvantage, and Life Course Processes: Reframing Trauma and Mental Health," *American Journal of Psychiatric Rehabilitation* 16, no. 2 (2013): 91–114; 조지 A. 보나노 외, "What Predicts Psychological Resilience after Disaster? The Role of Demographics, Resources, and Life Stress," *Journal of Consulting and Clinical Psychology* 75, no. 5 (2007): 671.

75) 프리드리히 빌헬름 니체, *The Twilight of the Idols* (Crows Nest, Australia: Allen & Unwin, 1974).

76) T. C. 윌리엄스, "The Last Years of Friedrich Nietzsche: The Horse Incident and Its Aftermath," *Medium*, 2022년 4월 23일, https://medium.com/@T.C.Williams/the-last-years-of-friedrich-nietzsche-the-horse-incident-and-its-aftermath-97c9559fdcf#:~:text=On%20the%20morning%20of%20January,to%20the%20ground%20in%20tears.

77) 팀 링크호프, "Did Friedrich Nietzsche's Own Philosophy Drive Him Insane?" Big Think, October 21, 2023, https://bigthink.com/high-culture/friedrich-nietzsche-insanity/. 니체의 사망 원인은 여전히 불분명하지만 치매의 한 형태이거나 매독 때문이었다는 의견이 대부분이었다는 것에 주목할 만한다. 예리한 시각을 가진 사람들은 광기로 인한 니체의 추락이 오로지 회복탄력성의 한계에 이른 결과였다는 내 의견에 이의를 제기할지도 모른다. 그 지적, 일리 있다! 하지만 엄격한 잣대로는 맞지 않을 수 있다는 단서를 붙여서라도 이 이야기는 너무 흥미로워서 빼놓을 수 없었다.

78) 프랭크 J. 인퍼나, 에란다 자야위크림, "Fixing the Growth Illusion: New Directions for Research in Resilience and Posttraumatic Growth," *Current Directions in Psychological Science* 28, no. 2 (2019): 152–58. 또한 역경이 개인을 더 강하게 만든다는 생각의 매력이, 과학자들로 하여금 성장은 역경에 대한 전형적인 반응이라고 다소 성급하게 주장하게 만든 요인일 수 있다고 지적한다. 그러나 실제로 성장은 역경에 대한 일반적인 반응은 아니다. 또한 시어리, 홀먼, 코언 실버의 "Whatever Does Not Kill Us," 1025쪽도 참고하라.

79) 루어 외, "Psychometric Properties of the Multidimensional Scale of Perceived Social Support in Youth," 195–201.

80) 즉, 사회적·교육적·지적 측면에서 불리함이 더 큰 경우를 말한다(루인, 앤드루스, 밸런타인, "Meta-Analysis of Risk Factors for Posttraumatic Stress Disorder in Trauma-Exposed Adults," 748).

81) 데이비드 플레처와 무스타파 사르카르, "Psychological Resilience," *European psychologist* (2013); 덴클라 외, "Psychological Resilience," 1822064; 루타르, 치케티, 론윈 "Construct of Resilience," 543 – 62; , "Whatever Does Not Kill Us," 1025.

82) 크리스티나 A. 페르난데스 외, "Assessing the Relationship between Psychosocial Stressors and Psychiatric Resilience among Chilean Disaster Survivors," *British Journal of Psychiatry* 217, no. 5 (2020): 630 – 37.

83) 스콧 M. 먼로와 케이트 L. 하크니스, "Life Stress, the 'Kindling' Hypothesis, and the Recurrence of Depression: Considerations from a Life Stress Perspective," *Psychological Review* 112, no. 2 (2005): 417. 사실, 시간이 지나며 누적되는 경미한 스트레스가 트라우마보다도 더 많이 소진되게 할 수 있다. 호세 마누엘 로드리게스-야네스, 펨케 보스, 데바라티 구하-사피르를 참고하라, "Measuring Psychological Resilience to Disasters: Are Evidence-Based Indicators an Achievable Goal?," Environmental Health 12, no. 1 (2013): 1 – 10; 케네스 E. 밀러, "Daily Stressors, War Experiences, and Mental Health in Afghanistan," *Transcultural Psychiatry* 45, no. 4 (2008): 611 – 38.

84) 유용한 개념으로 '알로스타틱 부하'가 있다. 반복적인 스트레스에 노출되는 동안 우리 몸에 누적되는 마모와 손상을 뜻한다. 자세한 내용은 누리어스, 우에하라, 자칙을 참조하라. "Intersection of Stress, Social Disadvantage, and Life Course Processes," 91 – 114. 스트레스가 어떻게 회복탄력성을 소진시키는지에 관한 훌륭한 설명으로는 카르멜리나 로턴 스미스를 참조하라."Coaching for Leadership Resilience: An Integrated Approach," *International Coaching Psychology Review* 12, no. 1 (2017): 6 – 23.

85) 자오 장, 완 루이, 마 징단, "Social Change and Birth Cohorts Decreased Resilience among College Students in China: A Cross-Temporal Meta-Analysis, 2007 – 2020," *Personality and Individual Differences* 196 (2022): 111716.

86) 마크 무레이븐, 다이앤 M. 타이스, 로이 F. 바우마이스터, "Self-Control as a Limited Resource: Regulatory Depletion Patterns," *Journal of Personality and Social Psychology* 74, no. 3 (1998): 774.

87) 남은 회복탄력성이 바닥나고 있을 때 다시 채울 수 없다는 뜻은 아니다. 다만 회복에는 시간이 걸리며 흔히 그 시간은 없다는 의미다 (홉폴 외, "The Limits of Resilience: Distress Following Chronic Political Violence among Palestinians," *Social Science & Medicine* 72, no. 8 (2011): 1400408).

88) 회복탄력성이라는 목표는 다른 사람들은 겪지 않는 지속적인 어려움에 놓인 주변화된 사람들에게는 특히 문제가 될 수 있다. 예를 들어, 연구자 스테반 홉폴은 사회적 지지의 가용성이 종종 권력이나 지위에 달려 있다고 지적하고, 크리스티나 디프로즈는 '역경을 딛고 성공함'을 찬양하는 문화에서는 자원이 부족한 사람들이 끊임없이 고군분투하면서 회복탄력성보다는 학습된 무기력을 발전시킬 가능성이 더 높다고 지적한다(스테반 E. 홉폴, 제니퍼 D. 웰스, "Conservation of Resources, Stress, and Aging: Why Do Some Slide and Some Spring?", *Handbook of Aging and Mental Health: An Integrative Approach*, Jacob Lomranz 엮음[Boston, MA: Springer US, 1998], 121 – 34; 크리스티나 디프로즈, "Resilience Is Futile," *Soundings*, no. 58 [2015]: 44 – 56). 또한 소수 의견이긴 하지만, 어떤 학자들은 회복탄력성이라는 개념 자체가 '능력주의적 · 성차별적 · 식민주의적 · 신 자유주의적 이해관계에 부합하는 방식으로 사회를 억제하는 도구'라고 비판한다(에밀리 허천, 보니 라 셰비치, "Theorizing Resilience: Critiquing and Unbounding a Marginalizing Concept," *Disability & Society* 29, no. 9 [2014]: 1383 – 97; 또한 하미데 마흐디아니, 마이클 웅가, "The Dark Side of Resilience," *Adversity and Resilience Science* 2, no. 3 [2021]: 147 – 55 참조).

89) 심란 지트 싱, "'Resilient' Isn't the Compliment You think It Is," *Harvard Business Review*,

2023년 3월 22일, https://hbr.org/2023/03/resilient-isnt-the compliment-you-think-it-is.

90) 예를 들어, 진 H. 로디 외, ""Perceived Discrimination among African American Adolescents and Allostatic Load: A Longitudinal Analysis with Buffering Effects" *Child Development* 85 no.3(2014): 9891002를 보라. 몇몇 연구는 사회경제적 지위를 통제한 뒤에도 아프리카계 미국인이 더 높은 수준의 스트레스 요인을 경험한다고 시사했는데, 차별이 큰 원인일 가능성이 높다(예로, 로널드 C. 케슬러, 크리스틴 D. 미켈슨, 데이비드 R. 윌리엄스, "The Prevalence, Distribution, and Mental Health Correlates of Perceived Discrimination in the United States" *Journal of Health and Social Behavior* 40, no 3[1999]: 20830). 더 알고 싶다면 누리 어스, 우에하라, 자칙, ""Intersection of Stress, Social Disadvantage, and Life Course Processes", 91114쪽을 보라.

91) 카르멘 발리엔테, "A SymptomBased Definition of Resilience in Times of Pandemics: Patterns of Psychological Responses over Time and Their Predictors," *European Journal of Psychotraumatology* 12, no. 1 (2021): 1871555; 폴라 P. 슈누어, 매튜 J. 프리드먼, 스탠리 D. 로젠버그, "Premilitary MMPI Scores as Predictors of Combat Related PTSD Symptoms," American Journal of Psychiatry 150, no. 3 (1993): 47983; 루윈, 앤드류스, 밸런타인, "MetaAnalysis of Risk Factors for Posttraumatic Stress Disorder in TraumaExposed Adults," 748.

92) G. Ö. K. 아이셰와 에신 일마즈 코아르, "A MetaAnalysis Study on Gender Differences in Psychological Resilience Levels," *Kıbrıs Türk Psikiyatri ve Psikoloji Dergisi* 3, no. 2 (2021): 13243.

93) 콘스턴스 해먼, "Stress and Depression," *Annual Review of Clinical Psychology* 1 (2005): 293319. 만성질환 논의는 보나노 외 참조, "What Predicts Psychological Resilience after Disaster?," 671. 릴리야나 트르티차 마이냐리치 외, "Low Psychological Resilience in Older Individuals: An Association with Increased Inflammation, Oxidative Stress and the Presence of Chronic Medical Conditions," *International Journal of Molecular Sciences* 22, no. 16 (2021): 8970.

94) 링크호프, "Did Friedrich Nietzsche's Own Philosophy Drive Him Insane?"

95) 마이클 러터, "Resilience: Some Conceptual Considerations," *Social Work*, 비비엔 E. 크리와 트리시 맥컬로 엮음, 2쇄. (London: Routledge, 2023): 122127.

96) 이쉬카 조던, "A Visual Investigation of Resilience from the Perspective of Social Work Students in the UK," *Social Work Education*, 43, no. 4 (2024): 1-15; 존 하비, 폴 H. 델파로, "Psychological Resilience in Disadvantaged Youth: A Critical Overview," *Australian Psychologist* 39, no. 1 (2004): 313.

| 3장 | 회복탄력성의 천장에 부딪히다

1) 마크 시어리의 지적처럼, 한 번의 역경을 안정적으로 버티거나 회복했다고 해서 그 자체로 미래의 더 큰 역경을 견딜 능력이 커지는 것은 아니다(마크 D. 시어리, E. 앨리슨 홀먼, 록산 코언 실버, "Whatever Does Not Kill Us: Cumulative Lifetime Adversity, Vulnerability, and Resilience," *Journal of Personality and Social Psychology* 99, no. 6 [2010]: 1025; 엘리자베스 해리슨, "Bouncing Back? Recession, Resilience and Everyday Lives," Critical Social Policy 33, no.1 [2013]: 97113; E. 앤 바르돌과 로버트 드라고, "Acceptance and Strategic Resilience: An Application of Conservation of Resources Theory," *Group & Organization Management* 46, no. 4 [2021]: 65791; 마이클 니넌, "Resilience Coaching," *Coaching for Rational Living: Theory, Techniques and Applications*, [Cham, Switzerland: Springer, 2018], 24767; 마이

클 E. 버나드와 오아나 A. 데이빗 엮음, "Intersection of Stress, Social Disadvantage, and Life Course Processes: Reframing Trauma and Mental Health," *American Journal of Psychiatric Rehabilitation* 16, no. 2 [2013]: 91 – 114; 모니크 F. 크레인과 벤 J. 설, "Building Resilience through Exposure to Stressors: The Effects of Challenges versus Hindrances," *Journal of Occupational Health Psychology* 21, no. 4 (2016): 468; 스테반 E. 홉폴, 나탈리 R. 스티븐스, 앨리슨 K. 잘타, "Expanding the Science of Resilience: Conserving Resources in the Aid of Adaptation," *Psychological Inquiry* 26, no. 2 (2015): 174 – 80).

2) 마이클 러터, "Resilience: Some Conceptual Considerations,", *Social Work*, 비비엔 E. 크리와 트리시 맥컬러크 엮음, 2쇄. (London: Routledge, 2023): 122 – 27.

3) 하미데 마흐디아니와 마이클 웅가, "The Dark Side of Resilience," *Adversity and Resilience Science* 2, no. 3 (2021): 147 – 55; 스테파니 맥클라우드 외 , "The Impact of Resilience among Older Adults," *Geriatric Nursing* 37, no. 4 (2016): 266 – 72.

4) 스테반 E. 홉폴, "Conservation of Resources: A New Attempt at Conceptualizing Stress," *American Psychologist* 44, no. 3 (1989): 513.

5) 재닛 폴리비와 C. 피터 허먼, "The False-Hope Syndrome: Unfulfilled Expectations of Self-Change," *Current Directions in Psychological Science* 9, no. 4 (2000): 128 – 31.

6) 앤절라 L. 더크워스, "Grit: Perseverance and Passion for Long-Term Goals," *Journal of Personality and Social Psychology* 92, no. 6 (2007): 1087.

7) 예를 들어, 마커스 크레데, 마이클 C. 타이넌, 피터 D. 하름스, "Much Ado about Grit: A Meta-Analytic Synthesis of the Grit Literature," *Journal of Personality and social Psychology* 113, no. 3 (2017): 492.

8) 게일 M. 루커스, "When the Going Gets Tough: Grit Predicts Costly Perseverance," *Journal of Research in Personality* 59 (2015): 15 – 22.

9) 크리스티나 매슬랙, 수전 E. 잭슨, 마이클 P. 라이터, *Maslach Burnout Inventory* (Lanham, MD: Scarecrow Education, 1997).

10) 개인적 대화

11) 마크 D. 시어리, E. 앨리슨 홀먼, 록산 코언 실버 , "Whatever Does Not Kill Us," 1025.

12) 피타 시글리-테일러, 탄-춰안 친, 디애니 A. 벨라- 로드릭, "Do Subjective and Objective Resilience Measures Assess Unique Aspects and What Is Their Relationship to Adolescent Well-Being?," *Psychology in the Schools* 58, no. 7 (2021): 1320 – 44; 조지 A. 보나노, 마렌 베 스트팔, 앤서니 D. 만치니, "Resilience to Loss and Potential Trauma," *Annual Review of Clinical Psychology* 7 (2011): 511 – 35.
이와 유사하게, 심리적 고통으로부터 스스로 보호하는 흔한 방식 중 하나는 심리학자들이 '자기 고양' 이라 부르는 즉 과도하게 긍정적이거나 부정확한 자기 이익적 편향을 통해 자아를 부풀리는 것이다 (조지 A. 보나노, 코트니 레니키, 샤론 데켈, "Self-Enhancement among High-Exposure Survivors of the September 11th Terrorist Attack: Resilience or Social Maladjustment?,": 셸리 E. 테일러와 데이비드 A. 아머,"Positive Illusions and Coping with Adversity," *Journal of Personality and Social Psychology* 88, no. 6 [2005]: 984). 그리고 이러한 방식이 나쁜 일을 견디는 데 도움을 주지만, 평균적으로 자기 고양 성향이 강한 사람들은 타인에게 덜 정직하고 적응을 더 못한 사람으로 보이며, 그 밖의 사회적 비용도 따른다(보나노, 레니케, 데켈, "Self-Enhancement among High-Exposure Survivors of the September 11th Terrorist Attack: Resilience or Social Maladjustment?"; 셸리 E. 테일러와 데이비드 A. 아머, "Positive Illusions and Coping with Adversity," Journal of Personality 64, no. 4 [1996]: 873 – 98; 조지 A. 보나노 외, "Self-Enhancement as a Buffer against Extreme Adversity: Civil War in Bosnia and Traumatic Loss in the United States," *Personality and Social Psychology Bulletin* 28, no. 2 [2002]:

184 – 96; 마흐디아니와 웅가, "Dark Side of Resilience," 147 – 55; 베라 후렌스, "The Social Consequences of Self-Enhancement and Self-Protection," *Handbook of Self-Enhancement and Self-Protection*, 마크 D. 앨리크와 콘스탄틴 세디키데스 엮음 [New York: Guildford Press, 2011], 235 – 57; 델로이 L. 폴리우스, "Interpersonal and Intrapsychic Adaptiveness of Trait Self-Enhancement: A MixedBlessing?," *Journal of Personality and Social Psychology* 74, no. 5 [1998]: 1197).

13) Everyday Health, "State of Health: Resilience," special report, Ohio State University, 2024년 9월 10일 기준, https://images.agoramedia.com/everydayhealth/gcms/Everyday-Health-State-of-Health-Resilience.pdf.

14) 마흐디아니와 웅가 , "Dark Side of Resilience," 147 – 55.

15) 크리스틴 미제랑디노 ,"The Spoon Theory," Lymphoma Action, 2024년 9월 10일 기준, https://lymphoma-action.org.uk/sites/default/files/media/documents/2020-05/Spoon%20 theory%20by%20Christine%20Miserandino.pdf.

16) 찰스 S. 카버, "Resilience and Thriving: Issues, Models, and Linkages," *Journal of Social Issues* 54, no. 2 (1998): 245 – 66.

17) 엘리자베스 I. 존슨과 조이스 A. 아르디티, "Risk and Resilience among Children with Incarcerated Parents: A Review and Critical Reframing," *Annual Review of Clinical Psychology* 19 (2023): 437 – 60.

18) 소피 길버트 , "How Did Healing Ourselves Get So Exhausting?," *Atlantic*, 2022년 10월 12일,https://www.theatlantic.com/culture/archive/2022/10/goop – wellness-culture-self-care-parenting/671699/.

19) 자하바 솔로몬, 로니 버거, 카르니 긴즈버그, "Resilience of Israeli Body Handlers: Implications of Repressive Coping Style," *Traumatology* 13, no. 4 (2007): 64 – 74; 만치니와 보나노의 논문도 참고하라. "Predictors and Parameters of Resilience to Loss: Toward an Individual Differences Model," *Journal of Personality* 77, no. 6 (2009): 1805 – 32.

20) 만치니와 보나노, "Predictors and Parameters of Resilience to Loss," 1805 – 2.

21) 보나노와 제롬 L. 싱어, "Repressive Personality Style: Theoretical and Methodological Implications for Health and Pathology," 제롬 L. 싱어 (Chicago: University of Chicago Press, 1990), 435 – 70; 미하엘 호크와 하인츠 발터 크로네, "Coping with Threat and Memory for Ambiguous Information: Testing the Repressive Discontinuity Hypothesis," *Emotion* 4, no.1 (2004): 65; 앤드루 J. 토마컨과 리처드 J. 데이비슨 , "Frontal Brain Activation in Repressors and Nonrepressors," *Journal of Abnormal Psychology* 103, no. 2 (1994): 339.

22) 에미 베르너, "Risk, Resilience, and Recovery," *Reclaiming Children and Youth* 21, no. 1 (2012): 18.

23) 게일 M. 루커스 외, "When the Going Gets Tough: Grit Predicts Costly Perseverance," *Journal of Research in Personality* 59 (2015): 15 – 22.

24) 윌리엄 E. 로사와 윌리엄 E. 로사 외", "The Critical Need for a Meaning-Centered Team-Level Intervention to Address Healthcare Provider Distress Now," *International Journal of Environmental Research and Public Health* 19, no. 13 (2022): 7801.

25) 토마스 샤모로-프레무직과 데릭 러스크, "The Dark Side of Resilience," *Harvard Business Review*, 2017년 8월 16일, https://hbr.org/2017/08/the-dark-side-of-resilience.

26) 찰스 A. 오군보데 외, "The Resilience Paradox: Flooding Experience, Coping and Climate Change Mitigation Intentions," *Climate Policy* 19, no. 6 (2019): 703 – 15; 크리스티나 디프로즈, "Resilience Is Futile," *Soundings*, no. 58 (2015): 44 – 56.

1) 토머스 스택폴, "Inside IKEA's Digital Transformation," *Harvard Business Review*, 2021년 6월 4일, https://hbr.org/2021/06/inside-ikeas-digital-trans formation.

2) 제인 하퍼, "IKEA's Digital Transformation: How the Swedish Furniture Giant Is Adapting to the New Retail Landscape," *HR Digest*, 2023년 6월 2일, https://www.thehrdigest.com/ikeas-digital-transformation-how-the-swedish-furniture-giant-is-adapting-to-the-new-retail-landscape/.

3) 미국 소매업 리더스 협회(RILA), "Retail Speaks: Seven Imperatives for the Industry," industry report, McKinsey & Company, 2024년 9월 10일, https://www.mckinsey.com/~/media/McKinsey/Industries/Retail/Our%20Insights/retail%20sp eaks %20seven%20imperatives%20for%20the%20industry/retail-speaks-full-report.pdf.

4) 킨츠기는 도자기에서 시작했지만 이후 유리와 같은 재질로도 확장되었다(콜린 마셜, "Kintsugi: The Centuries-Old Japanese Craft of Repairing Pottery with Gold & Finding Beauty in Broken Things," OpenCulture, 2017년 10월 9일, https://www.openculture.com/2017/10/kintsugi-the-centuries-old-japanese-craft-of-repairing-pottery-with-gold-finding-beauty-in-broken-things.html#google_vignette).

5) 이 이야기에 대해 사실적 근거를 둘러싸고 이견이 있지만, 세월이 흐르며 일부가 다소 각색되었더라도 강력한 메시지를 전하기 때문에 여기 포함한다(산쇼, "Kintsugi: Fact and Fiction," 2021년 12 월 2일, https://sansho.com/blogs/news/kintsugi-fact-and-fiction).

6) "Remarks of Senator John F. Kennedy, Convocation of the United Negro College Fund, Indianapolis, Indiana, 1959년 4월 12일," 존 F. 케네디 문서, 대통령 취임 이전 문서, 상원의원 파일, 박스 902, "미국 흑인대학 기금 행사(인디애나주 인디애나폴리스)", 존 F. 케네디 대통령 도서관 및 박물관(매사추세츠주 보스턴), https://www.jfklibrary.org/archives/other-resources/john-f-kennedy-speeches/indianapolis-in-19590412.

7) 빅터 H. 메이어, "'Crisis' Does Not Equal 'Danger' Plus 'Opportunity,'" Pinyin.info, 2009sus 9월 최종 개정, https://www.pinyin.info/chinese/crisis.html.

8) 니콜라 로스, "Calling Buzz Holling: An Exclusive Interview with the Father of Resilience Theory," *Alternatives Journal* 36, no. 2(2010), https://go.gale.com/ps/i.do?p=AONE&u=googlescholar&id=GALE|A221746697&v=2.1&it=r&sid=AONE&asid=0cdfc32b.

9) "Interview—Buzz Holling," 특집기사, *Alliance Magazine*, 2012년 12월 1일, https://www.alliancemagazine.org/feature/interview-buzz-holling/.

10) 로널드 C. 케슬러 외, "Trauma and PTSD in the WHO World Mental Health Surveys," *European Journal of Psychotraumatology* 8, sup. 5 (2017): 1353383; G.페로타, "Psychological Trauma: Definition, Clinical Contexts, Neural Correlations and Therapeutic Approaches," *Current Research in Psychiatry and Brain Disorders* 2019, no. 1 (2019).

11) 리처드 G. 테데스키, 크리스털 L. 파크, 로런스 G. 칼훈, Post-Traumatic Growth: *Theory and Research in the Aftermath of Crisis* (New York: Psychology Press, 2008).

12) 로런스 G. 칼훈 외, "A Correlational Test of the Relationship between Posttraumatic Growth, Religion, and Cognitive Processing," *Journal of Traumatic Stress: Official Publication of The International Society for Traumatic Stress Studies* 13, no. 3 (2000): 521 -27

13) 샌더 L. 쿨, "Becoming Who You Are: An Integrative Review of Self-Determination Theory and Personality Systems Interactions Theory," *Journal of Personality* 87, no. 1 (2019): 15-36.

14) 애덤 뉴펠드, 아니크 모시에르, 그레그 말린, "Basic Psychological Needs, More Than

Mindfulness and Resilience, Relate to Medical Student Stress: A Case for Shifting the Focus of Wellness Curricula," *Medical Teacher* 42, no. 12 (2020): 1401 – 12.

15) 산더르 L. 콜러, "Becoming Who You Are: An Integrative Review of Self-Determination Theory and Personality Systems Interactions Theory," Journal of Personality 87, no. 1 (2019): 15 – 36.

16) 뉴펠드, 모시엘, 말린, "Basic Psychological Needs, More Than Mindfulness and Resilience, Relate to Medical Student Stress," 1401 – 12.

17) 이 효과의 흥미로운 사례 몇 가지는 다음을 참조하라: 아담 뉴펠드와 그레그 말린, "Exploring the Relationship between Medical Student Basic Psychological Need Satisfaction, Resilience, and Well-Being: A Quantitative Study," *BMC Medical Education* 19 (2019): 1 – 8; 데이나 펄먼 외, "A Path Analysis of Self-Determination and Resiliency for Consumers Living with Mental Illness," *Community Mental Health Journal* 54 (2018): 1239 – 44; 류위안과 황샤오싱, "Effects of Basic Psychological Needs on Resilience: A Human Agency Model," *Frontiers in Psychology* 12 (2021): 700035. 개관은 마르텐 반스틴키스트와 리처드 M. 라이언을 보라. "On Psychological Growth and Vulnerability: Basic Psychological Need Satisfaction and Need Frustration as a Unifying Principle," *Journal of Psychotherapy Integration* 23, no. 3 (2013): 263.

18) 리처드 M. 라이언와 에드워드 L. 데시, "From Ego Depletion to Vitality: Theory and Findings Concerning the Facilitation of Energy Available to the Self," *Social and Personality Psychology Compass* 2, no. 2 (2008): 702 – 17; 프랭크 마르텔라, 코디 R. 더한, 리처드 M. 라이 언, "On Enhancing and Diminishing Energy through Psychological Means: Research on Vitality and Depletion from Self-Determination T heory," *Self-Regulation and Ego Control*, 에드워 드 R. 허트, 조슈아 J. 클락슨, 라일 지아 엮음 (London: Academic Press, 2016), 67 – 85.

19) 이것에 대해 반드시 읽어봐야 할 훌륭한 글이 있다: 마셜 골드스미스"Don't Let Inertia Create Your Life," *MarshallGoldsmith*(블로그), 2024년 9월 10일 기준, https://marshallgoldsmith. com/articles/dont-let-inertia-create-your-life.

20) 네타 와인스타인과 리처드 M. 라이언,"A Self-Determination Theory Approach to Understanding Stress Incursion and Responses," *Stress and Health* 27, no. 1 (2011): 4 – 17

21) 스미스소니언 인사이더 , "Dodo Bird a Resilient Island Survivor before the Arrival of Humans, Study Reveals," Dinosaurs & Fossils, Science & Nature, 2011년 9월 26일, https:// insider.si.edu/2011/09/dodo-bird-was-a-resilient-island-survivor-before-the-arrival-of -human

22) 파트리크 카렐, 카리 아홀라, 테우보 카르스티넨, 야리 발카마, 욘 E. 롬메르, "Climate Change Drives Microevolution in a Wild Bird," Nature Communications 2, no. 208 (2011), https:// doi.org/10.1038/ncomms1213.

23) 수전 코지어, "Owl Populations Change Color as the World Warms," *Audubon*, 2011년 4월, https://www.audubon.org/news/owl -pop ulations -change-color-world-warms.

| 5장 | 1단계: 고통 들여다보기

1) 마르쿠스 아우렐리우스, Meditations, 8.47.

2) 제인 M. 리처즈와 제임스 J. 그로스, "Composure at Any Cost? The Cognitive Consequences of Emotion Suppression," Personality and Social Psychology Bulletin 25, no. 8 (1999): 1033 – 44; 홀리 S. 호진스, 홀리 A. 야코, 에단 고틀리 , "Autonomy and Nondefensiveness,"

Motivation and Emotion 30 (2006): 283 –93, at 284.

3) 스티븐 C. 헤이스 외, "Acceptance and Commitment Therapy: Model, Processes and Outcomes," *Behaviour Research and Therapy* 44, no. 1 (2006): 1 –25; 리처드 M. 라이언, 바 르트 수넨스, 마르텐 반스틴키스트, "Reflections on Self-Determination Theory as an Organizing Framework for Personality Psychology: Interfaces, Integrations, Issues, and Unfinished Business," *Journal of Personality* 87, no. 1 (2019): 115 –45, at 126.

4) 프랭크 마르텔라, 코디 R. 더한, 리처드 M. 라이언 "On Enhancing and Diminishing Energy through Psychological Means: Research on Vitality and Depletion from Self-Determination Theory," *Self-Regulation and Ego Control*, 에드워드 R. 허트 · 조슈아 J. 클라크슨 · 리러 지아 엮음 (London: Academic Press, 2016), 67 –85.

5) 마릴린 멘돌리아, 로버트 E. 클렉, "Effects of Talking abouta Stressful Event on Arousal: Does What We Talk about Make a Difference?," *Journal of Personality and Social Psychology* 64, no. 2 (1993): 283.

6) 리처드 M. 라이언, 바르트 수넌스, 마르텐 반스틴키스트, "Reflections on Self-Determination Theory as an Organizing Framework for Personality Psychology," 115 –45.

7) 로버트 록먼 외, "Emotion Regulation Strategies in Daily Life: Mindfulness, Cognitive Reappraisal and Emotion Suppression," *Cognitive Behaviour Therapy* 46, no. 2 (2017): 91 –113.

8) 팀 달글리시 외, "Ironic Effects of Emotion Suppression When Recounting Distressing Memories," Emotion 9, no. 5 (2009): 744; 와인스타인과 호진스, "The Moderating Role of Autonomy," *Personality and Social Psychology Bulletin* 35, no. 3 (2009): 351 –64.

9) 그레이엄 존스, 셸든 핸턴, 데클런 코너턴, "A Framework of Mental Toughness in the World's Best Performers," *Sport Psychologist* 21, no. 2 (2007): 243 –64.

10) 휘트니 굿맨, *Toxic Positivity: Keeping It Real in a World Obsessed with Being Happy* (New York: Penguin, 2022).

11) 록먼 외, "Emotion Regulation Strategies in Daily Life," 91 –113.

12) 앤드루 앤서니, "Stephen Porges: 'Survivors Are Blamed Because They Don't Fight,'" Guardian, 2019년 6월 2일, https://www.theguardian.com/society/2019/jun/02/stephen-porges-interview-survivors-are-blamed –polyvagal-theory-fight-flight-psychiatry-ace.

13) 스티븐 W. 포지스, The Pocket Guide to the Polyvagal Theory: The Transformative Power of Feeling Safe (New York: W. W. Norton, 2017), 54; 크리스 에클스턴과 헤이르트 크롬베스, "Pain Demands Attention: A Cognitive –Affective Model of the Interruptive Function of Pain," *Psychological Bulletin* 125, no. 3 (1999): 356.

14) 마고 슬레이드, "Stephen W. Porges, PhD: Q&A about Freezing, Fainting, and the 'Safe' Sounds of Music Therapy," *Everyday Health*, 2018년 10월 16일, https://www.everydayhealth.com/wellness/united-states-of-stress/advisory-board/stephen –w-porges-phd-q-a/

15) 슬레이드, "Stephen W. Porges."

16) 예를 들어 로크만 외, "Emotion Regulation Strategies in Daily Life," 91 –13; 알레산드로 그레구치 외, "Mindful Emotion Regulation: Exploring the Neurocognitive Mechanisms behind Mindfulness," *BioMed Research International* (2015): DOI: 10.1155/2015/670724.

17) 네타 와인스타인과 홀리 S. 호진스, "The Moderating Role of Autonomy and Control on the Benefits of Written Emotion Expression," *Personality and Social Psychology Bulletin* 35, no. 3 (2009): 351 –64.

18) 린다 D. 카메론과 니콜라 C. 오버롤, "Suppression and Expression as Distinct Emotion-

Regulation Processes in Daily Interactions: Longitudinal and Meta-Analyses," *Emotion* 18, no. 4 (2018): 465.

19) 로드 바이런, Don Juan, 벤자민 라로슈 옮김 (BnF Collection, n.p., 2016), 전자책.

20) 도널드 M. 룸, "Evolution of Pain," Vlaams Diergenee skundig Tijdschrift 70, no. 1 (2001): 17-21; 에드거 T. 월터스와 아만다 C. 데 C. 윌리엄스,"Evolution of Mechanisms and Behaviour Important for Pain," *Philosophical Transactions of the Royal Society* B 374, no. 1785 (2019): 20190275.

21) 데이비드 M. 버스, "The Evolution of Happiness," *American Psychologist* 55, no. 1 (2000): 15.

22) 브룸, "Evolution of Pain," 17-21.

23) 사회적 고통과 신체적 고통이 모두 뇌의 동일한 영역에서 처리된다는 데 주목해야 한다(제프 맥도널드와 마크 R. 리어리, "Why Does Social Exclusion Hurt? The Relationship between Social and Physical Pain," *Psychological Bulletin* 131권 2호 [2005]: 202).

24) 클레어 다이아몬드 , "The Woman Who Doesn't Feel Pain," BBC Scotland News, 2019년 3월 27일, https://www.bbc.com/news/uk-scotland-highlands -islands-47719718.

25) 랜돌프 M. 네세와 제이 슐킨, "An Evolutionary Medicine Perspective on Pain and Its Disorders," *Philosophical Transactions of the Royal Society* B 374, no. 1785 (2019): 20190288.

26) 준 워커, "Pain and Distraction in Athletes and Non-Athletes," 보충호, *Perceptual and Motor Skills* 33, no. 3 (1971): 1187-90.

27) 크리스 에클스턴과 헤이르트 크롬베스, "Pain Demands Attention," 356.

28) 로잔연방공과대학, "Brain's Insular Cortex Processes Pain and Drives Learning from Pain," *Science Daily*, 2019년 5월 16일, https://www.sciencedaily.com/releases/2019/05/190516142849.htm.

29) 바버라 L. 프레드릭슨과 마르시알 F. 로사다, "Positive Affect and the Complex Dynamics of Human Flourishing," *American Psychologist* 60, no. 7 (2005): 678-86, at 685.

30) 레네 라운, *Rising Strong* (New York: Spiegel & Grau, 2017).

31) 포지스, *Pocket Guide to the Polyvagal Theory*.

32) 슬레이드, "Stephen W. Porges."

33) 네타 와인스타인과 홀리 S. 호진스, "Moderating Role of Autonomy and Control on the Benefits of Written Emotion Expression," 351-64.

34) 포지스, *Pocket Guide to the Polyvagal Theory*, 25.

35) 캘리포니아 대학교 로스앤젤레스(UCLA), "Putting Feelings into Words Produces Therapeutic Effects in the Brain," ScienceDaily, 2007년 6월 22일, https://www.sciencedaily.com/releases/2007/06/070622090727.htm.

36) 스티븐 C. 헤이스, 커크 D. 스트로살, 켈리 G. 윌슨, Acceptance and Commitment Therapy, vol. 6 (New York: Guilford Press, 1999).

37) 스티븐 C. 헤이스 외, "Acceptance and Commitment Therapy: Model, Processes and Outcomes," *Behaviour Research and Therapy* 44, no. 1 (2006): 1-25.

| 6장 | 2단계 : 감정의 트리거를 찾아라

1) 델리아 오하라, "The Intrinsic Motivation of Richard Ryan and Edward Deci," 미국심리학회, 2017, www.apa.org/members/content/intrinsic-motivation.

2) 마르텐 반스틴키스트, 리처드 M. 라이언, "On Psychological Growth and Vulnerability: Basic

Psychological Need Satisfaction and Need Frustration as a Unifying Principle," *Journal of Psychotherapy Integration* 23, no. 3 (2013): 263.

3) 리처드 M. 라이언과 에드워드 L. 데시, "Self-Determination Theory and the Facilitation of Intrinsic Motivation, Social Development, and Well-Being," *American Psychologist* 55, no.1 (2000): 68–78.

4) 데시와 라이언은 자율성·유능감·관계성이라는 기본 욕구를 "건강을 위한 유기체적 필수 요건"이라고 까지 부른다. (에드워드 L. 데시와 리처드 M. 라이언, "Motivation, Personality, and Development within Embedded Social Contexts: An Overview of Self-Determination Theory," *The Oxford Handbook of Human Motivation*, 리처드 M. 라이언 엮음 [Oxford: Oxford University Press, 2012], 85–107).

5) 반스틴키스트와 라이언, "On Psychological Growth and Vulnerability," 263.

6) 리처드 M. 라이언, 베로니카 후타, 에드워드 L. 데시, "Living Well: A Self-Determination Theory Perspective on Eudaimonia," *Journal of Happiness Studies* 9 (2008): 139–70.

7) 라이언과 데시, "Self-Determination Theory and the Facilitation of Intrinsic Motivation, Social Development, and Well-Being," 75.

8) 에드워드 L. 데시와 리처드 M. 라이언, "Self-Determination Research: Reflections and Future Directions,", *Handbook of Self-Determination Research*, 에드워드 L. 데시와 리처드 M. 라이언 엮음 (New York: University of Rochester Press, 2002), 431–41.

9) 프랭크 마르텔라와 리처드 M. 라이언, "Clarifying Eudaimonia and Psychological Functioning to Complement Evaluative and Experiential Well-Being: Why Basic Psychological Needs Should Be Measured in National Accounts of Well-Being," *Perspectives on Psychological Science* 18, no. 5 (2023): 17456916221141099.

10) 에드워드 L. 데시와 리처드 M. 라이언, "The 'What' and 'Why' of Goal Pursuits: Human Needs and the Self-Determination of Behavior," *Psychological Inquiry* 11, no. 4 (2000): 227–68.

11) 데시와 라이언, "'What' and 'Why' of Goal Pursuits," 227–68.

12) 이유지아, "How Travel Makes Us Happy: The Integrated Travel-Happiness (TH) Model of Cognitive Appraisal Theory and Self-Determination Theory" (2018).

13) 케넌 M. 셸든 외, "Persistent Pursuit of Need-Satisfying Goals Leads to Increased Happiness: A 6-Month Experimental Longitudinal Study," *Motivation and Emotion* 34 (2010): 39–48.

14) 마리-크리스틴 옵데나커, "Need-Supportive and Need-Thwarting Teacher Behavior: Their Importance to Boys' and Girls' Academic Engagement and Procrastination Behavior," *Frontiers in Psychology* 12 (2021): 628064; 페드루 코르데이루 외, "The Portuguese Validation of the Basic Psychological Need Satisfaction and Frustration Scale: Concurrent and Longitudinal Relations to Well-Being and Ill-Being," *Psychologica Belgica* 56, no. 3 (2016): 193.

15) 데시와 라이언, "'What' and 'Why' of Goal Pursuits," 227–68.

16) 마르텔라와 라이언, "Clarifying Eudaimonia and Psychological Functioning to Complement Evaluative and Experiential Well-Being," 17456916221141099.

17) 데시와 라이언, "Self-Determination Research," 431–41.

18) E. L. 데시, "Human Needs and the Self-Determination of Behavior Personality," *Psychological Inquiry* 11, no. 4 (2000): 227–68.

19) 마르텔라와 라이언, "Clarifying Eudaimonia and Psychological Functioning to Complement Evaluative and Experiential Well-Being," 17456916221141099.

20) 마크 R. 리어리와 로이 F. 바우마이스터, "The Need to Belong," *Psychological Bulletin* 117, no. 3 (1995): 497–529; 데시와 라이언, "'What' and 'Why' of Goal Pursuits," 227–68.

21) 마우리시오 카르바요와 시라 가 리엘, "No Man Is an Island: The Need to Belong and Dismissing Avoidant Attachment Style," *Personality and Social Psychology Bulletin* 32, no.5 (2006): 697–709; 베이원 천 외, "Basic Psychological Need Satisfaction, Need Frustration, and Need Strength across Four Cultures," *Motivation and Emotion* 39 (2015): 216–36.

22) 탕 민민, 왕 다화, 알랭 게리앵, "A Systematic Review and Meta–Analysis on Basic Psychological Need Satisfaction, Motivation, and Well–Being in Later Life: Contributions of Self–Determination Theory," *PsyCh Journal* 9, no. 1 (2020): 5–33.

23) 탕, 왕, 게리앵,"Systematic Review and Meta–Analysis on Basic Psychological Need Satisfaction, Motivation, and Well–Being in Later Life," 5–33; 루이스 테이와 에드 디너, "Needs and Subjective Well-Being around the World," *Journal of Personality and Social Psychology* 101, no. 2 (2011): 354.

24) 크리스토퍼 P. 체라솔리, 제시카 M. 니클린, 알렉산더 S. 나스렐그르가위, "Performance, Incentives, and Needs for Autonomy, Competence, and Relatedness: A Meta-Analysis," *Motivation and Emotion* 40 (2016): 781–813.

25) 리처드 M. 라이언 외, "We Know This Much Is (Meta-Analytically) True: A Meta-Review of Meta-Analytic Findings Evaluating Self-Determination Theory," *Psychological Bulletin* 148, no. 11–12 (2022): 813.

26) 사라-제네비에 트레파니에 외, "On the Psychological and Motivational Processes Linking Job Characteristics to Employee Functioning: Insights from Self-Determination Theory," *Work & Stress* 29, no. 3 (2015): 286–305.

27) 다니엘 J. 라운, 무스타파 사르카르, 캐런 하웰스, "Growth, Resilience, and Thriving: A Jangle Fallacy?," *Growth Following Adversity in Sport: A Mechanism to Positive Change*, 로스 웨 이디, 멜리사 데이, 카렌 하웰스 엮음(New York: Routledge, 2020), 59–72.

28) 코엔 루윅스 외, "Basic Need Satisfaction and Identity Formation: Bridging Self-Determination Theory and Process-Oriented Identity Research," *Journal of Counseling Psychology* 56, no. 2 (2009): 276.

29) 마르텐 반스틴키스트와 리처드 M. 라이언, "On Psychological Growth and Vulnerability," 263.

30) 리처드 M. 라이언, 바르트 수넌스, 마르텐 반스틴키스트, "Reflections on Self–Determination Theory as an Organizing Framework for Personality Psychology: Interfaces, Integrations, Issues, and Unfinished Business," *Journal of Personality* 87, no. 1 (2019): 115–45.

31) 에이미 B. 루넬과 그레고리 D. 웹스터, "Self-Determination and Sexual Experience in Dating Relationships," *Personality and Social Psychology Bulletin* 39, no. 7 (2013): 970–87; 에밀리 에 그라벨, 뤽 G. 펠티에, 엘케 도리스 라이싱, "'Doing It' for the Right Reasons: Validation of a Measurement of Intrinsic Motivation, Extrinsic Motivaion, and Amotivation for Sexual Relationships," *Personality and Individual Differences* 92 (2016): 164–73.

32) 리처드 M. 라이언 외, "Building a Science of Motivated Persons: Self- Determination Theory's Empirical Approach to Human Experience and the Regulation of Behavior," Motivation Science 7, no. 2 (2021): 97; 제니퍼 G. 라과디아 외, "Within- Person Variation in Security of Attachment: A Self-Determination Theory Perspective on Attachment, Need Fulfillment, and Well-Being," *Journal of Personality and Social Psychology* 79, no. 3 (2000): 367.

33) 라이언 외, "Building a Science of Motivated Persons," 97.

34) 리처드 마이클 라이언과 스테파노 디 도메니코, "Epilogue: Distinct motivations and Their Differentiated Mechanisms: Reflections on the Emerging Neuroscience of Human Motivation," *Recent Developments in Neuroscience Research on Human Motivation* 349 (2016): 349–69. 리처드 M. 라이언, 바르트 수넌스, 마르텐 반스틴키스트, "Reflections on Self–

Determination Theory as an Organizing Framework for Personality Psychology," 115 – 45.

35) 스테파노 I. 디 도메니코 외, "In Search of Integrative Processes: Basic Psychological Need Satisfaction Predicts Medial Prefrontal Activation during Decisional Conflict," *Journal of Experimental Psychology: General* 142, no. 3 (2013): 967; 스테파노 I. 디 도메니코 외, "Basic Psychological Needs and Neurophysiological Responsiveness to Decisional Conflict: An Event-Related Potential Study of Integrative Self Processes," *Cognitive, Affective, & Behavioral Neuroscience* 16 (2016): 848 – 65.

36) 킴벌리 J. 바솔로뮤 외, "Self-Determination Theory and Diminished Functioning: The Role of Interpersonal Control and Psychological Need Thwarting," *Personality and Social Psychology Bulletin* 37, no. 11 (2011): 1459 – 73.

37) 바솔로뮤 외, "Self-Determination Theory and Diminished Functioning," 1459 – 73; 라이언 외, "Building a Science of Motivated Persons," 97.

38) 니콜라 질레 외, "The Effects of Job Demands and Organizational Resources through Psychological Need Satisfaction and Thwarting," *Spanish Journal of Psychology* 18 (2015): E28; 티펜 하이게바에르트 외, "Psychological Safety Climate as a Human Resource Development Target: Effects on Workers Functioning through Need Satisfaction and Thwarting," *Advances in Developing Human Resources* 20, no. 2 (2018): 169 – 81.

39) 마르텐 반스틴키스트, 크리스토퍼 P. 니에미에츠, 바르트 수너스, "The Development of the Five Mini-Theories of Self-Determination Theory: An Historical Overview, Emerging Trends, and Future Directions," *The Decade Ahead: Theoretical Perspectives on Motivation and Achievement*, 티머시 C. 어르단과 스튜어트 A. 카라베닉 엮음 (Bingley, UK: Emerald, 2010), 105 – 65.

40) 라이언 외, "Building a Science of Motivated Persons," 97.

41) 크리스틴 하크넷, 다니엘 슈나이더, 레베카 울프, "Losing Sleep over Work Scheduling? The Relationship between Work Schedules and Sleep Quality for Service Sector Workers," *SSM-Population Health* 12 (2020): 100681.

42) 바솔로뮤 외, "Self-Determination Theory and Diminished Functioning,"1459 – 73; 하크넷, 슈나이더, 울프, "Losing Sleep over Work Scheduling?," 100681.

43) 마지드 무라드 외, "The Influence of Despotic Leadership on Counterproductive Work Behavior among Police Personnel: Role of Emotional Exhaustion and Organizational Cynicism," *Journal of Police and Criminal Psychology* 36, no. 3 (2021): 603 – 15.

44) 메흐메트 사리잘리와 데니즈 굴레르, "The Mediating Role of Psychological Need Frustration on the Relationship between Frustration Intolerance and Existential Loneliness," *Current Psychology* 41, no. 8 (2022): 5603 – 11.

45) 니콜라 질레 외, "The Impact of Organizational Factors on Psychological Needs and Their Relations with Well-Being," *Journal of Business and Psychology* 27 (2012): 437 – 50.

46) 라이언 외, "Building a Science of Motivated Persons," 97.

47) 욜레네 반 데르 카프-디더, 카트레인 레닝, 바르트 네이링크, "Emotion Regulation and Borderline Personality Features: The Mediating Role of Basic Psychological Need Frustration," *Personality and Individual Differences* 168 (2021): 110365.

48) 리처드 M. 라이언 외, "Building a Science of Motivated Persons: Self-Determination Theory's Empirical Approach to Human Experience and the Regulation of Behavior," *Motivation Science* 7, no. 2 (2021): 97.

49) 스티븐 풀, "Trigger Warning: How Did 'Triggered' Come to Mean 'Upset,'" Guardian, 2019 년 7월 25일, https://www.theguardian.com/books/2019/jul/25/trigger-warning-triggered-

emotionally-upset-word-of-week.

50) 아를린 쿤치치, "What Does It Mean to Be 'Triggered,'" *VeryWell Mind*, 2023년 8월 23일, https://www.verywellmind.com/what-does-it-mean-to-be-triggered -417 5432.

51) 세바스티아노 코스타, 니코스 은투마니스, 킴벌리 J. 바솔로뮤, "Predicting the Brighter and Darker Sides of Interpersonal Relationships: Does Psychological Need Thwarting Matter?," *Motivation and Emotion* 39 (2015): 11 –24.

52) 콘스탄틴 라기오스 외, "Explaining the Negative Consequences of Organizational Dehumanization," *Journal of Personnel Psychology* 21, no. 2 (2021): https://doi.org/10.1027/1866-5888/a000286.

53) 디시와 라이언, "'What' and 'Why' of Goal Pursuits," 227 –68.

54) 캐럴린 스프링, "Managing Triggers," Carolyn Spring (블로그), 2013년 5월 1일, https://www.carolynspring.com/blog/managing-triggers/.

55) 자셱 데비에츠, "Memories of Trauma Are Unique Because of How Brains and Bodies Respond to Threat," *The Conversation*, 2018년 9월 24일, https://the conversation.com/memories-of-trauma-are-unique-because-of-how-brains-and-bodies-respond-to-threat-103725.

56) 발레리 두와예르 외, "Synapse-Specific Reconsolidation of Distinct Fear Memories in the Lateral Amygdala," *Nature neuroscience* 10, no. 4 (2007): 414 –16.

57) 맬러리 E. 바우어스와 케리 J. 레슬러, "An Overview of Translationally Informed Treatments for Posttraumatic Stress Disorder: Animal Models of Pavlovian Fear Conditioning to Human Clinical Trials," *Biological Psychiatry* 78, no. 5 (2015): E15 –E27.

58) 네이선 첸과 알리시아 박, *One Jump at a Time: My Story* (New York: Harper, 2022).

59) 제이컵 기지, "Why Is Nathan Chen Called the Quad King? What Does It Mean?," EssentiallySports, 2022년2월4일, https://www.essentiallysports.com/beijing – winter-olympics-2022-news-us-sports-news-why-is-nathan-chen-called-the-quad-king-what-does-it-mean.

60) 크리스틴 레넌, "Figure Skating: Nathan Chen Flops in Olympic Debut with Mistakes in Team Short Program," NorthJersey.com, 2018년 2월 9일, https://www.northjersey.com/story/sports/2018/02/09/figure-skating-nathan-chen-flops – olympic –debut-mistakes-team-short-program/322430002.

61) , "The Role of Affect in the Entrepreneurial Process," *Academy of Management Review* 33, no. 2 (2008): 328 –40.

62) 수전 M. 뵈헬스와 워런 맨셀, "Attention Processes in the Maintenance and Treatment of Social Phobia: Hypervigilance, Avoidance and Self-Focused Attention," *Clinical Psychology Review* 24, no. 7 (2004): 827 –56.

63) 케넌 M. 셸든과 알렉산더 건즈, "Psychological Needs as Basic Motives, Not Just Experiential Requirements," *Journal of Personality* 77, no. 5 (2009): 1467 –92; 헹크 아르츠, 압 데익스테르 후이스, 페터르 더프리스, "On the Psychology of Drinking: Being Thirsty and Perceptually Ready," *British Journal of Psychology* 92, no. 4 (2001): 631 –42; 프리츠 슈트라크, 롤란트 도이 치, "Reflective and Impulsive Determinants of Social Behavior," *Personality and Social Psychology Review* 8, no. 3 (2004): 220 –47.

64) 얀-빌헬름 반 프로이엔, "Procedural Justice as Autonomy Regulation," *Journal of Personality and Social Psychology* 96, no. 6 (2009): 1166.

65) 하정우, "The Impact of Thwarted Competence-Presentation on Turnover Intentions," *Academy of Management Proceedings* 2015, no. 1 (2015): https://doi.org/10.5465/

ambpp.2015.14824abstract;후이 팡 외 , "Being Eager to Prove Oneself: U-Shaped Relationship between Competence Frustration and Intrinsic Motivation in Another Activity," *Frontiers in Psychology* 8 (2017): 2123; N. 폰투스 리앤더와 타냐 L. 차트랜드, "On Thwarted Goals and Displaced Aggression: A Compensatory Competence Model," *Journal of Experimental Social Psychology* 72 (2017): 88 - 100.

66) 욥데나커, "Need-Supportive and Need-Thwarting Teacher Behavior,"628064;에반젤로스 리시미스 외, "Exploring the Relationships of Autonomy-Supportive Climate, Psychological Need Satisfaction and Thwarting with Students' Self-Talk in Physical Education," *Journal of Education, Society and Behavioural Science* 33, no. 11 (2020): 112 - 22.

67) 요아힘 바테르스호트, 욜레네 반 데르 카프-디더, 마르텐 반스틴키스트, "The Role of Competence-Related Attentional Bias and Resilience in Restoring Thwarted Feelings of Competence," *Motivation and Emotion* 44 (2020): 82 - 98;트레파니에 외, "On the Psychological and Motivational Processes Linking Job Characteristics to Employee Functioning: Insights from Self-Determination Theory," 286 - 305.

68) 킴벌리 제인 바솔로뮤 외, "Job Pressure and Ill-Health in Physical Education Teachers: The Mediating Role of Psychological Need Thwarting," Teaching and Teacher Education 37 (2014): 101 - 7;크리스 기베와 토마스 리고티,"Tenets of Self-Determination Theory as a Mechanism behind Challenge Demands: A Within-Person Study," *Journal of Managerial Psychology* 37, no. 5 (2022): 480 - 97.

69) 기베와 리고티, "Tenets of Self-Determination Theory as a Mechanism behind Challenge Demands," 480 - 97.

70) 바솔로뮤 외, "Job Pressure and Ill-Health in Physical Education Teachers," 101 - 7

71) 벨로 하인, 안드레 코카, 마틴 S. 해거, "Relationships between Perceived Teachers' Controlling Behaviour, Psychological Need Thwarting, Anger nd Bullying Behaviour in High-School Students," *Journal of Adolescence* 42 (2015): 103 - 14.

72) 바솔로뮤 외, "Self-Determination Theory and Diminished Functioning," 1459 - 73.

73) 하, "Impact of Thwarted Competence-Presentation on Turnover Intentions."

74) 니콜라 질레 외, "The Effects of Organizational Factors, Psychological Need Satisfaction and Thwarting, and Affective Commitment on Workers' Well-Being and Turnover Intentions," *Le travail humain* 78, no. 2 (2015): 119 - 40.

75) 하, "Impact of Thwarted Competence-Presentation on Turnover Intentions."

76) 질레 외' "Effects of Organizational Factors, Psychological Need Satisfaction and Thwarting, and Affective Commitment on Workers' Well-Being and Turnover Intentions," 119 - 40

77) 바테르스호트, 반 데르 카프-디더, 반스틴키스트, "Role of Competence- Related Attentional Bias and Resilience in Restoring Thwarted Feelings of Competence," 82 - 98.

78) 케넌 M. 셸든과 조너선 C. 힐퍼트, "The Balanced Measure of Psychological Needs (BMPN) Scale: An Alternative Domain General Measure of Need Satisfaction," *Motivation and Emotion* 36 (2012): 439 - 51;에반젤로스 리시미스 외,"Exploring the Relationships of Autonomy-Supportive Climate, Psychological Need Satisfaction and Thwarting with Students' Self-Talk in Physical Education," *Journal of Education, Society and Behavioural Science* 33, no. 11 (2020): 112 - 22.

79) 바테르스호트, 반 데르 카프-디더, 반스틴키스트, "Role of Competence-Related Attentional Bias and Resilience in Restoring Thwarted Feelings of Competence," 82 - 98; 엘리엔 마베 외 , "The Impact of Feedback Valence and Communication Style on Intrinsic Motivation in Middle Childhood: Experimental Evidence and Generalization across Individual

Differences," *Journal of Experimental Child Psychology* 170 (2018): 134 – 60; 프레더릭 M. E. 그루제 외, "From Environmental Factors to Outcomes: A Test of an Integrated Motivational Sequence," Motivation and Emotion 28 (2004): 331 – 46.

80) 라이언, 수넌스, 반스틴키스트, "Reflections on Self-Determination Theory as an Organizing Framework for Personality Psychology," 115 – 45.

81) 케넌 M. 셸든과 빈센트 필락, "Manipulating Autonomy, Competence, and Relatedness Support in a Game-Learning Context: New Evidence That All Three Needs Matter," *British Journal of Social Psychology* 47, no. 2 (2008): 267 – 83.

82) 바솔로뮤 외, "Psychological Need Thwarting in the Sport Context," 75 – 102.

83) 셸든과 힐퍼트, "Balanced Measure of Psychological Needs (BMPN) Scale," 439 – 51.

84) 메레디스 로키 외, "Assessing Need-Supportive and Need-Thwarting Interpersonal Behaviours: The Interpersonal Behaviours Questionnaire (IBQ)," *Personality and Individual Differences* 104 (2017): 423 – 33; 바솔로뮤 외, "Psychological Need Thwarting in the Sport Context," 75 – 102.

85) 요헨 델뤼 외, "A Game-to-Game Investigation of the Relation between Need-Supportive and Need-Thwarting Coaching and Moral Behavior In Soccer," *Psychology of Sport and Exercise* 31 (2017): 1 – 10.

86) 티펜 하이게바에르트 외, "Investigating the Longitudinal Effects of Surface Acting on Managers' Functioning through Psychological Needs," *Journal of Occupational Health Psychology* 23, no. 2 (2018): 207.

87) 티펜 하이게바에르트 외, "Leveraging Psychosocial Safety Climate to Prevent Ill-Being: The Mediating Role of Psychological Need Thwarting," *Journal of Vocational Behavior* 107 (2018): 111 – 25.

88) 셸든과 힐퍼트, "Balanced Measure of Psychological Needs (BMPN) Scale," 439 – 51.

89) 로키 외, "Assessing Need-Supportive and Need-Thwarting Interpersonal Behaviours," 423 – 33.

90) 코스타, 은투마니스, 바솔로뮤, "Predicting the Brighter and Darker Sides of Interpersonal Relationships," 11 – 24.

91) 요헨 델뤼 외, "A Game-to-Game Investigation of the Relation between Need-Supportive and Need-Thwarting Coaching and Moral Behavior In Soccer," *Psychology of Sport and Exercise* 31 (2017): 1 – 10.

92) 질레 외, "Impact of Organizational Factors on Psychological Needs and Their Relations with Well-Being," 437 – 50.

93) 마이클 H. 커니스, "Toward a Conceptualization of Optimal Self- Esteem," *Psychological Inquiry* 14, no. 1 (2003): 1 – 26.

94) 티펜 하이게바에르트-주아기 외, "Advancing the Conceptualization and Measurement of Psychological Need States: A 3×3 Model Based on Self-Determination Theory," *Journal of Career Assessment* 29, no. 3 (2021): 396 – 421.

95) C. 대니얼 배트슨 외, "Anger at Unfairness: Is It Moral Outrage?," *European Journal of Social Psychology* 37, no. 6 (2007): 1272 – 85.

96) 니키타 바 사르 외, "Conceptualizing and Testing a New Tripartite Measure of Coach Interpersonal Behaviors," *Psychology of Sport and Exercise* 44 (2019): 107 – 20.

97) 데이비드 M. 버스, "The Evolution of Happiness," *American Psychologist* 55, no. 1 (2000): 15.

98) 코스타, 은투마니스, 바솔로뮤, "Predicting the Brighter and Darker Sides of Interpersonal Relationships," 11 – 24.

99) 바솔로뮤 외 , "Self-Determination Theory and Diminished Functioning," 1459 – 73.

100) 하이게바에르트-주아기 외, "Advancing the Conceptualization and Measurement of Psychological Need States," 396 – 421.

101) 옵데나커, "Need-Supportive and Need-Thwarting Teacher Behavior," 628064.

102) 루크 펠튼, 소피아 조웻, "On Understanding the Role of Need Thwarting in the Association between Athlete Attachment and Well/Ill-Being," *Scandinavian Journal of Medicine & Science in Sports* 25, no. 2 (2015): 289 – 98; 바 사르 외, "Conceptualizing and Testing a New Tripartite Measure of Coach Interpersonal Behaviors," 107 – 20

103) 바 사르 외, "Conceptualizing and Testing a New Tripartite Measure of Coach Interpersonal Behaviors," 107 – 20.

104) 하이게바에르트-주아기 외, "Advancing the Conceptualization and Measurement of Psychological Need States," 396 – 421.

105) 로키 외, "Assessing Need-Supportive and Need-Thwarting Interpersonal Behaviours," 423 – 33; 필리페 로드리게스 외, "The Role of Dark-Side of Motivation and Intention to Continue in Exercise: A Self-Determination Theory Approach," *Scandinavian Journal of Psychology* 60, no. 6 (2019): 585 – 95.

106) 라이언, 수넌스, 반스틴키스트, "Reflections on Self-Determination Theory as an Organizing Framework for Personality Psychology," 115 – 45.

107) 코스타, 은투마니스, 바솔로뮤 , "Predicting the Brighter and Darker Sides of Interpersonal Relationships,"11 – 24;바솔로뮤 외, "Self-Determination Theory and Diminished Functioning," 1459 – 73.

108) 라이언, 수넌스, 반스틴키스트, "Reflections on Self-Determination Theory as an Organizing Framework for Personality Psychology," 115 – 45.

109) 로키 외, "Assessing Need-Supportive and Need-Thwarting Interpersonal Behaviours," 423 – 33.

110) 질레 외, "Impact of Organizational Factors on Psychological Needs and Their Relations with Well-Being," 437 – 50.

111) 버스, "Evolution of Happiness," 15.

112) 셸든과 힐퍼트 , "Balanced Measure of Psychological Needs (BMPN) Scale," 439 – 51.

113) 레이 청 외, "Objectification Limits Authenticity: Exploring the Relations between Objectification, Perceived Authenticity, and Subjective Well-Being," *British Journal of Social Psychology* 61, no. 2 (2022): 622 – 43.

114) 티펜 하이게바에르트-주아기 외, "Managerial Predictors and Motivational Outcomes of Workers' Psychological Need States Profiles: A Two-Wave Examination," *European Journal of Work and Organizational Psychology* 32, no. 2 (2023): 216 – 33; 니키타 바 사르 외 , "Conceptualizing and Testing a New Tripartite Measure of Coach Interpersonal Behaviors," *Psychology of Sport and Exercise* 44 (2019): 107 – 20.

115) 하인, 코카, 해거, "Relationships between Perceived Teachers' Controlling Behaviour, Psychological Need Thwarting, Anger and Bullying Behaviour in high-School Students," 103 – 14.

116) 하인, 코카, 해거, "Relationships between Perceived Teachers' Controlling Behaviour, Psychological Need Thwarting, Anger and Bullying Behaviour in high-School Students," 103 – 14.

117) 청 외, "Objectification Limits Authenticity," 622 – 43; 무라드 외, "Influence of Despotic Leadership on Counterproductive Work Behavior among Police Personnel: Role of

Emotional Exhaustion and Organizational Cynicism," Journal of Police and Criminal Psychology 36, no. 3 (2021): 603 – 15; 하인, 코카, 해거, "Relationships between Perceived Teachers' Controlling Behaviour, Psychological Need Thwarting, Anger and Bullying Behaviour in high-School Students," 103 – 14.
118) 버스, "Evolution of Happiness," 15.

| 7장 | 3단계 : 그림자를 찾아라

1) 디어드리 베어: A Biography (New York: Back Bay Books, 2004).
2) 마이클 S. M. 포드햄과 프리다 포드햄, "Character of His Psychotherapy," in "Carl Jung" (main entry), *EcyclopediaBritannica*,2024년7월22일기준, https://www.britannica.com/biography/Carl-Jung/Character-of-his-psychotherapy.
3) 베어, Jung.
4) 웨인 바이너와 D. 렛 킹 , A History of Psychology: Ideas and Context, 3rd ed. (Boston, MA: Allyn and Bacon, 2003).
5) 루시 스콜스, "Review: Labyrinths: Emma Jung, Her Marriage to Carl, and the Early Years of Psychoanalysis by Catrina Clay," *Guardian*, 2016년 8월 7일, https://www.theguardian.com/books/2016/aug/07/labyrinths-emmajung-marriage-carl-early-years-psychoanalysis-catrine-clay-review
6) 마크 D. 켈란드, "A Brief Biography of Carl Jung," chap. 13.2 of *Personality Theory in a Cultural Context*, LibreTexts: Social Sciences, accessed September 11, 2024, https://socialsci.libretexts.org/Bookshelves/Psychology/Culture_and_Community/Personality_Theory_in_a_Cultural_Context_(Kelland)/13%3A_Carl _Jung/13.02%3A_A_Brief_Biography_of_Carl_Jung.
7) 베어, *Jung.*
8) Society of Analytical Psychology, "About Carl Jung," 2024년 9월 14일 기준, https://www.thesap.org.uk/articles-on-jungian-psychology-2 /carl-gustav-jung.
9) 베어, *Jung.*
10) 크리스 앨런, "Carl Jung," *The Balance of Personality* 5장, open textbook, 포틀랜드 주립대학교,https://pdx.pressbooks.pub/thebalanceofpersonality /chapter/chapter-5-carl-jung.
11) 베어, *Jung.* 238쪽.
12) 로이드 I. 세더러, MD, "The Failed 'Bromance' between Sigmund Freud and Carl Jung," *Psychology Today*, 2021년 12월 5일, https://www.psychologytoday.com/us/blog/therapy-it-s-more-just-talk/202112/the-failed-bromance-between-sigmund-freud-and -carl-jung.
13) 베어, *Jung.*
14) 빅터 보도, "Beyond Freud: Carl Jung's Lasting Influence on Psychology," *Medium*, 2023년 9월 19일, https://medium.com/@dr.victor.bodo/beyondfreud-carl-jungs-lasting-influence-on-psychology-7d7264f789
15) 베어, *Jung.*
16) 에고, 페르소나, 아니무스, 개인적 무의식과 집단적 무의식 등 자기의 다양한 측면을 다룬다(카를 구스타프 융, *Two Essays on Analytical Psychology* [New York: Routledge, 2014]).
17) C. G. 융, Collected Works of C. G. Jung, vol. 11, Psychology and Religion: West and East, ed. 게르하르트 아들러와 R. F. C. 헐 (Princeton, NJ: Princeton University Press, 1969), 76; vol. 16, *Practice of Psychotherapy* (Princeton, NJ: Princeton University Press, 2014), paragraph

470.

18) 제니퍼 크로커와 코니 T. 울프, "Contingencies of Self-Worth," *Psychological Review* 108.3 (2001): 593.

19) 에드워드 L. 데시와 리처드 M. 라이언, "The 'What' and 'Why' of Goal Pursuits: Human Needs and the Self-Determination of Behavior," *Psychological Inquiry* 11, no. 4 (2000): 227–68.

20) 넬레 라포르트 외, "Adolescents as Active Managers of Their Own Psychological Needs: The Role of Psychological Need Crafting in Adolescents' Mental Health," *Journal of Adolescence* 88 (2021): 67–83.

21) 마르텐 반스틴키스트, 크리스토퍼 P. 니에미에츠, 바르트 수넌스, "The Development of the Five Mini-Theories of Self-Determination Theory: An Historical Overview, Emerging Trends, and Future Directions," *The Decade Ahead: Theoretical Perspectives on Motivation and Achievement*, 티머시 C. 어르단과 스튜어트 A. 카라베닉 엮음(Bingley, UK: Emerald, 2010), 105–65.

22) 데시와 라이언, "The 'What' and 'Why' of Goal Pursuits," 227–26; 프레데릭 L. 필리프 외, "Work-Related Episodic Memories Can Increase or Decrease Motivation and Psychological Health at Work," Work & Stress 33, no. 4 (2019): 366–84.

23) 마르텐 반스틴키스트와 리처드 M. 라이언, "On Psychological Growth and Vulnerability: Basic Psychological Need Satisfaction and Need Frustration as a Unifying Principle," *Journal of Psychotherapy Integration* 23, no. 3 (2013): 263.

24) 반스틴키스트, 니에미에츠, 수넌스, "Development of the Five Mini-Theories of Self-Determination Theory," 105–65

25) 데시와 라이언, "'What' and 'Why' of Goal Pursuits," 227–68.

26) 반스틴키스트, 니에미에츠, 수넌스, "Development of the Five Mini-Theories of Self-Determination Theory," 105–65.

27) 라이언과 데시, "A Self-Determination Theory Approach to Psychotherapy: The Motivational Basis for Effective Change," *Canadian Psychology/Psychologie canadienne* 49, no. 3 (2008): 186.

28) 데시와 라이언, "'What' and 'Why' of Goal Pursuits," 227–68.

29) 크리스틴 D. 네프, 야핑 셰, 쿨라야 데짓터랏 , "Self-Compassion, Achievement Goals, and Coping with Academic Failure," *Self and Identity* 4, no. 3 (2005): 263–87.

30) 마르텐 반스틴키스트 외 , "Examining Correlates of Game to-Game Variation in Volleyball Players' Achievement Goal Pursuit and Underlying Autonomous and Controlling Reasons," *Journal of Sport and Exercise Psychology* 36, no. 2 (2014): 131–45; 제임스 N. 도날드 외,"Paths to the Light and Dark Sides of Human Nature: A Meta-Analytic Review of the Prosocial Benefits of Autonomy and the Antisocial Costs of Control," *Psychological Bulletin* 147, no. 9 (2021): 921.

31) 로이 F. 바우마이스터 외, "Thwarting the Need to Belong: Understanding the Interpersonal and Inner Effects of Social Exclusion," *Social and Personality Psychology Compass* 1, no.1 (2007): 506–20

32) 요커 페르스퇴이프 외, "Motivational Dynamics of Eating Regulation: A Self-Determination Theory Perspective," *International Journal of Behavioral Nutrition and Physical Activity* 9, no. 1 (2012): 1–16.

33) 반스틴키스트와 라이언, "On Psychological Growth and Vulnerability," 263

34) 데시와 라이언, "'What' and 'Why' of Goal Pursuits," 227–68; 트리시 고얼리 외, "Nutrition and Physical Activity," *International Journal of Behavioral Nutrition and Physical Activity*

6 (2009): 5.

35) 데시와 라이언, "'What' and 'Why' of Goal Pursuits," 227 – 68;케넌 M. 셸든과 팀 카서, "Psychological Threat and Extrinsic Goal Striving," Motivation and Emotion 32 (2008): 37 – 45; 팀 카서와 리처드 M. 라이언, "A Dark Side of the American Dream: Correlates of Financial Success as a Central Life Aspiration, *Journal of Personality and Social Psychology* 65, no. 2 (1993): 410.

36) 팀 카서와 리처드 M. 라이언, "Further Examining the American Dream: Differential Correlates of Intrinsic and Extrinsic Goals," *Personality and Social Psychology Bulletin* 22, no. 3 (1996): 280 – 87.

37) 머리, *Explorations in Personality*.

38) 뵈헬스와 맨셀, "Attention Processes in the Maintenance and Treatment of Social Phobia: Hypervigilance, Avoidance and Self-Focused Attention," *Clinical Psychology Review* 24, no.7 (2004): 827 – 56.

39) 데시와 라이언, "'What' and 'Why' of Goal Pursuits," 227 – 68.

40) 토드 F. 히서턴과 로이 F. 바우마이스터, "Binge Eating as Escape from Self- Awareness," *Psychological Bulletin* 110, no. 1 (1991): 86.

41) 뵈헬스와 맨셀, "Attention Processes in the Maintenance and Treatment of Social Phobia," 827 – 56; 레미 라델 외, "The Role of (Dis)Inhibition in Creativity: Decreased Inhibition Improves Idea Generation," Cognition 134 (2015): 110 – 20; 라포르트 외, "Adolescents as Active Managers of Their Own Psychological Needs," 67 – 83.

42) 데시와 라이언, "'What' and 'Why' of Goal Pursuits," 227 – 68.

43) 헨리 A. 머리, *Explorations in Personality* (New York: Oxford University Press, 1938).

44) 데시와 라이언, "'What' and 'Why' of Goal Pursuits," 227 – 68;킴벌리 J. 바솔로뮤 외, "Psychological Need Thwarting in the Sport Context: Assessing the Darker Side of Athletic Experience," *Journal of Sport and Exercise Psychology* 33, no. 1 (2011): 75 – 102; 반스틴키스트와 라이언, "On Psychological Growth and Vulnerability," 263.

45) 머리, *Explorations in Personality*.

46) 페르스퇴이프 외, "Motivational Dynamics of Eating Regulation," 1 – 16.

47) 카서와 라이언, "Further Examining the American Dream," 280 – 87; C. 레이먼드 니 외, "Self-Determination as Growth Motivation in Romantic Relationships," *Personality and Social Psychology Bulletin* 28, no. 5 (2002): 609 – 19.

48) 라이언, 수넌스, 반스틴키스트, "Reflections on Self–Determination Theory as an Organizing Framework for Personality Psychology: Interfaces, Integrations, Issues, and Unfinished Business," *Journal of Personality* 87, no. 1 (2019): 115 – 45.

49) 반스틴키스트, 니에미에츠, 수넌스, "Development of the Five Mini-Theories of Self-Determination Theory," 105 – 65.

50) 자기결정성이론(SDT)의 이 소이론은 인지평가이론이라 불린다. 자세한 개관은 반스틴키스트, 니에미 에츠, 수넌스를 참고하라. "Development of the Five Mini-Theories of self-Determination Theory," 105 – 65.

51) 크리스토퍼 P. 니에미에츠, 리처드 M. 라이언, 에드워드 L. 데시, "The Path Taken: Consequences of Attaining Intrinsic and Extrinsic Aspirations in Post-College Life," *Journal of Research in Personality* 43, no. 3 (2009): 291 – 306; 디시와 라이언, "'What' and 'Why' of Goal Pursuits," 227 – 68; 리처드 M. 라이언 외, "All Goals Are Not Created Equal: An Organismic Perspective on the Nature of Goals and Their Regulation," P. M. 골비처 그 리고 J. A. 바그 엮음, *The Psychology of Action: Linking Cognition and Motivation to Behavior,* (New York:

Guilford Press, 1996);리처드 M. 라이언, 베로니카 후타, 에드워드 L. 데 시, "Living Well: A Self-Determination Theory Perspective on Eudaimonia," *Journal of Happiness Studies* 9 (2008): 139–70.

52) 레미 라델 외, "Restoration Process of the Need for Autonomy: the Early Alarm Stage," *Journal of Personality and Social Psychology* 101, no. 5 (2011): 919.

53) 데시와 라이언, "'What' and 'Why' of Goal Pursuits," 227–68.

54) 파울루 N. 비에이라 외, "Predictors of Psychological Well-Being during Behavioral Obesity Treatment in Women," *Journal of Obesity* (2011).

55) 반스틴키스트, 니에미에츠, 수년스, "Development of the Five Mini- Theories of Self-Determination Theory," 105–65.

56) 라포르트 외, "Adolescents as Active Managers of Their Own Psychological Needs," 67–83; 라이언과 데시, "Self-Determination Theory Approach to Psychotherapy," 186.

57) 마이클 H. 커니스, "Author's Response: Optimal Self-Esteem and Authenticity: Separating Fantasy from Reality," Psychological Inquiry 14, no. 1 (2003): 83–89; 데시와 라이언, "'What' and 'Why' of Goal Pursuits," 227–68; 팀 카서 외, "The Relations of Maternal and Social Environments to Late Adolescents' Materialistic and Prosocial Values," *Developmental Psychology* 31, no. 6 (1995): 907.

58) 라이언, 수년스, 반스틴키스트, "Reflections on Self-Determination Theory as an Organizing Framework for Personality Psychology," 115–45.

59) 짐 케이플, "How U.S. Teen Nathan Chen Jumped into Upper Echelon of Figure Skating," ESPN, 2017년 3월 29일, https://www.espn.com/olympics/figureskating/story/_/id/19017406/how-teen-figure-skater-nathan-chen-us-national-cham pion -spun-quad-jumps-gold.

60) 네이션 첸과 알리시아 박, *One Jump at a Time: My Story* (New York: Harper, 2022), 80.

61) 반스틴키스트, 니에미에츠, 수년스, "Development of the Five Mini-Theories of Self-Determination Theory," 105–65.

62) 첸과 박. *One Jump at a Time*, 216.

63) 반스틴키스트, 니에미에츠, 수년스, "Development of the Five Mini-Theories of Self-Determination Theory," 105–65.

64) 첸과 박. *One Jump at a Time*, 90; Jennifer Crocker and Connie T. Wolfe, "Contingencies of Self-Worth," Psychological Review 108, no. 3 (2001): 593.

65) 후안 마르코스 곤잘레스 외, "Trading Health Risks for Glory: A Reformulation of the Goldman dilemma," *Sports Medicine* 48 (2018): 1963–69.

66) 커니스, "Author's Response," 83–89.

67) 스콧 스텀프, "Why US Figure Skaters from 2022 Winter Olympics Are Just Now Getting Their Medals," Today, 2024년 1월 31일, https://www.today.com/news/sports/us-figure-skaters-gold-medals-2022-winter-olympics -rcna136528.

68) 데시와 라이언, "'What' and 'Why' of Goal Pursuits," 227–68.

69) 크리스토퍼 페리, "The Jungian Shadow," 영국 분석심리학회: 융 분석과 심리치료 소개 , 2024년 9월 11일 기준, https://www.thesap.org.uk/articles-on-jungian-psychology-2/about-analysis-and-therapy/the-shadow.

70) 반스틴키스트와 라이언, "On Psychological Growth and Vulnerability," 263; 마르텐 반스틴키스 트 외, "Examining Correlates of Game-to-Game Variation in Volleyball Players' Achievement Goal Pursuit and Underlying Autonomous and Controlling Reasons," 131–45; 얼 외, "Autonomy and Competence Frustration in Young Adolescent Classrooms," 32–40; 도널드 외, "Paths to the Light and Dark Sides of Human Nature," 921.

71) 야니 카나트-마이몬 외, "The Role of Basic Need Fulfillment in Academic Dishonesty: A Self-Determination Theory Perspective," *Contemporary Educational Psychology* 43 (2015): 1–9: 쥘리앵 S. 뷔로 외, "Investigating How Autonomy-Supportive Teaching Moderates the Relation between Student Honesty and Premeditated Cheating," *British Journal of Educational Psychology* 92, no. 1 (2022): 175–93; 머리, Explorations in Personality; 리처드 M. 라이언 외, "Building a Science of Motivated Persons: Self-Determination Theory's Empirical Approach to Human Experience and the Regulation of Behavior," *Motivation Science* 7, no. 2 (2021): 97.

72) 케넌 M. 셸든과 팀 카서, "Psychological Threat and Extrinsic Goal Striving," Motivation and Emotion 32 (2008): 37–45; 카서와 라이언, "Dark Side of the American Dream," 410; 반스틴키스트, 니에미에츠, 수넌스, "Development of the Five Mini-Theories of Self-Determination Theory," 105–65.

73) 라이언, 후타, 데시, "Living Well," 139–70; 카서와 라이언, "Further Examining the American Dream," 280–87

74) 사라 H. 말린슨과 앤드루 P. 힐, "The Relationship between Multidimensional Perfectionism and Psychological Need Thwarting in Junior Sports Participants," *Psychology of Sport and Exercise* 12, no. 6 (2011): 676–84.

75) 리처드 M. 라이언 등이 제안한 '열망 지수'에 추가됨, "The American Dream in Russia: Extrinsic Aspirations and Well-Being in Two Cultures," *Personality and Social Psychology Bulletin* 25, no. 12 (1999): 1509–24; 라이언, 후타, 데시, "Living Well," 139–70.

76) 데시와 라이언, "'What' and 'Why' of Goal Pursuits," 227–68; 페르스퇴이프 외, "Motivational Dynamics of Eating Regulation," 1–16.

77) 라이언 외, "American Dream in Russia," 1509–24;앨리슨 M. 라이언과 성옥 세레나 심, "Social Achievement Goals: The Nature and Consequences of Different Orientations toward Social Competence," *Personality and Social Psychology Bulletin* 32, no. 9 (2006): 1246–63.

78) 알랭 반 힐과 마르텐 반스틴키스트, "Ambitions Fulfilled? The Effects of Intrinsic and Extrinsic Goal Attainment on Older Adults' Ego-Integrity and Death Attitudes," *International Journal of Aging and Human Development* 68, no. 1 (2009): 27–51.

79) 라포르트 외, "Adolescents as Active Managers of Their Own Psychological Needs," 67–83; 페르스퇴이프 외, "Motivational Dynamics of Eating Regulation," 1–16.

80) 라포르트 외, "Adolescents as Active Managers of Their Own Psychological Needs," 67–83.

81) 반스틴키스트와 라이언, "On Psychological Growth and Vulnerability," 263; 데시와 라이언, "'What' and 'Why' of Goal Pursuits," 227–68.

82) 대니얼 프리먼 외, "Psychological Investigation of the Structure of Paranoia in a Non-Clinical Population," *British Journal of Psychiatry* 186, no. 5 (2005): 427–35.

83) 케넌 M. 셸든과 알렉산더 건즈, "Psychological Needs as Basic Motives, Not Just Experiential Requirements," *Journal of Personality* 77, no. 5 (2009): 1467–92.

| 8장 | 4단계 : 전환점을 선택하라

1) 샤론 K. 파커, 우타 K. 빈들, 카롤리네 슈트라우스, "Making Things Happen: A Model of Proactive Motivation," Journal of Management 36, no. 4 (2010): 827–56; 넬레 라포르트 외, "Testing an Online Program to Foster Need Crafting during the COVID-19 Pandemic," *Current Psychology*, 2022년 3월 28일, 1–18.

2) 미국 의료기관평가위원회 , "Sentinel Event Policy and Procedures,", 2024년 9월 11일 기준, https://www.jointcommission.org/resources/sentinel-event/sentinel-event-policy-and-procedures

3) 리처드 M. 라이언 외, "We Know This Much Is (Meta-Analytically) True: A Meta-Review of Meta-Analytic Findings Evaluating Self-Determination Theory," *Psychological Bulletin* 148, no. 11-12 (2022): 813; 벨로 하인, 안드레 코카, 마틴 S. 해거, "Relationships between Perceived Teachers' Controlling Behaviour, Psychological Need Thwarting, Anger and Bullying Behaviour in High-School Students," *Journal of Adolescence* 42 (2015): 103-14.

4) 니콜라 질레 외, "The Impact of Organizational Factors on Psychological Needs and Their Relations with Well-Being," *Journal of Business and Psychology* 27 (2012): 437-50; 니콜라 질레 외, "The Effects of Job Demands and Organizational Resources through Psychological Need Satisfaction and Thwarting," *Spanish Journal of Psychology* 18 (2015): E28; 사라-제느 비에 트레파니에 외, "On the Psychological and Motivational Processes Linking Job Characteristics to Employee Functioning: Insights from Self-Determination Theory," *Work & Stress* 29, no. 3 (2015): 286-305.

5) 라포르트 외, "Say Hi to Need Crafting: The Pro-Active Side of Need Based Functioning in Adolescence: The Introduction of Need Crafting in a Cross-Sectional and Longitudinal Study," Self-Determination Conference, Egmond aan Zee, May 21–24, 2019.

6) 라포르트 외, "Testing an Online Program to Foster Need Crafting during the COVID-19 Pandemic," 1-18.

7) 라포르트 외, "Say Hi to Need Crafting."

8) 네타 와인스타인, 파라 하바즈, 니콜 레게이트, "Enhancing Need Satisfaction to Reduce Psychological Distress in Syrian Refugees," *Journal of Consulting and Clinical Psychology* 84, no. 7 (2016): 645.

9) 베흐자드 베흐자드니아, 사에데 파타흐모다레스, "Basic Psychological Need-Satisfying Activities during the COVID-19 Outbreak," *Applied Psychology: Health and Well-Being* 12, no. 4 (2020): 1115-13.

10) 루이스 테이와 에드 디너, "Needs and Subjective Well-Being around the World," *Journal of Personality and Social Psychology* 101, no. 2 (2011): 354.

11) 베이원 첸 외, "Does Psychological Need Satisfaction Matter When Environmental or Financial Safety Are at Risk?," *Journal of Happiness Studies* 16, no. 3 (2015): 745-66.

12) 와인스타인, 하바즈, 레게이트, "Enhancing Need Satisfaction to Reduce Psychological Distress in Syrian Refugees," 645.

13) 샤론 K. 파커, 우타 K. 빈들, 카롤리네 슈트라우스, "Making Things Happen: A Model of Proactive Motivation," Journal of Management 36, no. 4 (2010): 827 56; 라포르트 외, "Testing an Online Program to Foster Need Crafting during the COVID19 Pandemic," 1- 18.

14) '여러 상황'이란 참가자들이 세 가지 '나쁜 일'을 적고 각 사건에 대한 자신의 반응을 보고하도록 한, 집단 간 비교 설계 방식의 단일 연구를 말한다.

15) 와인스타인, 하바즈, 레게이트, "Enhancing Need Satisfaction to Reduce Psychological Distress in Syrian Refugees," 645.

16) 와인스타인, 하바즈, 레게이트, "Enhancing Need Satisfaction to Reduce Psychological Distress in Syrian Refugees," 645.

17) 키플링 D. 윌리엄스, "Ostracism: A Temporal Need-Threat Model," *Advances in Experimental Social Psychology* 41 (2009): 275-314.

18) 케넌 M. 셸든 외, "Persistent Pursuit of Need-Satisfying Goals Leads to Increased Happiness:

A 6-month Experimental Longitudinal Study," *Motivation and Emotion* 34 (2010): 39 – 48.

19) 베흐자드니아와 파타흐모다레스, "Basic Psychological Need–Satisfying Activities during the COVID–19 Outbreak," *Applied Psychology: Health and Well–Being* 12, no. 4 (2020): 1115 – 39.

20) 반스틴키스트, 니에미에, 수넌스 "The Development of the Five Mini-Theories of Self-Determination Theory: An Historical Overview, Emerging Trends, and Future Directions," in The Decade Ahead: Theoretical Perspectives on Motivation and Achievement, ed. 티머시 C. 어르단, 스튜어트 A. 카라베닉 엮음 (Bingley, UK: Emerald, 2010), 105–65.

21) 셸든과 카서, "Coherence and Congruence: Two Aspects of Personality Integration," *Journal of Personality and Social Psychology* 68, no. 3 (1995): 531; 리처드 M. 라이언 외, "All Goals Are Not Created Equal: An Organismic Perspective on the Nature of Goals and Their Regulation," *The Psychology of Action: Linking Cognition and Motivation to Behavior*, P. M. 골비처와 J. A. 바그 엮음 (New York: Guilford Press, 1996); 마르텐 반스틴키스 트 외, "Motivating Learning, Performance, and Persistence: The Synergistic Effects of Intrinsic Goal Contents and Autonomy–Supportive Contexts," *Journal of Personality and Social Psychology* 87, no. 2 (2004): 246.

22) 크리스토퍼 P. 체라솔리와 마이클 T. 포드, "Intrinsic Motivation, Performance, and the Mediating Role of Mastery Goal Orientation: A Test of Self–Determination Theory," *Journal of Psychology* 148, no. 3 (2014): 267 – 86.

23) 라이언과 데시, "Intrinsic and Extrinsic Motivations: Classic Definitions and New Directions," *Contemporary Educational Psychology* 25, no. 1 (2000): 54 – 67; 마르텐 반스틴키 스트 외, "Motivational Dynamics among Eating– Disordered Patients with and without Nonsuicidal Self–Injury: A Self–Determination Theory Approach," *European Eating Disorders Review* 21, no. 3 (2013): 209 – 14; 미론 주커먼 외, "On the Importance of Self–Determination for Intrinsically–Motivated Behavior," *Personality and Social Psychology Bulletin* 4, no. 3 (1978): 443 – 46.

24) 셸든, "Persistent Pursuit of Need–Satisfying Goals Leads to Increased Happiness: A 6-Month Experimental Longitudinal Study," *Motivation and Emotion* 34 (2010): 39 – 48.

25) 애프린 박사가 한 훌륭한 말이다. (로렌스 B. 아프린, *Never Bet against Occam: Mast Cell Activation Disease and the Modern Epidemics of Chronic Illness and Medical Complexity* [Bethesda, MD: Sisters Media, 2016]).

26) 로라 키셀, "Ehlers–Danlos Syndrome: A Mystery Solved," *Harvard Health Blog*, 2017년 8월 7일, https://www.health.harvard.edu/blog/ehlers danlos–syndrome–mystery-solved-2017080712122.

27) 앤 마틴, "An Acquired or Heritable Connective Tissue Disorder? A Review of Hypermobile Ehlers Danlos Syndrome," *European Journal of Medical Genetics* 62, no. 7 (2019): 103672.

28) 와인스타인, 하바즈와 레게이트, "Enhancing Need Satisfaction to Reduce Psychological Distress in Syrian Refugees," 645.

| 9장 | 자신감 만들기

1) 벤 프리츠, "Movie Projector: 'Schmucks,' Cats, Dogs and Zac Efron Will All Open behind 'Inception,'"*Company Town Blog (Los Angeles Times)* 2010년 7월 29일, https://www.latimes.com/archives/blogs/company-town –blog/story/2010-07-29/movie–pro jector–schmucks–

cats-dogs-and-zac-efron-will-all-open-behind-inception.

2) 스위 유 외, "Doing Well vs. Doing Better: Preliminary Evidence for the Differentiation of the 'Static' and 'Incremental' Aspects of the Need for Confidence," *Journal of Happiness Studies* 23, no. 3 (2022): 1121 – 41.

3) 에드워드 L. 데시와 리처드 M. 라이언, "Self-Determination Research: Reflections and Future Directions," *Handbook of Self-Determination Research*, 에드워드 L. 데시와 리처드 M. 라이언 엮음 (New York: University of Rochester Press, 2002).

4) 조앤 로사, "Josh Groban Opens Up about Anxiety, Depression Early in Career: 'I Was Terrified' and 'Full of Self-Doubt,'" ABC News, 2019년 12월 5일, https://abcnews.go.com/ Entertainment/josh-groban-opens-anxiety-depression – early-career- terrified/ story?id=6751853.

5) 안 더 메스터 외, "Identifying Profiles of Actual and Perceived Motor Confidence among Adolescents: Associations with Motivation, Physical Activity, and Sports Participation," *Journal of Sports Sciences* 34, no. 21 (2016): 2027 – 37; 로라 보르톨리 외, "Confidence, Achievement Goals, Motivational Climate, and Pleasant Psychobiosocial States in Youth Sport," *Journal of Sports Sciences* 29, no. 2 (2011): 171 – 80.

6) 스위 유 외, "Self-Determined Motivation to Choose College Majors, Its Antecedents, and Outcomes: A Cross-Cultural Investigation," *Journal of Vocational Behavior* 108 (2018): 132 – 50.

7) 밀리츠, "Using Self-Determination Theory to Investigate Financial Well-Being," *Consumer Interests Annual* 67 (2021).

8) 티펜 하이게바에르트-주아기 외, "Managerial Predictors and Motivational Outcomes of Workers' Psychological Need States Profiles: A Two Wave Examination," *European Journal of Work and Organizational Psychology* 32, no. 2 (2023): 216 – 33; 요아힘 바테르스호트, 욜레네 반 데르 카프-디더, 마르텐 반스틴키스트, "The Role of Confidence-Related Attentional Bias and Resilience in Restoring Thwarted Feelings of Confidence," *Motivation and Emotion* 44 (2020): 82 – 98.

9) 니콜라 질레 외, "The Effects of Job Demands and Organizational Resources through Psychological Need Satisfaction and Thwarting," *Spanish Journal of Psychology* 18 (2015): E28.

10) 자세한 내용은 다음을 참고. 킴벌리 제인 바솔로뮤 외, "Job Pressure and Ill-Health in Physical Education Teachers: The Mediating Role of Psychological Need Thwarting," *Teaching and Teacher Education* 37 (2014): 101 – 7;크리스 기베와 토마스 리가티,"Tenets of Self-Determination Theory as a Mechanism Behind Challenge Demands: A Within-Person Study," *Journal of Managerial Psychology* 37, no. 5 (2022): 480 – 97.

11) 킴벌리 J. 바솔로뮤 외, "Psychological Need Thwarting in the Sport Context: Assessing the Darker Side of Athletic Experience," *Journal of Sport and Exercise Psychology* 33, no. 1 (2011): 75 – 102.

12) 티펜 하이게바에르트-주아기 외, "Managerial Predictors and Motivational Outcomes of Workers' Psychological Need States Profiles," 216 – 33; 바테르스호트, 반 데르 카프-디더, 반스 틴키스트, "Role of Confidence-Related Attentional Bias and Resilience in Restoring Thwarted Feelings of Confidence," 82 – 98.

13) 바테르스호트, 반 데르 카프-디더, 반스틴키스트, "Role of Confidence-Related Attentional Bias and Resilience in Restoring Thwarted Feelings of Confidence," 82 – 98.

14) 바솔로뮤 외, "Psychological Need Thwarting in the Sport Context," 75 – 102.

15) 바솔로뮤 외, "Psychological Need Thwarting in the Sport Context," 75 –102.

16) 하정우, "Not Being Able to Verify One's Confidence: Negative Consequences of Thwarted Self- Promotion," *Academy of Management Proceedings* 2017, no. 1 (2017).

17) 마리-크리스틴 옵데나커, "Need-Supportive and Need-Thwarting Teacher Behavior: Their Importance to Boys' and Girls' Academic Engagement and Procrastination Behavior," *Frontiers in Psychology* 12 (2021): 628064.

18) 하, "Not Being Able to Verify One's Confidence."

19) 후이 팡 외, "Being Eager to Prove Oneself: U-Shaped Relationship between Confidence Frustration and Intrinsic Motivation in Another Activity," *Frontiers in Psychology* 8 (2017): 2123.

20) 하, "Not Being Able to Verify One's Confidence."

21) 옵데나커, "Need-Supportive and Need-Thwarting Teacher Behavior," 628064.

22) 리카르도 쿠에바스-캄포스 외, "Need Satisfaction and Need Thwarting in Physical Education and Intention to Be Physically Active," *Sustainability* 12, no. 18 (2020): 7312.

23) 바솔로뮤 외, "Job Pressure and Ill-Health in Physical Education Teachers," 101 –7.

24) 메러디스 로키 외, "Assessing Need-Supportive and Need-Thwarting Interpersonal Behaviours: The Interpersonal Behaviours Questionnaire (IBQ)," *Personality and Individual Differences* 104 (2017): 423 –33.

25) 나오키 미우라 외, "Neural Evidence for the Intrinsic Value of Action as Motivation for Behavior," *Neuroscience* 352 (2017): 190 –203.

26) 딘 A. 셰퍼드와 멜리사 S. 카르돈, "Negative Emotional Reactions to Project Failure and the Self- Compassion to Learn from the Experience," *Journal of Management Studies* 46, no.6 (2009): 923 –49.

27) 주디스 M. 하라키에비치, 스티븐 애 러햄스, 루스 웨이그먼, "Performance Evaluation and Intrinsic Motivation: The Effects of Evaluative Focus, Rewards, and Achievement Orientation," *Journal of Personality and Social Psychology* 53, no. 6 (1987): 1015.

28) 마르텐 반스틴키스트 외, "Autonomy and Relatedness among Chinese Sojourners and Applicants: Conflictual or Independent Predictors of Well-Being and Adjustment?," *Motivation and Emotion* 30 (2006): 273 –82.

29) 주디스 M. 하라츠케비치, 스티븐 애 러햄스, 루스 웨이먼, "Performance Evaluation and Intrinsic Motivation: The Effects of Evaluative Focus, Rewards, and Achievement Orientation," *Journal of Personality and Social Psychology* 53, no. 6 (1987): 1015.

30) 앤 K. 보자노, 데보라 S. 메인, 필리스 A. 카츠 , "Children's Preference for Challenge: The Role of Perceived Confidence And Control," *Journal of Personality and Social Psychology* 54, no. 1 (1988): 134.

31) 디에고 바스콘셀루스 외, "Self-Determination Theory Applied to Physical Education: A Systematic Review and Meta-Analysis," *Journal of Educational Psychology* 112, no. 7 (2020): 1444.

32) 유 외, "Self-Determined Motivation to Choose College Majors, Its Antecedents, and Outcomes," 132 –50.

33) 콘라트 로렌츠, The Waning of Humaneness (London: Unwin Hyman, 1988); 앤 윌콕, "A Theory of the Human Need for Occupation," *Journal of Occupational Science* 1, no. 1 (1993): 17 –24.

34) 스벤 슈라더 외 , "Cortext: A Columnar Model of Bottom-Up and Top-Down Processing in the Neocortex," *Neural Networks* 22, no. 8 (2009): 1055 –70.

35) 윌콕, "Theory of the Human Need for Occupation," 17;에드워드 L. 데시와 리처드 M. 라이언, "The 'What' and 'Why' of Goal Pursuits: Human Needs and the Self-Determination of Behavior," *Psychological Inquiry* 11, no. 4 (2000): 227 – 68.

36) 고든 L. 플렛과 폴 L. 휴잇, "Managing Perfectionism and the Excessive Striving That Undermines Flourishing: Implications for Leading the Perfect Life," *Flourishing in Life, Work and Careers: Individual Wellbeing and Career Experiences*, 로널드 J. 버크, 캐서린 M. 페이지, 캐리 L. 쿠퍼 엮음(Cheltenham, UK: Edward Elgar Publishing, 2015), 45 – 66.

37) 플렛과 휴잇, "Shedding Light on the Relationship between Personal Standards and Psychopathology: The Case for Contingent Self-Worth," *Journal of Rational-Emotive and Cognitive-Behavior Therapy* 22 (2004): 237 – 50.

38) 이사벨 M. 디바르톨로 외, "Managing Perfectionism and the Excessive Striving That Undermines Flourishing," 45 – 66.

39) 조펠 D. 우만답과 로타 A. 테, "Self-Compassion as a Mediator between Perfectionism and Personal Growth Initiative," *Psychological Studies* 65 (2020): 227 – 38.

40) 플렛과 휴잇, "Managing Perfectionism and the Excessive Striving That Undermines Flourishing," 45 – 66.

41) 수전 M. 뵈헬스와 워런 맨셀, "Attention Processes in the Maintenance and Treatment of Social Phobia: Hypervigilance, Avoidance and Self- Focused Attention," *Clinical Psychology Review* 24, no. 7 (2004): 827 – 56.

42) 우만답과 테, "Self-Compassion as a Mediator between Perfectionism and Personal Growth Initiative," 227 – 38.

43) 앨리슨 G. 하비와 에멀린 그리놀, "Catastrophic Worry in Primary Insomnia," *Journal of Behavior Therapy and Experimental Psychiatry* 34, no. 1 (2003): 11 – 23.

44) 우만답과 테, "Self-Compassion as a Mediator between Perfectionism and Personal Growth Initiative," 227 – 38.

45) 토머스 커런과 앤드루 P. 힐, "Perfectionism Is Increasing over Time: A Meta-Analysis of Birth Cohort Differences from 1989 to 2016," *Psychological Bulletin* 145, no. 4 (2019): 410.

46) 케네스 T. 왕, 마리나 S. 셰벨레바, 타티아나 M. 페르먀코바, "Imposter Syndrome among Russian Students: The Link between Perfectionism and Psychological Distress," *Personality and Individual Differences* 143 (2019): 1 – 6.

47) 아담 뉴펠드 외, "Why Do We Feel Like Intellectual Frauds? A Self-Determination Theory Perspective on the Impostor Phenomenon in Medical Students," *Teaching and Learning in Medicine* 35, no. 2 (2023): 180 – 92.

48) 왕, 셰벨레바, 페르먀코바, "Imposter Syndrome among Russian Students," 1 – 6.

49) 마크 R. 리어리 외, "Self-Esteem as an Interpersonal Monitor: The Sociometer Hypothesis," *Journal of Personality and Social Psychology* 68, no. 3 (1995): 518; 마크 R. 리어리와 로이 F. 바우마이스터, "The Nature and Function of Self-Esteem: Sociometer Theory," *Advances in Experimental Social Psychology*, vol. 32, 마크 P. 자나 엮음 (San Francisco: Academic Press, 2000), 1 – 62.

50) 데이비드 A. 케니, Interpersonal Perception: A Social Relations Analysis (New York: Guilford Press, 1994).

51) 애덤 M. 마스트로얀니 외, "The Liking Gap in Groups and Teams," *Organizational Behavior and Human Decision Processes* 162 (2021): 109 – 22.

52) 플렛과 휴잇, "Managing Perfectionism and the Excessive Striving That Undermines Flourishing," 45 – 66.

53) 슈무엘 엘리스와 인바르 다비디, "After-Event Reviews: Drawing Lessons from Successful and Failed Experience," *Journal of Applied Psychology* 90, no. 5 (2005): 857.

54) 로라 모건 로버츠 외, "Composing the Reflected Best Self Portrait: Building Pathways for Becoming Extraordinary in Work Organizations," *Academy of Management Review* 30, no.4 (2005): 712 – 36.

55) 노엘 베어드, 제니퍼 L. 로버트슨, 매튜 J. W. 맥라넌, "Looking in the Mirror: Including the Reflected Best Self Exercise in Management Curricula to Increase Students' Interview Self-Efficacy," *Academy of Management Learning & Education* 22, no. 4 (2023): 662 – 80.

56) 그레첸 스프라이처, 존 폴 스티븐스, 데이비드 스위트먼, "The Reflected Best Self Field Experiment with Adolescent Leaders: Exploring the Psychological Resources Associated with Feedback Source and Valence," *Journal of Positive Psychology* 4, no. 5 (2009): 331 – 48.

57) 스프라이처, 스티븐스, 스위트먼, "Reflected Best Self Field Experiment with Adolescent Leaders," 331 – 48.

58) 스프라이처, 스티븐스, 스위트먼, "Reflected Best Self Field Experiment with Adolescent Leaders," 331 – 48.

59) 뉴펠드 외, "Why Do We Feel Like Intellectual Frauds?," 180 – 92.

60) 매릴린 V. 휘트먼과 크리스틴 K. 샤닌, "Revisiting the Impostor Phenomenon: How Individuals Cope with Feelings of Being in over Their Heads," *The Role of the Economic Crisis on Occupational Stress and Well Being,* (Bingley, UK: Emerald Group, 2012), 파멜라 L. 페레웨, 조너선 R. B. 할베슬레벤, 크리스토퍼 C. 로젠 엮음177 – 212.

61) 왕, 세벨레바, 페르먀코바, "Imposter Syndrome among Russian Students," 1 – 6; 뉴펠드 외, "Why Do We Feel Like Intellectual Frauds?," 180 – 92.

62) A. 마세두 외 , "Conditional Acceptance as a Distinct Feature of Socially-Prescribed Perfectionism: A Study in Portuguese Pregnant Women," *European Psychiatry* 24, no. S1 (2009):1; 플렛과 휴잇, "Managing Perfectionism and the Excessive Striving That Undermines Flourishing," 45 – 66.

63) 로즈 샤프란, 아나 코트리, 라다 코타리, "New Frontiers in the Treatment of Perfectionism," *International Journal of Cognitive Therapy* 9, no. 2 (2016): 156 – 70.

64) 사라 J. 이건 외, "The Role of Dichotomous Thinking and Rigidity in Perfectionism," *Behaviour Research and Therapy* 45, no. 8 (2007): 1813 – 22.

65) 리카르도 레온치니, "How to Learn from Failure. Organizational Creativity, Learning, Innovation and the Benefit of Failure," *Rutgers Business Review* 2, no. 1 (2017): 98 – 104.

66) 헨리 A. 머리, Explorations in Personality (New York: Oxford University Press, 1938).

67) 머리, *Explorations in Personality.*

68) 머리, *Explorations in Personality.*

69) 크리스틴 D. 네프, 야핑 세, 쿨라야 데짓터랏, "Self-Compassion, Achievement Goals, and Coping with Academic Failure," *Self and Identity* 4, no. 3 (2005): 263.

70) 아비 카플란과 마틴 L. 메어, "Achievement Goals and Student Well-Being," *Contemporary Educational Psychology* 24, no. 4 (1999): 330 – 58.

71) 뵈헬스와 맨셀, "Attention Processes in the Maintenance and Treatment of Social Phobia," 827 – 56.

72) 반스틴키스트와 라이언, "On Psychological Growth and Vulnerability: Basic Psychological Need Satisfaction and Need Frustration as a Unifying Principle," *Journal of Psychotherapy Integration* 23, no. 3 (2013): 263; 킴 톨렌티노, 터커 레디, 요하네스 라베, "'No Days Off':

Using Self-Determination Theory to Better Understand Workaholism in National Collegiate Athletic Association Division I Coaches," *Journal of Clinical Sport Psychology* 18, no. 2 (2022): 251 –69.

73) 팡 외, "Being Eager to Prove Oneself," 2123.

74) 다니엘 랄랑드 외, "Obsessive Passion: A Compensatory Response to Unsatisfied Needs," *Journal of Personality* 85, no. 2 (2017): 163 –78.

75) 톨렌티노, 레디,라베, "No Days Off," 251 –69.

76) 옵데나커, "Need-Supportive and Need-Thwarting Teacher Behavior," 628064.

77) 반스틴키스트와 라이언, "On Psychological Growth and Vulnerability," 263.

78) 하, "Not Being Able to Verify One's Confidence."

79) 미레이아 라스 에라스와 D. T. 홀, "Integration of Career and Life," *Handbook on Women in Business and Management*, 다이애나 빌리모리아와 샌디 크리스틴 피더릿 엮음 (Cheltenham, UK: Edward Elgar Publishing, 2007), 178 –205; 밸러리 굿 외,"A Self-Determination Theory- Based Meta-Analysis on the Differential Effects of Intrinsic and Extrinsic Motivation on Salesperson Performance," *Journal of the Academy of Marketing Science* 50, no. 3 (2022): 586 –614.

80) 요커 페르스퇴이프 외, "Motivational Dynamics of Eating Regulation: A Self-Determination Theory Perspective," *International Journal of Behavioral Nutrition and Physical Activity* 9, no. 1 (2012): 1 –16.

81) 페르스퇴이프 외, "Motivational Dynamics of Eating Regulation," 1 –16.

| 10장 | 선택권 만들기

1) 폴 그레이, "The Magic of Harry Potter," TIME, 2000년 12월 25일, https://content.time.com/ time/subscriber/article/0,33009,998844-2,00.html

2) 이언 트레이너, "Slobodan Milosevic," Guardian, 2006년 3월 12일, https://www.theguardian. com/news/2006/mar/13/guardianobituaries.warcrimes

3) 로라 시코어, "Empty Vessel," Nation, 2004년 4월 19일, https://www.thenation.com/article/ archive/empty-vessel.

4) 블레인 하든, "The Milosevic Generation," *New York Times Magazine*, 1999년 8월 29일, https://www.nytimes.com/1999/08/29/magazine/the-milosevic-generation.html

5) 하든, "The Milosevic Generation,"

6) 크리스토퍼 히친스,"No Sympathy for Slobo," Slate, 2006년 3월 13일, https://slate.com/news- and-politics/2006/03/slobodan-milosevic-resentful-nonentity-blood thirsty-dictator.html.

7) 존 B. 올콕, "Slobodan Milošević," Encyclopedia Britannica, last updated August 25, 2024, https://www.britannica.com/biography/Slobodan-Milosevic.

8) 스티브 요크 감독, *Bringing Down a Dictator* (워싱턴 D.C. 국제 비폭력 갈등 센터, 2002년), https://www.nonviolent-conflict.org /bringing-dictator-english.

9) 로저 코헨, "THE WORLD: PAST REASON; Yes, Blood Stains the Balkans. No, It's Not Just Fate," *New York Times*, 1998년 10월 4일, https://www.nytimes.com/1998/10/04/ weekinreview/the-world-past-reason-yes-blood-stains-the-balkans -no-it-s-not-just- fate.htm

10) 미국 국무부 "Ethnic Cleansing in Kosovo: An Accounting," 미국 국무부 보고서, 1999년 12월, 미국 국무부 아카이 , 2024년 9월 11일 기준, https://1997-2001.state.gov/global/human_rights/

kosovoii/homepage .html.

11) 스레 레니차를 기억하며{Remembering Srebrenica} , "Concentration Camps," 2024년 9월 11 일, https://srebrenica.org.uk/what-happened/history/concentration -camps.

12) 마리아 B. 올루이치, "Coercion and Torture in Former Yugoslavia," Cultural Survival, 2010년 3월 19일, https://www.culturalsurvival.org/publications/cultural - survival-quarterly/coercion-and-torture-former-yugoslavia

13) 휴전 이전에 크로아티아에서는 1만 명이 사망했으며, 유엔 평화유지군이 없었더라면 그 수는 분명 더 많았을 것이다(History .com Editors, "Former Yugoslav President Slobodan Milosevic Goes on Trial for War Crimes," History, A&E Television Netowrks, 2024년 2월 9일 기준, https://www .history .com/this-day-in-history/milosevic-goes-on-trial-for-war-crimes); 보 스니아에서 약 10만 명(유엔 구유고슬라비아 국제 형사 재판소, "The Conflicts,"유엔 국제형사 재판소 잔여 메커니즘 (RMCT) , 2024년 9월 11일 기준, https://www.icty.org/en/about/what-former-yugoslavia /conflicts), 보스니아의 유엔 안전지대에서 무슬림 남성과 소년 8천 명을 포함하여 ("Timeline: Serbia, 20 Years since Milosevic Came to Power," Reuters, 2010년 9월 20일, http://www.reuters.com/article/idUSTRE68T12W); 그리고 코소보에서 최소 1만 3천 명(발레리 플레쉬, "'They Took Him from My Hands': Kosovo War Massacre Remembered," Al azeera, 2019년 4월 28일, https://www.aljazeera.com/news/2019/4/28/they-took-him-from - my-hands-kosovo-war-massacre-remembered).

14) 보스니아에서는 인구의 절반인 2백만 명이 난민이 되었고(유엔 구유고슬라비아 국제형사재판소, "Conflicts"); 코소보에서는 인구의 80퍼센트인 150만 명이 강제로 추방당했다 [Human Rights Watch, "Under Orders: War Crimes in Kosovo," Executive Summary, 2001년 10월 26일, https://www.hrw.org/report/2001/10/26/under-orders/war-crimes -kosovo]) (미국 국무부, '코소보의 민족 청소')

15) 스르자 포포비치와 매튜 밀러, Blueprint for Revolution: How to Use Rice Pudding, Lego Men, and Other Nonviolent Techniques to Galvanize Communities, Overthrow Dictators, or Simply Change the World (New York: Random House, 2015).

16) https://www.macrotrends.net/global-metrics/countries/SRB/serbia/population#google_vignette.

17) 스톤 수프 리더십 인스티튜트, "A Blueprint for Climate Revolution: Srda Popovic," SustainabilityIsFun, 2024년 9월 11일 기준, https://sustainabilityisfun.net/wp-content/uploads/2021/04/story-srdja-popovic.pdf.

18) 히친스 , "No Sympathy for Slobo."

19) 존 헨리, "Meet Srdja Popovic, the Secret Architect of Global Revolution," Guardian, 2015년 3월 8일, https://www.theguardian.com/world/2015/mar/08/srdja-popovic-revolution-serbian-activist-protest.

20) 포포비치와 밀러, *Blueprint for Revolution*.

21) 헨리, "Meet Srdja Popovic."

22) Refworld: 글로벌 법률 및 정책 데이터베이스, "Deepening Authoritarianism in Serbia: The Purge of the Universities," Human Rights Watch, 1999년 1월 1일, UNHCR, https://www.refworld.org/reference/countryrep/hrw/1999/en/96731.

23) 로저 코언, "Who Really Brought Down Milosevic," *New York Times Magazine*, 2000년 11월 26일, https://www.nytimes.com/2000/11/26/magazine/who-really-brought-down-milosevic.html.

24) 포포비치와 밀러, *Blueprint for Revolution*.

25) 요크, *Bringing Down a Dictator*.

26) 포포비치와 밀러, *Blueprint for Revolution*.

27) 에드워드 L. 데시와 리처드 M. 라이언, "The Importance of Autonomy for Development and Well-Being," Self-Regulation and Autonomy: Social and Developmental Dimensions of Human Conduct, 라이언 W. 소콜, 프레데릭 M. E. 그루제, 울리히 밀러 엮음 (New York: Cambridge University Press, 2013), 19–46.

28) 넬레 라포르트 외, "Adolescents as Active Managers of Their Own Psychological Needs: The Role of Psychological Need Crafting in Adolescents' Mental Health," *Journal of Adolescence* 88 (2021): 67–83; 케넌 M. 셸든 외, "Trait Self and True Self: Cross-Role Variation in the Big-Five Personality Traits and Its Relations with Psychological Authenticity and Subjective Well-Being," *Journal of Personality and Social Psychology* 73, no. 6 (1997): 1380.

29) 마리-크리스틴 옵데나커, "Need-Supportive and Need-Thwarting Teacher Behavior: Their Importance to Boys' and Girls' Academic Engagement and Procrastination Behavior," *Frontiers in Psychology* 12 (2021): 628064.

30) 가이 로스, "Antecedents and Outcomes of Teachers' Autonomous Motivation: A Self-Determination Theory Analysis," Teacher Motivation: Theory and Practice, 폴 W. 리처 드슨, 스튜어트 A. 카라베닉, 헬렌 M. G. 와트 엮음 (New York: Routledge, 2014), 36–51.

31) 데시와 라이언, "Motivation, Personality, and Development within Embedded Social Contexts: An Overview of Self-Determination Theory," *The Oxford Handbook of Human Motivation*, 리처드 M. 라이언 엮음 (Oxford: Oxford University Press, 2012), 85–107.

32) 존 P. 메이어 외, "Motivational Mindsets versus Reasons for Action: Implications for the Dimensionality Debate in Self-Determination Theory," *Motivation and Emotion* 46, no. 4 (2022): 486–507

33) 셸든 외, "Trait Self and True Self," 1380.

34) 앤 C. 홀딩 외, "Sacrifice—But at What Price? A Longitudinal Study of Young Adults' Sacrifice of Basic Psychological Needs in Pursuit of Career Goals," *Motivation and Emotion* 44 (2020): 99–115.

35) 존 와일드, "Authentic Existence," Ethics 75, no. 4 (1965): 227–39; 케넌 M.셸든 외, "What Is Satisfying about Satisfying Events? Testing 10 Candidate Psychological Needs," *Journal of Personality and Social Psychology* 80, no. 2 (2001): 325.

36) 마르텐 반스틴키스트, 크리스토퍼 P. 니에미에츠, 바르트 수너스, "The Development of the Five Mini-Theories of Self-Determination Theory: An Historical Overview, Emerging Trends, and Future Directions," *The Decade Ahead: Theoretical Perspectives on Motivation and Achievement*, e (Bingley, UK: Emerald, 2010), 티머시 C. 어르단과 A. 카라베닉 엮음, 105–65.

37) 데시와 라이언, "Importance of Autonomy for Development and Well-Being," 19–46.

38) 반스틴키스트와 라이언, "On Psychological Growth and Vulnerability: Basic Psychological Need Satisfaction and Need Frustration as a Unifying Principle," *Journal of Psychotherapy Integration* 23, no. 3 (2013): 263.

39) 구체적으로, 긍정적 정서는 더 많아지고 반응성은 더 낮아진다. 리처드 M. 라이언 외, "We Know This Much Is (Meta-Analytically) True: A Meta-Review of Meta-Analytic Findings Evaluating Self-Determination Theory," *Psychological Bulletin* 148, no. 11–12 (2022): 813.

40) 아비 아소르, 하야 카플란, 가이 로스, "Choice Is Good, but Relevance Is Excellent: Autonomy-Enhancing and Suppressing Teacher Behaviours Predicting Students' Engagement in Schoolwork," *British Journal of Educational Psychology* 72, no. 2 (2002): 261–78.

41) 데시와 라이언, "Importance of Autonomy for Development and Well-Being," 19–46.

42) 에리카 A. 퍼톨, 해리스 쿠퍼, 조르지앤 시비 로빈슨, "The Effects of Choice on Intrinsic

Motivation and Related Outcomes: A Meta-Analysis of Research Findings," *Psychological Bulletin* 134, no. 2 (2008): 270.

43) 데시와 라이언, "Importance of Autonomy for Development and Well-Being," 19-46.

44) 패멀라 K. 스미스와 빌헬름 호프만, "Power in Everyday Life," *Proceedings of the National Academy of Sciences* 113, no. 36 (2016): 10043-48.

45) 루크 펠튼과 소피아 조웨트, "On Understanding the Role of Need Thwarting in the Association between Athlete Attachment and Well/Ill-Being," *Scandinavian Journal of Medicine & Science in Sports* 25, no. 2 (2015): 289-98.

46) 외즈게 타이푸르, "The Antecedents and Consequences of Learned Helplessness in Work Life," *Information Management and Business Review* 4, no. 7 (2012): 417-27.

47) 예시로, 레미 라델 외 참조, "Restoration Process of the Need for Autonomy: The Early Alarm Stage," *Journal of Personality and Social Psychology* 101, no. 5 (2011): 919.

48) 리카르도 쿠에바스-캄포스 외, "Need Satisfaction and Need Thwarting in Physical Education and Intention to Be Physically Active," *Sustainability* 12, no. 18 (2020): 7312.

49) 후이 팡 외, "The Spillover Effect of Autonomy Frustration on Human Motivation and Its Electrophysiological Representation," *Frontiers in Human Neuroscience* 14 (2020): 134.

50) 쿠에바스-캄포스 외, "Need Satisfaction and Need Thwarting in Physical Education and Intention to be Physically Active," 7312

51) 블레이크 E. 애쉬포스, "The Experience of Powerlessness in Organizations," *Organizational Behavior and Human Decision Processes* 43, no. 2 (1989): 207-42.

52) 타이푸르, "Çalışma hayatında öğrenilmiş çaresizlik ve tükenmişliğin nedenleri ve sonuçları üzerine bir çalışma" (2011).

53) 애쉬포스, "Experience of Powerlessness in Organizations," 207-42.

54) 타이푸르, "Antecedents and Consequences of Learned Helplessness in Work Life," 417-27.

55) 콘스턴스 R. 캠벨과 마크 J. 마르틴코, "An Integrative Attributional Perspective of Empowerment and Learned Helplessness: A Multimethod Field Study," *Journal of Management* 24, no. 2 (1998): 173-200.

56) 타이푸르, "Çalışma hayatında öğrenilmiş çaresizlik ve tükenmişliğin nedenleri ve sonuçları üzerine bir çalışma."

57) 마크 샤피로, "Serbia's Lost Generation," Mother Jones, September/1999년 10월, https://www.motherjones.com/politics/1999/09/serbias-lost-generation.

58) 요크, *Bringing Down a Dictator*.

59) 레이들 외, "Restoration Process of the Need for Autonomy," 919.

60) 헨리, "Meet Srdja Popovic."

61) 포포비치와 밀러, *Blueprint for Revolution*.

62) 코언, "Who Really Brought Down Milosevic.

63) 웬디 S. 그롤닉, 리처드 M. 라이언, 에드워드 L. 데시, "Inner Resources for School Achievement: Motivational Mediators of Children's Perceptions of Their Parents," *Journal of Educational Psychology* 83, no. 4 (1991): 508; 캐서린 F. 라텔, 카린 시마르, 프레데리크 귀 에, "University Students' Subjective Well-Being: The Role of Autonomy Support from Parents, Friends, and the Romantic Partner," *Journal of Happiness studies* 14 (2013): 893-910.

64) 라텔, 시마르, 귀에, "University Students' Subjective Well-Being," 893-910.

65) 존마샬 리, 장혜련, 장형심, "Personality-Based Antecedents of Teachers' Autonomy-Supportive and Controlling Motivating Styles," *Learning and Individual Differences* 62 (2018): 12-22.

66) 마리아 솔 알바레스 외, "Coach Autonomy Support and Quality of Sport Engagement in Young Soccer Players," *Spanish Journal of Psychology* 12, no. 1 (2009): 138–48.

67) 데이비드 C. 주로프 외, "Therapist's Autonomy Support and Patient's Self-Criticism Predict Motivation during Brief Treatments for Depression," *Journal of Social and Clinical Psychology* 31, no. 9 (2012): 903–32.

68) 반스틴키스트 외, "Longitudinal Associations between Adolescent Perceived Degree and Style of Parental Prohibition and Internalization and Defiance," *Developmental Psychology* 50, no. 1 (2014): 229.

69) 엘로디 C. 오데 외, "A Remarkable Alliance: Sibling Autonomy Support and Goal Progress in Emerging Adulthood," Family Relations 70, no. 5 (2021): 1571–82.

70) 라텔, 시마르 귀에, "University Students' Subjective Well-Being," 893–910.

71) 일명 '주도적 참여': 존마샬 리, "Autonomy Support and Diastolic Blood Pressure: Long Term Effects and Conflict Navigation in Romantic Relationships," *Motivation and Emotion* 40 (2016): 212–25.

72) 유란 수와 존마샬 리, "A Meta-Analysis of the Effectiveness of Intervention Programs Designed to Support Autonomy," Educational Psychology Review 23 (2011): 159–88.

73) 사라 킨트 외, "Helping Motivation and Well-Being of Chronic Pain Couples: A Daily Diary Study," Pain 157, no. 7 (2016): 1551–62; 킴벌리 J. 바솔로뮤 외, "Self-Determination Theory and Diminished Functioning: The Role of Interpersonal Control and Psychological Need Thwarting," *Personality and Social Psychology Bulletin* 37, no. 11 (2011): 1459–73.

74) 량 명과 칭궈 마, "Live as We Choose: The Role of Autonomy Support in Facilitating Intrinsic Motivation," *International Journal of Psychophysiology* 98, no. 3 (2015): 441–47.

75) 존마샬 리, "Giving and Summoning Autonomy Support in Hierarchical Relationships," *Social and Personality Psychology Compass* 9, no. 8 (2015): 406–18.

76) 나니키 모크가타, 레오니 판 데르 파르트, 레온 T. 더 비어, "Autonomy-Supportive Agents: Whose Support Matters Most, and How Does It Unfold in the Workplace?," *Current Psychology* 42, no. 27 (2023): 23931–46.

77) 마크 무레이븐, 마릴렌 가녜, 헤더 로스먼, "Helpful Self-Control: Autonomy Support, Vitality, and Depletion," *Journal of Experimental Social Psychology* 44, no. 3 (2008): 573–85.

78) 포포비치와 밀러, *Blueprint for Revolution*.

79) 포포비치와 밀러, *Blueprint for Revolution*.

80) RadioFreeEurope/RadioLiberty, "Timeline: The Political Career of Slobodan Milosevic," Regions: Montenegro, 2006년 3월 13일, https://www.rferl.org/a /1066641.html.

81) 오드리 헬펀트 버딩, "'The Man Who Overthrew Milosevic': Vojislav Kostunica, One Year Later," *Fletcher Forum of World Affairs* 26, no. 1 (2002): 159–65.

82) 요크, *Bringing Down a Dictator*.

83) 스톤 수프 리더십 인스티튜트, "Blueprint for Climate Revolution."

84) RadioFreeEurope/RadioLiberty, "Timeline."

85) 요크, *Bringing Down a Dictator*.

86) RadioFreeEurope/RadioLiberty, "Timeline."

87) "Timeline: Serbia, 20 Years since Milosevic Came to Power."

88) 스미스와 호프만, "Power in Everyday Life," 10043–48.

89) 도널드 C. 펠츠와 프랭크 M. 앤드루스, Scientists in Organizations: Productive Climates for Research and Development (New York: Wiley, 1966).

90) 애쉬포스, "Experience of Powerlessness in Organizations," 207-42; 타이푸르, "Antecedents

and Consequences of Learned Helplessness in Work Life," 417 – 27; 마르틴코와 가드너(1982).

91) 리사 르고 외, "Assisted versus Asserted Autonomy Satisfaction: Their Unique Associations with Wellbeing, Integration of Experience, and Conflict Negotiation," *Motivation and Emotion* 41 (2017): 1 – 21.

92) 제시카 더 블룸 외, "An Identity–Based Integrative Needs Model of Crafting: Crafting within and across Life Domains," *Journal of Applied Psychology* 105, no. 12 (2020): 1423.

93) 라이언 외, "Building a Science of Motivated Persons: Self–Determination Theory's Empirical Approach to Human Experience and the Regulation of Behavior," *Motivation Science* 7, no. 2 (2021): 97.

94) 본 연구에서는 '동조'라는 용어를 사용한다.(아 히지트 K. 바데라와 마이클 G. 프랫, "Love, Hate, Ambivalence, or Indifference? A Conceptual Examination of Workplace Crimes and Organizational Identification," *Organization Science* 24, no. 1 (2013): 172 – 88).

95) 조지 스미스, "Self, Self–Concept, and Identity," *Handbook of Self and Identity*, 마크 R. 리 어리, 준 프라이스 탱니 엮음, 제2판 (New York: Guilford Press, 2012), 69 – 104.

96) 락슈미 라마라잔, "Past, Present and Future Research on Multiple Identities: Toward an Intrapersonal Network Approach," *Academy of Management Annals* 8, no. 1 (2014): 589 – 659

97) 로렌초 아반치 외, "The Downside of Organizational Identification: Relations between Identification, Workaholism and Well–Being," *Work & Stress* 26, no. 3 (2012): 289 – 307

98) 마이클 아이언 외, "It's a Matter of Congruence: How Interpersonal Identification between Sales Managers and Salespersons Shapes Sales Success," *Journal of the Academy of Marketing Science* 41 (2013): 625 – 48.

99) 글렌 E. 크라이너, 일레인 C. 홀렌스비, 매튜 L. 십, "Where Is the "Me" among the "We"? Identity Work and the Search for Optimal Balance," *Academy of Management Journal* 49, no. 5 (2006): 1031 – 57.

100) 마츠 알베손, 휴 윌모트 , "Identity Regulation as Organizational Control: Producing the Appropriate Individual," *Journal of Management Studies* 39, no. 5 (2002): 619 – 44.

101) 바데라와 프랫, "Love, Hate, Ambivalence, or Indifference?," 172 – 88.

102) 아반치 외 , "Downside of Organizational Identification," 289 – 307.

103) 펠레그 도르–하임과 이자르 오플라트카, "School Principal's Perception of Loneliness: A Career Stage Perspective," *Journal of Educational Administration and History* 52, no. 2 (2020): 211 – 27.

104) 로런 L. 미첼, 이사벨 A. 프레이저, 니나 A. 세이어, "Identity Disruption and Its Association with Mental Health among Veterans with Reintegration Difficulty," *Developmental Psychology* 56, no. 11 (2020): 2152.

105) 잔나 코레츠, "What Happens When Your Career Becomes Your Whole Identity," *Harvard Busines Review*, 2019년 12월 26일, https://hbr.org/2019/12/what–happens–when–your–career–becomes–your–whole–identity.

106) 바데라와 프랫, "Love, Hate, Ambivalence, or Indifference?," 172 – 88.

107) 아이언 외, "It's a Matter of Congruence," 625 – 48.

108) 자세한 검토는 서맨사 A. 콘로이 외.를 참조, "Where There Is Light, There Is Dark: A Review of the Detrimental Outcomes of High Organizational Identification," *Journal of Organizational Behavior* 38, no. 2 (2017): 184 – 203.

109) 바데라와 프랫, "Love, Hate, Ambivalence, or Indifference?," 172-88. 자세한 검토는 콘로이 외.를 참조, "Where There Is Light, There Is Dark," 184 – 203.

110) 셸든 외, "Trait Self and True Self," 1380.

111) 앤 캐럴린 머스캣, "Elite Athletes' Experiences of Identity Changes during a Career-Ending Injury: An Interpretive Description" (박사학위논문, 리티시컬럼비아 대학교, 2010).

112) 징이 루, 칭원 팡, 텐 추, "Rejecters Overestimate the Negative Consequences They Will Face from Refusal," *Journal of Experimental Psychology: Applied* 29, no. 2 (2022).

113) 아서 C. 룩스, "Overwhelmed? Just Say 'No,'" *Atlantic*, 2024년 2월 29일, https://www.theatlantic.com/ideas/archive/2024/02/saying-no-science-happiness/677579.

114) '여가 만들기'와 '부업 만들기'에서 영감을 받아 구성한 개념이다(저스틴 M. 버그, 애덤 M. 그랜트, 빅토리아 존슨, "When Callings Are Calling: Crafting Work and Leisure in Pursuit of Unanswered Occupational Callings," *Organization Science* 21, no. 5 (2010): 973-94; 미이카 쿠얀패 외, "Needs-Based Off-Job Crafting across Different Life Domains and Contexts: Testing a Novel Conceptual and Measurement Approach," Frontiers in Psychology 13 (2022): 959296).

115) 미이카 쿠얀패 외, "The Forgotten Ones: Crafting for Meaning and for Affiliation in the Context of Finnish and Japanese Employees' Off-Job Lives," *Frontiers in Psychology* 12 (2021): 682479.

116) 엘라 휠러 윌콕스, 커스터 및 기타(Chicago: W. B. Conkey, 1896).

117) 크라이너, 홀렌스비, 십, "Where Is the "Me" among the "We"? Identity Work and the Search for Optimal Balance," *Academy of Management Journal* 49, no. 5 (2006): 1031-57.

118) 하워드 E. A. 틴즐리, 바버라 D. 엘드리지, "Psychological Benefits of Leisure Participation: A Taxonomy of Leisure Activities Based on Their Need-Gratifying Properties," *Journal of Counseling Psychology* 42, no. 2 (1995): 123. 해당 논문은 이러한 욕구를 각각 '자기표현', '도전', '친화'로 부르며, 측정 방식도 약간 다르게 사용한다는 점에 유의하라. 그러나 개념적으로는 매우 유사하다.

119) 스테인 반 페테헴 외, "Rebels with a Cause? Adolescent Defiance from the Perspective of Reactance Theory and Self-Determination Theory," *Child Development* 86, no. 3 (2015): 903-18; 반스틴키스트와 라이언, "On Psychological Growth and Vulnerability," 263; 리처드 케 스트너, "Reaching One's Personal Goals: A Motivational Perspective Focused on Autonomy," *Canadian Psychology/Psychologie Canadienne* 49, no. 1 (2008): 60.

120) 스테인 반 페테헴 외, "On the Association between Adolescent Autonomy and Psychosocial Functioning: Examining Decisional Independence from a Self-Determination Theory Perspective," *Developmental Psychology* 48, no. 1 (2012): 76.

121) 헨리 A. 머리, *Explorations in Personality* (New York: Oxford University Press, 1938).

122) 반스틴키스트와 라이언, "On Psychological Growth and Vulnerability," 263.

123) 반스틴키스트와 라이언, "On Psychological Growth and Vulnerability," 263; 마르텐 반스틴키 스트 외. "Examining Correlates of Game-to-Game Variation in Volleyball Players' Achievement Goal Pursuit and Underlying Autonomous and Controlling Reasons," *Journal of Sport and Exercise Psychology* 36, no. 2 (2014): 131-45.

124) 쥘리앵 뷔로 외, "Promoting Autonomy to Reduce Employee Deviance: The Mediating Role of Identified Motivation," *International Journal of Business and Management* 13, no. 5 (2018): 61-71.

125) 야니 카나트-메이몬 외, "The Role of Basic Need Fulfillment in Academic Dishonesty: A Self-Determination Theory Perspective," Contemporary Educational Psychology 43 (2015): 1-9; 쥘리앵 S. 뷔로 외, "Investigating How Autonomy-Supportive Teaching Moderates the Relation between Student Honesty and Premeditated Cheating," *British*

Journal of Educational Psychology 92, no. 1 (2022): 175 – 93.

126) 라이언, 후타, 데시, "Living Well: A Self-Determination Theory Perspective on Eudaimonia," *Journal of Happiness Studies* 9(2008): 139 – 70. "The American Dream in Russia: Extrinsic Aspirations and Well-Being in Two Cultures," *Personality and Social Psychology Bulletin* 25, no. 12 (1999): 1509 – 24. 리처드 M. 라이언 외. 가 개발한 '포부 지수'에 추가 되었다.

127) 타이푸르, "Antecedents and Consequences of Learned Helplessness in Work Life," 417 – 27.

128) 미레유 주스메 외, "A Longitudinal Study of the Relationship of Maternal Autonomy Support to Children's Adjustment and Achievement in School," *Journal of Personality* 73, no. 5 (2005): 1215 – 36.

129) 키리아키 푸시아니 외, "Perceived Parenting and Adolescent Cyber-Bullying: Examining the Intervening Role of Autonomy and Relatedness Need Satisfaction, Empathic Concern and Recognition of Humanness," *Journal of Child and Family Studies* 25 (2016): 2120 – 29.

130) 데시와 라이언, "The 'What' and 'Why' of Goal Pursuits: Human Needs and the Self-Determination of Behavior," Psychological Inquiry 11, no. 4 (2000): 227 – 68; 머리, *Explorations in Personality*.

131) 데시와 라이언, "'What' and 'Why' of Goal Pursuits," 227 – 68.

132) 타이푸르, "Antecedents and Consequences of Learned Helplessness in Work Life," 417 – 27.

133) 데시와 라이언, "'What' and 'Why' of Goal Pursuits," 227 – 68; 스위 유, 샹탈 르베크- 리스톨, 유키코 마에다, "General Need for Autonomy and Subjective Well-Being: A Meta-Analysis of Studies in the US and East Asia," *Journal of Happiness Studies* 19 (2018): 1863 – 82.

134) 캠벨과 마르틴코, "Integrative Attributional Perspective of Empowerment and Learned Helplessness," 173 – 200.

135) 타이푸르, "Antecedents and Consequences of Learned Helplessness in Work Life," 417 – 27

136) 애쉬포스, "Experience of Powerlessness in Organizations," 207 – 42.

137) 레이들 외, "Restoration Process of the Need for Autonomy," 919.

138) 티펜 하이게바에르트 외, "Investigating the Longitudinal Effects of Surface Acting on Managers' Functioning through Psychological Needs," *Journal of Occupational Health Psychology* 23, no. 2 (2018): 207.

139) 요커 페르스퇴이프 외, "Motivational Dynamics of Eating Regulation: A Self-Determination Theory Perspective," *International Journal of Behavioral Nutrition and Physical Activity* 9, no. 1 (2012): 1 – 16.

140) 라포르트 외, "Adolescents as Active Managers of Their Own Psychological Needs," 67 – 83; 페르스퇴이프 외, "Motivational Dynamics of Eating Regulation," 1 – 16.

141) 모신 바시르 외, "The Mediating Role of Psychological Need Thwarting in the Relationship between Compulsory Citizenship Behavior and Psychological Withdrawal," *Frontiers in Psychology* 10 (2019): 2595

142) 애런 C. 케이 외, "Compensatory Control: Achieving Order through the Mind, Our Institutions, and the Heavens," *Current Directions in Psychological Science* 18, no. 5 (2009): 264 – 68.

| **11장** | 연결감 만들기

1) 로이 F. 바우마이스터 외, "Thwarting the Need to Belong: Understanding the Interpersonal and Inner Effects of Social Exclusion," *Social and Personality Psychology Compass* 1, no.1 (2007): 506 – 20.

2) 데이비드 M. 슬러스와 블레이크 E. 애쉬포스, "Relational Identity and Identification: Defining Ourselves through Work Relationships," *Academy of Management Review* 32, no. 1 (2007): 9 – 32.

3) 데이비드 M. 버스, "The Evolution of Happiness," American Psychologist 55, no. 1 (2000): 15; 글렌 게헤르 외, "You're Dead to Me! The Evolutionary Psychology of Social Estrangements and Social Transgressions," *Current Psychology* 40 (2021): 4516 – 30. 다른 연 구자들은 집단 규모를 50~200명으로 추정한다 (버스, "Evolution of Happiness" 15).

4) P.바차스, "A Sociophysiological Orientation to Small Groups," *Advances in Group Processes* 3 (1986): 209 – 46.

5) 바우마이스터 외, "Thwarting the Need to Belong," 506 – 20.

6) 바우마이스터와 리어리, "The Need to Belong: Desire for Interpersonal Attachments as a Fundamental Human Motivation," *Psychological Bulletin* 117, no. 3 (1995): 497 – 529.

7) 멜빈 코너, "A Bold New Theory Proposes That Humans Tamed Themselves," *Atlantic*, 2019년 3월, https://www.theatlantic.com/magazine/archive/2019/03/how – humans-tamed-themselves/580447

8) 레오나르도 크리스토 -무어 외, "Increasing Generosity by Disrupting Prefrontal Cortex," *Social Neuroscience* 12, no. 2 (2017): 174 –81.

9) 데시와 라이언, "Self-Determination Research: Reflections and Future Directions," *Handbook of Self-Determination Research*, 에드워드 L. 데시와 리처드 M. 라이언 엮음(New York: University of Rochester Press, 2002).

10) 로라 E. 스티븐스와 수전 T. 피스케, "Motivation and Cognition in Social Life: A Social Survival Perspective," *Social Cognition* 13, no. 3 (1995): 189 – 214.

11) 바우어마이스터와 리어리, "Need to Belong," 497 – 529.

12) 필립 R. 쿤즈와 마이클 울컷, "Season's Greetings: From My Status to Yours," *Social Science Research* 5, no. 3 (1976): 269 – 78.

13) 비 라타네, 주디스 에크먼, 버지니아 조이, "Shared Stress and Interpersonal Attraction," *Journal of Experimental Social Psychology* 1 (1966): 80 – 94.

14) 바우어마이스터와 리어리, "Need to Belong," 497 – 529.

15) 셸든 코언과 토머스 A. 윌스, "Stress, Social Support, and the Buffering Hypothesis," *Psychological Bulletin* 98, no. 2 (1985): 310.

16) 바우어마이스터와 리어리, "Need to Belong," 497 – 529.

17) 게헤르 외, "You're Dead to Me!," 4516 – 30.

18) 바우어마이스터와 리어리, "Need to Belong," 497 – 529.

19) 아렌 C. 몰러, 에드워드 L. 데시, 앤드루 J. 엘리엇, "Person-Level Relatedness and the Incremental Value of Relating," *Personality and Social Psychology Bulletin* 36, no. 6 (2010): 754 – 67.

20) 셸든과 힐퍼트, "The Balanced Measure of Psychological Needs (BMPN) Scale: An Alternative Domain General Measure of Need Satisfaction," *Motivation and Emotion* 36 (2012): 439 – 51.

21) 세바스티아노 코스타, 니코스 은투마니스, 킴벌리 J. 바솔로뮤 , "Predicting the Brighter and

Darker Sides of Interpersonal Relationships: Does Psychological Need Thwarting Matter?," *Motivation and Emotion* 39 (2015): 11 – 24.

22) 엘렌 스키너와 캐슬린 에지, "Self-Determination, Coping, and Development," *Handbook of Self-Determination Research*, 에드워드 L. 데시와 리처드 M. 라이언 (Rochester, NY: University of Rochester Press, 2002), 297 – 337.

23) 람 P. 뷘크와 아우키어 노타, "Why Intraindividual Needs Are Not Enough: Human Motivation Is Primarily Social," *Psychological Inquiry* 11, no. 4 (2000): 279 – 83.

24) 자세한 검토는 람 P. 뷘크와 빌마르 B. 샤우펠리를 참조, "Reciprocity in Interpersonal Relationships: An Evolutionary Perspective on Its Importance for Health and Well-Being," *European Review of Social Psychology* 10, no. 1 (1999): DOI:10 .1080 /14792779943000080.

25) 뷘크와 노타, "Why Intraindividual Needs Are Not Enough," 279 – 83.

26) 마크 R. 리어리 외, "Self-Esteem as an Interpersonal Monitor: The Sociometer Hypothesis," *Journal of Personality and Social Psychology* 68, no. 3 (1995): 518.

27) 존 웨슬리 카일, *An Exploration of Human Dignity as a Foundation for Spiritual Leadership* (Derby, UK: University of Derby, 2020).

28) 카롤린 키크헤퍼, 레온하르트 실바흐, 다닐로 즈독, "Social Belonging: Brain Structure and Function Is Linked to Membership in Sports Teams, Religious Groups, and Social Clubs," *Cerebral Cortex* 33, no. 8 (2023): 4405 – 20.

29) 자크 판크셉, 스티븐 M. 시비, 로런스 A. 노먼셀, "Brain Opioids and Social Emotions," *The Psychobiology of Attachment and Separation*, 마틴 라이트, 티파니 필드(Orlando, FL: Academic Press, 1985), 3 – 49.

30) 애나 J. 메이친과 로빈 I. M. 던바, "The Brain Opioid Theory of Social Attachment: A Review of the Evidence," *Behaviour* 148, no. 9 – 10 (2011): 985 – 1025.

31) 제임스 S. 굿윈 외, "The Effect of Marital Status on Stage, Treatment, and Survival of Cancer Patients," *Journal of the American Medical Association* 258, no. 21 (1987): 3125 – 30.

32) 린 C. 자일스 외, "Effect of Social Networks on 10 Year Survival in Very Old Australians: The Australian Longitudinal Study of Aging," Journal of Epidemiology & Community Health 59, no. 7 (2005): 574 – 79.

33) 줄리앤 홀트-룬스타드, 시어도어 F. 로블레스, 데이비드 A. 스바라, "Advancing Social Connection as a Public Health Priority in the United States," *American Psychologist* 72, no. 6 (2017): 517.

34) 로스 펜닌킬람피 외, "The Association between Social Engagement, Loneliness, and Risk of Dementia: A Systematic Review and Meta-Analysis," *Journal of Alzheimer's Disease* 66, no. 4 (2018): 1619 – 33.

35) 바우어마이스터와 리어리, "Need to Belong," 497 – 529.

36) 제시카 L. 레이킨, 타냐 L. 챠트랜드, 로버트 M. 아킨, "I Am Too Just Like You: Nonconscious Mimicry as an Automatic Behavioral Response to Social Exclusion," *Psychological Science* 19, no. 8 (2008): 816 – 22.

37) 미국 공중보건국장실, "Our Epidemic of Loneliness and Isolation: The US Surgeon General's Advisory on the Healing Effects of Social Connection and Community," 미국 보건복지부, 2023년, https://www.hhs.gov/sites/default/files/surgeon-general-social-connection-advisory.pdf.

38) 게헤르 외, "You're Dead to Me!," 4516 – 30.

39) 버스, "Evolution of Happiness," 15.

40) 비지 다이앤 칸난과 피터 J. 비지, "US Trends in Social Isolation, Social Engagement, and

Companionship—Nationally and by Age, Sex, Race/Ethnicity, Family Income, and Work Hours, 2003–2020," *Social Science & Medicine: Population Health* 21 (2023): 101331.

41) 데릭 톰프슨, "Why Americans Suddenly Stopped Hanging Out," Atlantic, 2024년 2월 14일, https://www.theatlantic.com/ideas/archive/2024/02/america-decline-hanging-out/677451.

42) 버스, "Evolution of Happiness," 15.

43) 칸난과 비지, "US Trends in Social Isolation, Social Engagement, and Companionship," 101331.

44) 미국 인구조사국, "Census Bureau Releases New Estimates on America's Families and Living Arrangements," 보도자료 CB22-TPS.99, 2022년 11월 17일, https:// www. census. gov/ newsroom/ press- releases/ 2022 / americas- families- and- l iving-arrangements.html.

45) 브리짓 쇼베스툴 외, "Risk Factors for Loneliness: The High Relative Importance of Age versus Other Factors," *PLOS One* 15, no. 2 (2020): e0229087.

46) 쇼베스툴 외, "Risk Factors for Loneliness," e0229087.

47) 로버트 D. 퍼트넘, *The Upswing: How America Came Together a Century Ago and How We Can Do It Again* (New York: Simon and Schuster, 2020).

48) 제이미 발라드, "Millennials Are the Loneliest Generation," YouGov, 2019년 7월 30일, https:// today.yougov.com/society/articles/24577-loneliness-friendship – new-friends-poll-survey?redirect_from=%2Ftopics%2Flifestyle%2Farticles-reports%2F2019%2F07%2F30%2Fl oneliness-friendship-new-friends-poll-survey.

49) 톰슨, "Why Americans Suddenly Stopped Hanging Out."

50) 알다 T. 울스, 니콜 B. 엘리슨, 카베리 수 라마니암, "Benefits and Costs of Social Media in Adolescence," *Pediatrics* 140, suppl. 2 (2017): S67–S70.

51) 에밀리 A. 보겔스, 리사 겔레스-와트닉, 나비드 마사라트, "Teens, Social Media and Technology 2022," 퓨 리서치 센터 보고서 , 2022년 8월 10일, https://www.pewresearch.org/ internet/2022/08/10/teens-social-media-and-technology-2022

52) 진 M. 트웽과 W. 키스 캠벨, "Associations between Screen Time and Lower Psychological Well-Being among Children and Adolescents: Evidence from a Population-Based Study," *Preventive Medicine Reports* 12 (2018): 271–83.

53) 톰슨, "Why Americans Suddenly Stopped Hanging Out."

54) 톰슨, "Why Americans Suddenly Stopped Hanging Out."

55) Putnam, Upswing.

56) 톰슨, "Why Americans Suddenly Stopped Hanging Out."

57) 셸든과 힐퍼트, "Balanced Measure of Psychological Needs (BMPN) Scale," 439–51; 코스타, 은투마니스, 바솔로뮤,"Predicting the Brighter and Darker Sides of Interpersonal Relationships," 11–24; 스키너와 에지, "Self-Determination, Coping, and Development"; 티펜 하이게바에르트 외, "Leveraging Psychosocial Safety Climate to Prevent Ill-Being: The Mediating Role of Psychological Need Thwarting," *Journal of Vocational Behavior* 107 (2018): 111–25.

58) 코스타, 은투마니스, 바솔로뮤, "Predicting the Brighter and Darker Sides of Interpersonal Relationships," 11–24

59) 로이 F. 바우마이스터와 다이앤 M. 타이스, "Point-Counterpoints: Anxiety and Social Exclusion," *Journal of Social and Clinical Psychology* 9, no. 2 (1990): 165–95.

60) 바우마이스터 외, "Thwarting the Need to Belong," 506–20.

61) 로이 F. 바우마이스터, 진 M. 트웽, 크리스토퍼 K. 누스, "Effects of Social Exclusion on Cognitive Processes: Anticipated Aloneness Reduces Intelligent Thought," *Journal of Personality and*

Social Psychology 83, no. 4 (2002): 817.

62) 키플링 D. 윌리엄스, "Ostracism: A Temporal Need-Threat Model," *Advances in Experimental Social Psychology* 41 (2009): 275 – 314.

63) "Ostracism," 275 – 314.

64) 니콜라 질레 외, "The Effects of Organizational Factors, Psychological Need Satisfaction and Thwarting, and Affective Commitment on Workers' Well-Being and Turnover Intentions," *Le travail humain* 78, no. 2 (2015): 119 – 40.

65) 티펜 하이게바에르트-즈와기 외, "Advancing the Conceptualization and Measurement of Psychological Need States: A 3 × 3 Model Based on Self-Determination Theory," *Journal of Career Assessment* 29, no. 3 (2021): 396 – 421.

66) 메러디스 로키 외, "Assessing Need-Supportive and Need-Thwarting Interpersonal Behaviours: The Interpersonal Behaviours Questionnaire (IBQ)," *Personality and Individual Differences* 104 (2017): 423 – 33; 필리페 로드리게스 외, "The Role of DarkSide of Motivation and Intention to Continue in Exercise: A Self-Determination Theory Approach," *Scandinavian Journal of Psychology* 60, no. 6 (2019): 585 – 95.

67) 로드리게스 외, "Role of Dark-Side of Motivation and Intention to Continue in Exercise," 585 – 95.

68) 로키 외, "Assessing Need-Supportive and Need-Thwarting Interpersonal Behaviours," 423 – 33.

69) 버스, "Evolution of Happiness," 15.

70) 마르텐 반스틴키스트, 크리스토퍼 P. 니에미에츠, 바르트 수넌스, "The Development of the Five Mini-Theories of Self-Determination Theory: An Historical Overview, Emerging Trends, and Future Directions," *The Decade Ahead: Theoretical Perspectives on Motivation and Achievement*, 티머시 C. 어르단, 스튜어트 A. 카라베닉 엮음 (Bingley, UK: Emerald, 2010), 105 – 65.

71) 엘런 히벨스와 오너 얀선, "Conflict Stress and Reduced Well-Being at Work: The Buffering Effect of Third-Party Help," *Conflict in Organizations: Beyond Effectiveness and Performance*, 프레드 자일스트라 엮음 (New York: Psychology Press, 2020), 137 – 55

72) 제임스 A. 월 주니어와 론다 로버츠 캘리스터, "Conflict and Its Management," *Journal of Management* 21, no. 3 (1995): 515 – 58.

73) 버스, "Evolution of Happiness," 15.

74) 히벨스와 얀선, "Conflict Stress and Reduced Well-Being at Work," 137 – 55.

75) 레이 청 외, "Objectification Limits Authenticity: Exploring the Relations between Objectification, Perceived Authenticity, and Subjective Well-Being," *British Journal of Social Psychology* 61, no. 2 (2022): 622 – 43.

76) 벨로 하인, 안드레 코카, 마틴 S. 해거, "Relationships between Perceived Teachers' Controlling Behaviour, Psychological Need Thwarting, Anger and Bullying Behaviour in High-School Students," *Journal of Adolescence* 42 (2015): 103 – 14.

77) 마지드 무라드 외, "The Influence of Despotic Leadership on Counterproductive Work Behavior among Police Personnel: Role of Emotional Exhaustion and Organizational Cynicism," *Journal of Police and Criminal Psychology* 36, no. 3 (2021): 603 – 15.

78) 하인, 코카, 해거, "Relationships between Perceived Teachers' Controlling Behaviour, Psychological Need Thwarting, Anger and Bullying Behaviour in HighSchool Students," 103 – 14.

79) 청 외, "Objectification Limits Authenticity," 622 – 43.

80) 엘렌 스키너, 샌디 존슨, 타티아나 스나이더, "Six Dimensions of Parenting: A Motivational Model," *Parenting: Science and Practice* 5, no. 2 (2005): 175 – 235; 니키타 바사르 외, "Conceptualizing and Testing a New Tripartite Measure of Coach Interpersonal Behaviors," *Psychology of Sport and Exercise* 44 (2019): 107 – 20.

81) 존 웨슬리 카일, *An Exploration of Human Dignity as a Foundation for Spiritual Leadership* (Derby, UK: University of Derby, 2020).

82) 대런 C. 트레드웨이 외, "Political Skill and the Job Performance of Bullies," *Journal of Managerial Psychology* 28, no. 3 (2013): 273 – 89.

83) 이언 코인, 제인 크레이그, 페넬로페 스미스-리 총, "Workplace Bullying in a Group Context," *British Journal of Guidance & Counselling* 32, no. 3 (2004): 301 – 17.

84) 헬게 호엘, 케리 L. 쿠퍼, 라이언 패러거, "The Experience of Bullying in Great Britain: The Impact of Organizational Status," *European Journal of Work and Organizational Psychology* 10, no. 4 (2001): 443 – 65.

85) 버스, "Evolution of Happiness," 15.

86) 게헤르 외, "You're Dead to Me!," 4516 – 30.

87) 버스, "The effects of blame attributions and offender likableness on forgiveness and revenge in the workplace," *Journal of management* 25, no. 5 (1999): 607 – 31.

88) 게헤르 외, "You're Dead to Me!," 4516 – 30.

89) J. C. 배드콕 외, "Position Statement: Addressing Social Isolation and Loneliness and the Power of Human Connection," *Global Initiative on Loneliness and Connection* (GILC) (2022): 1 – 43.

90) 토르 뇌레트라네르스, *The User Illusion: Cutting Consciousness Down to Size* (New York: Penguin, 1999).

91) 황혜성 그레이스, "Development of Social Exclusion Detection: Behavioral and Physiological Correlates" (PhD diss., Washington University in St. Louis, 2018).

92) 버스, "Evolution of Happiness," 15.

93) 아얄라 파인스와 엘리엇 애런슨, "Antecedents, Correlates, and Consequences of Sexual Jealousy," *Journal of Personality* 51, no. 1 (1983): 108 – 36.

94) 라이언 외, "The American Dream in Russia: Extrinsic Aspirations and Well-Being in Two Cultures," *Personality and Social Psychology Bulletin* 25, no. 12 (1999): 1509 – 24.

95) 반 힐과 반스틴키스테, "Ambitions Fulfilled? The Effects of Intrinsic and Extrinsic Goal Attainment on Older Adults' Ego-Integrity and Death Attitudes," *International Journal of Aging and Human Development* 68, no. 1 (2009): 27 – 51.

96) 야니 카나트-메이몬 외, "The Role of Basic Need Fulfillment in Academic Dishonesty: A Self-Determination Theory Perspective," *Contemporary Educational Psychology* 43 (2015): 1 – 9; 쥘리앵 S. 뷔로 외, "Investigating How Autonomy-Supportive Teaching Moderates the Relation between Student Honesty and Premeditated Cheating," *British Journal of Educational Psychology* 92, no. 1 (2022): 175 – 93.

97) 진 M. 트웽 외, "If You Can't Join Them, Beat Them: Effects of Social Exclusion on Aggressive Behavior," *Journal of Personality and Social Psychology* 81, no. 6 (2001): 1058.

98) 케넌 M. 셸든과 알렉산더 건즈, "Psychological Needs as Basic Motives, Not Just Experiential Requirements," *Journal of Personality* 77, no. 5 (2009): 1467 – 92.

99) 대니얼 프리먼 외, "Psychological Investigation of the Structure of Paranoia in a Non-Clinical Population," British Journal of Psychiatry 186, no. 5 (2005): 427 – 35.

100) 구체적으로는 우울증을 예방하는 것이다. 바우마이스터와 리어리, "Need to Belong," 57 – 89.

101) 린다 S. 룰먼과 샤를린 A. 월칙, "Personal Goals and Interpersonal Support and Hindrance as Factors in Psychological Distress and Well-Being," *Journal of Personality and Social Psychology* 55, no. 2 (1988): 293.

102) 제임스 S. 굿윈 외, "The Effect of Marital Status on Stage, Treatment, and Survival of Cancer Patients," *Journal of the American Medical Association* 258, no. 21 (1987): 3125 – 30.

103) 메이친과 던바, "Brain Opioid Theory of Social Attachment," 985 – 1025.

104) 버스, "Evolution of Happiness," 15.

105) 다니엘 스나이서, 에런 셀, 알렉상드르 뒤몽, "How Anger Works," *Evolution and Human Behavior* 43, no. 2 (2022): 122 – 32.

106) 토드 B. 캐시던 외, "What Triggers Anger in Everyday Life? Links to the Intensity, Control, and Regulation of these Emotions, and Personality Traits," Journal of Personality 84, no. 6 (2016): 73 – 49.

107) 스나이서, 셀, 뒤몽, "How Anger Works," 122 – 32.

108) K. J. 니미샤,"Analysis of Triggers, Expression and Management of Anger: Cross Sectional survey" (박사학위 논문, J.K.K. 나트라자 약학대학, 쿠마라팔라얌, 2021).

109) 에런 N. 셀과 앤서니 C. 로페스, "Emotional Underpinnings of War: An Evolutionary Analysis of Anger and Hatred," *The Handbook of Collective Violence: Current Developments and Understanding*, 캐럴 A. 아일랜드 외 엮음 (Abingdon, UK: Routledge, 2020), 31 – 46;아그네타 H. 피셔와 이라 J. 로즈먼, "Beat Them or Ban Them: The Characteristics and Social Functions of Anger and Contempt," *Journal of Personality and Social Psychology* 93, no. 1 (2007): 103.

110) 슈니체르, 셀, 뒤몽, "How Anger Works," 122 – 32.

111) 너새니얼 G. 웨이드 외, "Measuring State-Specific Rumination: Development of the Rumination about an Interpersonal Offense Scale," *Journal of Counseling Psychology* 55, no. 3 (2008): 419.

112) 묘란 에블린 챈과 대니얼 J. 맥앨리스터, "Abusive Supervision through the Lens of Employee State Paranoia," *Academy of Management Review* 39, no. 1 (2014): 44 – 66.

113) K. 리라 윤과 쥬타 조르만, "Is Timing Everything? Sequential Effects of Rumination and Distraction on Interpersonal Problem Solving," *Cognitive Therapy and Research* 36 (2012): 165 – 72.

114) 로더릭 M. 크레이머, "The Sinister Attribution Error: Paranoid Cognition and Collective Distrust in Organizations," *Motivation and Emotion* 18 (1994): 199 – 230.

115) 아슬르 아즈오울루 외날과 일한 얄츤, "Forgiveness of Others and Self-Forgiveness: The Predictive Role of Cognitive Distortions, Empathy, and Rumination," *Eurasian Journal of Educational Research* 17, no. 68 (2017): 97 – 120.

116) 캐번 셰치코프스키, "Former CIA Officer: Listen to Your Enemy Because 'Everybody Believes They Are the Good Guy,'" *Huffpost*, 2016년 6월 14일, https://www.huffpost.com/entry/amaryllis-fox-undercover-cia-video_n_57600d31e4b0e4fe 5143afc6.

117) 에밀리 마리아 지텍, Feeling Wronged Leads to Entitlement and Selfishness (Stanford, CA: Stanford University, 2010).

118) 데니스 R. 콤즈 외, "The Ambiguous Intentions Hostility Questionnaire (AIHQ): A New Measure for Evaluating Hostile Social-Cognitive Biases in Paranoia," Cognitive Neuropsychiatry 12, no. 2 (2007): 128 – 43.

119) 이 그림자 습관은 심리학 연구에서 여러 이름으로 불리는데, 과잉 정신화, 투사적 동일시, 악의적 귀인 오류, 적대적 사회인지 편향, 해석 편향 등이 있다(알레산드로 그레쿠치 외, "Anxious

Ultimatums: How Anxiety Disorders Affect Socioeconomic Behaviour," *Cognition & Emotion* 27, no. 2 (2013): 230-44;로더릭 M. 크레이머, "The Sinister Attribution Error: Paranoid Cognition and Collective Distrust in Organizations," *Motivation and Emotion* 18(1994): 199 – 230; 콤즈 외, "Ambiguous Intentions Hostility Questionnaire (AIHQ)," 128 – 43; 폴 라 허텔 외, "Looking on the Dark Side: Rumination and Cognitive-Bias Modification," *Clinical Psychological Science* 2, no. 6 (2014): 714 – 26.

120) 허텔 외, "Looking on the Dark Side," 714 – 26.

121) 크레이머, "Sinister Attribution Error," 199 – 230.

122) 폴 J. C. 아다치와 티나 윌러비, "The Effect of Video Game Competition and Violence on Aggressive Behavior: Which Characteristic Has the Greatest Influence?," *Psychology of Violence* 1, no. 4 (2011): 259.

123) 그레쿠치 외, "Anxious Ultimatums," 230 – 44.

124) 마크 스나이더와 윌리엄 B. 스완 주니어, "Behavioral Confirmation in Social Interaction: From Social Perception to Social Reality," *Journal of Experimental Social Psychology* 14, no. 2 (1978): 148 – 62.

125) 마이클 플랫, "Perspective Taking: A Brain Hack That Can Help You Make Better Decisions," *Knowledge at Wharton*, 2021년 3월 22일, https://knowledge.wharton.upenn. edu/article/perspective-taking-brain-hack-can-help-mak e-better -decisions.

126) 샤오페이 우 외, "Role of Creativity in the Effectiveness of Cognitive Reappraisal," *Frontiers in Psychology* 8 (2017): 269718.

127) 더크 반 디에렌동크, "Spirituality as an Essential Determinant for he Good Life, Its Importance Relative to Self-Determinant Psychological Needs," *Journal of Happiness Studies* 13 (2012): 685 – 700.

128) 샘 A. 하디 외, "Adolescent Religious Motivation: A Self-Determination Theory Approach," *International Journal for the Psychology of Religion* 32, no. 1 (2022): 16 – 30; T. T. 니즐과 R. M. 라이언, "Not Just a Reflection of Parents: God as a Source of Support and Nurturance," 자기결정성이론 제2차 국제학술대회에서 발표된 포스터,오타와, 캐나다 온타리오주, 2004년.

129) 피터 O. 컨즈와 제임스 M. 타일러, "Examining the Relationship between Awe, Spirituality, and Religiosity," *Psychology of Religion and Spirituality* 14, no. 4 (2022): 436.

130) 수전 K. 천과 미리암 몽그랭, "Awe and the Interconnected Self," *Journal of Positive Psychology* 16, no. 6 (2021): 770 – 78.

131) 데시와 라이언, "The 'What' and 'Why' of Goal Pursuits: Human Needs and the Self-Determination of Behavior," *Psychological Inquiry* 11, no. 4 (2000): 227 – 68.

132) 프리먼 외, "Psychological Investigation of the Structure of Paranoia in a Non-Clinical Population," 427 – 35.

133) 리처드 M. 라이언 외, "Building a Science of Motivated Persons: Self-Determination Theory's Empirical Approach to Human Experience and the Regulation of Behavior," *Motivation Science* 7, no. 2 (2021): 97; 헨리 A. 머리, *Explorations in Personality* (New York: Oxford University Press, 1938).

134) 이재섭, 징페이 J. C. 임, 로버트 L. 히스, "Coping with Workplace Bullying through NAVER: Effects of LMX Relational Concerns and Cultural Differences," *International Journal of Business Communication* 58, no. 1 (2021): 79 – 105; 머리, Explorations in Personality.

135) 바우마이스터 외, "Thwarting the Need to Belong," 506 – 20.

136) 반 힐과 반스틴키스트, "Ambitions Fulfilled? The Effects of Intrinsic and Extrinsic Goal Attainment on Older Adults' Ego-Integrity and Death Attitudes," *International Journal*

of Aging and Human Development 68, no. 1 (2009): 27 –51; 요커 페르스퇴이프 외,
"Motivational Dynamics of Eating Regulation: A Self-Determination Theory Perspective,"
International Journal of Behavioral Nutrition and Physical Activity 9, no. 1 (2012): 1 –16.

137) 팀 카서와 리처드 M. 라이언, "Further Examining the American Dream: Differential
Correlates of Intrinsic and Extrinsic Goals," *Personality and Social Psychology Bulletin* 22,
no. 3 (1996): 280 –87.

138) 반 힐과 반스틴키스트, "Ambitions Fulfilled?," 27 –51;밸러리 굿 외 , "A Self-Determination
Theory-Based Meta-Analysis on the Differential Effects of Intrinsic and Extrinsic
Motivation on Salesperson Performance," *Journal of the Academy of Marketing Science*
50, no. 3 (2022): 586 –614.

139) 굿 외, "Self-Determination Theory-Based Meta-Analysis on the Differential Effects of
Intrinsic and Extrinsic Motivation on Salesperson Performance," 586 –614.

140) 프리먼 외, "Psychological Investigation of the Structure of Paranoia in a Non-Clinical
Population," 427 –35.

141) 니컬러스 베이컨과 폴 블라이튼, "Conflict for Mutual Gains?," *Journal of Management
Studies* 44, no. 5 (2007): 814 –34; 로버트 J. 비스 외, "Beyond Distrust, Beyond Distrust:
"Getting Even" and the Need for Revenge" *Trust in Organizations: Frontiers of Theory
and Research*, 로더릭 M. 크레이머, 톰 R. 타일러 엮음(Thousand Oaks, CA: Sage, 1996), 246 –
60.

142) 이, 임, 히스, "Coping with Workplace Bullying through NAVER," 79 –105.

143) 친 쉬 외, "Abusive Supervision, High-Performance Work Systems, and Subordinate
Silence," *Personnel Review* 49, no. 8 (2020): 1637 –53; 웬 우 외, "Needs Frustration
Makes Me Silent: Workplace Ostracism and Newcomers' Voice Behavior," *Journal of
Management & Organization* 25, no. 5 (2019): 635 –52; 윌리엄스, "Ostracism," 275 –314.

144) 제시카 L. 레이킨, 타냐 L. 차트랜드, 로버트 M. 아킨, "I Am Too Just Like You: Nonconscious
Mimicry as an Automatic Behavioral Response to Social Exclusion," *Psychological Science*
19, no. 8 (2008): 816 –22.

145) 프리먼 외, "Psychological Investigation of the Structure of Paranoia in a Non-Clinical
Population," 427 –35; 키플링 D. 윌리엄스, 크리스토퍼 K. T. 장, 윌마 최, "Cyberostracism:
Effects of Being Ignored over the Internet," *Journal of Personality and Social Psychology*
79, no. 5 (2000): 748.

146) 윌리엄스, "Ostracism," 275 –314.

147) 프리먼 외, "Psychological Investigation of the Structure of Paranoia in a Non-Clinical
Population," 427 –35; 셸든과 건즈, "Psychological Needs as Basic Motives," 1467 –92.

148) 바우마이스터 외, "Social Exclusion Impairs Self-Regulation," *Journal of Personality and
Social Psychology* 88, no. 4 (2005): 589.

149) 셸든과 건즈, "Psychological Needs as Basic Motives," 1467 –92.

150) 셸든과 건즈, "Psychological Needs as Basic Motives," 1467 –92.

151) 바우마이스터 외, "Social Exclusion Impairs Self-Regulation," 589.

| 결론 |

1) 로스 존스와 라몬 로사리오, "'There's Nothing Left': After Decades of Decline, Highland Park
Fights for a Future," WXYZ Detroit, 2022년 9월 22일, https://www.wxyz.com/news/local-

news/investigations/theres-nothing-left-after-decades-of-declin e -highland-park-fights-for-a-future.

2) 포드,"HighlanPark," 2024년 9월 12일, https://corporate.ford.com/articles/history/highland-park.html; Jones and Rosario, "There's Nothing Left."

3) 멕 던, "Turning Pain into Power: How a Grieving Mother Transformed a Neglected Block Near Detroit into a Village of Beauty and Opportunity," CNN, 2023년 6월 16일, https://www.cnn.com/2023/06/16/us/detroit-real-estate-safety-education-sustainability-op portunity-grief-cnnheroes/index.html; Anderson Cooper, "Mama Shu:Turning Loss into Love," *All There Is with Anderson Cooper*, 2024년 1월 24일, https://www.cnn.com/audio/podcasts/all-there-is-with-anderson-cooper/episodes/c74c557 8-741e-11ee-b574-67f673692459.

4) 제노비아 제프리스 워필드, "It Was a Blighted City Block. But This Woman Is Turning It into a Solar-Powered Ecovillage," Yes!, 2016년 12월 7일, https://www.yesmagazine.org/democracy/2016/12/07/it-was-a-blighted-city-block-but-this -woman-is-turning-it-into-a-solar-powered-ecovillage.

5) 던, "Turning Pain into Power"; 쿠퍼, "Mama Shu."

6) 에린 로즈, "Life without Money in Detroit's Survival Economy," PositiveDetroit, 2017년 1월 17일, http://www.positivedetroit.net/2017/01.

7) 던, "Turning Pain into Power"; 쿠퍼, "Mama Shu."

8) 샤마임 해리스, "From Blight to Beauty," TEDxDetroit, TedX Talks, 유튜, 2017년 2월 27일, https://www.youtube.com/watch?v=cGdJyyolmSw.

9) 루크 개년과 레지 러커, "It Takes an Avalon Village," 지역 자립 연구소(ILSR), 2024년 3월 21 일, https://ilsr.org/it-takes-an-avalon-village.

10) 던, "Turning Pain into Power"; 쿠퍼, "Mama Shu."

11) 던, "Turning Pain into Power"; 쿠퍼, "Mama Shu."

12) 엘리노어 카톨리코, "A Mother Mourns Again, Her Beleoved Community Mourns with Her," Bridge Detroit, 2021년 2월 8일, https://www.bridgedetroit.com/amother-mourns-again-her-beloved-community-mourns

13) 쿠퍼, "Mama Shu."

14) 카톨리코, "Mother Mourns Again."

15) 던, "Turning Pain into Power"; 쿠퍼, "Mama Shu."

16) 던, "Turning Pain into Power"; 쿠퍼, "Mama Shu."

17) 캐런 드루, "Highland Park's Mama Shu Fights for Justice after Son Murdered While Protecting Neighborhood," Clickon Detroit, 2022년 3월 10일, https://www.clickondetroit.com/news/defenders/2022/03/10/highland-parks-mama-shu-fig hts-for -justice-after-son-murdered-while-protecting-neighborhood.

18) 찰리 레더프, "Two Sons Lost to Violence, 'Mama Shu' Vows to Carry on in Highland Park ,"DeadlinDetroit, 2021년 2월 4일, https://deadlinedetroit.com/articles/27278/leduff_two_sons_lost_to_violence_mama_shu_vows_to_carry_on_in highland_park.

19) 누슈라트 라흐만, "Highland Park's 'Mama Shu' Is Among USA Today's 2024 Women of the Year," *Detroit Free Press*, 2024년 2월 29일. https://www.freep.com/story/news/local/michigan/2024/02/29/sha mayim-mama-shu-harris-highland-park -michigan-women-of-year/72094887007/.

20) 개년과 러커, "It Takes an Avalon Village."

21) 슬론 테라넬라, "Highland Park Leader's Son Fatally Shot: 'The Pain Is Indescribable,'" *Detroit Free Press*,2021년2월1일,https://www.freep.com/story/news/local/michigan/

wayne/2021/02/01/highland-park-mama-shu-son-chinyelu-humphrey/4333714001.

22) 던, "Turning Pain into Power"; 쿠퍼, "Mama Shu."

23) 누슈라트 라흐만, "Treasured Community Garden in Highland Park Could Be Uprooted in L and Dis pute," Bridge Detroit, 2023년 9월 2일, https://www.bridgedetroit.com/treasured-community-garden-in-highland-park-could-be-uprooted-in-land-dispute.

24) CW50 디트로이트, "Highland Park Mom Transforms Blighted Neighborhood to Beauty While Suffering Devastating Loss," 2022년 3월 21일, https://www.cbsnews.com/detroit/news/highland-park-mom-transforming-blighted-neighborhood-to-beauty-all-while-suffering-devastating-loss.

25) 던, "Turning Pain into Power"; 쿠퍼, "Mama Shu."

26) 개넌과 러커, "It Takes an Avalon Village."

27) 던, "Turning Pain into Power"; 쿠퍼, "Mama Shu."

28) 디앤 장, "Avalon Village: A Blighted Detroit Neighborhood Turned Eco-Village," Architect, 2016년 3월 28일, https://www.architectmagazine.com/design/avalon-village-a-blighted-detroit-neighborhood-turned-eco-village_o.

29) 아발론 빌리지 공식 홈페이지, "About Avalon Village," 2024년 9월 12일 기준, https://www.theavalonvillage.org/about-the-village.

30) 던, "Turning Pain into Power"; 쿠퍼, "Mama Shu."

31) 해리스, "From Blight to Beauty."

32) 쿠퍼, "Mama Shu."

33) 해리스, "From Blight to Beauty."

34) 쿠퍼, "Mama Shu."

35) 마르텐 반스틴키스트와 리처드 M. 라이언, "On Psychological Growth And Vulnerability: Basic Psychological Need Satisfaction and Need Frustration as a Unifying Principle," *Journal of Psychotherapy Integration* 23, no. 3 (2013): 263.

36) 에드워드 L. 데시와 리처드 M. 라이언, "Motivation, Personality, and Development within Embedded Social Contexts: An Overview of Self-Determination Theory," *The Oxford Handbook of Human Motivation*, 리처드 M. 라이언 엮음(Oxford:Oxford University Press, 2012), 85-107.

37) 크리스토퍼 P. 체라솔리, 제시카 M. 니클린, 알렉산더 S. 나스렐그르가위, "Performance, Incentives, and Needs for Autonomy, Competence, and Relatedness: A Meta-Analysis," *Motivation and Emotion* 40 (2016): 781-813.

38) 마르텐 반스틴키스트, 크리스토퍼 P. 니에미에츠, 바르트 수넌스, "The Development of the Five Mini-Theories of Self-Determination Theory: An Historical Overview, Emerging Trends, and Future Directions," *The Decade Ahead: Theoretical Perspectives on Motivation and Achievement*, 티머시 C. 어르단, 스튜어트 A. 카라베닉 엮음(Bingley, UK: Emerald, 2010), 105-65.

39) 미카엘라 C. 시퍼스, 니클라스 치글러, "Life Crafting as a Way to Find Purpose and Meaning in Life," Frontiers in Psychology 10 (2019): 2778; 네타 와인스틴, 홀리 S. 호진스, "The Moderating Role of Autonomy and Control on the Benefits of Written Emotion Expression," *Personality and Social Psychology Bulletin* 35, no. 3 (2009): 351-64.

40) 라이언 외, "We Know This Much Is (Meta-Analytically)True: A Meta-Review of Meta-Analytic Findings Evaluating Self-Determination Theory," *Psychological Bulletin* 148, no. 11-12 (2022): 813.

41) 반스틴키스트, 니에미에츠, 수넌스, "Development of the Five Mini-Theories of Self-

Determination Theory," 105 – 65.

42) 반스틴키스트, 니에미에츠, 수넌스, "Development of the Five Mini-Theories of Self-
   Determination Theory," 105 – 65.

43) 라이언 외, "Building a Science of Motivated Persons: Self-Determination Theory's Empirical
   Approach to Human Experience and the Regulation of Behavior," *Motivation Science* 7,
   no. 2 (2021): 97.

44) 더 나은 사회적 기능, 사회적 유능성, 공감, 안정 애착에 관해서는 반스틴키스트, 니에미에츠, 그리
   고 수넌스를 참조, "Development of the Five Mini-Theories of Self- Determination Theory,"
   140.

45) 라이언 외, "We Know This Much Is (Meta-Analytically) True," 813; 진 폭스 크레이그,
   "Employee Empowerment, Self-Determination Theory, and Employee Engagement: A
   Mediation Model"(박사 학위 논문, 오클라호마 대학교, 2017년).

46) 데시와 라이언, "Motivation, Personality, and Development within Embedded Social
   Contexts," 85 – 107.

47) 라이언, 수넌스, 반스틴키스트, "Reflections on Self-Determination Theory as an Organizing
   Framework for Personality Psyhology: Interfaces, Integrations, Issues, and Unfinished
   Business," *Journal of Personality* 87, no. 1 (2019): 115 – 45.

48) 크리스토퍼 J. 보이스, 알렉스 M. 우드, 나타부드 포우다비, "Is Personality Fixed? Personality
   Changes as Much as "Variable" Economic Factors and More Strongly Predicts Changes to
   Life Satisfaction," *Social Indicators Research* 111 (2013): 287 – 305.

49) 스티븐 C. 헤이스, A Liberated Mind: How to Pivot toward What Matters (New York:
   Penguin, 2020).

50) 프란시스코 우아냐, "Sacred Spiral: Meaning of the Ancient Symbol of the Goddess," Spells8
   Blog, February 21, 2022, https://spells8.com /sacred-spiral-meaning.

| 에필로그 |

1) 미국 면역결핍재단(IDF) , "Immunoglobulin Replacement Therapy: What It Is and Why
   Donating Plasma Matters," 2018년 10월 8일, https://primaryimmune.org/resources/news-
   articles/what-ig-replacement-therapy-and-why – donating-plasma-matters.

| 부록 A |

1) 벨린다 루어 외, "Psychometric Properties of the Multidimensional Scale of Perceived Social
   Support in Youth," *Comprehensive Psychiatry* 49, no. 2 (2008): 195 – 201;케이티 A. 맥러플
   린 외, "Childhood Adversity, Adult Stressful Life Events, and Risk of Past-Year Psychiatric
   Disorder: A Test of the Stress Sensitization Hypothesis in a Population-Based Sample of
   Adults," *Psychological Medicine* 40, no. 10 (2010): 1647 – 58; 폴라 S. 누리우스, 에 드위나 우에
   하라, 더글러스 F. 자직, "Intersection of Stress, Social Disadvantage, and Life Course Processes:
   Reframing Trauma and Mental Health," *American Journal of Psychiatric Rehabilitation* 16,
   no. 2 (2013): 91 – 114. 지난 1년간의 스트레스성 삶의 사건에 관해서는 샤레인 술리만 외를 참
   조, "Cumulative Effect of Multiple Trauma on Symptoms of Posttraumatic Stress Disorder,
   Anxiety, and Depression in Adolescents," *Comprehensive Psychiatry* 50, no. 2 (2009):

121−27.현재 삶의 스트레스에 관해서는 조지 A. 보나노 외를 참조 , "What Predicts Psychological Resilience after Disaster? The Role of Demographics, Resources, and Life Stress," *Journal of Consulting and Clinical Psychology* 75, no. 5 (2007): 671. 스콧 M. 먼로와 케이트 L. 하크니스, "Life Stress, the 'Kindling' Hypothesis, and the Recurrence of Depression: Considerations from a Life Stress Perspective," *Psychological Review* 112, no. 2 (2005): 417.

2) 감기, 독감, 피로에 관해서는 더글러스 패튼, 리 스미스, 존 비올란티를 참조 , "Disaster Response: Risk, Vulnerability and Resilience," *Disaster Prevention and Mangement: An International Journal* 9, no. 3 (2000): 173−80.

3) 패튼, 스미스, 그리고 비올란티, "Disaster Response," 173−80.

4) 직장이나 업무의 변화, 케이티 A. 맥러플린 외, "Childhood Adversity, Adult Stressful Life Events, and Risk of Past-Year Psychiatric Disorder," 1647−58.

5) 카르멘 발리엔테 외, "A Symptom-Based Definition of Resilience in Times of Pandemics: Patterns of Psychological Responses over Time and Their Predictors," *European Journal of Psychotraumatology* 12, no. 1 (2021): 1871555; 폴라 P. 슈누어, 매슈 J. 프리드먼, 스탠리 D. 로젠버그, "Premilitary MMPI Scores as Predictors of Combat-Related PTSD Symptoms," *American Journal of Psychiatry* 150, no. 3 (1993): 479-83; 크리스 R. 루인, 버니스 앤드루스, 존 D. 밸런타인 "Meta-Analysis of Risk Factors for Posttraumatic Stress Disorder in Trauma-Exposed Adults," *Journal of Consulting and Clinical Psychology* 68, no. 5 (2000): 748.

6) 맥러플린 외, "Childhood Adversity, Adult Stressful Life Events, and Risk of Past-Year Psychiatric Disorder," 1647−58; 엘리자베스 A. 뉴넘 외, "Youth Mental Health after Civil War: The Importance of Daily Stressors," *British Journal of Psychiatry* 206, no. 2 (2015): 116−21; 밀러 외, "Daily Stressors, War Experiences, and Mental Health in Afghanistan," 611−38.

7) 콘스턴스 해먼을 참조, "Stress and Depression," *Annual Review of Clinical Psychology* 1 (2005): 293−319.

8) 맥러플린 외, "Childhood Adversity, Adult Stressful Life Events, and Risk of Past-Year Psychiatric Disorder," 1647−58.

9) 밀러 외, "Daily Stressors, War Experiences, and Mental Health in Afghanistan," 611−38. 빈 곤에 관해서는 해먼을 참조, "Stress and Depression," 293−319. 경제적 어려움에 대해서는 존 W. 린치, 조지 A. 카플란, 사라 J. 셰마를 참조, "Cumulative Impact of Sustained Economic Hardship on Physical, Cognitive, Psychological, and Social Functioning," *New England Journal of Medicine* 337, no. 26 (1997): 1889−95. 대규모 금융 위기에 관해서는 크리스티나 A. 페르난데스 외를 참조, "Assessing the Relationship between Psychosocial Stressors and Psychiatric Resilience among Chilean Disaster Survivors," *British Journal of Psychiatry* 217, no. 5 (2020): 630−37.

10) 맥러플린 외, "Childhood Adversity, Adult Stressful Life Events, and Risk of Past-Year Psychiatric Disorder," 1647−58.

11) 페르난데스 외, "Assessing the Relationship between Psychosocial Stressors and Psychiatric Resilience among Chilean Disaster Survivors," 630−37.

12) 해먼, "Stress and Depression," 293−319. 별거 또는 이혼에 관해서는 페르난데스 외 참조, "Assessing the Relationship between Psychosocial Stressors and Psychiatric Resilience among Chilean Disaster Survivors," 630−37.

13) 페르난데스 외, "Assessing the Relationship between Psychosocial Stressors and Psychiatric Resilience among Chilean Disaster Survivors," 630−37.

14) 건강에 대한 걱정은 밀러 외 참조, "Daily Stressors, War Experiences, and Mental Health in Afghanistan," 611−38. 의학적 장애에 관해서는 해먼을 참조, "Stress and Depression,"

293–319. 생명을 위협하는 질병에 관해서는 엘리 G. 카람 외를 참조, "Cumulative Traumas and Risk Thresholds: 12-Month PTSD in the World Mental Health (WMH) Surveys," *Depression and Anxiety* 31, no. 2 (2014): 130–42.

15) 카람 외, "Cumulative Traumas and Risk Thresholds," 130–2.

16) 장애에 관해서는 하먼 참조, "Stress and Depression," 293-319. 만성 질환에 관해서는 조지 A. 보나노 외를 참조, "What Predicts Psychological Resilience after Disaster?," 671. 만성 질환에 관해서는 릴랴나 트르티차 마이나리치 외를 참조, "Low PsychologicalResilience in Older Individuals: An Association with Increased Inflammation, OxidativeStress and the Presence of Chronic Medical Conditions," *International Journal of MolecularSciences* 22, no. 16 (2021): 8970.

17) 페르난데스 외, "Assessing the Relationship between Psychosocial Stressors and Psychiatric Resilience among Chilean Disaster Survivors," 630–37.

18) 카람 외, "Cumulative Traumas and Risk Thresholds," 130–42.

19) 맥러플린 외, "Childhood Adversity, Adult Stressful Life Events, and Risk of Past-Year Psychiatric Disorder," 1647–58;제시 R. 코글, 하이디 레즈닉, 딘 G. 킬패트릭, "Does Prior Exposure to Interpersonal Violence Increase Risk of PTSD Following Subsequent Exposure?," *Behaviour Research and Therapy* 47, no. 12 (2009): 1012–17.

20) 페르난데스 외, "Assessing the Relationship between Psychosocial Stressors and Psychiatric Resilience among Chilean Disaster Survivors," 630–37; 제시 R. 쿠글, 하이디 레즈닉, 딘 G. 킬패트릭, "Does Prior Exposure to Interpersonal Violence Increase Risk of PTSD Following Subsequent Exposure?," 1012–17.

21) 카람 외, "Cumulative Traumas and Risk Thresh olds," 130–42; 페르난데스 외, "Assessing the Relationship between Psychosocial Stressors and Psychiatric Resilience among Chilean Disaster Survivors," 630–37.

22) 바르트 P. F. 뤼턴 외, "Resilience in Mental Health: Linking Psychological and Neurobiological Perspectives," *Acta Psychiatrica Scandinavica* 128, no. 1 (2013): 3–20.

23) 맥러플린 외, "Childhood Adversity, Adult Stressful Life Events, and Risk of Past-Year Psychiatric Disorder," 1647–58.

24) 코리나 벤헤트, 기예르미 보르지스, 마리아 엘레나 메디나-모라, "Chronic Childhood Adversity and Onset of Psychopathology during Three Life Stages: Childhood, Adolescence and Adulthood," *Journal of Psychiatric Research* 44, no. 11 (2010): 732–40; 사일린 A. 모건 외, "Adverse Childhood Experiences Are Associated with Reduced Psychological Resilience in Youth: A Systematic Review and Meta-Analysis," *Children* 9, no. 1 (2021): 27.

25) 헤더 A. 터너, 데이비드 핀켈호어, 리처드 옴로드, "Poly-Victimization in a National Sample of Children and Youth," *American Journal of Preventive Medicine* 38, no. 3 (2010): 323–30.

26) 에리카 M. 웹스터, "The Impact of Adverse Childhood Experiences on Health and Development in Young Children," *Global Pediatric Health* 9 (2022): 2333794X221078708.

27) 하미데 마흐디아니와 마이클 웅가, "The Dark Side of Resilience," *Adversity and Resilience Science* 2, no. 3 (2021): 147–55; 벤헤트, 보르헤스, 그리고 메디나-모라, "Chronic Childhood Adversity and Onset of Psychopathology during Three Life Stages," 732–40.

28) 카람 외, "Cumulative Traumas and Risk Thresholds," 130–42.

29) 맥러플린 외, "Childhood Adversity, Adult Stressful Life Events, and Risk of Past-Year Psychiatric Disorder," 1647–58; 터너, 핀켈호어, 옴로드, "Poly-Victimization in a National Sample of Children and Youth," 323–30.

| 부록 B |

30) 하정우, "Not Being Able to Verify One's Confidence: Negative Consequences of Thwarted Self- Promotion," Academy of Management Proceedings 2017, no. 1 (2017).

31) 하정우, "The Impact of Thwarted Competence-Presentation on Turnover Intentions," *Academy of Management Proceedings* 2015, no. 1 (2015): https://doi.org/10.5465/ ambpp.2015.14824abstract; 휘 황 외, "Being Eager to Prove Oneself: U-Shaped Relationship between Confidence Frustration and Intrinsic Motivation in Another Activity," *Frontiers in Psychology* 8 (2017): 2123;, "On Thwarted Goals and Displaced Aggression: A Compensatory Competence Model," *Journal of Experimental Social Psychology* 72 (2017): 88-100.

32) 킴벌리 J. 바솔로뮤 외, "Psychological Need Thwarting in the Sport Context: Assessing the Darker Side of Athletic Experience," *Journal of Sport and Exercise Psychology* 33, no. 1 (2011): 75-102.

33) 마리-크리스틴 옵데나커, "Need-Supportive and Need-Thwarting Teacher Behavior: Their Importance to Boys' and Girls' Academic Engagement and Procrastination Behavior," *Frontiers in Psychology* 12 (2021): 628064; 에반겔로스 리시미스 외, "Exploring the Relationships of Autonomy-Supportive Climate, Psychological Need Satisfaction and Thwarting with Students' Self-Talk in Physical Education," *Journal of Education, Society and Behavioural Science* 33, no. 11 (2020): 112-22.

34) 델뤼 외, "Game-to-Game Investigation of the Relation between Need-Supportive and Need-Thwarting Coaching and Moral Behavior in Soccer," 1-10.

35) 니키타 바 사르 외, "Conceptualizing and Testing a New Tripartite Measure of Coach Interpersonal Behaviors," *Psychology of Sport and Exercise* 44 (2019): 107-20.

36) 델뤼 외, "Game-to-Game Investigation of the Relation between Need-Supportive and Need-Thwarting Coaching and Moral Behavior In Soccer," 1-10.

37) 존 투비와 레다 코스미데스, "Friendship and the Banker's Paradox: Other Pathways to the Evolution of Adaptations for Altruism," *Proceedings-British Academy* 88 (1996): 119-43.

38) 키플링 D. 윌리엄스, "Ostracism: A Temporal Need-Threat Model," *Advances in Experimental Social Psychology* 41 (2009): 275-314.

| 부록 F |

39) 케넌 M. 셸든 외, "Persistent Pursuit of Need-Satisfying Goals Leads to Increased Happiness: A 6-Month Experimental Longitudinal Study," *Motivation and Emotion* 34 (2010): 39-48.

40) 셸든 외, "Persistent Pursuit of Need-Satisfying Goals Leads to Increased Happiness," 39-48.

41) 에드워드 L. 데시와 리처드 M. 라이언, "Self-Determination Research: Reflections and Future Directions," *Handbook of Self-Determination Research*, 에드워드 L. 데[시와 리처드 M. 라이언 (New York: University of Rochester Press, 2002).

42) 케 셸든과 조나단 C. 힐퍼트, "The Balanced Measure of Psychological Needs (BMPN) Scale: An Alternative Domain General Measure of Need Satisfaction," *Motivation and Emotion* 36 (2012): 439-51.

43) 리처드 M. 라이언, 베로니카 후타, 에드워드 L. 데시, "Living Well: A Self-Determination Theory

Perspective on Eudaimonia," *Journal of Happiness Studies* 9 (2008): 139 – 70.

44) 셸든과 힐퍼트, "Balanced Measure of Psychological Needs (BMPN) Scale," 439 – 51.

45) 세바스티아노 코스타, 니코스 은투마니스, 킴벌리 J. 바솔로뮤, "Predicting the Brighter and Darker Sides of Interpersonal Relationships: Does Psychological Need Thwarting Matter?," *Motivation and Emotion* 39 (2015): 11 – 24.

46) 킴벌리 J. 바솔로뮤 외, "Self-Determination Theory and Diminished Functioning: The Role of Interpersonal Control and Psychological Need Thwarting," *Personality and Social Psychology Bulletin* 37, no. 11 (2011): 1459 – 73; 요헨 델뤼 외, "A Game-to-Game Investigation of the Relation between Need-Supportive and Need-Thwarting Coaching and Moral Behavior In Soccer," *Psychology of Sport and Exercise* 31 (2017): 1 – 10.

47) 마리-크리스틴 옵데나커, "Need-Supportive and Need-Thwarting Teacher Behavior: Their Importance to Boys' and Girls' Academic Engagement and Procrasination Behavior," *Frontiers in Psychology* 12 (2021): 628064.

48) 옵데나커, "Need-Supportive and Need-Thwarting Teacher Behavior," 628064.

| 부록 G |

49) 캐넌 M. 셸든과 조나단 C. 힐퍼트, "The Balanced Measure of Psychological Needs (BMPN) Scale: An Alternative Domain General Measure of Need Satisfaction," *Motivation and Emotion* 36 (2012): 439 – 51.

50) 메러디스 로키 외, "Assessing Need-Supportive and Need- Thwarting Interpersonal Behaviours: The Interpersonal Behaviours Questionnaire (IBQ)," *Personality and Individual Differences* 104 (2017): 423 – 33.

51) 셸든과 힐버트, "Balanced Measure of Psychological Needs (BMPN) Scale," 439 – 51.

52) 페드루 코르데이루 외, "The Portuguese Validation of the Basic Psychological Need Satisfaction and Frustration Scale: Concurrent and Longitudinal Relations to Well-Being and Ill-Being," Psychologica Belgica 56, no. 3 (2016): 193.

53) 세바스티아노 코스타, 니코스 은투마니스, 킴벌리 J. 바솔로뮤, "Predicting the Brighter and Darker Sides of Interpersonal Relationships: Does Psychological Need Thwarting Matter?," *Motivation and Emotion* 39 (2015): 11 – 24.

54) 티펜 하이게바에르트-주아기 외, "Advancing the Conceptualization and Measurement of Psychological Need States: A 3×3 Model Based on Self-Determination Theory," Journal of Career Assessment 29, no. 3 (2021): 396 – 421; 셸든과 힐버트, "*Balanced Measure of Psychological Needs* (BMPN) Scale," 439 – 51.

55) 마리-크리스틴 옵데나커, "Need-Supportive and Need-Thwarting Teacher Behavior: Their Importance to Boys' and Girls' Academic Engagement and Procrastination Behavior," *Frontiers in Psychology* 12 (2021): 628064.

56) 에반겔로스 리시미스 외, "Exploring the Relationships of Autonomy- Supportive Climate, Psychological Need Satisfaction and Thwarting with Students' Self-Talk in Physical Education," *Journal of Education, Society and Behavioural Science* 33, no. 11 (2020): 112 – 22.

57) 요헨 델뤼 외, "A Game-to-Game Investigation of the Relation between Need-Supportive and Need-Thwarting Coaching and Moral Behavior In Soccer," *Psychology of Sport and Exercise* 31 (2017): 1 – 10.

58) 바솔로뮤 외, "Self-Determination Theory and Diminished Functioning: The Role of Interpersonal Control and Psychological Need Thwarting," *Personality and Social Psychology Bulletin* 37, no. 11 (2011): 1459 –73.

59) 코스타, 은투마니스, 바솔로뮤, "Predicting the Brighter and Darker Sides of Interpersonal Relationships," 11 –24.

60) 셸든과 힐퍼트, "Balanced Measure of Psychological Needs (BMPN) Scale," 439 –51.

61) 바솔로뮤 외, "Self-Determination Theory and Diminished Functioning," 1459 –73; Costa, Ntoumanis, and Bartholomew, "Predicting the Brighter and Darker Sides of Interpersonal Relationships," 11 –24.

62) 셸든과 힐퍼트, "Balanced Measure of Psychological Needs (BMPN) Scale," 439 –51.

| 부록 H |

63) 이 척도는 잔나 코레츠의 훌륭한 글에서 영감을 받았다, "What Happens When Your Career Becomes Your Whole Identity," *Harvard Business Review*, 2019년 12월 26일, https://hbr.org/2019/12/what-happens-when-your-career-becomes-your-whole-identity

| 부록 I |

64) 나다니엘 G. 웨이드 외,, "Measuring State-Specific Rumination:Development of the Rumination about an Interpersonal Offense Scale," *Journal ofCounseling Psychology* 55, no. 3 (2008): 419.

| 부록 J |

65) 세바스티아노 코스타, 니코스 은투마니스, 킴벌리 J. 바솔로뮤 , "Predicting the Brighter and Darker Sides of Interpersonal Relationships: Does Psychological Need Thwarting Matter?," *Motivation and Emotion* 39 (2015): 11 –24.

66) 존 투비와 레다 코스미데스, "Friendship and the Banker's Paradox: Other Pathways to the Evolution of Adaptations for Altruism," *Proceedings-British Academy* 88 (1996): 119 –43.

67) 메러디스 로키 외, "Assessing Need-Supportive and Need- Thwarting Interpersonal Behaviours: The Interpersonal Behaviours Questionnaire (IBQ)," *Personality and Individual Differences* 104 (2017): 423 –33.

68) 알렌 C. 몰러, 에드워드 L. 데시, 앤드루 J. 엘리엇, "Person-Level Relatedness and the Incremental Value of Relating," *Personality and Social Psychology Bulletin* 36, no. 6 (2010): 754 –67.

69) 엘런 스키너와 캐슬린 에지, "Self-Determination, Coping, and Development," *Handbook of Self-Determination Research*, 에드워드 L. 데시와 리처드 M. 라이언 (Rochester, NY: University of Rochester Press, 2002), 297 –337.

70) 넬레 라포르트 외, "Adolescents as Active Managers of Their Own Psychological Needs: The Role of Psychological Need Crafting in Adolescents' Mental Health," *Journal of Adolescence* 88 (2021): 67 –83.

71) 로이 F. 바우마이스터와 마크 R. 리어리, "The Need to Belong: Desire for Interpersonal Attachments as a Fundamental Human Motivation," *Interpersonal Development* (2017): 57 – 89.

72) 코스타, 은투마니스, 바솔로뮤, "Predicting the Brighter and Darker Sides of Interpersonal Relationships," 11 – 24.

73) 바솔로뮤 외, "Self-Determination Theory and Diminished Functioning: The Role of Interpersonal Control and Psychological Need Thwarting," *Personality and Social Psychology Bulletin* 37, no. 11 (2011): 1459 – 73.

74) 마리-크리스틴 옵데나커, "Need-Supportive and Need-Thwarting Teacher Behavior: Their Importance to Boys' and Girls' Academic Engagement and Procrastination Behavior," *Frontiers in Psychology* 12 (2021): 628064.

75) 코스타, 은투마니스, 바솔로뮤, "Predicting the Brighter and Darker Sides of Interpersonal Relationships," 11 – 24.

76) 로키 외, "Assessing Need-Supportive and Need-Thwarting Interpersonal Behaviours," 423 – 33.

77) 존 투비와 레다 코스미데스, "Friendship and the Banker's Paradox," 119 – 43.

깨지지 않는 멘탈 셔터프루프

1판 1쇄 인쇄 2026년 4월 1일
1판 1쇄 발행 2026년 4월 8일

지은이 타샤 유리치
옮긴이 이보미
펴낸이 김영곤
펴낸곳 (주)북이십일 21세기북스

출판부문 출판2본부장 윤서진
인문서가 팀장 현미나
인문서가팀 한이슬 양지원
교정교열 신대리라 **디자인** 김희림
마케팅팀 유진선 이수진 김설아
마케팅영업부문 정지은
해외기획팀 홍희정 소은선
영업팀 김지윤 강경남 김도연
e-커머스팀 장철용 명인수 황성진
제작팀 이영민 권경민

출판등록 2000년 5월 6일 제406-2003-061호
주소 (10881) 경기도 파주시 회동길 201(문발동)
대표전화 031-955-2100 **팩스** 031-955-2151 **이메일** book21@book21.co.kr

ⓒ 타샤 유리치, 2026
ISBN 979-11-7357-925-7 (03180)

(주)북이십일 경계를 허무는 콘텐츠 리더

21세기북스 채널에서 도서 정보와 다양한 영상자료, 이벤트를 만나세요!
페이스북 facebook.com/jiinpill21　　　포스트 post.naver.com/21c_editors
인스타그램 instagram.com/jiinpill21　　홈페이지 www.book21.com
유튜브 youtube.com/book21pub